智库 中社

年度报告
Annual Report

China City Marketing Development Report（2020）
Building Resilient City Brand

中国城市营销发展报告

构筑城市品牌韧性

刘彦平　主　编
许　峰　赵　峥　何春晖　副主编

2020

中国社会科学出版社

图书在版编目(CIP)数据

中国城市营销发展报告. 2020：构筑城市品牌韧性 / 刘彦平主编 . —北京：中国社会科学出版社，2022. 2

(中社智库年度报告)

ISBN 978 – 7 – 5203 – 9462 – 8

Ⅰ. ①中…　Ⅱ. ①刘…　Ⅲ. ①城市市场—市场营销学—研究报告—中国—2020　Ⅳ. ①F723. 81

中国版本图书馆 CIP 数据核字(2021)第 270690 号

出 版 人　赵剑英
策划编辑　周　佳
责任编辑　张冰洁
责任校对　韩天炜
责任印制　王　超

出　　版　中国社会科学出版社
社　　址　北京鼓楼西大街甲 158 号
邮　　编　100720
网　　址　http://www. csspw. cn
发 行 部　010 – 84083685
门 市 部　010 – 84029450
经　　销　新华书店及其他书店

印　　刷　北京明恒达印务有限公司
装　　订　廊坊市广阳区广增装订厂
版　　次　2022 年 2 月第 1 版
印　　次　2022 年 2 月第 1 次印刷

开　　本　710 × 1000　1/16
印　　张　23. 75
字　　数　402 千字
定　　价　129. 00 元

顾　　问　何德旭　闫　坤　倪鹏飞　郭国庆　关成华　金元浦
张英伟

数据支持　中国社会科学院城市与竞争力指数数据库
中青华云大数据平台

研究合作　中国人民大学中国市场营销研究中心
首都科技发展战略研究院
浙江大学经济与文化研究中心

主　　编　刘彦平
副 主 编　许　峰　赵　峥　何春晖
核心成员（排名不分先后）
周　凯　马聪玲　庄德林　郝胜宇　方　涛　黄江松
王京红　谭昆智　徐振强　许　峰　赵　峥　何春晖
张巍巍　刘新鑫　钱明辉　沈　涵　张　迪　王林生
巫志华　燕　翔　项　辉　王玉玺　胡　纯　王明康
石　俊　陈露丹　张刘卓　刘彦平　李袆玚　杨喻涵
徐志轩　王　琳　谭　娟　詹崔婧　王艳杰　叶　林
樊玉瑶　韩东庆　郭虹程　郭云龙　高　凌　张博文
葛　磊　吴　静　翁超儿　于　丹　郭世瑾　王天舜
孙　钰　伊胜东　张　莹

中国社会科学院财经战略研究院简介

中国社会科学院财经战略研究院（National Academy of Economic Strategy，CASS）简称“财经院”，成立于1978年6月。其前身为中国社会科学院经济研究所财政金融研究组和商业研究组。初称“中国社会科学院财贸物资经济研究所”。1994年，更名为“中国社会科学院财贸经济研究所”。2003年，更名为“中国社会科学院财政与贸易经济研究所”。2011年12月29日，作为中国社会科学院实施哲学社会科学创新工程的一个重大举措，也是在创新工程后成立的首批跨学科、综合性、创新型学术思想库和新型研究机构，以财政与贸易经济研究所为基础，组建综合性、创新型国家财经战略研究机构——财经战略研究院，并从此改用现名。

著名经济学家刘明夫、张卓元、杨圣明、刘溶沧、江小涓、裴长洪、高培勇先后担任所长，现任院长为何德旭教授。

作为中国社会科学院直属的研究机构，自成立以来，财经院与祖国的改革开放事业共同成长，始终以天下为己任，奋进在时代前列。几代财经院人，不辱使命，几乎在中国经济社会发展进程中的每一个环节，都留下了自己的印记。经过40多年的努力，今天的财经院发展成为拥有财政经济、贸易经济和服务经济等主干学科板块，覆盖多个经济学科领域的中国财经科学的学术重镇。

摘　要

本书是中国城市营销发展报告课题组第7部城市营销专题研究报告。按照课题组提出的城市品牌发展指数（City Brand Development Index，CBDI）、省域品牌发展指数（Provincial Brand Development Index，PBDI）及城市群品牌发展指数（Urban Agglomeration Brand Development Index，ABDI）概念和指数模型，本报告选取中国288个城市、30个省（自治区、直辖市）及20个主要城市群作为样本，对其品牌发展情况进行评估与测量。在此基础上，形成中国城市品牌发展指数总体报告（2020）、中国城市文化品牌发展指数报告（2020）、中国城市旅游品牌发展指数报告（2020）、中国城市投资品牌发展指数报告（2020）、中国城市宜居品牌发展指数报告（2020）、中国城市品牌传播发展指数报告（2020）、中国省域品牌发展指数报告（2020）及中国城市群品牌发展指数报告（2020）。

本书以“构筑城市品牌韧性”为主题，从城市营销的角度对2020年中国城市营销的发展态势进行回顾和展望，探讨了城市品牌韧性要素对城市品牌的贡献，重点分析了在新冠肺炎疫情大流行背景下城市品牌治理深化、城市文旅品牌的困境与突围以及城市品牌传播创新等问题。基于数据分析、发展考察、理论聚焦及案例研究，本书从多个角度对我国城市（区域）营销与品牌化发展提出对策建议。作为集体努力的成果，本书致力于推进中国城市营销与品牌化研究，并为城市营销实践提供有价值的理论指导与经验借鉴。

Abstract

This is the seventh city marketing research report in China. Based on the concept and index model of the Chinese City Brand Development Index (CB-DI), Provincial Brand Development Index (PBDI) and Urban Agglomeration Brand Development Index (ABDI), this study has formulated, we tested and ranked 288 cities, 30 provinces and 20 city groups in China, and created the annual CBDI report (2020) as well as seven subject reports, including the city cultural brand development report, the city tourism brand development report, the city investment brand development report, the city livable brand development report, the city brand communication report, China's provincial brand development report and the brand development report of urban agglomerations in China.

With the theme of "Building City Brand Resilience", this book reviews and prospect the development trend of China's urban marketing in 2020 from the perspective of city marketing. The book tries to explore the contribution of city brand resilience elements to city brands, and focuses on the deepening of city brand governance, the dilemma and breakout of city cultural tourism brand, and the innovation of city brand communication under the background of the CO-VID – 19 pandemic. Based on data analysis, development investigation, theoretical focus and case study, this topic puts forward some suggestions for the marketing and brand development of China's cities (regions) from many aspects. As a result of collective efforts, this book is dedicated to promoting the research of city marketing and branding in China, and to providing valuable theoretical guidance and experience for city marketing practice.

目　　录

第Ⅲ编 中国区域品牌发展报告

Contents

Part Ⅳ Theme Focus: Building City Brand Resilience

第Ⅰ编

中国城市营销发展：总体报告

第一章 中国城市品牌发展指数 2020年排名

一 中国城市品牌发展指数 2020年总体排名

中国城市营销发展报告课题组

表1-1 2020年中国288个样本城市的城市品牌发展指数排名

城市	CBDI	排名	城市文化品牌发展指数	排名	城市旅游品牌发展指数	排名	城市投资品牌发展指数	排名	城市宜居品牌发展指数	排名	城市品牌传播发展指数	排名
北京	0.835	1	0.903	1	0.869	1	0.870	1	0.673	1	0.860	1
上海	0.741	2	0.720	2	0.687	3	0.858	2	0.630	2	0.811	3
杭州	0.648	3	0.623	4	0.634	4	0.690	4	0.537	5	0.754	7
深圳	0.645	4	0.525	13	0.546	12	0.772	3	0.592	3	0.790	4
成都	0.642	5	0.607	5	0.629	5	0.635	9	0.515	8	0.823	2
广州	0.630	6	0.595	6	0.584	7	0.663	5	0.531	7	0.775	6
重庆	0.626	7	0.575	10	0.718	2	0.652	6	0.534	6	0.652	14
香港	0.624	8	0.675	3	0.506	16	0.647	7	0.550	4	0.745	8
武汉	0.607	9	0.585	7	0.618	6	0.637	8	0.474	12	0.719	10
南京	0.606	10	0.582	8	0.550	11	0.625	10	0.493	11	0.780	5
西安	0.589	11	0.577	9	0.577	8	0.600	12	0.469	14	0.724	9
天津	0.568	12	0.534	12	0.556	9	0.614	11	0.509	9	0.629	17
苏州	0.565	13	0.552	11	0.555	10	0.594	13	0.470	13	0.653	13
宁波	0.542	14	0.494	14	0.524	13	0.566	14	0.467	15	0.658	12
青岛	0.538	15	0.477	16	0.505	17	0.560	15	0.442	18	0.708	11
长沙	0.514	16	0.483	15	0.495	19	0.539	16	0.451	17	0.603	21

续表

城市	CBDI	排名	城市文化品牌发展指数	排名	城市旅游品牌发展指数	排名	城市投资品牌发展指数	排名	城市宜居品牌发展指数	排名	城市品牌传播发展指数	排名
厦门	0.506	17	0.389	29	0.511	15	0.535	17	0.500	10	0.595	23
郑州	0.504	18	0.450	17	0.495	20	0.515	18	0.434	19	0.629	16
昆明	0.497	19	0.439	21	0.516	14	0.468	26	0.427	22	0.633	15
沈阳	0.489	20	0.439	19	0.496	18	0.435	33	0.456	16	0.618	19
济南	0.488	21	0.439	20	0.469	26	0.500	20	0.404	30	0.628	18
澳门	0.472	22	0.443	18	0.492	22	0.418	39	0.407	27	0.599	22
哈尔滨	0.465	23	0.423	23	0.473	25	0.465	27	0.391	33	0.572	30
大连	0.464	24	0.343	42	0.456	32	0.500	19	0.414	25	0.607	20
福州	0.464	25	0.414	25	0.457	29	0.475	25	0.400	31	0.574	29
合肥	0.464	26	0.367	34	0.457	30	0.492	21	0.410	26	0.594	24
南昌	0.460	27	0.395	27	0.443	36	0.476	24	0.404	29	0.584	26
无锡	0.459	28	0.384	32	0.441	38	0.491	22	0.404	28	0.577	28
温州	0.442	29	0.392	28	0.463	27	0.423	37	0.397	32	0.532	37
佛山	0.441	30	0.388	30	0.437	40	0.439	31	0.416	24	0.526	38
东莞	0.434	31	0.346	40	0.396	61	0.478	23	0.428	21	0.520	40
长春	0.432	32	0.330	47	0.442	37	0.451	28	0.383	34	0.556	33
洛阳	0.431	33	0.415	24	0.459	28	0.394	50	0.338	54	0.547	34
贵阳	0.428	34	0.288	68	0.493	21	0.438	32	0.378	35	0.543	36
石家庄	0.428	35	0.317	54	0.454	33	0.415	40	0.375	36	0.579	27
太原	0.425	36	0.331	46	0.425	42	0.396	48	0.416	23	0.559	31
兰州	0.421	37	0.321	50	0.416	48	0.427	36	0.354	45	0.589	25
嘉兴	0.420	38	0.352	39	0.439	39	0.442	30	0.363	43	0.503	44
绍兴	0.417	39	0.409	26	0.420	46	0.419	38	0.365	41	0.473	57
泉州	0.416	40	0.385	31	0.416	50	0.383	53	0.369	39	0.525	39
中山	0.415	41	0.366	35	0.384	71	0.402	45	0.433	20	0.492	51
南宁	0.410	42	0.283	71	0.456	31	0.406	43	0.345	50	0.557	32
吉林	0.409	43	0.356	38	0.436	41	0.401	47	0.347	48	0.507	43
珠海	0.408	44	0.302	60	0.412	52	0.445	29	0.339	53	0.544	35
湖州	0.407	45	0.334	45	0.446	35	0.413	41	0.370	38	0.471	59
扬州	0.406	46	0.423	22	0.396	60	0.387	52	0.353	46	0.473	58

续表

城市	CBDI	排名	城市文化品牌发展指数	排名	城市旅游品牌发展指数	排名	城市投资品牌发展指数	排名	城市宜居品牌发展指数	排名	城市品牌传播发展指数	排名
常州	0.405	47	0.340	43	0.393	62	0.433	34	0.365	42	0.494	49
金华	0.401	48	0.323	49	0.448	34	0.394	49	0.356	44	0.487	54
徐州	0.401	49	0.368	33	0.381	74	0.401	46	0.345	49	0.510	41
桂林	0.397	50	0.357	37	0.486	23	0.312	77	0.340	52	0.492	50
南通	0.397	51	0.330	48	0.371	85	0.428	35	0.372	37	0.484	55
烟台	0.392	52	0.303	59	0.404	56	0.404	44	0.349	47	0.499	46
台州	0.391	53	0.317	55	0.424	43	0.363	57	0.340	51	0.510	42
海口	0.381	54	0.295	62	0.389	65	0.389	51	0.366	40	0.465	62
大同	0.375	55	0.362	36	0.416	49	0.305	82	0.327	56	0.464	63
潍坊	0.370	56	0.288	69	0.380	75	0.349	59	0.335	55	0.496	48
保定	0.368	57	0.318	53	0.419	47	0.366	56	0.283	96	0.456	68
黄山	0.366	58	0.343	41	0.476	24	0.251	131	0.279	102	0.482	56
惠州	0.361	59	0.283	72	0.377	79	0.373	55	0.324	59	0.447	70
淄博	0.360	60	0.294	63	0.375	81	0.347	60	0.291	88	0.491	52
乌鲁木齐	0.357	61	0.243	97	0.423	44	0.376	54	0.307	69	0.434	77
呼和浩特	0.354	62	0.281	73	0.355	96	0.318	72	0.315	63	0.501	45
唐山	0.353	63	0.256	86	0.389	64	0.351	58	0.312	64	0.460	65
银川	0.350	64	0.292	64	0.318	132	0.334	65	0.309	65	0.499	47
芜湖	0.346	65	0.245	96	0.353	98	0.408	42	0.286	92	0.437	74
南阳	0.345	66	0.308	57	0.357	93	0.284	98	0.309	66	0.469	60
赣州	0.344	67	0.277	75	0.388	66	0.337	64	0.284	94	0.435	76
宜昌	0.343	68	0.245	95	0.387	68	0.326	68	0.303	76	0.456	69
开封	0.343	69	0.320	52	0.367	87	0.231	158	0.307	68	0.490	53
镇江	0.342	70	0.320	51	0.345	107	0.345	61	0.305	71	0.395	109
延安	0.342	71	0.339	44	0.360	89	0.276	108	0.266	118	0.469	61
三亚	0.342	72	0.228	109	0.423	45	0.314	74	0.316	62	0.428	81
柳州	0.339	73	0.273	77	0.386	69	0.313	76	0.280	100	0.442	72
济宁	0.339	74	0.292	66	0.378	77	0.298	92	0.289	90	0.437	75
临沂	0.337	75	0.258	84	0.359	91	0.304	84	0.303	74	0.458	66
盐城	0.336	76	0.248	93	0.325	123	0.342	63	0.307	67	0.456	67

续表

城市	CBDI	排名	城市文化品牌发展指数	排名	城市旅游品牌发展指数	排名	城市投资品牌发展指数	排名	城市宜居品牌发展指数	排名	城市品牌传播发展指数	排名
舟山	0.335	77	0.254	87	0.381	73	0.344	62	0.303	73	0.394	113
漳州	0.335	78	0.289	67	0.374	84	0.305	83	0.326	57	0.380	124
九江	0.333	79	0.227	110	0.409	55	0.330	66	0.296	83	0.403	101
邯郸	0.331	80	0.285	70	0.356	94	0.284	99	0.294	84	0.439	73
遵义	0.331	81	0.303	58	0.410	53	0.254	125	0.262	127	0.425	82
安康	0.331	82	0.248	92	0.343	109	0.293	95	0.325	58	0.445	71
秦皇岛	0.330	83	0.249	91	0.374	83	0.306	81	0.323	61	0.397	107
日照	0.329	84	0.249	90	0.367	86	0.289	96	0.324	60	0.417	90
泰安	0.328	85	0.252	88	0.388	67	0.318	71	0.264	122	0.419	86
荆州	0.326	86	0.313	56	0.323	125	0.281	102	0.298	80	0.415	91
张家口	0.326	87	0.224	112	0.402	58	0.279	104	0.292	86	0.432	78
襄阳	0.324	88	0.299	61	0.311	143	0.303	86	0.292	87	0.418	89
西宁	0.324	89	0.224	113	0.354	97	0.329	67	0.300	79	0.412	94
北海	0.323	90	0.258	85	0.404	57	0.258	120	0.289	89	0.404	99
江门	0.322	91	0.226	111	0.383	72	0.324	69	0.276	104	0.399	105
威海	0.318	92	0.224	114	0.348	101	0.298	91	0.297	82	0.421	85
衢州	0.313	93	0.278	74	0.341	112	0.274	112	0.306	70	0.368	135
丽水	0.312	94	0.265	80	0.375	82	0.281	101	0.303	75	0.336	174
淮安	0.311	95	0.292	65	0.306	154	0.263	117	0.266	119	0.429	80
汉中	0.310	96	0.261	82	0.349	100	0.244	138	0.271	112	0.423	84
绵阳	0.309	97	0.212	127	0.318	131	0.300	90	0.301	78	0.413	92
廊坊	0.309	98	0.214	124	0.342	111	0.318	73	0.282	97	0.387	118
宜宾	0.308	99	0.263	81	0.346	105	0.250	133	0.260	130	0.419	87
宁德	0.307	100	0.224	115	0.330	118	0.303	85	0.285	93	0.391	114
连云港	0.306	101	0.219	120	0.310	144	0.314	75	0.255	138	0.431	79
汕头	0.306	102	0.213	125	0.318	129	0.295	94	0.279	103	0.425	83
十堰	0.306	103	0.187	148	0.392	63	0.260	118	0.276	106	0.413	93
长治	0.305	104	0.230	107	0.363	88	0.283	100	0.301	77	0.350	153
乐山	0.305	105	0.236	101	0.401	59	0.233	156	0.249	148	0.407	96
新乡	0.305	106	0.221	119	0.321	126	0.311	78	0.280	99	0.390	115

续表

城市	CBDI	排名	城市文化品牌发展指数	排名	城市旅游品牌发展指数	排名	城市投资品牌发展指数	排名	城市宜居品牌发展指数	排名	城市品牌传播发展指数	排名
泰州	0.304	107	0.251	89	0.288	185	0.307	79	0.271	113	0.403	102
泸州	0.303	108	0.242	98	0.306	155	0.301	89	0.257	134	0.408	95
丽江	0.302	109	0.275	76	0.410	54	0.167	229	0.305	72	0.351	151
景德镇	0.302	110	0.269	78	0.359	92	0.239	147	0.262	128	0.380	123
沧州	0.301	111	0.202	132	0.298	167	0.276	109	0.266	117	0.462	64
大庆	0.298	112	0.210	128	0.278	195	0.320	70	0.276	107	0.405	97
黄冈	0.296	113	0.228	108	0.327	121	0.266	116	0.297	81	0.364	138
马鞍山	0.295	114	0.194	141	0.302	162	0.302	87	0.283	95	0.394	111
岳阳	0.293	115	0.237	100	0.334	116	0.272	114	0.264	121	0.355	146
鞍山	0.292	116	0.206	129	0.342	110	0.278	106	0.287	91	0.348	157
安阳	0.292	117	0.261	83	0.338	113	0.237	150	0.236	169	0.388	117
承德	0.291	118	0.267	79	0.386	70	0.232	157	0.251	144	0.317	199
德州	0.291	119	0.219	123	0.270	207	0.296	93	0.265	120	0.403	103
信阳	0.290	120	0.219	122	0.321	127	0.251	132	0.276	105	0.383	120
上饶	0.289	121	0.184	152	0.414	51	0.245	137	0.279	101	0.322	191
湛江	0.288	122	0.204	130	0.346	106	0.272	115	0.260	131	0.360	141
衡阳	0.288	123	0.198	136	0.316	135	0.278	105	0.258	133	0.390	116
株洲	0.286	124	0.184	151	0.296	174	0.301	88	0.272	110	0.377	127
南充	0.284	125	0.175	166	0.347	103	0.254	127	0.250	145	0.394	110
安庆	0.282	126	0.221	118	0.323	124	0.243	141	0.260	129	0.364	137
邢台	0.282	127	0.189	145	0.319	128	0.245	136	0.256	137	0.403	104
宝鸡	0.282	128	0.204	131	0.346	104	0.236	153	0.248	151	0.376	128
咸阳	0.282	129	0.233	104	0.315	137	0.277	107	0.223	199	0.359	142
安顺	0.281	130	0.162	181	0.376	80	0.251	130	0.262	126	0.355	145
鄂尔多斯	0.280	131	0.201	133	0.294	175	0.256	122	0.233	174	0.418	88
包头	0.280	132	0.168	176	0.283	193	0.284	97	0.293	85	0.370	133
焦作	0.280	133	0.156	186	0.317	133	0.280	103	0.240	163	0.404	100
常德	0.279	134	0.182	157	0.312	141	0.252	128	0.269	114	0.380	122
达州	0.278	135	0.199	135	0.332	117	0.256	123	0.231	179	0.371	132
商丘	0.277	136	0.233	105	0.268	210	0.236	152	0.253	142	0.397	108

续表

城市	CBDI	排名	城市文化品牌发展指数	排名	城市旅游品牌发展指数	排名	城市投资品牌发展指数	排名	城市宜居品牌发展指数	排名	城市品牌传播发展指数	排名
湘潭	0. 274	137	0. 166	178	0. 298	168	0. 306	80	0. 274	109	0. 326	185
龙岩	0. 273	138	0. 182	156	0. 350	99	0. 244	139	0. 263	123	0. 328	184
肇庆	0. 271	139	0. 234	103	0. 293	177	0. 251	129	0. 256	136	0. 323	189
三明	0. 271	140	0. 187	149	0. 304	157	0. 237	151	0. 275	108	0. 354	147
菏泽	0. 270	141	0. 195	139	0. 263	214	0. 239	146	0. 249	147	0. 405	98
天水	0. 269	142	0. 222	116	0. 308	151	0. 208	180	0. 234	172	0. 375	129
淮南	0. 269	143	0. 246	94	0. 246	238	0. 249	134	0. 231	181	0. 374	130
晋中	0. 269	144	0. 147	197	0. 377	78	0. 227	161	0. 229	186	0. 365	136
聊城	0. 268	145	0. 232	106	0. 262	217	0. 235	155	0. 271	111	0. 341	168
衡水	0. 268	146	0. 197	137	0. 286	188	0. 255	124	0. 257	135	0. 342	165
滁州	0. 267	147	0. 184	150	0. 275	198	0. 273	113	0. 227	191	0. 374	131
梅州	0. 265	148	0. 201	134	0. 314	138	0. 199	189	0. 263	124	0. 348	155
东营	0. 265	149	0. 178	160	0. 255	228	0. 275	111	0. 254	141	0. 362	139
榆林	0. 265	150	0. 235	102	0. 265	212	0. 216	170	0. 223	200	0. 384	119
吉安	0. 264	151	0. 182	155	0. 309	149	0. 254	126	0. 248	150	0. 329	182
运城	0. 264	152	0. 170	172	0. 348	102	0. 214	173	0. 246	153	0. 343	163
南平	0. 264	153	0. 169	173	0. 359	90	0. 195	192	0. 252	143	0. 342	164
黄石	0. 264	154	0. 195	138	0. 271	205	0. 258	121	0. 263	125	0. 331	180
清远	0. 263	155	0. 176	164	0. 317	134	0. 213	174	0. 246	152	0. 361	140
莆田	0. 263	156	0. 194	140	0. 303	160	0. 230	159	0. 269	115	0. 317	198
茂名	0. 263	157	0. 174	167	0. 293	176	0. 237	148	0. 255	139	0. 354	148
张家界	0. 262	158	0. 184	154	0. 379	76	0. 141	251	0. 229	185	0. 377	126
宿迁	0. 262	159	0. 191	143	0. 262	218	0. 237	149	0. 225	194	0. 394	112
蚌埠	0. 262	160	0. 177	162	0. 258	222	0. 275	110	0. 245	154	0. 354	149
六安	0. 260	161	0. 188	147	0. 304	156	0. 224	163	0. 243	158	0. 341	167
滨州	0. 259	162	0. 184	153	0. 254	230	0. 246	135	0. 268	116	0. 346	160
宣城	0. 259	163	0. 188	146	0. 290	181	0. 217	168	0. 224	196	0. 377	125
宜春	0. 258	164	0. 148	194	0. 334	115	0. 240	144	0. 224	197	0. 345	161
眉山	0. 257	165	0. 173	169	0. 310	145	0. 219	166	0. 245	155	0. 340	170
孝感	0. 257	166	0. 192	142	0. 260	219	0. 242	142	0. 259	132	0. 333	177

续表

城市	CBDI	排名	城市文化品牌发展指数	排名	城市旅游品牌发展指数	排名	城市投资品牌发展指数	排名	城市宜居品牌发展指数	排名	城市品牌传播发展指数	排名
阜阳	0.256	167	0.189	144	0.274	200	0.218	167	0.229	184	0.369	134
郴州	0.256	168	0.178	161	0.334	114	0.239	145	0.231	180	0.297	216
邵阳	0.252	169	0.155	187	0.308	152	0.213	175	0.249	149	0.337	173
玉溪	0.251	170	0.158	184	0.283	192	0.258	119	0.241	161	0.315	201
曲靖	0.251	171	0.158	185	0.298	169	0.206	182	0.233	175	0.359	143
玉林	0.250	172	0.148	196	0.343	108	0.188	207	0.234	170	0.340	171
赤峰	0.250	173	0.145	203	0.291	180	0.217	169	0.254	140	0.346	159
韶关	0.250	174	0.171	171	0.308	153	0.228	160	0.237	167	0.306	209
渭南	0.247	175	0.144	204	0.299	165	0.174	219	0.219	205	0.399	106
咸宁	0.247	176	0.150	192	0.297	171	0.221	164	0.217	207	0.348	156
抚州	0.246	177	0.165	179	0.288	184	0.200	187	0.230	183	0.349	154
张掖	0.245	178	0.222	117	0.286	187	0.168	227	0.241	162	0.308	206
临汾	0.245	179	0.138	211	0.327	120	0.190	200	0.225	195	0.344	162
河源	0.245	180	0.174	168	0.310	146	0.194	195	0.280	98	0.266	241
潮州	0.244	181	0.239	99	0.310	147	0.179	213	0.212	216	0.279	233
白银	0.244	182	0.146	200	0.250	233	0.191	199	0.249	146	0.382	121
怀化	0.243	183	0.163	180	0.303	159	0.186	209	0.230	182	0.335	176
永州	0.243	184	0.168	175	0.279	194	0.214	172	0.232	177	0.321	192
亳州	0.242	185	0.219	121	0.257	225	0.190	202	0.219	206	0.323	188
萍乡	0.239	186	0.134	218	0.302	163	0.193	197	0.234	171	0.331	179
晋城	0.237	187	0.124	225	0.312	140	0.207	181	0.214	212	0.329	183
枣庄	0.236	188	0.168	174	0.256	227	0.212	176	0.236	168	0.310	205
铜陵	0.236	189	0.134	217	0.236	244	0.244	140	0.242	159	0.324	187
遂宁	0.236	190	0.123	226	0.310	148	0.173	221	0.222	203	0.351	152
荆门	0.235	191	0.150	191	0.259	221	0.240	143	0.233	173	0.296	217
驻马店	0.233	192	0.166	177	0.271	206	0.206	183	0.244	156	0.280	231
德阳	0.232	193	0.142	209	0.275	199	0.199	190	0.216	209	0.331	181
平顶山	0.232	194	0.155	188	0.266	211	0.198	191	0.242	160	0.300	213
牡丹江	0.232	195	0.146	199	0.271	203	0.215	171	0.214	211	0.313	202

续表

城市	CBDI	排名	城市文化品牌发展指数	排名	城市旅游品牌发展指数	排名	城市投资品牌发展指数	排名	城市宜居品牌发展指数	排名	城市品牌传播发展指数	排名
濮阳	0. 231	196	0. 162	182	0. 258	223	0. 200	186	0. 217	208	0. 320	193
普洱	0. 231	197	0. 138	213	0. 297	170	0. 140	252	0. 240	164	0. 342	166
广安	0. 231	198	0. 147	198	0. 274	202	0. 190	204	0. 227	189	0. 318	195
揭阳	0. 231	199	0. 149	193	0. 265	213	0. 177	215	0. 211	218	0. 353	150
毕节	0. 231	200	0. 115	236	0. 355	95	0. 182	212	0. 184	248	0. 318	197
自贡	0. 231	201	0. 212	126	0. 253	232	0. 194	194	0. 169	263	0. 325	186
三门峡	0. 230	202	0. 134	216	0. 301	164	0. 189	205	0. 187	243	0. 341	169
益阳	0. 230	203	0. 133	219	0. 256	226	0. 221	165	0. 221	204	0. 317	200
许昌	0. 229	204	0. 181	159	0. 232	247	0. 202	184	0. 240	165	0. 292	221
齐齐哈尔	0. 229	205	0. 182	158	0. 246	239	0. 210	178	0. 228	187	0. 279	235
淮北	0. 228	206	0. 161	183	0. 215	259	0. 235	154	0. 224	198	0. 305	210
攀枝花	0. 228	207	0. 137	214	0. 257	224	0. 192	198	0. 213	213	0. 339	172
锦州	0. 228	208	0. 143	208	0. 247	237	0. 227	162	0. 232	178	0. 289	227
广元	0. 227	209	0. 150	190	0. 286	190	0. 150	244	0. 227	190	0. 323	190
百色	0. 226	210	0. 116	232	0. 316	136	0. 178	214	0. 215	210	0. 306	207
阳江	0. 225	211	0. 144	205	0. 284	191	0. 201	185	0. 237	166	0. 258	252
吕梁	0. 224	212	0. 123	227	0. 303	161	0. 176	216	0. 223	201	0. 297	215
来宾	0. 223	213	0. 153	189	0. 293	178	0. 164	231	0. 227	192	0. 281	230
丹东	0. 223	214	0. 133	220	0. 289	183	0. 171	224	0. 213	214	0. 311	203
保山	0. 222	215	0. 110	243	0. 313	139	0. 155	238	0. 232	176	0. 297	214
宿州	0. 221	216	0. 140	210	0. 226	253	0. 175	217	0. 208	220	0. 357	144
内江	0. 221	217	0. 131	221	0. 234	245	0. 190	201	0. 202	226	0. 347	158
梧州	0. 221	218	0. 115	234	0. 308	150	0. 200	188	0. 180	257	0. 301	211
钦州	0. 221	219	0. 088	262	0. 303	158	0. 189	206	0. 187	242	0. 336	175
雅安	0. 220	220	0. 138	212	0. 259	220	0. 186	208	0. 207	221	0. 310	204
酒泉	0. 217	221	0. 143	207	0. 286	189	0. 155	234	0. 210	219	0. 291	222
新余	0. 216	222	0. 105	246	0. 254	229	0. 210	179	0. 193	235	0. 320	194
忻州	0. 216	223	0. 120	231	0. 327	122	0. 152	240	0. 185	246	0. 295	218
随州	0. 214	224	0. 173	170	0. 228	250	0. 155	235	0. 185	247	0. 332	178

续表

城市	CBDI	排名	城市文化品牌发展指数	排名	城市旅游品牌发展指数	排名	城市投资品牌发展指数	排名	城市宜居品牌发展指数	排名	城市品牌传播发展指数	排名
铜仁	0.213	225	0.114	238	0.329	119	0.151	243	0.189	240	0.281	229
白山	0.212	226	0.143	206	0.290	182	0.168	228	0.244	157	0.216	269
呼伦贝尔	0.212	227	0.148	195	0.296	173	0.151	242	0.228	188	0.236	261
周口	0.212	228	0.146	202	0.240	241	0.182	211	0.223	202	0.268	239
通化	0.211	229	0.176	163	0.269	209	0.195	193	0.179	258	0.235	262
娄底	0.210	230	0.112	241	0.271	204	0.184	210	0.226	193	0.259	251
池州	0.210	231	0.122	229	0.292	179	0.155	237	0.201	230	0.282	228
四平	0.205	232	0.135	215	0.202	267	0.190	203	0.206	222	0.294	220
抚顺	0.204	233	0.115	235	0.248	235	0.171	222	0.193	236	0.295	219
营口	0.202	234	0.126	224	0.249	234	0.210	177	0.173	262	0.252	253
鹰潭	0.202	235	0.088	261	0.288	186	0.162	232	0.181	252	0.290	225
本溪	0.201	236	0.093	257	0.274	201	0.171	225	0.200	231	0.270	238
六盘水	0.199	237	0.085	264	0.296	172	0.174	220	0.152	280	0.290	223
佳木斯	0.198	238	0.115	237	0.263	215	0.159	233	0.191	238	0.263	245
云浮	0.195	239	0.104	247	0.263	216	0.137	256	0.181	251	0.289	226
商洛	0.194	240	0.097	252	0.277	197	0.154	239	0.181	254	0.259	250
鄂州	0.194	241	0.128	222	0.180	274	0.194	196	0.201	228	0.265	242
河池	0.193	242	0.094	255	0.311	142	0.134	258	0.181	253	0.246	258
昭通	0.193	243	0.096	253	0.229	249	0.133	262	0.200	232	0.306	208
武威	0.192	244	0.175	165	0.220	254	0.123	271	0.191	239	0.250	257
巴中	0.191	245	0.121	230	0.253	231	0.120	273	0.196	234	0.267	240
临沧	0.191	246	0.068	280	0.278	196	0.130	266	0.181	255	0.300	212
黑河	0.191	247	0.123	228	0.229	248	0.131	264	0.212	215	0.262	249
阳泉	0.191	248	0.098	250	0.243	240	0.170	226	0.179	259	0.265	244
贺州	0.190	249	0.099	249	0.298	166	0.134	259	0.174	261	0.244	260
通辽	0.189	250	0.081	269	0.238	243	0.152	241	0.211	217	0.262	247
盘锦	0.185	251	0.108	245	0.216	258	0.171	223	0.205	224	0.226	266
朔州	0.184	252	0.084	265	0.239	242	0.142	250	0.204	225	0.252	254
定西	0.183	253	0.115	233	0.202	266	0.118	276	0.189	241	0.290	224

续表

城市	CBDI	排名	城市文化品牌发展指数	排名	城市旅游品牌发展指数	排名	城市投资品牌发展指数	排名	城市宜居品牌发展指数	排名	城市品牌传播发展指数	排名
贵港	0.183	254	0.086	263	0.270	208	0.132	263	0.160	273	0.265	243
崇左	0.182	255	0.073	274	0.318	130	0.155	236	0.168	265	0.195	279
陇南	0.181	256	0.069	278	0.248	236	0.108	283	0.162	271	0.318	196
漯河	0.180	257	0.111	242	0.161	280	0.166	230	0.201	229	0.262	246
辽阳	0.180	258	0.109	244	0.227	251	0.148	245	0.202	227	0.214	271
资阳	0.180	259	0.090	260	0.211	262	0.136	257	0.191	237	0.272	236
庆阳	0.180	260	0.113	239	0.187	271	0.142	249	0.187	244	0.271	237
防城港	0.177	261	0.094	256	0.212	261	0.147	247	0.154	279	0.279	232
汕尾	0.176	262	0.101	248	0.209	264	0.131	265	0.179	260	0.262	248
阜新	0.173	263	0.083	266	0.188	270	0.175	218	0.168	267	0.252	255
吴忠	0.171	264	0.126	223	0.178	275	0.147	246	0.158	275	0.246	259
乌兰察布	0.170	265	0.073	275	0.226	252	0.139	254	0.182	250	0.232	263
铜川	0.165	266	0.070	276	0.218	255	0.113	282	0.147	282	0.279	234
伊春	0.162	267	0.077	272	0.233	246	0.125	269	0.156	277	0.221	268
朝阳	0.162	268	0.091	258	0.202	265	0.120	274	0.180	256	0.214	273
固原	0.161	269	0.068	281	0.184	272	0.145	248	0.158	274	0.252	256
嘉峪关	0.161	270	0.112	240	0.216	256	0.088	287	0.197	233	0.191	280
鹤壁	0.160	271	0.146	201	0.131	285	0.138	255	0.157	276	0.229	264
巴彦淖尔	0.159	272	0.082	267	0.163	279	0.117	278	0.206	223	0.226	265
平凉	0.158	273	0.091	259	0.216	257	0.084	288	0.186	245	0.214	270
中卫	0.157	274	0.097	251	0.181	273	0.133	261	0.168	266	0.206	275
绥化	0.154	275	0.079	270	0.172	276	0.140	253	0.166	269	0.213	274
葫芦岛	0.151	276	0.074	273	0.214	260	0.121	272	0.145	284	0.199	277
白城	0.149	277	0.066	283	0.165	278	0.114	280	0.184	249	0.214	272
松原	0.149	278	0.082	268	0.171	277	0.124	270	0.166	268	0.199	278
克拉玛依	0.146	279	0.066	285	0.209	263	0.134	260	0.163	270	0.158	287
铁岭	0.145	280	0.069	277	0.192	269	0.108	284	0.169	264	0.189	281
双鸭山	0.137	281	0.066	284	0.193	268	0.115	279	0.149	281	0.162	286
鸡西	0.136	282	0.067	282	0.153	281	0.113	281	0.147	283	0.201	276

续表

城市	CBDI	排名	城市文化品牌发展指数	排名	城市旅游品牌发展指数	排名	城市投资品牌发展指数	排名	城市宜居品牌发展指数	排名	城市品牌传播发展指数	排名
金昌	0.135	283	0.079	271	0.134	282	0.128	267	0.161	272	0.174	284
鹤岗	0.133	284	0.095	254	0.132	284	0.093	286	0.122	288	0.225	267
乌海	0.130	285	0.069	279	0.132	283	0.120	275	0.156	278	0.174	283
石嘴山	0.123	286	0.062	286	0.115	287	0.126	268	0.138	286	0.172	285
辽源	0.121	287	0.041	288	0.121	286	0.117	277	0.144	285	0.182	282
七台河	0.099	288	0.042	287	0.090	288	0.101	285	0.136	287	0.128	288

二　中国城市文化品牌发展指数2020年总体排名

中国城市营销发展报告课题组

表1-2　2020年中国288个样本城市的城市文化品牌发展指数排名

城市	城市文化品牌发展指数	排名	文化独特性	排名	文化潜力	排名	文化活力	排名	文化吸引力	排名
北京	0.903	1	1.000	1	0.697	2	0.991	1	1.000	1
上海	0.720	2	0.669	3	0.590	3	0.937	2	0.685	2
香港	0.675	3	0.599	9	0.829	1	0.684	14	0.587	3
杭州	0.623	4	0.700	2	0.483	5	0.790	6	0.518	10
成都	0.607	5	0.652	4	0.465	7	0.764	7	0.547	4
广州	0.595	6	0.605	7	0.434	13	0.797	5	0.545	5
武汉	0.585	7	0.568	11	0.438	12	0.815	4	0.519	9
南京	0.582	8	0.612	6	0.444	10	0.751	8	0.519	8
西安	0.577	9	0.582	10	0.476	6	0.709	12	0.539	6
重庆	0.575	10	0.605	8	0.446	9	0.749	9	0.500	11
苏州	0.552	11	0.635	5	0.388	15	0.715	11	0.469	12
天津	0.534	12	0.517	16	0.439	11	0.743	10	0.439	15
深圳	0.525	13	0.279	65	0.452	8	0.847	3	0.524	7

续表

城市	城市文化品牌发展指数	排名	文化独特性	排名	文化潜力	排名	文化活力	排名	文化吸引力	排名
宁波	0.494	14	0.472	23	0.367	16	0.687	13	0.450	13
长沙	0.483	15	0.553	13	0.356	19	0.625	17	0.397	18
青岛	0.477	16	0.392	37	0.405	14	0.672	15	0.439	14
郑州	0.450	17	0.407	35	0.364	17	0.631	16	0.399	17
澳门	0.443	18	0.559	12	0.559	4	0.298	140	0.355	28
沈阳	0.439	19	0.489	21	0.307	30	0.567	26	0.395	19
济南	0.439	20	0.444	29	0.319	28	0.609	20	0.383	22
昆明	0.439	21	0.505	19	0.332	23	0.534	32	0.383	23
扬州	0.423	22	0.534	14	0.284	41	0.510	39	0.365	26
哈尔滨	0.423	23	0.366	41	0.362	18	0.550	30	0.412	16
洛阳	0.415	24	0.514	18	0.327	24	0.464	50	0.355	27
福州	0.414	25	0.426	32	0.337	21	0.556	28	0.337	30
绍兴	0.409	26	0.514	17	0.263	52	0.560	27	0.297	51
南昌	0.395	27	0.400	36	0.305	32	0.521	35	0.354	29
温州	0.392	28	0.295	62	0.345	20	0.596	22	0.333	33
厦门	0.389	29	0.230	86	0.333	22	0.602	21	0.393	20
佛山	0.388	30	0.361	43	0.278	42	0.595	23	0.318	38
泉州	0.385	31	0.499	20	0.234	75	0.507	42	0.300	48
无锡	0.384	32	0.249	77	0.319	27	0.583	25	0.386	21
徐州	0.368	33	0.378	39	0.288	39	0.474	47	0.334	32
合肥	0.367	34	0.164	101	0.322	26	0.611	19	0.370	25
中山	0.366	35	0.284	64	0.269	47	0.620	18	0.291	55
大同	0.363	36	0.531	15	0.272	45	0.391	70	0.257	69
桂林	0.357	37	0.477	22	0.244	65	0.415	61	0.292	54
吉林	0.356	38	0.340	50	0.288	40	0.482	46	0.313	40
嘉兴	0.352	39	0.254	75	0.301	34	0.552	29	0.301	46
东莞	0.346	40	0.153	106	0.323	25	0.588	24	0.319	37
黄山	0.343	41	0.470	24	0.266	48	0.311	125	0.327	36
大连	0.343	42	0.170	98	0.289	37	0.533	33	0.379	24
常州	0.340	43	0.230	85	0.306	31	0.514	38	0.312	41

续表

城市	城市文化品牌发展指数	排名	文化独特性	排名	文化潜力	排名	文化活力	排名	文化吸引力	排名
延安	0. 339	44	0. 467	25	0. 293	36	0. 333	101	0. 261	64
湖州	0. 334	45	0. 232	83	0. 275	43	0. 529	34	0. 301	47
太原	0. 331	46	0. 241	82	0. 316	29	0. 470	48	0. 296	52
长春	0. 330	47	0. 229	88	0. 288	38	0. 508	41	0. 295	53
南通	0. 330	48	0. 230	87	0. 251	57	0. 536	31	0. 301	44
金华	0. 323	49	0. 259	73	0. 275	44	0. 514	37	0. 243	84
兰州	0. 321	50	0. 161	102	0. 302	33	0. 489	44	0. 333	34
镇江	0. 320	51	0. 371	40	0. 226	83	0. 443	53	0. 242	87
开封	0. 320	52	0. 461	27	0. 245	64	0. 325	113	0. 248	77
保定	0. 318	53	0. 415	33	0. 191	107	0. 421	58	0. 247	79
石家庄	0. 317	54	0. 168	99	0. 257	55	0. 508	40	0. 335	31
台州	0. 317	55	0. 155	104	0. 296	35	0. 517	36	0. 299	49
荆州	0. 313	56	0. 435	31	0. 228	82	0. 340	95	0. 250	76
南阳	0. 308	57	0. 359	44	0. 246	63	0. 371	77	0. 256	70
遵义	0. 303	58	0. 441	30	0. 195	101	0. 357	86	0. 220	103
烟台	0. 303	59	0. 232	84	0. 248	60	0. 466	49	0. 265	61
珠海	0. 302	60	0. 140	113	0. 256	56	0. 504	43	0. 309	42
襄阳	0. 299	61	0. 343	48	0. 242	66	0. 354	90	0. 257	67
海口	0. 295	62	0. 253	76	0. 251	58	0. 419	59	0. 255	72
淄博	0. 294	63	0. 293	63	0. 266	49	0. 409	62	0. 209	112
银川	0. 292	64	0. 355	45	0. 212	88	0. 359	84	0. 244	83
淮安	0. 292	65	0. 340	49	0. 194	102	0. 378	72	0. 256	71
济宁	0. 292	66	0. 297	60	0. 239	69	0. 398	65	0. 234	92
漳州	0. 289	67	0. 388	38	0. 190	108	0. 367	80	0. 210	110
贵阳	0. 288	68	0. 137	116	0. 230	81	0. 484	45	0. 303	43
潍坊	0. 288	69	0. 215	90	0. 230	80	0. 455	52	0. 253	75
邯郸	0. 285	70	0. 298	58	0. 236	71	0. 350	93	0. 254	73
南宁	0. 283	71	0. 143	112	0. 242	67	0. 421	57	0. 328	35
惠州	0. 283	72	0. 194	96	0. 187	112	0. 462	51	0. 289	56
呼和浩特	0. 281	73	0. 343	47	0. 206	94	0. 331	107	0. 243	86

续表

城市	城市文化品牌发展指数	排名	文化独特性	排名	文化潜力	排名	文化活力	排名	文化吸引力	排名
衢州	0.278	74	0.275	68	0.188	110	0.394	67	0.257	68
赣州	0.277	75	0.262	71	0.187	114	0.394	68	0.266	60
丽江	0.275	76	0.409	34	0.186	116	0.232	196	0.271	58
柳州	0.273	77	0.276	67	0.249	59	0.354	91	0.213	106
景德镇	0.269	78	0.456	28	0.162	154	0.221	203	0.236	90
承德	0.268	79	0.463	26	0.152	175	0.269	166	0.186	139
丽水	0.265	80	0.148	107	0.236	73	0.430	56	0.244	82
宜宾	0.263	81	0.338	52	0.176	132	0.310	127	0.226	98
汉中	0.261	82	0.278	66	0.236	72	0.300	139	0.231	94
安阳	0.261	83	0.362	42	0.183	119	0.290	148	0.210	111
临沂	0.258	84	0.100	138	0.262	53	0.399	64	0.272	57
北海	0.258	85	0.218	89	0.172	139	0.328	110	0.313	39
唐山	0.256	86	0.146	109	0.233	76	0.396	66	0.248	78
舟山	0.254	87	0.129	118	0.232	78	0.393	69	0.262	63
泰安	0.252	88	0.207	92	0.236	74	0.360	83	0.205	116
泰州	0.251	89	0.173	97	0.183	121	0.416	60	0.230	95
日照	0.249	90	0.156	103	0.233	77	0.374	75	0.234	91
秦皇岛	0.249	91	0.194	95	0.183	120	0.351	92	0.267	59
安康	0.248	92	0.144	110	0.264	51	0.338	99	0.246	81
盐城	0.248	93	0.094	150	0.201	96	0.432	55	0.265	62
淮南	0.246	94	0.338	51	0.175	136	0.298	141	0.174	155
宜昌	0.246	95	0.110	128	0.247	62	0.382	71	0.243	85
芜湖	0.245	96	0.100	139	0.200	99	0.435	54	0.247	80
乌鲁木齐	0.243	97	0.106	134	0.238	70	0.375	74	0.253	74
泸州	0.242	98	0.262	72	0.184	118	0.320	120	0.202	120
潮州	0.239	99	0.350	46	0.159	166	0.285	154	0.164	167
岳阳	0.237	100	0.265	70	0.170	143	0.312	124	0.201	121
乐山	0.236	101	0.296	61	0.172	138	0.300	138	0.176	149
榆林	0.235	102	0.327	53	0.197	100	0.257	173	0.159	172
肇庆	0.234	103	0.243	80	0.175	135	0.320	119	0.197	128

续表

城市	城市文化品牌发展指数	排名	文化独特性	排名	文化潜力	排名	文化活力	排名	文化吸引力	排名
咸阳	0. 233	104	0. 242	81	0. 187	115	0. 290	149	0. 212	107
商丘	0. 233	105	0. 315	56	0. 143	189	0. 276	159	0. 196	130
聊城	0. 232	106	0. 248	78	0. 166	150	0. 322	117	0. 193	132
长治	0. 230	107	0. 139	115	0. 247	61	0. 337	100	0. 197	129
黄冈	0. 228	108	0. 093	151	0. 240	68	0. 357	87	0. 221	101
三亚	0. 228	109	0. 144	111	0. 194	103	0. 273	160	0. 301	45
九江	0. 227	110	0. 126	119	0. 201	95	0. 354	89	0. 227	97
江门	0. 226	111	0. 121	123	0. 167	148	0. 403	63	0. 211	109
张家口	0. 225	112	0. 122	122	0. 177	129	0. 340	96	0. 259	66
西宁	0. 224	113	0. 119	124	0. 207	91	0. 331	104	0. 240	88
威海	0. 224	114	0. 098	142	0. 189	109	0. 372	76	0. 239	89
宁德	0. 224	115	0. 123	121	0. 219	85	0. 369	78	0. 185	141
天水	0. 222	116	0. 267	69	0. 177	128	0. 278	158	0. 168	163
张掖	0. 222	117	0. 320	55	0. 168	147	0. 246	181	0. 155	182
安庆	0. 221	118	0. 164	100	0. 188	111	0. 333	102	0. 200	126
新乡	0. 221	119	0. 096	145	0. 218	86	0. 376	73	0. 191	134
连云港	0. 219	120	0. 090	154	0. 161	161	0. 365	82	0. 261	65
亳州	0. 219	121	0. 303	57	0. 132	211	0. 263	171	0. 179	145
信阳	0. 219	122	0. 087	159	0. 270	46	0. 287	152	0. 232	93
德州	0. 219	123	0. 097	143	0. 215	87	0. 355	88	0. 206	115
廊坊	0. 214	124	0. 118	125	0. 173	137	0. 367	81	0. 200	124
汕头	0. 213	125	0. 108	131	0. 169	144	0. 357	85	0. 215	105
自贡	0. 212	126	0. 320	54	0. 123	216	0. 253	176	0. 152	187
绵阳	0. 212	127	0. 087	158	0. 187	113	0. 368	79	0. 205	118
大庆	0. 210	128	0. 100	137	0. 207	93	0. 325	114	0. 208	113
鞍山	0. 206	129	0. 109	129	0. 200	98	0. 309	129	0. 204	119
湛江	0. 204	130	0. 096	146	0. 163	153	0. 331	108	0. 227	96
宝鸡	0. 204	131	0. 086	161	0. 261	54	0. 295	144	0. 174	154
沧州	0. 202	132	0. 109	130	0. 161	158	0. 332	103	0. 205	117
鄂尔多斯	0. 201	133	0. 075	178	0. 264	50	0. 240	190	0. 224	99

续表

城市	城市文化品牌发展指数	排名	文化独特性	排名	文化潜力	排名	文化活力	排名	文化吸引力	排名
梅州	0.201	134	0.254	74	0.150	178	0.242	188	0.158	174
达州	0.199	135	0.095	148	0.192	105	0.309	130	0.200	125
衡阳	0.198	136	0.072	181	0.207	92	0.311	126	0.201	122
衡水	0.197	137	0.116	126	0.161	159	0.323	116	0.188	136
黄石	0.195	138	0.087	157	0.208	90	0.313	122	0.172	157
菏泽	0.195	139	0.075	176	0.179	126	0.330	109	0.195	131
莆田	0.194	140	0.086	162	0.176	133	0.296	143	0.220	102
马鞍山	0.194	141	0.076	173	0.162	157	0.339	97	0.198	127
孝感	0.192	142	0.070	185	0.222	84	0.306	134	0.169	161
宿迁	0.191	143	0.071	183	0.137	201	0.346	94	0.212	108
阜阳	0.189	144	0.073	179	0.150	177	0.310	128	0.223	100
邢台	0.189	145	0.094	149	0.145	186	0.331	106	0.186	140
宣城	0.188	146	0.147	108	0.152	174	0.288	151	0.165	165
六安	0.188	147	0.077	171	0.162	155	0.325	115	0.188	137
十堰	0.187	148	0.097	144	0.177	130	0.289	150	0.187	138
三明	0.187	149	0.098	141	0.201	97	0.309	131	0.140	203
滁州	0.184	150	0.058	212	0.148	181	0.331	105	0.201	123
株洲	0.184	151	0.062	201	0.160	164	0.338	98	0.178	148
上饶	0.184	152	0.107	133	0.154	171	0.302	136	0.174	153
滨州	0.184	153	0.068	189	0.160	163	0.325	112	0.183	144
张家界	0.184	154	0.092	152	0.136	202	0.210	212	0.298	50
吉安	0.182	155	0.075	174	0.192	104	0.293	146	0.168	162
龙岩	0.182	156	0.101	136	0.186	117	0.302	135	0.139	205
常德	0.182	157	0.078	169	0.169	145	0.290	147	0.190	135
齐齐哈尔	0.182	158	0.154	105	0.160	162	0.221	202	0.192	133
许昌	0.181	159	0.057	213	0.169	146	0.321	118	0.178	146
东营	0.178	160	0.065	193	0.137	200	0.327	111	0.183	143
郴州	0.178	161	0.055	218	0.179	127	0.271	163	0.207	114
蚌埠	0.177	162	0.060	205	0.120	218	0.308	133	0.218	104
通化	0.176	163	0.247	79	0.209	89	0.157	249	0.091	261

续表

城市	城市文化品牌发展指数	排名	文化独特性	排名	文化潜力	排名	文化活力	排名	文化吸引力	排名
清远	0.176	164	0.083	164	0.141	195	0.309	132	0.170	159
武威	0.175	165	0.298	59	0.135	206	0.154	253	0.116	234
南充	0.175	166	0.075	175	0.158	167	0.283	155	0.184	142
茂名	0.174	167	0.067	192	0.141	194	0.313	123	0.175	151
河源	0.174	168	0.082	165	0.156	169	0.296	142	0.160	170
眉山	0.173	169	0.091	153	0.141	192	0.280	157	0.178	147
随州	0.173	170	0.214	91	0.118	222	0.216	208	0.142	198
韶关	0.171	171	0.070	187	0.159	165	0.282	156	0.172	158
运城	0.170	172	0.104	135	0.170	142	0.247	180	0.159	173
南平	0.169	173	0.100	140	0.181	124	0.263	170	0.131	216
枣庄	0.168	174	0.056	217	0.161	160	0.293	145	0.164	166
永州	0.168	175	0.139	114	0.140	197	0.249	179	0.145	194
包头	0.168	176	0.072	180	0.155	170	0.270	164	0.174	156
驻马店	0.166	177	0.058	207	0.191	106	0.245	185	0.170	160
湘潭	0.166	178	0.064	197	0.144	187	0.315	121	0.141	201
抚州	0.165	179	0.056	215	0.153	172	0.302	137	0.149	191
怀化	0.163	180	0.076	172	0.171	141	0.246	182	0.161	169
安顺	0.162	181	0.081	167	0.167	149	0.260	172	0.141	199
濮阳	0.162	182	0.126	120	0.148	182	0.220	204	0.154	183
淮北	0.161	183	0.061	203	0.165	151	0.268	168	0.149	189
玉溪	0.158	184	0.071	182	0.162	156	0.225	199	0.175	152
曲靖	0.158	185	0.129	117	0.141	196	0.221	201	0.139	204
焦作	0.156	186	0.065	195	0.129	212	0.286	153	0.143	197
邵阳	0.155	187	0.069	188	0.133	208	0.268	167	0.150	188
平顶山	0.155	188	0.065	196	0.146	184	0.254	175	0.157	176
来宾	0.153	189	0.088	156	0.182	123	0.234	194	0.107	242
广元	0.150	190	0.058	210	0.164	152	0.244	186	0.135	208
荆门	0.150	191	0.046	235	0.150	179	0.270	165	0.134	210
咸宁	0.150	192	0.049	231	0.149	180	0.253	177	0.148	192
揭阳	0.149	193	0.056	214	0.115	229	0.267	169	0.157	175

续表

城市	城市文化品牌发展指数	排名	文化独特性	排名	文化潜力	排名	文化活力	排名	文化吸引力	排名
宜春	0.148	194	0.058	208	0.111	235	0.271	162	0.152	186
呼伦贝尔	0.148	195	0.085	163	0.177	131	0.174	239	0.157	179
玉林	0.148	196	0.058	209	0.182	122	0.207	213	0.144	196
晋中	0.147	197	0.108	132	0.152	173	0.226	198	0.102	248
广安	0.147	198	0.062	202	0.128	213	0.257	174	0.141	200
牡丹江	0.146	199	0.064	198	0.171	140	0.203	215	0.147	193
白银	0.146	200	0.050	226	0.180	125	0.218	206	0.137	207
鹤壁	0.146	201	0.205	93	0.113	231	0.158	248	0.109	240
周口	0.146	202	0.065	194	0.122	217	0.242	187	0.156	181
赤峰	0.145	203	0.070	186	0.136	203	0.219	205	0.154	184
渭南	0.144	204	0.067	191	0.139	199	0.237	192	0.133	213
阳江	0.144	205	0.063	199	0.103	242	0.251	178	0.157	178
白山	0.143	206	0.111	127	0.175	134	0.194	225	0.092	259
酒泉	0.143	207	0.081	166	0.230	79	0.146	257	0.114	236
锦州	0.143	208	0.053	221	0.133	210	0.226	197	0.159	171
德阳	0.142	209	0.048	232	0.118	223	0.272	161	0.132	215
宿州	0.140	210	0.051	224	0.115	227	0.241	189	0.152	185
临汾	0.138	211	0.087	160	0.142	190	0.190	228	0.134	211
雅安	0.138	212	0.063	200	0.135	205	0.223	200	0.131	217
普洱	0.138	213	0.095	147	0.146	183	0.153	254	0.157	177
攀枝花	0.137	214	0.053	222	0.139	198	0.197	222	0.161	168
四平	0.135	215	0.068	190	0.151	176	0.200	217	0.121	228
三门峡	0.134	216	0.054	220	0.115	228	0.194	224	0.175	150
铜陵	0.134	217	0.047	234	0.113	232	0.237	191	0.140	202
萍乡	0.134	218	0.038	250	0.127	214	0.245	184	0.125	222
益阳	0.133	219	0.044	243	0.119	221	0.246	183	0.123	223
丹东	0.133	220	0.060	204	0.112	233	0.193	226	0.167	164
内江	0.132	221	0.051	223	0.111	236	0.235	193	0.128	219
鄂州	0.128	222	0.045	239	0.118	224	0.215	209	0.135	209
吴忠	0.126	223	0.202	94	0.107	238	0.152	255	0.045	286

续表

城市	城市文化品牌发展指数	排名	文化独特性	排名	文化潜力	排名	文化活力	排名	文化吸引力	排名
营口	0. 126	224	0. 050	229	0. 134	207	0. 199	219	0. 121	227
晋城	0. 124	225	0. 079	168	0. 100	245	0. 198	220	0. 120	229
遂宁	0. 124	226	0. 045	240	0. 116	225	0. 204	214	0. 129	218
吕梁	0. 123	227	0. 078	170	0. 096	253	0. 196	223	0. 123	224
黑河	0. 123	228	0. 075	177	0. 136	204	0. 173	240	0. 109	241
池州	0. 122	229	0. 037	254	0. 098	251	0. 234	195	0. 119	230
巴中	0. 121	230	0. 046	237	0. 157	168	0. 157	250	0. 123	225
忻州	0. 120	231	0. 088	155	0. 115	226	0. 156	251	0. 122	226
百色	0. 116	232	0. 060	206	0. 142	191	0. 148	256	0. 114	237
定西	0. 115	233	0. 054	219	0. 141	193	0. 170	242	0. 094	258
梧州	0. 115	234	0. 040	246	0. 087	259	0. 216	207	0. 117	233
抚顺	0. 115	235	0. 046	236	0. 109	237	0. 187	232	0. 117	232
毕节	0. 115	236	0. 058	211	0. 082	265	0. 185	234	0. 134	212
佳木斯	0. 115	237	0. 050	228	0. 057	277	0. 203	216	0. 149	190
铜仁	0. 114	238	0. 051	225	0. 120	220	0. 172	241	0. 115	235
庆阳	0. 113	239	0. 038	252	0. 114	230	0. 197	221	0. 102	249
嘉峪关	0. 112	240	0. 050	227	0. 100	246	0. 142	261	0. 156	180
娄底	0. 112	241	0. 038	249	0. 091	257	0. 214	210	0. 104	245
漯河	0. 111	242	0. 034	258	0. 083	264	0. 199	218	0. 128	220
保山	0. 110	243	0. 049	230	0. 145	185	0. 158	247	0. 089	265
辽阳	0. 109	244	0. 056	216	0. 101	243	0. 185	235	0. 095	257
盘锦	0. 108	245	0. 040	247	0. 099	249	0. 191	227	0. 103	246
新余	0. 105	246	0. 023	280	0. 092	256	0. 211	211	0. 095	256
云浮	0. 104	247	0. 032	268	0. 106	239	0. 187	229	0. 091	262
汕尾	0. 101	248	0. 045	238	0. 093	255	0. 169	243	0. 097	255
贺州	0. 099	249	0. 032	266	0. 088	258	0. 176	237	0. 099	252
阳泉	0. 098	250	0. 034	263	0. 094	254	0. 168	244	0. 098	253
中卫	0. 097	251	0. 044	241	0. 144	188	0. 131	266	0. 070	277
商洛	0. 097	252	0. 030	272	0. 087	260	0. 187	231	0. 085	268
昭通	0. 096	253	0. 034	259	0. 097	252	0. 146	258	0. 105	243

续表

城市	城市文化品牌发展指数	排名	文化独特性	排名	文化潜力	排名	文化活力	排名	文化吸引力	排名
鹤岗	0.095	254	0.038	251	0.099	248	0.106	274	0.138	206
河池	0.094	255	0.024	279	0.086	261	0.187	230	0.079	272
防城港	0.094	256	0.027	277	0.046	284	0.158	246	0.144	195
本溪	0.093	257	0.034	262	0.105	241	0.142	260	0.089	264
朝阳	0.091	258	0.035	256	0.133	209	0.093	278	0.105	244
平凉	0.091	259	0.033	265	0.101	244	0.140	262	0.088	266
资阳	0.090	260	0.028	274	0.050	282	0.181	236	0.101	250
鹰潭	0.088	261	0.030	273	0.056	280	0.176	238	0.090	263
钦州	0.088	262	0.040	245	0.063	274	0.130	267	0.118	231
贵港	0.086	263	0.018	284	0.048	283	0.186	233	0.091	260
六盘水	0.085	264	0.043	244	0.032	286	0.133	264	0.133	214
朔州	0.084	265	0.031	270	0.099	247	0.116	268	0.088	267
阜新	0.083	266	0.028	275	0.057	278	0.143	259	0.103	247
巴彦淖尔	0.082	267	0.021	282	0.125	215	0.102	276	0.081	270
松原	0.082	268	0.036	255	0.106	240	0.108	272	0.078	273
通辽	0.082	269	0.044	242	0.086	262	0.087	281	0.110	239
绥化	0.079	270	0.034	260	0.038	285	0.160	245	0.084	269
金昌	0.079	271	0.022	281	0.098	250	0.139	263	0.057	282
伊春	0.077	272	0.039	248	0.027	287	0.132	265	0.110	238
葫芦岛	0.074	273	0.020	283	0.059	275	0.090	279	0.128	221
崇左	0.074	274	0.071	184	0.066	271	0.085	284	0.073	276
乌兰察布	0.073	275	0.032	269	0.112	234	0.047	288	0.101	251
铜川	0.070	276	0.032	267	0.063	273	0.107	273	0.078	274
铁岭	0.070	277	0.031	271	0.081	266	0.086	283	0.080	271
陇南	0.069	278	0.047	233	0.052	281	0.082	285	0.097	254
乌海	0.069	279	0.016	285	0.120	219	0.075	286	0.064	281
临沧	0.068	280	0.034	257	0.059	276	0.113	270	0.068	278
固原	0.068	281	0.038	253	0.075	268	0.113	269	0.045	285
鸡西	0.067	282	0.033	264	0.057	279	0.111	271	0.065	280
白城	0.067	283	0.027	276	0.085	263	0.086	282	0.067	279

续表

城市	城市文化品牌发展指数	排名	文化独特性	排名	文化潜力	排名	文化活力	排名	文化吸引力	排名
双鸭山	0.066	284	0.034	261	0.074	270	0.104	275	0.054	283
克拉玛依	0.066	285	0.008	286	0.078	267	0.100	277	0.078	275
石嘴山	0.062	286	0.002	288	0.074	269	0.154	252	0.016	288
七台河	0.042	287	0.026	278	0.008	288	0.087	280	0.047	284
辽源	0.041	288	0.005	287	0.064	272	0.062	287	0.034	287

三　中国城市旅游品牌发展指数2020年总体排名

中国城市营销发展报告课题组

表1-3　2020年中国288个样本城市的城市旅游品牌发展指数排名

城市	城市旅游品牌发展指数	排名	旅游人气	排名	旅游吸引力	排名	旅游发展效益	排名	旅游营销传播	排名
北京	0.869	1	0.830	2	1.000	1	0.646	11	1.000	1
重庆	0.718	2	0.794	4	0.524	2	0.750	1	0.804	6
上海	0.687	3	0.835	1	0.339	3	0.635	13	0.938	2
杭州	0.635	4	0.720	8	0.338	4	0.661	7	0.819	4
成都	0.629	5	0.745	7	0.292	6	0.705	2	0.773	8
武汉	0.618	6	0.795	3	0.151	23	0.629	14	0.899	3
广州	0.584	7	0.761	5	0.120	43	0.641	12	0.815	5
西安	0.577	8	0.708	9	0.208	9	0.660	8	0.730	11
天津	0.556	9	0.697	10	0.173	14	0.653	10	0.700	12
苏州	0.555	10	0.657	13	0.328	5	0.577	36	0.659	15
南京	0.550	11	0.669	12	0.179	12	0.608	18	0.744	10
深圳	0.546	12	0.757	6	0.087	69	0.539	73	0.802	7
宁波	0.524	13	0.642	17	0.156	20	0.605	22	0.693	13
昆明	0.516	14	0.651	15	0.105	58	0.657	9	0.651	18
厦门	0.511	15	0.655	14	0.152	22	0.582	35	0.655	16
香港	0.506	16	0.692	11	0.123	41	0.455	174	0.756	9

续表

城市	城市旅游品牌发展指数	排名	旅游人气	排名	旅游吸引力	排名	旅游发展效益	排名	旅游营销传播	排名
青岛	0.505	17	0.642	18	0.139	29	0.576	37	0.661	14
沈阳	0.496	18	0.613	21	0.241	8	0.514	99	0.616	24
长沙	0.495	19	0.647	16	0.128	37	0.576	38	0.627	21
郑州	0.495	20	0.610	22	0.186	11	0.567	48	0.615	26
贵阳	0.493	21	0.618	19	0.057	105	0.671	5	0.628	19
澳门	0.492	22	0.599	24	0.162	18	0.553	58	0.654	17
桂林	0.486	23	0.616	20	0.111	52	0.663	6	0.556	35
黄山	0.476	24	0.590	30	0.285	7	0.488	136	0.541	39
哈尔滨	0.474	25	0.581	34	0.169	15	0.563	50	0.581	28
济南	0.469	26	0.593	27	0.129	36	0.538	74	0.615	25
温州	0.463	27	0.602	23	0.137	30	0.569	47	0.546	37
洛阳	0.459	28	0.591	29	0.176	13	0.550	66	0.522	44
福州	0.457	29	0.596	25	0.079	77	0.595	29	0.560	32
合肥	0.457	30	0.594	26	0.095	66	0.601	24	0.538	41
南宁	0.456	31	0.583	33	0.101	61	0.612	17	0.529	43
大连	0.456	32	0.592	28	0.097	63	0.570	46	0.565	30
石家庄	0.454	33	0.564	40	0.115	48	0.589	33	0.549	36
金华	0.448	34	0.574	35	0.134	33	0.573	40	0.510	51
湖州	0.446	35	0.589	31	0.086	70	0.553	57	0.556	34
南昌	0.443	36	0.585	32	0.053	113	0.613	16	0.520	46
长春	0.442	37	0.563	42	0.078	79	0.595	28	0.533	42
无锡	0.441	38	0.570	38	0.125	40	0.551	63	0.517	48
嘉兴	0.439	39	0.573	36	0.084	71	0.558	54	0.541	40
佛山	0.437	40	0.567	39	0.126	39	0.495	126	0.562	31
吉林	0.436	41	0.548	44	0.039	157	0.553	55	0.605	27
太原	0.425	42	0.540	51	0.067	88	0.550	64	0.544	38
台州	0.424	43	0.543	48	0.082	72	0.551	62	0.518	47
乌鲁木齐	0.423	44	0.511	61	0.038	161	0.686	3	0.458	64
三亚	0.423	45	0.535	53	0.053	112	0.487	138	0.617	23
绍兴	0.420	46	0.541	50	0.095	65	0.530	80	0.513	50

续表

城市	城市旅游品牌发展指数	排名	旅游人气	排名	旅游吸引力	排名	旅游发展效益	排名	旅游营销传播	排名
保定	0.419	47	0.521	55	0.159	19	0.586	34	0.412	74
兰州	0.416	48	0.517	57	0.030	192	0.560	51	0.559	33
大同	0.416	49	0.497	72	0.115	46	0.533	79	0.520	45
泉州	0.416	50	0.545	46	0.106	57	0.572	43	0.442	69
上饶	0.414	51	0.551	43	0.165	17	0.608	20	0.331	134
珠海	0.412	52	0.572	37	0.032	183	0.476	153	0.569	29
遵义	0.410	53	0.486	84	0.078	78	0.675	4	0.401	79
丽江	0.410	54	0.540	52	0.119	45	0.503	112	0.478	57
九江	0.410	55	0.544	47	0.147	26	0.604	23	0.343	125
烟台	0.404	56	0.546	45	0.102	60	0.525	86	0.445	66
北海	0.404	57	0.497	70	0.031	185	0.597	27	0.490	55
张家口	0.402	58	0.506	64	0.050	125	0.552	60	0.500	52
乐山	0.401	59	0.494	73	0.144	28	0.536	77	0.429	70
扬州	0.396	60	0.500	69	0.113	50	0.506	109	0.466	62
东莞	0.396	61	0.563	41	0.057	106	0.449	186	0.516	49
常州	0.393	62	0.505	65	0.074	82	0.520	91	0.472	59
十堰	0.392	63	0.461	100	0.156	21	0.571	44	0.380	96
唐山	0.389	64	0.482	85	0.134	32	0.550	65	0.391	89
海口	0.389	65	0.511	62	0.024	216	0.394	234	0.626	22
赣州	0.388	66	0.518	56	0.062	96	0.599	26	0.373	100
泰安	0.388	67	0.501	67	0.136	31	0.520	92	0.396	86
宜昌	0.387	68	0.511	59	0.108	54	0.517	97	0.410	76
柳州	0.386	69	0.473	91	0.074	81	0.594	30	0.404	77
承德	0.386	70	0.489	79	0.132	34	0.559	53	0.363	108
中山	0.384	71	0.511	60	0.025	210	0.371	253	0.628	20
江门	0.384	72	0.515	58	0.115	47	0.502	113	0.402	78
舟山	0.381	73	0.503	66	0.033	179	0.517	98	0.473	58
徐州	0.381	74	0.493	74	0.079	76	0.491	131	0.462	63
潍坊	0.380	75	0.510	63	0.106	56	0.506	108	0.399	81
张家界	0.379	76	0.534	54	0.044	145	0.552	61	0.386	92

续表

城市	城市旅游品牌发展指数	排名	旅游人气	排名	旅游吸引力	排名	旅游发展效益	排名	旅游营销传播	排名
济宁	0.379	77	0.487	83	0.166	16	0.500	118	0.362	111
晋中	0.378	78	0.462	97	0.201	10	0.549	67	0.298	152
惠州	0.377	79	0.542	49	0.052	118	0.469	161	0.443	67
安顺	0.376	80	0.462	96	0.051	120	0.591	31	0.399	82
淄博	0.375	81	0.467	93	0.151	24	0.491	133	0.392	88
丽水	0.375	82	0.467	94	0.105	59	0.511	102	0.418	71
秦皇岛	0.374	83	0.497	71	0.056	108	0.559	52	0.383	95
漳州	0.374	84	0.472	92	0.149	25	0.537	75	0.336	128
南通	0.372	85	0.491	76	0.045	140	0.484	145	0.466	61
日照	0.368	86	0.501	68	0.034	173	0.441	199	0.494	54
开封	0.367	87	0.492	75	0.050	127	0.509	106	0.415	73
长治	0.363	88	0.435	121	0.064	93	0.510	103	0.443	68
延安	0.360	89	0.456	103	0.051	119	0.486	141	0.449	65
南平	0.359	90	0.456	102	0.127	38	0.564	49	0.291	158
临沂	0.359	91	0.488	82	0.096	64	0.500	117	0.354	120
景德镇	0.359	92	0.491	77	0.081	74	0.576	39	0.288	164
南阳	0.357	93	0.440	113	0.068	86	0.523	88	0.395	87
邯郸	0.356	94	0.461	99	0.114	49	0.487	137	0.364	106
毕节	0.355	95	0.455	104	0.023	220	0.608	19	0.335	129
呼和浩特	0.355	96	0.451	107	0.041	154	0.519	94	0.410	75
西宁	0.354	97	0.417	141	0.063	94	0.456	173	0.481	56
芜湖	0.353	98	0.476	88	0.042	152	0.533	78	0.359	112
龙岩	0.350	99	0.436	119	0.131	35	0.526	85	0.307	146
汉中	0.349	100	0.438	117	0.043	150	0.527	82	0.388	90
威海	0.348	101	0.489	80	0.059	100	0.481	151	0.363	109
运城	0.348	102	0.420	132	0.088	68	0.520	93	0.364	107
南充	0.347	103	0.420	133	0.043	147	0.553	59	0.372	101
宝鸡	0.346	104	0.490	78	0.063	95	0.548	69	0.284	169
宜宾	0.346	105	0.443	111	0.045	139	0.529	81	0.366	105
湛江	0.346	106	0.482	86	0.027	204	0.491	134	0.384	93

续表

城市	城市旅游品牌发展指数	排名	旅游人气	排名	旅游吸引力	排名	旅游发展效益	排名	旅游营销传播	排名
镇江	0. 345	107	0. 453	105	0. 053	111	0. 505	111	0. 371	102
玉林	0. 343	108	0. 440	112	0. 034	170	0. 606	21	0. 290	161
安康	0. 343	109	0. 407	149	0. 054	110	0. 414	223	0. 496	53
鞍山	0. 342	110	0. 475	89	0. 044	142	0. 469	160	0. 380	97
廊坊	0. 342	111	0. 436	120	0. 070	84	0. 483	147	0. 379	98
衢州	0. 342	112	0. 427	127	0. 076	80	0. 467	163	0. 397	84
安阳	0. 338	113	0. 417	139	0. 122	42	0. 497	123	0. 315	141
郴州	0. 335	114	0. 488	81	0. 059	99	0. 523	87	0. 268	179
宜春	0. 334	115	0. 450	108	0. 052	116	0. 573	41	0. 262	187
岳阳	0. 334	116	0. 473	90	0. 039	156	0. 498	122	0. 325	136
达州	0. 332	117	0. 303	249	0. 039	158	0. 599	25	0. 388	91
宁德	0. 330	118	0. 404	152	0. 057	104	0. 501	116	0. 359	114
铜仁	0. 329	119	0. 388	173	0. 052	115	0. 617	15	0. 257	195
临汾	0. 327	120	0. 407	151	0. 090	67	0. 527	83	0. 287	165
黄冈	0. 327	121	0. 421	130	0. 066	90	0. 448	188	0. 374	99
忻州	0. 327	122	0. 394	165	0. 146	27	0. 510	105	0. 259	192
盐城	0. 325	123	0. 416	142	0. 047	132	0. 439	204	0. 397	83
安庆	0. 323	124	0. 464	95	0. 081	73	0. 511	101	0. 237	212
荆州	0. 323	125	0. 417	140	0. 037	162	0. 442	197	0. 396	85
新乡	0. 321	126	0. 435	122	0. 013	265	0. 454	175	0. 383	94
信阳	0. 321	127	0. 393	166	0. 034	172	0. 499	120	0. 358	116
邢台	0. 319	128	0. 392	167	0. 056	109	0. 472	157	0. 355	118
汕头	0. 318	129	0. 420	135	0. 044	144	0. 439	203	0. 370	103
崇左	0. 318	130	0. 398	160	0. 119	44	0. 549	68	0. 207	227
绵阳	0. 318	131	0. 403	157	0. 067	87	0. 481	149	0. 320	139
银川	0. 318	132	0. 389	172	0. 045	137	0. 367	257	0. 471	60
焦作	0. 317	133	0. 446	109	0. 041	155	0. 443	196	0. 340	126
清远	0. 317	134	0. 440	114	0. 066	92	0. 414	225	0. 350	122
衡阳	0. 316	135	0. 440	115	0. 028	200	0. 485	143	0. 312	142
百色	0. 316	136	0. 403	154	0. 051	121	0. 509	107	0. 300	149

续表

城市	城市旅游品牌发展指数	排名	旅游人气	排名	旅游吸引力	排名	旅游发展效益	排名	旅游营销传播	排名
咸阳	0.315	137	0.434	123	0.031	187	0.491	130	0.304	148
梅州	0.314	138	0.428	126	0.048	129	0.448	190	0.332	133
保山	0.313	139	0.400	158	0.022	224	0.520	90	0.311	144
晋城	0.313	140	0.377	185	0.069	85	0.510	104	0.294	156
常德	0.312	141	0.438	116	0.038	160	0.480	152	0.291	159
河池	0.311	142	0.385	174	0.045	134	0.553	56	0.263	185
襄阳	0.311	143	0.432	124	0.031	188	0.426	214	0.355	117
连云港	0.311	144	0.396	163	0.048	131	0.460	165	0.338	127
眉山	0.310	145	0.347	222	0.024	217	0.471	159	0.400	80
河源	0.310	146	0.430	125	0.026	207	0.425	215	0.359	113
潮州	0.310	147	0.407	150	0.044	141	0.505	110	0.284	168
遂宁	0.310	148	0.478	87	0.028	197	0.497	124	0.237	213
吉安	0.309	149	0.461	98	0.050	126	0.473	155	0.252	198
梧州	0.308	150	0.397	161	0.022	226	0.539	72	0.275	172
天水	0.308	151	0.382	179	0.046	133	0.444	193	0.358	115
邵阳	0.308	152	0.413	144	0.034	175	0.485	142	0.298	151
韶关	0.308	153	0.397	162	0.043	148	0.458	166	0.333	132
淮安	0.306	154	0.377	187	0.062	97	0.453	180	0.334	130
泸州	0.306	155	0.368	196	0.043	149	0.485	144	0.329	135
六安	0.304	156	0.419	136	0.100	62	0.446	191	0.250	199
三明	0.304	157	0.384	177	0.058	103	0.494	129	0.278	170
钦州	0.303	158	0.378	184	0.026	209	0.571	45	0.239	209
怀化	0.303	159	0.423	129	0.042	153	0.472	158	0.275	171
莆田	0.303	160	0.438	118	0.036	166	0.496	125	0.241	207
吕梁	0.303	161	0.356	211	0.056	107	0.498	121	0.300	150
马鞍山	0.302	162	0.424	128	0.027	202	0.449	185	0.310	145
萍乡	0.302	163	0.416	143	0.015	261	0.521	89	0.256	196
三门峡	0.301	164	0.394	164	0.043	146	0.457	169	0.312	143
渭南	0.299	165	0.451	106	0.060	98	0.454	179	0.232	217
贺州	0.298	166	0.399	159	0.020	237	0.572	42	0.201	235

续表

城市	城市旅游品牌发展指数	排名	旅游人气	排名	旅游吸引力	排名	旅游发展效益	排名	旅游营销传播	排名
沧州	0.298	167	0.377	186	0.050	128	0.403	231	0.362	110
湘潭	0.298	168	0.443	110	0.023	223	0.452	182	0.273	174
曲靖	0.298	169	0.384	178	0.029	196	0.489	135	0.290	162
普洱	0.297	170	0.403	156	0.019	242	0.495	127	0.271	176
咸宁	0.297	171	0.403	155	0.045	135	0.443	195	0.295	155
六盘水	0.296	172	0.380	183	0.025	215	0.518	95	0.263	184
呼伦贝尔	0.296	173	0.421	131	0.067	89	0.452	181	0.245	204
株洲	0.296	174	0.420	134	0.020	235	0.448	187	0.295	154
鄂尔多斯	0.294	175	0.339	229	0.111	53	0.465	164	0.261	191
茂名	0.293	176	0.342	226	0.019	241	0.446	192	0.367	104
肇庆	0.293	177	0.392	169	0.018	245	0.437	205	0.325	137
来宾	0.293	178	0.356	212	0.018	246	0.501	115	0.296	153
池州	0.292	179	0.458	101	0.066	91	0.491	132	0.152	263
赤峰	0.291	180	0.350	216	0.048	130	0.433	208	0.333	131
宣城	0.290	181	0.409	146	0.080	75	0.467	162	0.204	232
白山	0.290	182	0.368	195	0.007	282	0.366	258	0.418	72
丹东	0.289	183	0.408	147	0.032	181	0.486	140	0.228	218
抚州	0.288	184	0.403	153	0.031	189	0.526	84	0.191	242
泰州	0.288	185	0.376	189	0.030	194	0.427	212	0.318	140
鹰潭	0.288	186	0.410	145	0.017	251	0.544	71	0.181	252
张掖	0.286	187	0.345	224	0.058	102	0.494	128	0.249	201
衡水	0.286	188	0.363	202	0.020	233	0.408	227	0.355	119
酒泉	0.286	189	0.367	198	0.112	51	0.518	96	0.148	264
广元	0.286	190	0.326	235	0.073	83	0.484	146	0.261	190
阳江	0.284	191	0.371	193	0.017	252	0.426	213	0.324	138
玉溪	0.283	192	0.349	220	0.028	201	0.486	139	0.269	178
包头	0.283	193	0.350	219	0.035	168	0.454	178	0.291	160
永州	0.279	194	0.392	168	0.026	208	0.457	167	0.242	206
大庆	0.278	195	0.352	214	0.045	138	0.369	256	0.347	124
临沧	0.278	196	0.391	170	0.014	262	0.502	114	0.206	228

续表

城市	城市旅游品牌发展指数	排名	旅游人气	排名	旅游吸引力	排名	旅游发展效益	排名	旅游营销传播	排名
商洛	0.277	197	0.362	203	0.042	151	0.443	194	0.262	189
滁州	0.275	198	0.384	176	0.021	231	0.432	210	0.262	186
德阳	0.275	199	0.408	148	0.012	275	0.473	154	0.205	230
阜阳	0.274	200	0.375	190	0.036	165	0.415	222	0.271	177
本溪	0.274	201	0.367	197	0.038	159	0.456	172	0.235	214
广安	0.274	202	0.350	217	0.024	219	0.456	171	0.265	182
牡丹江	0.271	203	0.418	138	0.050	124	0.370	254	0.248	203
娄底	0.271	204	0.369	194	0.017	249	0.544	70	0.155	262
黄石	0.271	205	0.335	232	0.016	259	0.388	241	0.347	123
驻马店	0.271	206	0.377	188	0.036	167	0.499	119	0.172	256
德州	0.270	207	0.384	175	0.034	174	0.388	240	0.275	173
贵港	0.270	208	0.345	225	0.007	283	0.536	76	0.191	243
通化	0.269	209	0.334	233	0.107	55	0.457	168	0.179	253
商丘	0.268	210	0.317	241	0.030	193	0.436	206	0.288	163
平顶山	0.266	211	0.381	182	0.052	114	0.434	207	0.196	239
榆林	0.265	212	0.339	228	0.031	184	0.386	243	0.304	147
揭阳	0.265	213	0.335	231	0.025	214	0.414	224	0.286	166
菏泽	0.263	214	0.351	215	0.030	195	0.379	248	0.292	157
佳木斯	0.263	215	0.297	252	0.018	248	0.590	32	0.147	265
云浮	0.263	216	0.360	207	0.014	263	0.454	176	0.224	220
聊城	0.262	217	0.382	181	0.036	164	0.392	235	0.239	208
宿迁	0.262	218	0.325	236	0.034	171	0.424	217	0.263	183
孝感	0.260	219	0.360	206	0.028	199	0.379	249	0.273	175
雅安	0.259	220	0.256	269	0.059	101	0.472	156	0.249	200
荆门	0.259	221	0.350	218	0.017	250	0.384	244	0.285	167
蚌埠	0.259	222	0.390	171	0.019	239	0.431	211	0.194	240
濮阳	0.259	223	0.299	251	0.013	268	0.513	100	0.209	225
攀枝花	0.257	224	0.280	259	0.016	256	0.481	150	0.253	197
亳州	0.257	225	0.361	204	0.031	190	0.425	216	0.211	224
益阳	0.256	226	0.357	210	0.016	253	0.418	221	0.234	216

续表

城市	城市旅游品牌发展指数	排名	旅游人气	排名	旅游吸引力	排名	旅游发展效益	排名	旅游营销传播	排名
枣庄	0. 256	227	0. 357	209	0. 051	122	0. 389	238	0. 227	219
东营	0. 255	228	0. 364	201	0. 023	222	0. 375	251	0. 259	193
新余	0. 254	229	0. 361	205	0. 006	286	0. 482	148	0. 169	258
滨州	0. 254	230	0. 359	208	0. 045	136	0. 372	252	0. 239	210
巴中	0. 253	231	0. 321	238	0. 050	123	0. 452	183	0. 188	247
自贡	0. 253	232	0. 315	243	0. 013	266	0. 439	202	0. 243	205
白银	0. 250	233	0. 259	267	0. 011	277	0. 381	247	0. 350	121
营口	0. 249	234	0. 346	223	0. 025	212	0. 424	218	0. 202	234
抚顺	0. 248	235	0. 382	180	0. 028	198	0. 440	201	0. 143	266
陇南	0. 248	236	0. 305	247	0. 035	169	0. 386	242	0. 265	181
锦州	0. 247	237	0. 365	199	0. 052	117	0. 406	228	0. 166	259
淮南	0. 246	238	0. 371	191	0. 034	176	0. 391	236	0. 189	244
齐齐哈尔	0. 246	239	0. 315	244	0. 044	143	0. 440	200	0. 184	250
阳泉	0. 243	240	0. 304	248	0. 021	230	0. 456	170	0. 192	241
周口	0. 240	241	0. 371	192	0. 013	270	0. 350	263	0. 224	221
朔州	0. 239	242	0. 287	257	0. 022	229	0. 448	189	0. 200	237
通辽	0. 238	243	0. 266	263	0. 033	180	0. 450	184	0. 204	231
铜陵	0. 236	244	0. 339	230	0. 022	227	0. 395	232	0. 189	246
内江	0. 234	245	0. 264	265	0. 018	247	0. 441	198	0. 211	223
伊春	0. 233	246	0. 348	221	0. 037	163	0. 359	260	0. 188	248
许昌	0. 232	247	0. 320	239	0. 026	206	0. 359	261	0. 222	222
黑河	0. 229	248	0. 354	213	0. 031	186	0. 329	269	0. 201	236
昭通	0. 229	249	0. 295	254	0. 013	272	0. 370	255	0. 237	211
随州	0. 228	250	0. 331	234	0. 024	218	0. 378	250	0. 179	254
辽阳	0. 227	251	0. 317	242	0. 013	269	0. 405	230	0. 172	255
乌兰察布	0. 226	252	0. 302	250	0. 034	178	0. 363	259	0. 205	229
宿州	0. 226	253	0. 342	227	0. 031	191	0. 405	229	0. 125	274
武威	0. 220	254	0. 242	271	0. 027	203	0. 412	226	0. 198	238
铜川	0. 218	255	0. 307	246	0. 014	264	0. 388	239	0. 163	261
嘉峪关	0. 217	256	0. 292	256	0. 021	232	0. 381	245	0. 171	257

续表

城市	城市旅游品牌发展指数	排名	旅游人气	排名	旅游吸引力	排名	旅游发展效益	排名	旅游营销传播	排名
平凉	0. 216	257	0. 265	264	0. 034	177	0. 432	209	0. 135	270
盘锦	0. 216	258	0. 322	237	0. 013	273	0. 419	220	0. 112	276
淮北	0. 215	259	0. 319	240	0. 013	267	0. 346	264	0. 182	251
葫芦岛	0. 214	260	0. 309	245	0. 025	211	0. 421	219	0. 099	278
防城港	0. 212	261	0. 365	200	0. 019	240	0. 255	280	0. 208	226
资阳	0. 211	262	0. 278	261	0. 008	281	0. 394	233	0. 165	260
克拉玛依	0. 209	263	0. 234	273	0. 006	287	0. 454	177	0. 141	267
汕尾	0. 209	264	0. 279	260	0. 032	182	0. 335	267	0. 189	245
朝阳	0. 202	265	0. 296	253	0. 025	213	0. 391	237	0. 098	279
定西	0. 202	266	0. 192	282	0. 022	225	0. 331	268	0. 262	188
四平	0. 202	267	0. 229	275	0. 020	234	0. 323	270	0. 234	215
双鸭山	0. 193	268	0. 419	137	0. 016	257	0. 273	275	0. 064	286
铁岭	0. 192	269	0. 293	255	0. 016	254	0. 381	246	0. 078	282
阜新	0. 188	270	0. 264	266	0. 020	236	0. 342	265	0. 128	273
庆阳	0. 187	271	0. 187	283	0. 022	228	0. 354	262	0. 187	249
固原	0. 184	272	0. 218	277	0. 018	244	0. 252	281	0. 249	202
中卫	0. 181	273	0. 246	270	0. 016	255	0. 260	279	0. 203	233
鄂州	0. 180	274	0. 209	279	0. 009	278	0. 244	283	0. 257	194
吴忠	0. 178	275	0. 206	280	0. 009	279	0. 231	284	0. 267	180
绥化	0. 172	276	0. 285	258	0. 008	280	0. 322	271	0. 075	283
松原	0. 171	277	0. 240	272	0. 019	238	0. 335	266	0. 089	281
白城	0. 166	278	0. 201	281	0. 013	271	0. 310	272	0. 138	269
巴彦淖尔	0. 163	279	0. 232	274	0. 023	221	0. 301	273	0. 097	280
漯河	0. 161	280	0. 221	276	0. 027	205	0. 261	278	0. 135	271
鸡西	0. 154	281	0. 276	262	0. 019	243	0. 289	274	0. 031	287
金昌	0. 134	282	0. 162	284	0. 012	274	0. 246	282	0. 116	275
乌海	0. 132	283	0. 145	286	0. 007	285	0. 271	276	0. 104	277
鹤岗	0. 132	284	0. 216	278	0. 015	260	0. 229	285	0. 066	285
鹤壁	0. 131	285	0. 259	268	0. 016	258	0. 113	288	0. 134	272
辽源	0. 121	286	0. 138	288	0. 007	284	0. 265	277	0. 074	284

续表

城市	城市旅游品牌发展指数	排名	旅游人气	排名	旅游吸引力	排名	旅游发展效益	排名	旅游营销传播	排名
石嘴山	0.115	287	0.140	287	0.011	276	0.169	287	0.140	268
七台河	0.090	288	0.156	285	0.001	288	0.204	286	0.000	288

四　中国城市投资品牌发展指数 2020 年总体排名

中国城市营销发展报告课题组

表 1－4　2020 年中国 288 个样本城市的城市投资品牌发展指数排名

城市	城市投资品牌发展指数	排名	经济基础	排名	投资活力	排名	创新创业潜力	排名	投资营销传播	排名
北京	0.870	1	0.886	1	0.701	6	0.904	1	0.989	1
上海	0.858	2	0.705	2	0.916	1	0.830	3	0.977	2
深圳	0.772	3	0.685	3	0.658	8	0.860	2	0.886	3
杭州	0.690	4	0.499	5	0.696	7	0.790	4	0.771	7
广州	0.663	5	0.461	6	0.732	4	0.680	12	0.781	6
重庆	0.652	6	0.326	17	0.864	2	0.710	11	0.713	9
香港	0.647	7	0.554	4	0.479	31	0.770	5	0.782	5
武汉	0.637	8	0.360	14	0.657	9	0.740	7	0.788	4
成都	0.635	9	0.389	9	0.769	3	0.680	13	0.703	10
南京	0.625	10	0.417	8	0.607	14	0.760	6	0.713	8
天津	0.614	11	0.389	10	0.657	10	0.710	9	0.703	11
西安	0.600	12	0.346	15	0.721	5	0.710	10	0.625	15
苏州	0.594	13	0.369	12	0.609	13	0.740	8	0.659	13
宁波	0.566	14	0.379	11	0.581	18	0.610	20	0.691	12
青岛	0.560	15	0.318	19	0.621	12	0.650	14	0.646	14
长沙	0.539	16	0.340	16	0.625	11	0.610	18	0.579	17
厦门	0.535	17	0.366	13	0.529	24	0.630	15	0.614	16
郑州	0.515	18	0.300	25	0.559	19	0.620	17	0.575	19
大连	0.500	19	0.290	27	0.584	17	0.570	24	0.554	23

续表

城市	城市投资品牌发展指数	排名	经济基础	排名	投资活力	排名	创新创业潜力	排名	投资营销传播	排名
济南	0. 500	20	0. 314	21	0. 497	27	0. 630	16	0. 561	21
合肥	0. 492	21	0. 303	24	0. 499	26	0. 600	21	0. 562	20
无锡	0. 491	22	0. 315	20	0. 513	25	0. 600	22	0. 534	28
东莞	0. 478	23	0. 308	23	0. 455	34	0. 610	19	0. 535	27
南昌	0. 476	24	0. 313	22	0. 589	15	0. 530	34	0. 468	46
福州	0. 475	25	0. 281	30	0. 532	23	0. 560	27	0. 524	31
昆明	0. 469	26	0. 295	26	0. 479	32	0. 520	37	0. 575	18
哈尔滨	0. 465	27	0. 246	43	0. 556	20	0. 560	28	0. 498	34
长春	0. 452	28	0. 233	50	0. 492	28	0. 590	23	0. 494	36
珠海	0. 445	29	0. 326	18	0. 543	22	0. 360	97	0. 549	24
嘉兴	0. 442	30	0. 276	34	0. 472	33	0. 500	41	0. 525	30
佛山	0. 439	31	0. 288	29	0. 419	45	0. 520	39	0. 526	29
贵阳	0. 438	32	0. 252	42	0. 547	21	0. 460	52	0. 490	38
沈阳	0. 435	33	0. 276	35	0. 350	76	0. 570	25	0. 546	25
常州	0. 433	34	0. 277	33	0. 440	37	0. 530	33	0. 480	41
南通	0. 428	35	0. 256	40	0. 452	35	0. 530	32	0. 471	44
兰州	0. 427	36	0. 264	37	0. 435	40	0. 540	31	0. 470	45
温州	0. 423	37	0. 259	39	0. 397	56	0. 540	29	0. 496	35
绍兴	0. 419	38	0. 277	32	0. 435	39	0. 480	49	0. 482	40
澳门	0. 418	39	0. 417	7	0. 265	164	0. 490	44	0. 499	33
石家庄	0. 415	40	0. 227	51	0. 414	48	0. 540	30	0. 477	42
湖州	0. 413	41	0. 259	38	0. 426	41	0. 480	47	0. 483	39
芜湖	0. 408	42	0. 207	63	0. 586	16	0. 470	50	0. 367	68
南宁	0. 406	43	0. 225	53	0. 426	42	0. 480	48	0. 491	37
烟台	0. 404	44	0. 237	47	0. 441	36	0. 490	42	0. 444	49
中山	0. 402	45	0. 278	31	0. 399	53	0. 370	91	0. 558	22
徐州	0. 401	46	0. 196	68	0. 409	50	0. 570	26	0. 430	52
吉林	0. 401	47	0. 186	76	0. 418	46	0. 450	54	0. 545	26
太原	0. 396	48	0. 242	44	0. 354	68	0. 520	38	0. 463	47
金华	0. 394	49	0. 237	46	0. 337	91	0. 530	36	0. 477	43

续表

城市	城市投资品牌发展指数	排名	经济基础	排名	投资活力	排名	创新创业潜力	排名	投资营销传播	排名
洛阳	0.394	50	0.197	67	0.484	29	0.480	46	0.410	55
海口	0.389	51	0.290	28	0.390	59	0.370	89	0.501	32
扬州	0.387	52	0.219	54	0.420	44	0.520	40	0.393	59
泉州	0.383	53	0.213	58	0.399	54	0.490	43	0.429	53
乌鲁木齐	0.376	54	0.255	41	0.412	49	0.460	53	0.381	63
惠州	0.373	55	0.235	48	0.406	52	0.420	69	0.435	51
保定	0.366	56	0.160	100	0.426	43	0.530	35	0.348	75
台州	0.363	57	0.265	36	0.324	99	0.410	73	0.455	48
唐山	0.351	58	0.208	61	0.397	55	0.440	58	0.361	72
潍坊	0.349	59	0.187	74	0.392	58	0.450	55	0.366	69
淄博	0.347	60	0.207	62	0.341	84	0.470	51	0.375	64
镇江	0.345	61	0.212	59	0.352	70	0.490	45	0.331	85
舟山	0.344	62	0.235	49	0.356	67	0.400	76	0.390	60
盐城	0.342	63	0.182	77	0.366	62	0.450	57	0.374	65
赣州	0.337	64	0.159	101	0.415	47	0.430	62	0.346	76
银川	0.334	65	0.218	55	0.316	109	0.420	68	0.386	61
九江	0.330	66	0.159	103	0.480	30	0.360	96	0.318	97
西宁	0.329	67	0.193	70	0.395	57	0.390	82	0.341	80
宜昌	0.326	68	0.187	75	0.345	82	0.430	59	0.339	81
江门	0.324	69	0.180	78	0.346	79	0.410	70	0.355	73
大庆	0.320	70	0.226	52	0.324	100	0.410	72	0.321	92
泰安	0.318	71	0.163	93	0.328	97	0.450	56	0.333	84
呼和浩特	0.318	72	0.214	56	0.308	116	0.430	64	0.324	89
廊坊	0.318	73	0.178	81	0.345	80	0.390	80	0.362	71
三亚	0.314	74	0.240	45	0.330	95	0.290	152	0.402	57
连云港	0.314	75	0.176	82	0.352	73	0.380	83	0.342	78
柳州	0.313	76	0.162	94	0.337	90	0.410	71	0.342	79
桂林	0.312	77	0.155	115	0.292	132	0.420	67	0.382	62
新乡	0.311	78	0.141	135	0.351	74	0.430	61	0.324	90
泰州	0.307	79	0.194	69	0.360	64	0.350	105	0.326	88

续表

城市	城市投资品牌发展指数	排名	经济基础	排名	投资活力	排名	创新创业潜力	排名	投资营销传播	排名
湘潭	0.306	80	0.161	97	0.373	60	0.430	63	0.265	132
秦皇岛	0.306	81	0.175	83	0.328	96	0.420	66	0.299	105
大同	0.305	82	0.163	92	0.309	114	0.330	115	0.421	54
漳州	0.305	83	0.172	85	0.347	78	0.360	95	0.335	83
临沂	0.304	84	0.159	102	0.338	89	0.420	65	0.297	106
宁德	0.303	85	0.214	57	0.288	134	0.270	164	0.438	50
襄阳	0.303	86	0.167	87	0.407	51	0.350	104	0.287	113
马鞍山	0.302	87	0.188	73	0.353	69	0.390	78	0.273	127
株洲	0.301	88	0.167	88	0.351	75	0.390	77	0.291	111
泸州	0.301	89	0.156	111	0.352	71	0.360	100	0.339	82
绵阳	0.300	90	0.172	84	0.323	102	0.430	60	0.277	124
威海	0.298	91	0.210	60	0.366	63	0.300	134	0.313	100
济宁	0.298	92	0.157	107	0.334	93	0.400	74	0.299	103
德州	0.296	93	0.163	91	0.340	86	0.370	94	0.315	98
汕头	0.295	94	0.157	105	0.293	129	0.400	75	0.330	86
安康	0.293	95	0.139	138	0.371	61	0.270	170	0.396	58
日照	0.289	96	0.180	80	0.304	120	0.270	169	0.406	56
包头	0.284	97	0.189	72	0.277	147	0.390	79	0.281	120
南阳	0.284	98	0.143	129	0.314	110	0.360	99	0.323	91
邯郸	0.284	99	0.135	151	0.349	77	0.380	88	0.273	128
长治	0.283	100	0.156	110	0.285	137	0.320	122	0.370	66
丽水	0.281	101	0.201	65	0.236	203	0.370	92	0.318	96
荆州	0.281	102	0.142	130	0.319	105	0.380	86	0.282	118
焦作	0.280	103	0.139	139	0.317	107	0.380	84	0.282	117
张家口	0.279	104	0.156	112	0.304	121	0.290	147	0.369	67
衡阳	0.278	105	0.133	154	0.338	88	0.370	90	0.268	130
鞍山	0.278	106	0.166	89	0.250	186	0.370	93	0.329	87
咸阳	0.277	107	0.141	134	0.356	66	0.380	87	0.232	169
延安	0.276	108	0.160	99	0.224	208	0.350	101	0.365	70
沧州	0.276	109	0.157	106	0.318	106	0.310	131	0.320	93

续表

城市	城市投资品牌发展指数	排名	经济基础	排名	投资活力	排名	创新创业潜力	排名	投资营销传播	排名
蚌埠	0.275	110	0.147	124	0.330	94	0.390	81	0.238	161
东营	0.275	111	0.202	64	0.307	117	0.270	166	0.318	95
衢州	0.274	112	0.198	66	0.289	133	0.300	140	0.314	99
滁州	0.273	113	0.137	145	0.343	83	0.350	107	0.267	131
岳阳	0.272	114	0.160	98	0.298	126	0.360	98	0.272	129
湛江	0.272	115	0.135	153	0.317	108	0.340	111	0.300	102
黄冈	0.266	116	0.139	142	0.305	118	0.330	113	0.285	114
淮安	0.263	117	0.161	96	0.247	192	0.350	106	0.299	104
十堰	0.260	118	0.142	132	0.285	138	0.330	114	0.284	115
玉溪	0.258	119	0.136	147	0.439	38	0.230	188	0.227	175
北海	0.258	120	0.180	79	0.336	92	0.160	232	0.352	74
黄石	0.258	121	0.156	108	0.305	119	0.330	118	0.244	155
鄂尔多斯	0.256	122	0.193	71	0.340	85	0.200	205	0.293	110
达州	0.256	123	0.151	120	0.261	168	0.270	168	0.343	77
衡水	0.255	124	0.149	122	0.269	156	0.280	154	0.319	94
遵义	0.254	125	0.141	133	0.308	115	0.290	149	0.281	119
吉安	0.254	126	0.133	155	0.310	112	0.340	108	0.232	171
南充	0.254	127	0.126	169	0.270	155	0.320	121	0.296	107
常德	0.252	128	0.110	209	0.339	87	0.320	120	0.235	165
肇庆	0.251	129	0.142	131	0.284	142	0.310	126	0.265	133
安顺	0.251	130	0.116	195	0.357	65	0.240	184	0.295	108
黄山	0.251	131	0.158	104	0.250	187	0.290	141	0.303	101
信阳	0.251	132	0.122	181	0.266	162	0.340	110	0.280	121
宜宾	0.250	133	0.144	127	0.256	173	0.310	128	0.290	112
淮南	0.249	134	0.122	180	0.288	135	0.350	103	0.232	172
滨州	0.246	135	0.153	116	0.252	184	0.330	112	0.244	154
邢台	0.245	136	0.121	183	0.293	131	0.290	143	0.276	125
上饶	0.245	137	0.128	167	0.320	104	0.290	144	0.241	157
汉中	0.244	138	0.149	121	0.251	185	0.280	158	0.295	109
龙岩	0.244	139	0.164	90	0.259	169	0.290	148	0.264	134

续表

城市	城市投资品牌发展指数	排名	经济基础	排名	投资活力	排名	创新创业潜力	排名	投资营销传播	排名
铜陵	0.244	140	0.155	113	0.281	143	0.280	159	0.258	138
安庆	0.243	141	0.124	174	0.285	139	0.350	102	0.210	187
孝感	0.242	142	0.123	175	0.312	111	0.330	117	0.205	189
荆门	0.240	143	0.132	157	0.299	124	0.270	163	0.253	142
宜春	0.240	144	0.115	197	0.324	101	0.330	119	0.194	202
郴州	0.239	145	0.131	158	0.352	72	0.280	156	0.192	204
菏泽	0.239	146	0.120	186	0.264	165	0.320	124	0.256	140
景德镇	0.239	147	0.147	123	0.257	170	0.340	109	0.210	188
茂名	0.237	148	0.116	194	0.271	153	0.280	157	0.280	122
宿迁	0.237	149	0.135	152	0.300	122	0.260	177	0.259	137
安阳	0.237	150	0.125	172	0.299	125	0.290	146	0.235	164
三明	0.237	151	0.169	86	0.232	205	0.300	138	0.248	147
商丘	0.236	152	0.111	206	0.273	152	0.310	127	0.249	145
宝鸡	0.236	153	0.145	125	0.269	157	0.310	129	0.219	182
淮北	0.235	154	0.135	150	0.255	177	0.320	125	0.234	167
聊城	0.235	155	0.138	143	0.221	211	0.380	85	0.198	195
乐山	0.233	156	0.140	137	0.254	179	0.290	151	0.253	141
承德	0.232	157	0.127	168	0.285	140	0.270	165	0.245	151
开封	0.231	158	0.106	216	0.345	81	0.210	198	0.261	136
莆田	0.230	159	0.155	114	0.253	182	0.280	155	0.229	173
韶关	0.229	160	0.128	165	0.218	213	0.320	123	0.250	143
晋中	0.227	161	0.137	146	0.245	193	0.310	130	0.217	184
锦州	0.227	162	0.129	161	0.249	188	0.330	116	0.204	190
六安	0.224	163	0.115	196	0.286	136	0.300	136	0.196	199
咸宁	0.221	164	0.114	201	0.244	194	0.300	139	0.229	174
益阳	0.221	165	0.120	184	0.266	163	0.300	137	0.200	193
眉山	0.219	166	0.128	164	0.325	98	0.190	215	0.237	162
阜阳	0.218	167	0.105	218	0.270	154	0.300	135	0.193	203
宣城	0.217	168	0.153	117	0.293	130	0.230	189	0.196	200
赤峰	0.217	169	0.130	159	0.198	239	0.260	174	0.279	123

续表

城市	城市投资品牌发展指数	排名	经济基础	排名	投资活力	排名	创新创业潜力	排名	投资营销传播	排名
榆林	0.216	170	0.139	141	0.256	171	0.230	187	0.241	159
牡丹江	0.215	171	0.145	126	0.296	127	0.250	179	0.173	227
永州	0.215	172	0.099	232	0.321	103	0.280	161	0.159	239
运城	0.214	173	0.103	228	0.221	212	0.260	176	0.274	126
清远	0.213	174	0.119	188	0.281	144	0.200	207	0.258	139
邵阳	0.213	175	0.094	246	0.254	180	0.280	160	0.225	176
枣庄	0.212	176	0.126	170	0.256	174	0.290	145	0.176	221
营口	0.210	177	0.136	148	0.309	113	0.170	224	0.223	177
齐齐哈尔	0.210	178	0.097	238	0.300	123	0.310	133	0.137	257
新余	0.210	179	0.143	128	0.266	161	0.180	218	0.245	152
天水	0.208	180	0.091	250	0.197	240	0.290	142	0.249	144
晋城	0.207	181	0.126	171	0.256	175	0.190	217	0.261	135
曲靖	0.206	182	0.111	207	0.244	195	0.250	181	0.222	178
驻马店	0.206	183	0.121	182	0.269	158	0.210	194	0.218	183
许昌	0.202	184	0.039	286	0.277	146	0.310	132	0.185	214
阳江	0.201	185	0.120	187	0.284	141	0.150	236	0.246	148
濮阳	0.200	186	0.111	205	0.278	145	0.190	212	0.221	180
抚州	0.200	187	0.129	160	0.268	160	0.210	199	0.196	198
梧州	0.200	188	0.129	163	0.186	248	0.200	203	0.284	116
梅州	0.200	189	0.087	256	0.200	236	0.270	171	0.246	149
德阳	0.199	190	0.133	156	0.268	159	0.210	195	0.183	216
平顶山	0.198	191	0.128	166	0.274	149	0.220	193	0.172	229
南平	0.196	192	0.141	136	0.205	230	0.200	201	0.232	170
通化	0.196	193	0.069	278	0.293	128	0.220	191	0.196	197
自贡	0.194	194	0.125	173	0.211	222	0.280	162	0.164	234
河源	0.194	195	0.104	222	0.256	172	0.170	222	0.243	156
鄂州	0.194	196	0.138	144	0.262	166	0.190	216	0.188	210
萍乡	0.193	197	0.129	162	0.238	200	0.210	200	0.197	196
攀枝花	0.192	198	0.152	119	0.217	216	0.230	190	0.175	224
白银	0.191	199	0.110	208	0.215	219	0.190	214	0.249	146

续表

城市	城市投资品牌发展指数	排名	经济基础	排名	投资活力	排名	创新创业潜力	排名	投资营销传播	排名
临汾	0.191	200	0.104	223	0.201	234	0.270	167	0.188	211
内江	0.190	201	0.115	200	0.239	199	0.230	185	0.176	222
亳州	0.190	202	0.106	217	0.277	148	0.190	213	0.190	207
四平	0.190	203	0.050	285	0.247	191	0.260	172	0.200	194
广安	0.190	204	0.119	189	0.237	201	0.160	233	0.240	160
三门峡	0.190	205	0.123	179	0.255	176	0.140	245	0.244	153
钦州	0.189	206	0.101	230	0.218	214	0.200	206	0.241	158
玉林	0.188	207	0.105	220	0.227	206	0.180	220	0.236	163
雅安	0.186	208	0.118	191	0.179	255	0.290	153	0.162	237
怀化	0.186	209	0.097	240	0.216	217	0.260	173	0.169	230
娄底	0.184	210	0.094	247	0.255	178	0.240	183	0.142	253
周口	0.182	211	0.097	239	0.274	151	0.200	202	0.155	243
毕节	0.182	212	0.093	249	0.261	167	0.150	239	0.221	181
潮州	0.179	213	0.098	235	0.181	252	0.220	192	0.216	185
百色	0.178	214	0.103	225	0.149	278	0.250	180	0.211	186
揭阳	0.177	215	0.089	252	0.198	238	0.180	221	0.246	150
吕梁	0.176	216	0.093	248	0.224	209	0.180	219	0.203	191
宿州	0.176	217	0.097	237	0.240	198	0.240	182	0.120	269
阜新	0.175	218	0.088	253	0.180	253	0.250	178	0.178	220
渭南	0.175	219	0.108	211	0.232	204	0.200	204	0.157	241
六盘水	0.174	220	0.107	215	0.248	190	0.170	223	0.166	233
遂宁	0.173	221	0.105	221	0.236	202	0.170	227	0.184	215
抚顺	0.171	222	0.123	178	0.158	272	0.260	175	0.145	250
盘锦	0.171	223	0.152	118	0.207	228	0.170	226	0.155	242
丹东	0.171	224	0.112	204	0.199	237	0.210	196	0.161	238
本溪	0.171	225	0.114	202	0.208	226	0.170	228	0.194	201
阳泉	0.170	226	0.117	192	0.194	241	0.190	209	0.175	225
张掖	0.168	227	0.086	257	0.155	275	0.290	150	0.146	249
白山	0.168	228	0.088	254	0.249	189	0.100	271	0.234	166
丽江	0.167	229	0.123	176	0.216	218	0.110	264	0.221	179

续表

城市	城市投资品牌发展指数	排名	经济基础	排名	投资活力	排名	创新创业潜力	排名	投资营销传播	排名
漯河	0. 166	230	0. 103	227	0. 274	150	0. 120	254	0. 163	236
来宾	0. 164	231	0. 105	219	0. 151	277	0. 160	229	0. 234	168
鹰潭	0. 162	232	0. 123	177	0. 240	197	0. 140	243	0. 143	252
佳木斯	0. 159	233	0. 099	231	0. 194	242	0. 210	197	0. 130	264
酒泉	0. 155	234	0. 156	109	0. 172	262	0. 120	256	0. 173	228
随州	0. 155	235	0. 108	212	0. 252	183	0. 130	248	0. 127	266
崇左	0. 155	236	0. 107	214	0. 205	231	0. 130	247	0. 174	226
池州	0. 155	237	0. 109	210	0. 215	220	0. 160	230	0. 132	262
保山	0. 155	238	0. 097	241	0. 190	245	0. 140	242	0. 189	209
商洛	0. 154	239	0. 091	251	0. 156	273	0. 200	208	0. 176	223
忻州	0. 152	240	0. 085	260	0. 178	257	0. 190	211	0. 155	244
通辽	0. 152	241	0. 096	243	0. 143	280	0. 230	186	0. 138	256
呼伦贝尔	0. 151	242	0. 120	185	0. 217	215	0. 130	246	0. 133	261
铜仁	0. 151	243	0. 083	264	0. 191	244	0. 190	210	0. 139	255
广元	0. 150	244	0. 115	199	0. 179	256	0. 130	252	0. 181	218
辽阳	0. 148	245	0. 117	193	0. 175	258	0. 120	259	0. 182	217
吴忠	0. 147	246	0. 080	267	0. 207	227	0. 110	262	0. 189	208
防城港	0. 147	247	0. 118	190	0. 171	263	0. 110	261	0. 186	213
固原	0. 145	248	0. 071	277	0. 204	232	0. 150	238	0. 151	248
庆阳	0. 142	249	0. 085	259	0. 167	266	0. 170	225	0. 145	251
朔州	0. 142	250	0. 103	226	0. 181	251	0. 120	257	0. 164	235
张家界	0. 141	251	0. 096	242	0. 210	223	0. 100	276	0. 159	240
普洱	0. 140	252	0. 078	269	0. 189	246	0. 160	231	0. 130	263
绥化	0. 140	253	0. 076	271	0. 226	207	0. 160	235	0. 099	274
乌兰察布	0. 140	254	0. 098	233	0. 159	271	0. 130	250	0. 168	232
鹤壁	0. 138	255	0. 104	224	0. 244	196	0. 110	263	0. 095	278
云浮	0. 137	256	0. 073	276	0. 175	259	0. 120	255	0. 178	219
资阳	0. 136	257	0. 108	213	0. 181	250	0. 100	270	0. 152	246
河池	0. 134	258	0. 069	279	0. 130	286	0. 150	240	0. 187	212
贺州	0. 134	259	0. 083	263	0. 156	274	0. 160	234	0. 136	258

续表

城市	城市投资品牌发展指数	排名	经济基础	排名	投资活力	排名	创新创业潜力	排名	投资营销传播	排名
克拉玛依	0.134	260	0.161	95	0.187	247	0.100	268	0.082	283
中卫	0.134	261	0.095	244	0.169	264	0.100	275	0.169	231
昭通	0.133	262	0.066	280	0.174	260	0.100	269	0.192	205
贵港	0.132	263	0.079	268	0.166	267	0.080	281	0.203	192
黑河	0.131	264	0.095	245	0.201	235	0.070	287	0.154	245
汕尾	0.131	265	0.074	272	0.208	225	0.100	273	0.139	254
临沧	0.130	266	0.074	273	0.159	270	0.150	237	0.133	259
金昌	0.128	267	0.115	198	0.151	276	0.140	241	0.099	273
石嘴山	0.126	268	0.101	229	0.222	210	0.100	274	0.081	284
伊春	0.125	269	0.086	258	0.163	269	0.130	249	0.116	270
松原	0.124	270	0.064	281	0.253	181	0.080	282	0.098	275
武威	0.123	271	0.081	266	0.164	268	0.140	244	0.106	272
葫芦岛	0.121	272	0.098	236	0.141	281	0.120	260	0.128	265
巴中	0.121	273	0.073	275	0.167	265	0.120	258	0.123	267
朝阳	0.120	274	0.084	262	0.180	254	0.110	266	0.111	271
乌海	0.120	275	0.135	149	0.131	285	0.090	278	0.122	268
定西	0.118	276	0.018	288	0.135	284	0.130	251	0.190	206
辽源	0.117	277	0.057	283	0.209	224	0.110	265	0.095	277
巴彦淖尔	0.117	278	0.098	234	0.183	249	0.110	267	0.080	285
双鸭山	0.115	279	0.082	265	0.206	229	0.080	283	0.089	279
白城	0.114	280	0.031	287	0.214	221	0.130	253	0.084	280
鸡西	0.113	281	0.084	261	0.203	233	0.100	272	0.064	286
铜川	0.113	282	0.113	203	0.125	288	0.080	284	0.133	260
陇南	0.108	283	0.053	284	0.141	282	0.090	280	0.152	247
铁岭	0.108	284	0.074	274	0.173	261	0.090	279	0.098	276
七台河	0.101	285	0.087	255	0.141	283	0.090	277	0.083	282
鹤岗	0.093	286	0.077	270	0.192	243	0.020	288	0.084	281
嘉峪关	0.088	287	0.139	140	0.130	287	0.080	285	0.006	288
平凉	0.084	288	0.061	282	0.146	279	0.080	286	0.054	287

五 中国城市宜居品牌发展指数 2020 年总体排名

中国城市营销发展报告课题组

表 1－5 2020 年中国 288 个样本城市的城市宜居品牌发展指数排名

城市	城市宜居品牌发展指数	排名	宜居声望	排名	城市活力	排名	民生质量	排名	生态环境	排名
北京	0.673	1	1.000	1	0.794	1	0.361	7	0.537	1
上海	0.630	2	0.946	2	0.677	3	0.390	5	0.507	2
深圳	0.592	3	0.763	6	0.597	8	0.537	1	0.471	4
香港	0.550	4	0.754	8	0.713	2	0.398	4	0.335	30
杭州	0.537	5	0.809	3	0.596	9	0.318	15	0.426	7
重庆	0.534	6	0.773	5	0.653	4	0.225	152	0.484	3
广州	0.531	7	0.786	4	0.581	10	0.303	21	0.454	5
成都	0.515	8	0.763	7	0.541	16	0.337	9	0.418	8
天津	0.509	9	0.708	11	0.604	7	0.334	10	0.391	12
厦门	0.500	10	0.622	19	0.618	6	0.375	6	0.386	13
南京	0.493	11	0.740	9	0.541	17	0.282	43	0.407	9
武汉	0.474	12	0.720	10	0.633	5	0.223	156	0.321	38
苏州	0.470	13	0.652	14	0.541	15	0.319	13	0.368	17
西安	0.469	14	0.686	12	0.540	18	0.269	62	0.381	14
宁波	0.467	15	0.663	13	0.519	20	0.294	28	0.394	10
沈阳	0.456	16	0.612	20	0.560	13	0.318	14	0.333	32
长沙	0.451	17	0.624	18	0.572	11	0.266	64	0.340	26
青岛	0.442	18	0.635	15	0.488	24	0.255	80	0.391	11
郑州	0.434	19	0.602	21	0.567	12	0.245	96	0.321	39
中山	0.433	20	0.629	16	0.487	25	0.274	55	0.344	24
东莞	0.428	21	0.515	38	0.413	40	0.405	3	0.381	15
昆明	0.427	22	0.626	17	0.481	26	0.250	89	0.352	19
太原	0.416	23	0.510	40	0.398	44	0.309	16	0.447	6

续表

城市	城市宜居品牌发展指数	排名	宜居声望	排名	城市活力	排名	民生质量	排名	生态环境	排名
佛山	0. 416	24	0. 521	32	0. 557	14	0. 275	51	0. 311	45
大连	0. 414	25	0. 540	28	0. 458	28	0. 284	40	0. 376	16
合肥	0. 410	26	0. 558	26	0. 515	22	0. 232	128	0. 335	29
澳门	0. 407	27	0. 507	41	0. 506	23	0. 457	2	0. 156	274
无锡	0. 404	28	0. 511	39	0. 432	33	0. 343	8	0. 330	34
南昌	0. 404	29	0. 520	34	0. 520	19	0. 229	141	0. 347	23
济南	0. 404	30	0. 589	22	0. 470	27	0. 208	180	0. 348	21
福州	0. 400	31	0. 532	30	0. 433	32	0. 280	46	0. 355	18
温州	0. 397	32	0. 566	25	0. 515	21	0. 160	255	0. 348	22
哈尔滨	0. 391	33	0. 576	24	0. 407	42	0. 244	98	0. 339	28
长春	0. 383	34	0. 521	33	0. 432	34	0. 275	53	0. 307	47
贵阳	0. 378	35	0. 490	46	0. 397	45	0. 300	24	0. 326	36
石家庄	0. 375	36	0. 546	27	0. 425	36	0. 239	108	0. 290	62
南通	0. 372	37	0. 457	57	0. 395	46	0. 324	12	0. 312	43
湖州	0. 370	38	0. 506	43	0. 386	53	0. 257	74	0. 330	35
泉州	0. 369	39	0. 438	61	0. 455	29	0. 274	54	0. 310	46
海口	0. 366	40	0. 507	42	0. 389	51	0. 231	137	0. 339	27
绍兴	0. 365	41	0. 518	36	0. 389	52	0. 238	114	0. 316	42
常州	0. 365	42	0. 461	54	0. 414	38	0. 294	27	0. 291	61
嘉兴	0. 363	43	0. 519	35	0. 375	59	0. 245	97	0. 312	44
金华	0. 356	44	0. 487	47	0. 391	48	0. 242	104	0. 304	49
兰州	0. 354	45	0. 539	29	0. 413	39	0. 242	105	0. 222	177
扬州	0. 353	46	0. 524	31	0. 358	63	0. 243	99	0. 285	68
烟台	0. 349	47	0. 469	51	0. 377	56	0. 230	138	0. 319	40
吉林	0. 347	48	0. 577	23	0. 290	115	0. 264	66	0. 258	108
徐州	0. 345	49	0. 459	55	0. 440	31	0. 212	173	0. 269	85
南宁	0. 345	50	0. 492	45	0. 367	60	0. 190	216	0. 331	33
台州	0. 340	51	0. 483	48	0. 350	68	0. 206	185	0. 322	37

续表

城市	城市宜居品牌发展指数	排名	宜居声望	排名	城市活力	排名	民生质量	排名	生态环境	排名
桂林	0. 340	52	0. 469	52	0. 342	73	0. 263	68	0. 286	67
珠海	0. 339	53	0. 467	53	0. 348	70	0. 208	181	0. 335	31
洛阳	0. 338	54	0. 473	50	0. 416	37	0. 192	210	0. 273	80
潍坊	0. 335	55	0. 405	69	0. 425	35	0. 232	129	0. 278	73
大同	0. 327	56	0. 493	44	0. 329	80	0. 190	215	0. 294	57
漳州	0. 326	57	0. 344	101	0. 411	41	0. 280	45	0. 267	90
安康	0. 325	58	0. 517	37	0. 288	120	0. 203	188	0. 292	59
惠州	0. 324	59	0. 401	72	0. 353	65	0. 224	155	0. 319	41
日照	0. 324	60	0. 482	49	0. 325	83	0. 186	221	0. 302	53
秦皇岛	0. 323	61	0. 381	81	0. 337	75	0. 291	33	0. 284	69
三亚	0. 316	62	0. 457	56	0. 345	71	0. 158	259	0. 303	51
呼和浩特	0. 315	63	0. 345	100	0. 384	54	0. 229	142	0. 302	52
唐山	0. 312	64	0. 415	65	0. 322	86	0. 233	125	0. 277	74
银川	0. 309	65	0. 390	77	0. 323	85	0. 255	78	0. 268	86
南阳	0. 309	66	0. 402	71	0. 362	62	0. 201	191	0. 270	84
盐城	0. 307	67	0. 350	94	0. 376	58	0. 241	106	0. 261	102
开封	0. 307	68	0. 397	73	0. 329	79	0. 297	25	0. 204	221
乌鲁木齐	0. 307	69	0. 406	68	0. 306	95	0. 277	50	0. 237	144
衢州	0. 306	70	0. 371	86	0. 303	100	0. 278	48	0. 272	81
镇江	0. 305	71	0. 384	80	0. 285	122	0. 301	22	0. 252	116
丽江	0. 305	72	0. 394	74	0. 340	74	0. 243	100	0. 244	127
舟山	0. 303	73	0. 456	58	0. 249	171	0. 211	175	0. 297	55
临沂	0. 303	74	0. 373	84	0. 407	43	0. 178	236	0. 255	110
丽水	0. 303	75	0. 432	62	0. 252	169	0. 238	113	0. 289	64
宜昌	0. 303	76	0. 348	95	0. 296	110	0. 287	36	0. 280	70
长治	0. 301	77	0. 444	59	0. 391	50	0. 215	168	0. 156	272
绵阳	0. 301	78	0. 328	116	0. 391	49	0. 204	187	0. 279	71
西宁	0. 300	79	0. 411	67	0. 324	84	0. 189	219	0. 276	75

续表

城市	城市宜居品牌发展指数	排名	宜居声望	排名	城市活力	排名	民生质量	排名	生态环境	排名
荆州	0.298	80	0.390	76	0.305	98	0.233	124	0.263	99
黄冈	0.297	81	0.358	90	0.276	135	0.285	39	0.271	82
威海	0.297	82	0.372	85	0.279	133	0.234	119	0.303	50
九江	0.296	83	0.359	89	0.332	77	0.228	146	0.266	92
邯郸	0.294	84	0.388	78	0.383	55	0.191	212	0.213	200
包头	0.293	85	0.285	143	0.336	76	0.303	20	0.249	117
张家口	0.292	86	0.425	64	0.307	94	0.133	279	0.304	48
襄阳	0.292	87	0.335	109	0.344	72	0.255	77	0.233	153
淄博	0.291	88	0.352	93	0.348	69	0.196	202	0.267	89
北海	0.289	89	0.440	60	0.291	112	0.138	275	0.288	66
济宁	0.289	90	0.347	97	0.393	47	0.157	261	0.260	105
鞍山	0.287	91	0.394	75	0.252	166	0.240	107	0.261	103
芜湖	0.286	92	0.332	110	0.316	88	0.247	91	0.249	119
宁德	0.285	93	0.290	139	0.282	128	0.300	23	0.268	87
赣州	0.284	94	0.338	106	0.356	64	0.179	235	0.265	93
马鞍山	0.283	95	0.317	122	0.243	176	0.326	11	0.248	122
保定	0.283	96	0.415	66	0.442	30	0.119	283	0.156	273
廊坊	0.282	97	0.384	79	0.310	92	0.138	274	0.294	56
河源	0.281	98	0.321	118	0.331	78	0.208	179	0.262	101
新乡	0.280	99	0.370	87	0.311	90	0.205	186	0.235	148
柳州	0.280	100	0.342	103	0.305	96	0.199	194	0.274	78
上饶	0.279	101	0.276	155	0.350	67	0.225	149	0.266	91
黄山	0.279	102	0.427	63	0.195	231	0.197	200	0.299	54
汕头	0.279	103	0.314	124	0.280	131	0.231	134	0.290	63
江门	0.276	104	0.329	113	0.290	113	0.246	94	0.241	136
信阳	0.276	105	0.313	127	0.300	104	0.255	81	0.237	145
十堰	0.276	106	0.284	146	0.283	126	0.275	52	0.263	98
大庆	0.276	107	0.353	92	0.212	216	0.262	70	0.276	76

续表

城市	城市宜居品牌发展指数	排名	宜居声望	排名	城市活力	排名	民生质量	排名	生态环境	排名
三明	0.275	108	0.338	105	0.206	221	0.268	63	0.288	65
湘潭	0.274	109	0.264	160	0.311	91	0.287	38	0.234	149
株洲	0.272	110	0.286	141	0.305	97	0.242	102	0.254	112
聊城	0.271	111	0.278	151	0.351	66	0.237	115	0.218	185
汉中	0.271	112	0.363	88	0.247	174	0.181	229	0.291	60
泰州	0.271	113	0.303	131	0.298	108	0.234	117	0.247	124
常德	0.270	114	0.291	138	0.302	101	0.220	160	0.265	94
莆田	0.269	115	0.295	136	0.240	182	0.287	37	0.254	113
滨州	0.268	116	0.283	147	0.265	150	0.283	41	0.242	135
沧州	0.266	117	0.331	111	0.376	57	0.135	277	0.223	174
延安	0.266	118	0.402	70	0.256	162	0.135	278	0.271	83
淮安	0.266	119	0.314	123	0.284	124	0.217	164	0.248	121
德州	0.265	120	0.328	115	0.329	81	0.181	233	0.224	168
岳阳	0.265	121	0.346	98	0.218	207	0.251	86	0.242	134
泰安	0.264	122	0.346	99	0.318	87	0.140	273	0.252	115
龙岩	0.263	123	0.261	163	0.247	173	0.282	44	0.263	96
梅州	0.263	124	0.253	172	0.301	102	0.263	69	0.233	154
黄石	0.263	125	0.339	104	0.216	210	0.254	83	0.241	137
安顺	0.262	126	0.335	108	0.241	178	0.238	112	0.235	146
遵义	0.262	127	0.354	91	0.271	141	0.148	268	0.276	77
景德镇	0.262	128	0.276	154	0.284	125	0.228	144	0.259	107
安庆	0.260	129	0.296	135	0.261	155	0.256	75	0.229	162
宜宾	0.260	130	0.310	128	0.288	118	0.215	167	0.228	163
湛江	0.260	131	0.319	121	0.274	138	0.207	184	0.240	139
孝感	0.259	132	0.282	148	0.258	159	0.263	67	0.232	156
衡阳	0.258	133	0.305	129	0.299	105	0.185	223	0.243	133
泸州	0.257	134	0.275	156	0.278	134	0.243	101	0.232	159
衡水	0.257	135	0.344	102	0.290	116	0.173	242	0.221	180

续表

城市	城市宜居品牌发展指数	排名	宜居声望	排名	城市活力	排名	民生质量	排名	生态环境	排名
肇庆	0.256	136	0.280	150	0.288	119	0.224	154	0.233	155
邢台	0.256	137	0.330	112	0.304	99	0.167	248	0.221	179
连云港	0.255	138	0.319	120	0.282	127	0.195	205	0.225	167
茂名	0.255	139	0.326	117	0.271	143	0.159	257	0.262	100
赤峰	0.254	140	0.260	164	0.299	106	0.213	170	0.243	131
东营	0.254	141	0.287	140	0.307	93	0.154	263	0.268	88
商丘	0.253	142	0.261	162	0.366	61	0.185	225	0.199	231
南平	0.252	143	0.259	166	0.199	228	0.293	30	0.257	109
承德	0.251	144	0.320	119	0.221	203	0.122	280	0.342	25
南充	0.250	145	0.303	132	0.258	157	0.198	197	0.243	132
白银	0.249	146	0.376	82	0.217	208	0.169	246	0.233	152
菏泽	0.249	147	0.293	137	0.328	82	0.157	260	0.218	184
乐山	0.249	148	0.376	83	0.196	230	0.182	228	0.241	138
邵阳	0.249	149	0.262	161	0.289	117	0.215	169	0.228	164
吉安	0.248	150	0.251	176	0.280	132	0.239	110	0.222	176
宝鸡	0.248	151	0.281	149	0.265	152	0.192	211	0.253	114
清远	0.246	152	0.298	134	0.287	121	0.141	271	0.260	104
运城	0.246	153	0.266	159	0.314	89	0.232	130	0.171	264
蚌埠	0.245	154	0.239	187	0.285	123	0.250	90	0.208	209
眉山	0.245	155	0.329	114	0.182	240	0.222	157	0.247	123
驻马店	0.244	156	0.237	190	0.257	160	0.273	56	0.209	207
白山	0.244	157	0.347	96	0.217	209	0.198	199	0.213	197
六安	0.243	158	0.253	170	0.272	140	0.212	174	0.234	151
铜陵	0.242	159	0.198	219	0.239	184	0.307	17	0.224	169
平顶山	0.242	160	0.224	199	0.273	139	0.278	49	0.193	247
玉溪	0.241	161	0.244	179	0.220	205	0.272	57	0.228	165
张掖	0.241	162	0.230	195	0.238	185	0.232	131	0.263	97
焦作	0.240	163	0.239	186	0.235	189	0.291	32	0.196	240

续表

城市	城市宜居品牌发展指数	排名	宜居声望	排名	城市活力	排名	民生质量	排名	生态环境	排名
普洱	0.240	164	0.241	183	0.237	187	0.256	76	0.227	166
许昌	0.240	165	0.258	168	0.297	109	0.196	203	0.208	208
阳江	0.237	166	0.251	175	0.205	223	0.250	88	0.243	130
韶关	0.237	167	0.252	173	0.210	218	0.191	214	0.294	58
枣庄	0.236	168	0.251	174	0.231	194	0.245	95	0.217	187
安阳	0.236	169	0.313	126	0.295	111	0.203	189	0.132	282
玉林	0.234	170	0.285	142	0.241	179	0.198	196	0.213	196
萍乡	0.234	171	0.218	203	0.271	144	0.230	139	0.217	189
天水	0.234	172	0.337	107	0.238	186	0.147	269	0.213	199
荆门	0.233	173	0.223	200	0.262	153	0.233	123	0.215	194
鄂尔多斯	0.233	174	0.253	171	0.252	168	0.149	266	0.278	72
曲靖	0.233	175	0.210	209	0.271	142	0.260	72	0.190	250
保山	0.232	176	0.188	225	0.253	164	0.238	111	0.249	118
永州	0.232	177	0.213	206	0.242	177	0.235	116	0.238	143
锦州	0.232	178	0.222	202	0.282	130	0.225	151	0.199	232
达州	0.232	179	0.314	125	0.268	148	0.098	285	0.246	125
郴州	0.231	180	0.277	153	0.267	149	0.121	282	0.259	106
淮南	0.231	181	0.284	145	0.239	183	0.200	192	0.201	227
怀化	0.230	182	0.259	167	0.236	188	0.181	232	0.245	126
抚州	0.230	183	0.186	226	0.234	190	0.255	79	0.244	128
阜阳	0.229	184	0.266	158	0.290	114	0.181	230	0.181	258
张家界	0.229	185	0.304	130	0.214	214	0.168	247	0.232	158
晋中	0.229	186	0.204	215	0.262	154	0.269	61	0.180	260
齐齐哈尔	0.228	187	0.196	221	0.241	180	0.261	71	0.216	192
呼伦贝尔	0.228	188	0.234	192	0.233	192	0.216	165	0.229	161
广安	0.227	189	0.268	157	0.202	225	0.217	163	0.223	173
广元	0.227	190	0.242	181	0.186	237	0.231	136	0.248	120
滁州	0.227	191	0.225	198	0.270	145	0.209	178	0.204	222

续表

城市	城市宜居品牌发展指数	排名	宜居声望	排名	城市活力	排名	民生质量	排名	生态环境	排名
来宾	0.227	192	0.285	144	0.177	245	0.247	92	0.198	233
娄底	0.226	193	0.194	223	0.247	172	0.246	93	0.216	191
宿迁	0.225	194	0.259	165	0.251	170	0.153	264	0.239	142
临汾	0.225	195	0.238	189	0.301	103	0.192	207	0.169	267
宣城	0.224	196	0.201	218	0.215	213	0.226	148	0.255	111
宜春	0.224	197	0.223	201	0.255	163	0.219	162	0.199	230
淮北	0.224	198	0.212	207	0.207	219	0.294	29	0.182	257
咸阳	0.223	199	0.302	133	0.270	146	0.171	245	0.151	276
榆林	0.223	200	0.235	191	0.253	165	0.181	231	0.223	172
吕梁	0.223	201	0.239	188	0.252	167	0.198	195	0.202	224
周口	0.223	202	0.240	184	0.269	147	0.186	222	0.196	241
遂宁	0.222	203	0.218	204	0.224	202	0.234	121	0.211	203
益阳	0.221	204	0.198	220	0.256	161	0.198	198	0.234	150
渭南	0.219	205	0.240	185	0.274	137	0.199	193	0.163	269
亳州	0.219	206	0.175	236	0.282	129	0.229	140	0.189	252
咸宁	0.217	207	0.226	197	0.227	199	0.176	237	0.240	140
濮阳	0.217	208	0.215	205	0.265	151	0.216	166	0.172	262
德阳	0.216	209	0.231	194	0.206	220	0.211	176	0.215	195
百色	0.215	210	0.207	211	0.188	235	0.225	153	0.240	141
牡丹江	0.214	211	0.203	217	0.202	224	0.254	85	0.198	234
晋城	0.214	212	0.243	180	0.258	158	0.161	253	0.193	246
攀枝花	0.213	213	0.205	214	0.156	261	0.280	47	0.211	202
丹东	0.213	214	0.208	210	0.227	198	0.181	234	0.235	147
黑河	0.212	215	0.192	224	0.162	257	0.220	161	0.274	79
潮州	0.212	216	0.277	152	0.221	204	0.158	258	0.192	249
通辽	0.212	217	0.148	254	0.225	201	0.250	87	0.223	170
揭阳	0.211	218	0.232	193	0.274	136	0.140	272	0.197	239
酒泉	0.210	219	0.186	229	0.216	211	0.088	287	0.351	20

续表

城市	城市宜居品牌发展指数	排名	宜居声望	排名	城市活力	排名	民生质量	排名	生态环境	排名
宿州	0. 208	220	0. 211	208	0. 241	181	0. 231	135	0. 150	279
雅安	0. 207	221	0. 248	178	0. 152	264	0. 210	177	0. 219	183
四平	0. 206	222	0. 250	177	0. 229	197	0. 234	120	0. 110	285
巴彦淖尔	0. 206	223	0. 075	283	0. 244	175	0. 305	19	0. 199	229
盘锦	0. 205	224	0. 143	258	0. 229	196	0. 220	159	0. 229	160
朔州	0. 204	225	0. 159	248	0. 200	227	0. 254	84	0. 205	218
内江	0. 202	226	0. 242	182	0. 187	236	0. 185	224	0. 195	243
辽阳	0. 202	227	0. 142	259	0. 196	229	0. 272	58	0. 197	237
鄂州	0. 202	228	0. 207	212	0. 145	270	0. 233	126	0. 222	178
漯河	0. 201	229	0. 173	239	0. 234	191	0. 228	145	0. 171	263
池州	0. 201	230	0. 148	253	0. 167	254	0. 271	60	0. 216	190
本溪	0. 201	231	0. 144	257	0. 173	248	0. 254	82	0. 232	157
昭通	0. 200	232	0. 162	245	0. 231	195	0. 233	127	0. 176	261
嘉峪关	0. 197	233	0. 176	235	0. 112	282	0. 288	35	0. 213	198
巴中	0. 196	234	0. 186	227	0. 162	256	0. 192	209	0. 244	129
新余	0. 193	235	0. 179	232	0. 120	279	0. 258	73	0. 217	188
抚顺	0. 193	236	0. 169	243	0. 160	260	0. 234	118	0. 207	213
资阳	0. 191	237	0. 174	238	0. 180	244	0. 208	182	0. 205	219
佳木斯	0. 191	238	0. 138	261	0. 138	271	0. 225	150	0. 264	95
武威	0. 191	239	0. 186	228	0. 219	206	0. 156	262	0. 201	225
铜仁	0. 189	240	0. 184	231	0. 184	238	0. 184	227	0. 205	216
定西	0. 189	241	0. 206	213	0. 261	156	0. 138	276	0. 151	278
钦州	0. 187	242	0. 171	242	0. 169	253	0. 187	220	0. 220	182
三门峡	0. 187	243	0. 196	222	0. 173	249	0. 171	244	0. 208	210
庆阳	0. 187	244	0. 154	250	0. 215	212	0. 231	132	0. 147	280
平凉	0. 186	245	0. 138	260	0. 161	258	0. 239	109	0. 206	215
忻州	0. 185	246	0. 177	234	0. 226	200	0. 227	147	0. 112	284
随州	0. 185	247	0. 184	230	0. 183	239	0. 160	256	0. 213	201

续表

城市	城市宜居品牌发展指数	排名	宜居声望	排名	城市活力	排名	民生质量	排名	生态环境	排名
毕节	0.184	248	0.226	196	0.231	193	0.090	286	0.190	251
白城	0.184	249	0.121	267	0.153	263	0.294	26	0.167	268
乌兰察布	0.182	250	0.107	275	0.206	222	0.192	208	0.223	175
云浮	0.181	251	0.145	256	0.180	243	0.195	204	0.204	220
鹰潭	0.181	252	0.134	264	0.174	246	0.193	206	0.223	171
河池	0.181	253	0.136	262	0.130	275	0.265	65	0.193	245
商洛	0.181	254	0.148	252	0.212	215	0.167	249	0.197	238
临沧	0.181	255	0.108	274	0.188	234	0.212	172	0.216	193
朝阳	0.180	256	0.115	271	0.299	107	0.121	281	0.187	253
梧州	0.180	257	0.178	233	0.182	242	0.152	265	0.208	211
通化	0.179	258	0.162	246	0.190	233	0.165	251	0.201	226
阳泉	0.179	259	0.151	251	0.210	217	0.231	133	0.123	283
汕尾	0.179	260	0.157	249	0.172	251	0.229	143	0.157	271
贺州	0.174	261	0.127	265	0.147	269	0.213	171	0.210	204
营口	0.173	262	0.167	244	0.194	232	0.191	213	0.139	281
自贡	0.170	263	0.256	169	0.153	262	0.084	288	0.185	255
铁岭	0.169	264	0.108	273	0.174	247	0.233	122	0.160	270
崇左	0.168	265	0.117	270	0.160	259	0.175	238	0.221	181
中卫	0.168	266	0.175	237	0.150	266	0.142	270	0.206	214
阜新	0.168	267	0.102	278	0.170	252	0.306	18	0.094	286
松原	0.167	268	0.105	277	0.182	241	0.174	240	0.205	217
绥化	0.166	269	0.088	281	0.163	255	0.242	103	0.170	266
克拉玛依	0.163	270	0.093	279	0.065	288	0.292	31	0.202	223
陇南	0.162	271	0.203	216	0.201	226	0.185	226	0.058	287
金昌	0.161	272	0.134	263	0.133	274	0.172	243	0.207	212
贵港	0.160	273	0.109	272	0.149	267	0.189	217	0.193	244
固原	0.158	274	0.118	269	0.151	265	0.164	252	0.200	228
吴忠	0.158	275	0.171	241	0.135	272	0.109	284	0.217	186

续表

城市	城市宜居品牌发展指数	排名	宜居声望	排名	城市活力	排名	民生质量	排名	生态环境	排名
鹤壁	0.157	276	0.126	266	0.134	273	0.197	201	0.170	265
伊春	0.156	277	0.161	247	0.081	285	0.174	241	0.210	205
乌海	0.156	278	0.083	282	0.122	277	0.221	158	0.197	235
防城港	0.154	279	0.118	268	0.114	281	0.175	239	0.209	206
六盘水	0.152	280	0.173	240	0.119	280	0.166	250	0.151	277
双鸭山	0.149	281	0.024	287	0.087	283	0.289	34	0.197	236
铜川	0.147	282	0.146	255	0.072	287	0.189	218	0.180	259
鸡西	0.147	283	0.063	285	0.127	276	0.202	190	0.196	242
葫芦岛	0.145	284	0.105	276	0.121	278	0.160	254	0.192	248
辽源	0.144	285	0.043	286	0.172	250	0.207	183	0.153	275
石嘴山	0.138	286	0.070	284	0.147	268	0.148	267	0.185	254
七台河	0.136	287	0.014	288	0.075	286	0.271	59	0.185	256
鹤岗	0.122	288	0.090	280	0.086	284	0.282	42	0.028	288

六　中国城市品牌传播发展指数 2020年总体排名

中国城市营销发展报告课题组

表1－6　2020年中国288个样本城市的城市品牌传播发展指数排名

城市	城市品牌传播发展指数	排名	城市知名度	排名	城市关注度	排名	媒体营销传播	排名	政务新媒体传播	排名
北京	0.860	1	0.998	1	0.884	3	1.000	1	0.556	26
成都	0.823	2	0.787	8	0.773	5	0.733	10	1.000	1
上海	0.811	3	0.906	4	0.890	2	0.919	2	0.531	34
深圳	0.790	4	0.915	3	0.762	8	0.841	3	0.641	8
南京	0.780	5	0.730	10	0.771	6	0.760	8	0.858	2
广州	0.775	6	0.893	5	0.741	9	0.812	4	0.652	7
杭州	0.754	7	0.792	7	0.703	13	0.786	6	0.734	3

续表

城市	城市品牌传播发展指数	排名	城市知名度	排名	城市关注度	排名	媒体营销传播	排名	政务新媒体传播	排名
香港	0.745	8	0.965	2	0.902	1	0.744	9	0.368	137
西安	0.724	9	0.728	11	0.769	7	0.703	13	0.696	5
武汉	0.720	10	0.718	12	0.658	16	0.799	5	0.703	4
青岛	0.708	11	0.761	9	0.708	12	0.672	14	0.690	6
宁波	0.658	12	0.641	27	0.643	17	0.721	12	0.628	10
苏州	0.653	13	0.647	25	0.711	10	0.664	15	0.589	18
重庆	0.652	14	0.660	19	0.780	4	0.766	7	0.402	112
昆明	0.633	15	0.686	13	0.617	21	0.630	21	0.598	16
郑州	0.629	16	0.666	17	0.639	20	0.639	18	0.572	22
天津	0.629	17	0.680	14	0.709	11	0.730	11	0.396	115
济南	0.628	18	0.658	20	0.597	25	0.628	22	0.628	12
沈阳	0.618	19	0.661	18	0.609	22	0.612	25	0.592	17
大连	0.607	20	0.656	21	0.667	15	0.595	28	0.511	41
长沙	0.603	21	0.669	15	0.603	23	0.622	23	0.520	39
澳门	0.599	22	0.802	6	0.588	27	0.638	19	0.368	138
厦门	0.595	23	0.652	23	0.639	19	0.646	16	0.445	72
合肥	0.594	24	0.649	24	0.570	32	0.536	49	0.619	13
兰州	0.589	25	0.617	33	0.574	30	0.578	37	0.586	19
南昌	0.584	26	0.614	34	0.574	31	0.519	55	0.628	11
石家庄	0.579	27	0.653	22	0.577	29	0.552	42	0.534	32
无锡	0.577	28	0.622	31	0.641	18	0.539	47	0.504	45
福州	0.574	29	0.632	30	0.551	37	0.584	34	0.530	35
哈尔滨	0.572	30	0.539	47	0.671	14	0.550	43	0.527	37
太原	0.559	31	0.599	36	0.514	47	0.595	27	0.529	36
南宁	0.557	32	0.619	32	0.548	38	0.527	53	0.535	31
长春	0.556	33	0.645	26	0.536	40	0.545	45	0.496	48
洛阳	0.548	34	0.510	59	0.598	24	0.546	44	0.536	30
珠海	0.544	35	0.637	29	0.532	42	0.592	30	0.415	103
贵阳	0.543	36	0.637	28	0.511	48	0.634	20	0.390	120
温州	0.532	37	0.541	45	0.579	28	0.509	56	0.497	47

续表

城市	城市品牌传播发展指数	排名	城市知名度	排名	城市关注度	排名	媒体营销传播	排名	政务新媒体传播	排名
佛山	0. 527	38	0. 548	44	0. 499	55	0. 586	33	0. 472	61
泉州	0. 525	39	0. 540	46	0. 529	44	0. 483	60	0. 546	28
东莞	0. 520	40	0. 605	35	0. 538	39	0. 556	40	0. 383	124
徐州	0. 510	41	0. 492	63	0. 594	26	0. 536	50	0. 419	97
台州	0. 510	42	0. 530	52	0. 484	63	0. 538	48	0. 490	54
吉林	0. 507	43	0. 669	16	0. 438	93	0. 614	24	0. 309	179
嘉兴	0. 503	44	0. 485	69	0. 472	67	0. 589	32	0. 464	63
呼和浩特	0. 501	45	0. 587	39	0. 472	69	0. 450	77	0. 494	49
烟台	0. 499	46	0. 551	43	0. 500	53	0. 444	84	0. 503	46
银川	0. 499	47	0. 436	98	0. 443	90	0. 559	39	0. 558	24
潍坊	0. 496	48	0. 528	55	0. 468	72	0. 407	102	0. 583	21
常州	0. 494	49	0. 534	50	0. 563	33	0. 554	41	0. 325	166
桂林	0. 492	50	0. 528	54	0. 557	36	0. 519	54	0. 364	140
中山	0. 492	51	0. 589	38	0. 456	81	0. 645	17	0. 279	211
淄博	0. 491	52	0. 536	49	0. 412	114	0. 499	57	0. 518	40
开封	0. 490	53	0. 431	99	0. 449	86	0. 465	71	0. 614	14
金华	0. 487	54	0. 485	68	0. 415	110	0. 589	31	0. 457	64
南通	0. 484	55	0. 532	51	0. 535	41	0. 474	64	0. 396	116
黄山	0. 482	56	0. 456	83	0. 559	35	0. 436	87	0. 477	59
绍兴	0. 473	57	0. 449	89	0. 486	61	0. 533	51	0. 424	91
扬州	0. 473	58	0. 513	56	0. 561	34	0. 441	85	0. 376	129
湖州	0. 471	59	0. 453	85	0. 469	70	0. 542	46	0. 421	96
南阳	0. 469	60	0. 494	62	0. 493	58	0. 457	76	0. 434	81
延安	0. 469	61	0. 398	119	0. 508	50	0. 528	52	0. 442	74
海口	0. 465	62	0. 594	37	0. 433	99	0. 578	38	0. 254	230
大同	0. 464	63	0. 441	95	0. 433	101	0. 596	26	0. 388	121
沧州	0. 462	64	0. 470	73	0. 414	111	0. 470	69	0. 494	50
唐山	0. 460	65	0. 539	48	0. 490	59	0. 375	126	0. 434	80
临沂	0. 458	66	0. 485	70	0. 502	52	0. 339	157	0. 507	43
盐城	0. 456	67	0. 441	94	0. 499	54	0. 471	67	0. 412	107

续表

城市	城市品牌传播发展指数	排名	城市知名度	排名	城市关注度	排名	媒体营销传播	排名	政务新媒体传播	排名
保定	0.456	68	0.490	64	0.446	88	0.396	112	0.492	52
宜昌	0.456	69	0.425	102	0.494	57	0.423	92	0.481	56
惠州	0.447	70	0.488	66	0.498	56	0.450	78	0.351	147
安康	0.445	71	0.374	142	0.387	133	0.595	29	0.424	94
柳州	0.442	72	0.424	103	0.452	83	0.449	79	0.445	71
邯郸	0.439	73	0.569	42	0.484	62	0.350	150	0.351	146
芜湖	0.437	74	0.416	108	0.460	76	0.395	114	0.477	58
济宁	0.437	75	0.469	75	0.431	102	0.394	115	0.453	68
赣州	0.435	76	0.415	109	0.446	87	0.407	104	0.472	62
乌鲁木齐	0.434	77	0.571	41	0.507	51	0.461	74	0.199	264
张家口	0.432	78	0.427	101	0.445	89	0.474	65	0.382	125
连云港	0.431	79	0.455	84	0.522	45	0.400	108	0.346	151
淮安	0.429	80	0.384	135	0.466	73	0.448	80	0.416	102
三亚	0.428	81	0.574	40	0.490	60	0.471	68	0.177	275
遵义	0.425	82	0.381	138	0.435	96	0.399	109	0.486	55
汕头	0.425	83	0.512	57	0.460	77	0.430	89	0.298	190
汉中	0.423	84	0.302	203	0.421	107	0.417	95	0.555	27
威海	0.421	85	0.477	71	0.449	85	0.333	160	0.427	87
泰安	0.419	86	0.465	77	0.404	117	0.423	91	0.385	122
宜宾	0.419	87	0.398	120	0.434	97	0.398	110	0.447	70
鄂尔多斯	0.418	88	0.421	106	0.483	64	0.340	155	0.429	84
襄阳	0.418	89	0.464	78	0.475	65	0.393	116	0.341	153
日照	0.417	90	0.463	79	0.458	79	0.492	59	0.254	231
荆州	0.415	91	0.373	144	0.456	80	0.415	97	0.417	101
绵阳	0.413	92	0.407	114	0.411	116	0.329	161	0.506	44
十堰	0.413	93	0.382	137	0.384	136	0.473	66	0.413	105
西宁	0.412	94	0.446	91	0.438	92	0.499	58	0.266	224
泸州	0.408	95	0.402	117	0.397	123	0.380	123	0.455	67
乐山	0.407	96	0.469	74	0.346	175	0.390	118	0.425	90
大庆	0.405	97	0.340	163	0.462	75	0.446	81	0.372	132

续表

城市	城市品牌传播发展指数	排名	城市知名度	排名	城市关注度	排名	媒体营销传播	排名	政务新媒体传播	排名
菏泽	0.405	98	0.452	86	0.373	146	0.321	168	0.474	60
北海	0.404	99	0.372	145	0.521	46	0.405	106	0.318	172
焦作	0.404	100	0.507	60	0.345	177	0.444	83	0.321	170
九江	0.404	101	0.415	110	0.436	95	0.388	120	0.375	130
泰州	0.403	102	0.461	80	0.433	100	0.419	94	0.299	189
德州	0.403	103	0.445	92	0.411	115	0.264	206	0.491	53
邢台	0.403	104	0.468	76	0.375	143	0.412	98	0.357	145
江门	0.399	105	0.444	93	0.368	147	0.479	63	0.305	183
渭南	0.399	106	0.449	88	0.305	215	0.257	214	0.584	20
秦皇岛	0.397	107	0.452	87	0.511	49	0.333	159	0.292	199
商丘	0.397	108	0.347	158	0.395	125	0.408	101	0.437	76
镇江	0.395	109	0.428	100	0.464	74	0.386	121	0.303	185
南充	0.394	110	0.388	126	0.362	157	0.411	99	0.417	100
马鞍山	0.394	111	0.320	190	0.425	104	0.291	193	0.541	29
宿迁	0.394	112	0.387	130	0.414	112	0.362	137	0.413	106
舟山	0.394	113	0.361	149	0.459	78	0.463	73	0.292	200
宁德	0.391	114	0.530	53	0.333	187	0.435	88	0.265	225
新乡	0.391	115	0.387	131	0.392	132	0.481	61	0.302	186
衡阳	0.390	116	0.379	141	0.425	105	0.363	136	0.392	118
安阳	0.388	117	0.405	116	0.434	98	0.372	128	0.342	152
廊坊	0.387	118	0.458	82	0.387	134	0.437	86	0.267	222
榆林	0.384	119	0.367	147	0.364	154	0.348	151	0.456	66
信阳	0.383	120	0.359	151	0.430	103	0.446	82	0.298	191
白银	0.382	121	0.303	201	0.276	248	0.580	35	0.368	139
常德	0.380	122	0.476	72	0.386	135	0.267	205	0.391	119
景德镇	0.380	123	0.335	174	0.469	71	0.292	192	0.425	89
漳州	0.380	124	0.387	128	0.424	106	0.362	138	0.346	149
宣城	0.377	125	0.487	67	0.288	241	0.175	269	0.558	25
张家界	0.377	126	0.448	90	0.530	43	0.258	212	0.272	216
株洲	0.377	127	0.423	104	0.395	128	0.313	176	0.378	128

续表

城市	城市品牌传播发展指数	排名	城市知名度	排名	城市关注度	排名	媒体营销传播	排名	政务新媒体传播	排名
宝鸡	0.376	128	0.365	148	0.399	120	0.260	209	0.479	57
天水	0.375	129	0.372	146	0.368	149	0.390	119	0.371	133
淮南	0.374	130	0.294	213	0.383	138	0.260	207	0.559	23
滁州	0.374	131	0.282	221	0.360	161	0.320	169	0.533	33
达州	0.371	132	0.299	204	0.334	186	0.428	90	0.424	93
包头	0.370	133	0.361	150	0.413	113	0.367	131	0.337	155
阜阳	0.370	134	0.389	125	0.439	91	0.236	227	0.414	104
衢州	0.368	135	0.315	192	0.402	119	0.417	96	0.336	157
晋中	0.365	136	0.385	133	0.263	259	0.359	140	0.452	69
安庆	0.364	137	0.328	181	0.416	109	0.220	240	0.492	51
黄冈	0.364	138	0.406	115	0.361	159	0.395	113	0.294	198
东营	0.362	139	0.410	111	0.396	124	0.296	190	0.348	148
清远	0.362	140	0.341	162	0.329	191	0.367	132	0.409	110
湛江	0.360	141	0.380	140	0.474	66	0.359	141	0.229	246
咸阳	0.359	142	0.346	159	0.416	108	0.300	186	0.375	131
曲靖	0.359	143	0.354	153	0.329	190	0.324	167	0.429	86
宿州	0.357	144	0.382	136	0.323	201	0.119	281	0.604	15
安顺	0.355	145	0.351	155	0.283	244	0.466	70	0.321	171
岳阳	0.355	146	0.395	122	0.383	139	0.346	154	0.296	196
三明	0.354	147	0.511	58	0.302	218	0.280	198	0.323	168
茂名	0.354	148	0.320	189	0.378	140	0.460	75	0.257	228
蚌埠	0.354	149	0.306	197	0.455	82	0.230	231	0.424	92
揭阳	0.353	150	0.423	105	0.337	184	0.403	107	0.250	234
丽江	0.351	151	0.328	182	0.472	68	0.358	142	0.247	238
遂宁	0.351	152	0.401	118	0.325	199	0.260	208	0.418	98
长治	0.350	153	0.335	176	0.353	168	0.579	36	0.132	284
抚州	0.349	154	0.393	124	0.290	236	0.206	252	0.508	42
梅州	0.348	155	0.418	107	0.333	188	0.420	93	0.223	253
咸宁	0.348	156	0.436	97	0.322	203	0.359	139	0.275	213
鞍山	0.348	157	0.325	183	0.375	142	0.357	146	0.336	158

续表

城市	城市品牌传播发展指数	排名	城市知名度	排名	城市关注度	排名	媒体营销传播	排名	政务新媒体传播	排名
内江	0. 348	158	0. 349	157	0. 310	212	0. 206	251	0. 525	38
赤峰	0. 346	159	0. 295	211	0. 377	141	0. 397	111	0. 314	176
滨州	0. 346	160	0. 438	96	0. 364	155	0. 252	218	0. 329	163
宜春	0. 345	161	0. 336	170	0. 347	173	0. 327	166	0. 369	135
临汾	0. 344	162	0. 338	166	0. 326	197	0. 329	162	0. 383	123
运城	0. 343	163	0. 321	186	0. 159	286	0. 463	72	0. 430	83
南平	0. 343	164	0. 387	132	0. 299	220	0. 316	173	0. 368	136
衡水	0. 342	165	0. 408	113	0. 368	150	0. 378	124	0. 215	257
普洱	0. 342	166	0. 409	112	0. 366	152	0. 296	191	0. 296	194
六安	0. 341	167	0. 331	178	0. 359	162	0. 259	211	0. 417	99
聊城	0. 341	168	0. 503	61	0. 384	137	0. 205	253	0. 270	219
三门峡	0. 341	169	0. 258	235	0. 364	156	0. 480	62	0. 260	226
眉山	0. 340	170	0. 304	200	0. 281	246	0. 346	153	0. 430	82
玉林	0. 340	171	0. 393	123	0. 332	189	0. 317	171	0. 317	174
攀枝花	0. 339	172	0. 306	198	0. 395	129	0. 315	175	0. 341	154
邵阳	0. 337	173	0. 309	195	0. 317	208	0. 327	165	0. 394	117
丽水	0. 336	174	0. 339	164	0. 404	118	0. 367	130	0. 235	241
钦州	0. 336	175	0. 330	179	0. 327	196	0. 328	163	0. 361	142
怀化	0. 335	176	0. 380	139	0. 342	179	0. 258	213	0. 360	144
孝感	0. 333	177	0. 352	154	0. 343	178	0. 316	172	0. 321	169
随州	0. 332	178	0. 338	165	0. 328	194	0. 226	235	0. 435	79
萍乡	0. 331	179	0. 388	127	0. 296	226	0. 312	177	0. 330	162
黄石	0. 331	180	0. 335	172	0. 354	167	0. 340	156	0. 296	197
德阳	0. 331	181	0. 335	173	0. 299	222	0. 233	230	0. 457	65
吉安	0. 329	182	0. 297	207	0. 342	180	0. 273	203	0. 406	111
晋城	0. 329	183	0. 322	185	0. 266	258	0. 392	117	0. 337	156
龙岩	0. 328	184	0. 356	152	0. 329	192	0. 355	147	0. 273	215
湘潭	0. 326	185	0. 396	121	0. 328	193	0. 281	197	0. 298	193
自贡	0. 325	186	0. 458	81	0. 307	214	0. 219	242	0. 316	175
铜陵	0. 324	187	0. 306	196	0. 327	195	0. 254	216	0. 411	108

续表

城市	城市品牌传播发展指数	排名	城市知名度	排名	城市关注度	排名	媒体营销传播	排名	政务新媒体传播	排名
亳州	0.324	188	0.255	237	0.347	174	0.248	221	0.444	73
肇庆	0.323	189	0.329	180	0.374	144	0.310	180	0.279	210
广元	0.323	190	0.335	175	0.298	223	0.234	229	0.425	88
上饶	0.322	191	0.320	187	0.341	181	0.328	164	0.298	192
永州	0.321	192	0.295	210	0.319	206	0.234	228	0.437	75
濮阳	0.320	193	0.344	160	0.354	166	0.357	145	0.225	250
新余	0.320	194	0.292	215	0.273	251	0.277	200	0.437	77
广安	0.318	195	0.315	193	0.291	234	0.298	187	0.369	134
陇南	0.318	196	0.158	278	0.275	249	0.200	257	0.639	9
毕节	0.318	197	0.260	233	0.317	210	0.407	103	0.287	203
莆田	0.317	198	0.387	129	0.438	94	0.260	210	0.185	270
承德	0.317	199	0.350	156	0.398	121	0.310	181	0.212	258
益阳	0.317	200	0.285	219	0.298	224	0.285	196	0.399	113
玉溪	0.315	201	0.279	223	0.393	131	0.288	194	0.300	187
牡丹江	0.313	202	0.270	225	0.368	151	0.203	254	0.409	109
丹东	0.311	203	0.336	169	0.394	130	0.213	249	0.299	188
雅安	0.310	204	0.302	202	0.290	238	0.219	245	0.429	85
枣庄	0.310	205	0.374	143	0.361	158	0.174	270	0.329	164
张掖	0.308	206	0.334	177	0.353	169	0.227	233	0.318	173
百色	0.306	207	0.269	226	0.313	211	0.317	170	0.326	165
昭通	0.306	208	0.325	184	0.304	216	0.311	179	0.285	204
韶关	0.306	209	0.278	224	0.351	171	0.367	133	0.227	249
淮北	0.305	210	0.239	249	0.356	164	0.226	234	0.398	114
梧州	0.301	211	0.294	212	0.317	209	0.358	143	0.233	243
临沧	0.300	212	0.490	65	0.238	273	0.242	223	0.230	245
平顶山	0.300	213	0.240	247	0.368	148	0.209	250	0.381	126
保山	0.297	214	0.248	241	0.253	264	0.358	144	0.330	161
吕梁	0.297	215	0.285	217	0.280	247	0.368	129	0.255	229
郴州	0.297	216	0.296	209	0.395	126	0.219	243	0.277	212
荆门	0.296	217	0.282	222	0.321	205	0.406	105	0.174	276

续表

城市	城市品牌传播发展指数	排名	城市知名度	排名	城市关注度	排名	媒体营销传播	排名	政务新媒体传播	排名
忻州	0.295	218	0.338	167	0.116	288	0.302	183	0.422	95
抚顺	0.295	219	0.258	236	0.357	163	0.185	264	0.380	127
四平	0.294	220	0.298	206	0.290	239	0.384	122	0.204	260
许昌	0.292	221	0.282	220	0.374	145	0.246	222	0.266	223
酒泉	0.291	222	0.244	244	0.296	225	0.188	263	0.436	78
六盘水	0.290	223	0.344	161	0.288	243	0.297	188	0.233	244
定西	0.290	224	0.235	254	0.269	257	0.378	125	0.279	209
鹰潭	0.290	225	0.299	205	0.245	271	0.254	215	0.361	141
云浮	0.289	226	0.338	168	0.233	274	0.311	178	0.275	214
锦州	0.289	227	0.293	214	0.395	127	0.217	246	0.252	232
池州	0.282	228	0.335	171	0.299	221	0.171	272	0.324	167
铜仁	0.281	229	0.285	218	0.303	217	0.250	220	0.284	205
来宾	0.281	230	0.252	239	0.213	276	0.366	134	0.292	201
驻马店	0.280	231	0.267	228	0.351	172	0.219	244	0.284	206
防城港	0.279	232	0.296	208	0.366	153	0.239	224	0.216	256
潮州	0.279	233	0.318	191	0.352	170	0.352	148	0.095	286
铜川	0.279	234	0.320	188	0.258	261	0.225	237	0.312	177
齐齐哈尔	0.279	235	0.186	271	0.450	84	0.189	262	0.290	202
资阳	0.272	236	0.309	194	0.248	269	0.221	239	0.308	181
庆阳	0.271	237	0.243	245	0.291	235	0.253	217	0.296	195
本溪	0.270	238	0.239	250	0.293	231	0.352	149	0.196	265
周口	0.268	239	0.261	231	0.336	185	0.225	236	0.250	233
巴中	0.267	240	0.262	230	0.283	245	0.215	247	0.308	180
河源	0.266	241	0.251	240	0.326	198	0.334	158	0.153	280
鄂州	0.265	242	0.269	227	0.296	228	0.273	201	0.223	252
贵港	0.265	243	0.148	280	0.270	256	0.297	189	0.346	150
阳泉	0.265	244	0.247	242	0.290	237	0.273	202	0.248	237
佳木斯	0.263	245	0.193	269	0.397	122	0.180	266	0.282	207
漯河	0.262	246	0.246	243	0.322	204	0.285	195	0.195	266
通辽	0.262	247	0.224	257	0.308	213	0.269	204	0.246	239

续表

城市	城市品牌传播发展指数	排名	城市知名度	排名	城市关注度	排名	媒体营销传播	排名	政务新媒体传播	排名
汕尾	0.262	248	0.385	134	0.251	265	0.224	238	0.187	269
黑河	0.262	249	0.238	251	0.338	183	0.200	256	0.270	218
商洛	0.259	250	0.218	259	0.270	255	0.347	152	0.202	262
娄底	0.259	251	0.305	199	0.254	262	0.143	274	0.334	159
阳江	0.258	252	0.286	216	0.318	207	0.301	185	0.127	285
营口	0.252	253	0.236	252	0.322	202	0.301	184	0.151	281
朔州	0.252	254	0.221	258	0.250	268	0.305	182	0.234	242
阜新	0.252	255	0.212	261	0.323	200	0.280	199	0.192	267
固原	0.252	256	0.166	276	0.206	278	0.364	135	0.272	217
武威	0.250	257	0.195	266	0.294	230	0.201	255	0.312	178
河池	0.246	258	0.194	268	0.251	266	0.315	174	0.224	251
吴忠	0.246	259	0.196	265	0.173	284	0.408	100	0.206	259
贺州	0.244	260	0.236	253	0.301	219	0.197	258	0.241	240
呼伦贝尔	0.236	261	0.089	288	0.360	160	0.191	261	0.304	184
通化	0.235	262	0.240	248	0.273	252	0.227	232	0.202	261
乌兰察布	0.232	263	0.158	279	0.275	250	0.237	226	0.259	227
鹤壁	0.229	264	0.264	229	0.292	232	0.178	268	0.183	271
巴彦淖尔	0.226	265	0.260	234	0.250	267	0.146	273	0.248	236
盘锦	0.226	266	0.233	255	0.296	227	0.183	265	0.192	268
鹤岗	0.225	267	0.134	282	0.355	165	0.052	285	0.360	143
伊春	0.221	268	0.212	262	0.290	240	0.102	282	0.279	208
白山	0.216	269	0.127	283	0.184	282	0.373	127	0.181	272
平凉	0.215	270	0.169	275	0.262	260	0.096	284	0.332	160
辽阳	0.214	271	0.206	263	0.288	242	0.213	248	0.151	282
白城	0.214	272	0.199	264	0.239	272	0.192	260	0.228	247
朝阳	0.214	273	0.216	260	0.292	233	0.120	279	0.227	248
绥化	0.214	274	0.191	270	0.272	254	0.123	278	0.268	221
中卫	0.206	275	0.224	256	0.198	281	0.238	225	0.165	278
鸡西	0.201	276	0.242	246	0.248	270	0.007	287	0.306	182
葫芦岛	0.200	277	0.195	267	0.345	176	0.097	283	0.161	279

续表

城市	城市品牌传播发展指数	排名	城市知名度	排名	城市关注度	排名	媒体营销传播	排名	政务新媒体传播	排名
松原	0. 199	278	0. 252	238	0. 254	263	0. 119	280	0. 171	277
崇左	0. 195	279	0. 120	284	0. 208	277	0. 250	219	0. 200	263
嘉峪关	0. 191	280	0. 261	232	0. 296	229	0. 171	271	0. 035	287
铁岭	0. 189	281	0. 175	272	0. 272	253	0. 128	276	0. 180	273
辽源	0. 182	282	0. 160	277	0. 223	275	0. 196	259	0. 149	283
乌海	0. 174	283	0. 173	273	0. 205	279	0. 140	275	0. 179	274
金昌	0. 174	284	0. 172	274	0. 181	283	0. 124	277	0. 221	254
石嘴山	0. 172	285	0. 098	286	0. 152	287	0. 220	241	0. 219	255
双鸭山	0. 162	286	0. 147	281	0. 199	280	0. 032	286	0. 269	220
克拉玛依	0. 158	287	0. 113	285	0. 340	182	0. 178	267	0. 000	288
七台河	0. 128	288	0. 090	287	0. 172	285	0. 000	288	0. 249	235

第二章　中国城市品牌发展指数总体报告（2020）

刘彦平　胡纯*

城市营销与品牌化是提升城市综合性影响力、可持续竞争力的有效战略工具，也是城市治理体系和治理能力现代化的重要领域。中国城市营销与品牌化进程和城市化加速发展的进程同步，在提升城市竞争力、优化城市宜居环境、促进区域协调发展乃至支撑国家形象方面都发挥了积极的作用。近年来，随着新型城镇化战略纵深推进，我国城市的品牌化发展稳步推进。城市进一步摆脱无序开发模式，进入追求高质量发展的阶段。在新冠肺炎疫情大流行的背景下，如何加强“韧性城市”建设、提升城市品牌韧性，以促进城市品牌增值和优化，成为城市治理的重要议题。

城市品牌发展指数（CBDI）遵循“五位一体”的新型城镇化战略要求，从城市文化品牌、城市旅游品牌、城市投资品牌、城市宜居品牌和城市品牌传播5个维度，对中国的288个样本城市进行了品牌发展绩效评估。同时，基于本课题提出的与CBDI同构的省域品牌发展指数（PBDI）和城市群品牌发展指数（ABDI），报告还选取30个样本省（自治区、直辖市）及20个主要城市群的品牌发展情况进行测评。其中，CBDI设立5个一级指标、20个二级指标和62个三级指标，PBDI和ABDI分别设立5个一级指标、19个二级指标和34个三级指标。通过上述指标体系，本报告旨在分析国家新型城镇化背景下我国城市品牌和区域品牌的发展状况，从不同角度揭示各城市、各地区在品牌化进程中的优势与潜力、问题与不

* 刘彦平，中国社会科学院财经战略研究院城市与房地产经济研究室主任，研究员；胡纯，中国社会科学院大学商学院2017级博士研究生。

足，以为中国城市及区域进一步提升品牌建设绩效提供决策参考。

一　总体发展态势

2020年，中国城市品牌发展指数得分排名前10分别是北京、上海、杭州、深圳、成都、广州、重庆、香港、武汉、南京。同2019年的排名相比，杭州上升1名，位于第3名；深圳上升3名，位于第4名；香港下降5名，位于第8名；重庆、南京均下降了1名；武汉上升3名，进入前10名；天津下降2名，跌出前10名。从CBDI得分排名100强的分布来看，华东地区遥遥领先。华东地区独得CBDI 100强的43席，其中浙江11席，江苏和山东各10席，成为中国城市强势品牌的高地。其次是华南地区，占据14席，其中广东得8席。华北地区有12个城市进入100强，以京津为引领城市，河北占7席。其余华中、西北、西南和东北地区跻身100强的城市均为个位数。上述100强城市中，南方城市首次达六成，刚好是60个，北方城市仅占40席。

具体来看，2020年的城市品牌发展表现出如下发展态势和特征。

（一）新型城镇化建设持续推进，城市品牌价值的韧性支撑初显

2019年年末，我国城镇常住人口为84843万人，常住人口城镇化率首次突破60%，为60.60%，比2018年年末提高1.02个百分点。户籍人口城镇化率为44.38%，比2018年年末提高1.01个百分点，新型城镇化建设持续推进。2020年以来，受新冠肺炎疫情的影响，2020年纳入测评的288个样本城市的CBDI得分有所回落，CBDI均值为0.295，同比下降约4%。与疫情全球大流行对经济社会的全面影响相比，这个降幅仍不算大。其中，排名前100位的城市，CBDI总分均值同比下降约3.7%，而排名前10的城市同比仅下降2.9%，这表明我国城市（特别是一、二线城市）的城市品牌价值韧性对城市发展韧性已形成初步的支撑效应。

（二）城市品牌发展格局趋于稳定，品牌网络体系更加完善

近年来，随着我国人口和产业向大都市圈聚集的趋势日趋显著，三、四线城市发展内卷化倾向越发明显。中小城市对资源的调控能力和对要素的吸引力与大城市之间的差距加大，在一定程度上对其品牌实现突破性发

展形成了制约。总体来看，我国城市品牌等级和格局有逐步固化的趋势。未来中小城市应进一步明晰发展定位，摒弃发展战略和规划中脱离实际的部分，重点对接和融入大城市和都市圈的发展，这将进一步优化全国城市品牌网络体系，更好地促进区域协同发展。

（三）投资品牌在挑战中发掘机遇，对城市品牌的支撑超过预期

2020年，城市投资品牌发展指数的回落幅度（2.5%）小于CBDI总分回落幅度（3.9%），也低于城市文化品牌（8.6%）、城市旅游品牌（3.0%）和城市宜居品牌（10%）的回落幅度；同时，投资品牌发展指数与CBDI的分差较小，低于文化品牌和宜居品牌的差距（见图2-1和表2-1）。城市投资品牌对城市品牌的支撑作用超过预期。2019年全年货物进出口总额、全社会固定资产投资、战略性新兴产业增加值和技术制造业增加值分别实现同比增长3.4%、5.1%、8.4%和8.8%，对中国城市品牌的投资价值形成正向推动作用。2020年前三季度国内生产总值722786亿元，按可比价格计算同比增长0.7%。新冠肺炎疫情大考下中国经济已实现正增长，大大提振了经济发展预期和信心。随着城市经济发展围绕内外“双循环”展开重新布局，未来投资品牌有望成为城市品牌成

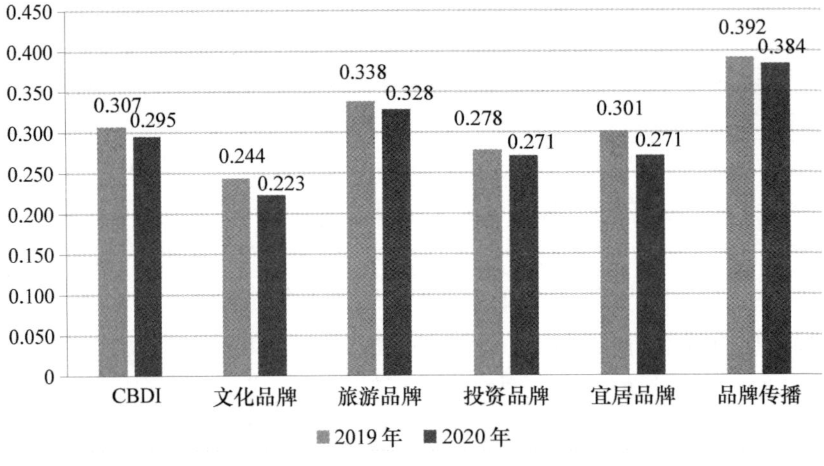

图2-1　2019年与2020年城市品牌发展指数及一级指标得分对比

资料来源：笔者整理。

长的关键推动力量。

表 2 - 1　　　CBDI 总分与一级指标得分的分差对比

	文化品牌	旅游品牌	投资品牌	宜居品牌	品牌传播
前 10 位	-0.021	-0.026	0.045	-0.108	0.111
前 100 位	-0.060	0.015	-0.007	-0.052	0.104
288 个样本城市	-0.073	0.033	-0.024	-0.025	0.089

资料来源：笔者整理。

（四）宜居品牌重回均衡短板，旅游发展面临双重危机

继 2019 年高涨之后，2020 年的城市宜居品牌发展指数得分排名出现较大滑落，这可能与新冠肺炎疫情冲击下市民主观幸福感下降有关，同时也和公共服务特别是公共卫生管理的相对不足有较大关系，宜居品牌再次成为城市品牌的短板。此外，旅游品牌受疫情影响更为直接。文旅融合进展仍较为缓慢，城市旅游的同质化竞争较为普遍，加之突发重大公共卫生事件，跨省出行受限，入境旅游更是呈断崖式下滑，让城市旅游品牌的成长蒙上阴影。未来城市应不断提升旅游管理、夯实旅游发展韧性，打造更安全、更富吸引力的旅游目的地形象。

二　“韧性”视角下的城市品牌发展态势

城市的快速发展和扩张引发高度聚集的人口分布及高强度的经济活动，城市各系统间的联系日益复杂化和多元化，城市的内生性风险和外部不确定性增加。尤其是新冠肺炎疫情的暴发，严重影响着城市经济社会的稳定运行。在此背景下，如何提高城市应对风险的能力，增加城市的发展韧性，对于城市迈向可持续发展和高质量发展至关重要。“韧性城市”（Resilient City）一般是指能够凭自身的能力抵御灾害，减轻灾害损失，能够合理地调配资源以从灾害中快速恢复和重建的城市。城市的文化系统、经济系统、社会协同、基础设施与环境系统面对灾害的冲击和压力，仍然能够保持基本的功能、结构、系统和特征不变，这样的城市系统也称为韧性系统。本书从 CBDI 的指标体系中，提取出与城市韧性密切相关的 28 个三级指标，这些指标涵盖五个维度的韧性主题，即城市文化韧性、

经济韧性、社会韧性、环境韧性和形象韧性。其中，城市文化韧性指标包括文化产业、友善气质、城市文化口碑、创新创业活力等；城市经济韧性指标包括发展水平、人力资源、投资吸引力、投资绩效、创新投入、创新绩效、平台与设施、人才吸引力等；城市社会韧性指标包括社交空间、教育文化、公共医疗、社会保障、居民消费水平、人居基础设施等；城市环境韧性指标包括环境质量、生态保护、环境保护、生态城市口碑等；城市形象韧性指标包括经济发展预期、美丽城市口碑、和谐城市口碑、政务微博传播力、政务微博服务力、政务微博互动力等。城市品牌韧性要素贡献指标（RFC）的概念维度及衡量方法如表2－2所示。

表2－2　**城市品牌韧性要素贡献指标概念维度及衡量方法**

	要素指标	指标衡量方法
文化韧性	文化产业	每万人文化、体育和娱乐业从业人数（人）
	友善气质	“城市名＋友善”纸媒及全网数据量
	城市文化口碑	“城市名＋文化”纸媒及全网数据量
	创新创业活力	众创空间创业团队数（个）
经济韧性	发展水平	GDP（亿元），人均GDP（元），城镇居民人均可支配收入（元），城镇居民人均可支配收入增长率（％）
	人力资源	每万人科学研究及金融从业人数（人）
	投资吸引力	新增投资额（亿元）
	投资绩效	新增企业数（个），新增就业人数（人）
	创新投入	R&D人员（人），R&D内部经费支出（万元）
	创新绩效	专利申请量（个），专利授权量（个），发明专利数量（个），众创空间纳税额（千元），孵化器纳税额（千元）
	平台与设施	众创空间数（个），孵化器数（个）
	人才吸引力	大学生创业人数（人）
社会韧性	社交空间	建成区每平方千米酒吧、饭店、咖啡馆、购物中心、公园的数量（个）
	教育文化	小学生人数增长率（％），中学指数，大学指数，市/辖区每百人公共图书馆藏书数量比（％）
	公共医疗	每万人拥有医生人数（人）、病床数（个），三甲医院数（个），流动人口健康档案覆盖率（％）

续表

	要素指标	指标衡量方法
社会韧性	社会保障	每百人城镇职工养老、基本医疗和失业保险参保人数（人），就业和医疗卫生财政支出（万元），每万人刑事案件逮捕人数（人）
	居民消费水平	物价指数
	人居基础设施	交通拥堵指数，排水管道密度指数
环境韧性	环境质量	PM2.5年均浓度值（微克/立方米），建成区绿化覆盖率（%），城市垃圾处理率（%）
	生态保护	国家级自然保护区数量（个）、面积（万公顷）
	环境保护	单位GDP二氧化硫排放量的倒数
	生态城市口碑	“城市名+生态城市”纸媒及全网数据量，“城市名+绿色”纸媒及全网数据量
形象韧性	经济发展预期	“城市名+持续增长”纸媒及全网数据量，“城市名+信心”纸媒及全网数据量
	美丽城市口碑	“城市名+美丽城市”纸媒及全网数据量
	和谐城市口碑	“城市名+安全城市”“城市名+和谐城市”纸媒及全网数据量
	政务微博传播力	城市政务微博发布信息内容量
	政务微博服务力	城市政务微博原创发文、主动评论、主动私信人数及私信回复次数
	政务微博互动力	城市政务微博被转发、评论和点赞次数

注：此表仅为原CBDI指标体系的28个三级指标按韧性主题归类考察。计算方法：韧性要素指标值的合成方式与城市品牌发展指数的合成方式相同，创新创业相关要素指标中各子指标的权重与其在城市品牌发展指数中指标权重相同。

通过对全国288个样本城市的韧性要素指标的贡献值进行对比分析，我们可以得出如下基本结论。

（一）城市品牌韧性两极分化严重，且地区分布不平衡

2020年韧性要素对CBDI的贡献值均值为0.096。其中，华东地区城市的韧性均值最高，超过0.1；华北和华中地区城市分别为0.096和0.094，处于上游；华南和西南地区城市得分也略超0.09，处于中游水平；西北和东北地区城市得分较低，分别为0.082和0.076，城市品牌韧性表现处于下游水平。

表 2-3 各地区韧性要素对城市品牌发展指数的贡献值均值

	华北地区	东北地区	华东地区	华中地区	华南地区	西南地区	西北地区
RFC 均值	0.096	0.076	0.112	0.094	0.092	0.091	0.082

资料来源：笔者整理。

在 CBDI 前 50 的城市中，韧性要素指标贡献值排在前 5 位的城市分别是北京、上海、深圳、成都和杭州，末 5 位的城市分别是烟台、南宁、潍坊、金华和扬州。韧性要素指标贡献值居高的城市主要集中在一、二线城市和沿海城市，而贡献值偏低的城市主要分布在西南、西北和东北地区。排在第 1 名的北京韧性要素指标贡献值为 0.236，第 50 名的扬州韧性要素指标贡献值为 0.122，分差达 0.114，可见差距之大（见表 2-4）。从全国 288 个样本城市来看，这种区域上的差距更加明显。韧性要素指标贡献值排名靠后的城市同样也主要分布在西南、西北和东北地区。在纳入测评的全国 288 个样本城市中，韧性要素指标贡献值在 0.15 以上的城市只有 20 个，得分 0.1 以上的城市也只有 93 个。可见推动城市品牌韧性的发展、建设“韧性城市”，在我国还有很大的成长空间。

（二）韧性要素指标贡献值与城市品牌发展显著正相关，但仍有较大提升空间

研究发现，韧性要素指标贡献值与城市品牌发展指数之间存在显著的正相关关系。韧性要素贡献指数排名前列的城市，其城市品牌发展指数得分往往也排名前列，但韧性要素指标的分差较之 CBDI 的分差要小得多，表明我国城市的品牌韧性建设仍有较大提升空间。同时，韧性要素指标贡献值与 CBDI 的得分和排名对比值得进一步观察。比如杭州的韧性要素指标贡献值排名全国第 5，其 CBDI 得分却排第 3 名，这说明杭州的城市品牌韧性相对不足、存在一定隐忧；又如南京的韧性要素指标贡献值排名全国第 7，而 CBDI 得分排第 10 位，这说明南京的城市品牌韧性具有优势，成为城市品牌发展的重要动力；等等。而更多韧性要素贡献值排名靠后的城市，其城市品牌发展指数排名同样靠后。以韧性要素指标贡献值末 10 位城市为例，包括鸡西、石嘴山、防城港、阜新、鹤岗、克拉玛依、铁岭、七台河、辽源、葫芦岛，这些城市的 CBDI 得分排名也分布在第 261 名至第 288 名之间。可见城市品牌韧性与城市品牌建设是呈相互影响的正

相关关系（见图 2－2）。

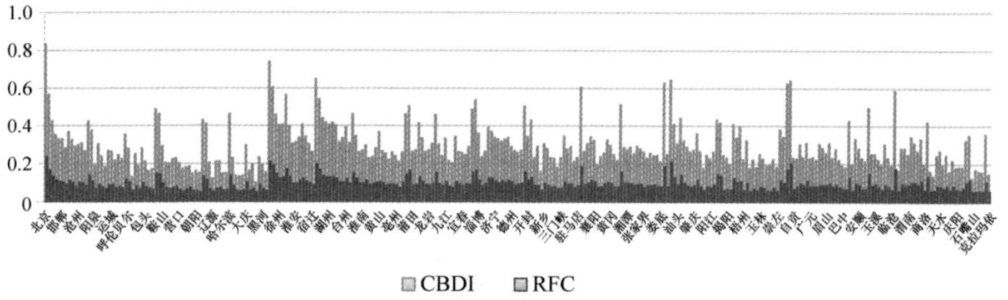

图 2－2　韧性要素指标对城市品牌的贡献度

资料来源：笔者整理。

表 2－4　　**2020 年韧性要素指标贡献值前 50 名城市**

城市	得分	排名	城市	得分	排名
北京	0.236	1	南昌	0.152	20
上海	0.210	2	合肥	0.150	21
深圳	0.209	3	昆明	0.148	22
成都	0.200	4	无锡	0.146	23
杭州	0.197	5	沈阳	0.145	24
香港	0.194	6	东莞	0.145	25
南京	0.190	7	大连	0.144	26
广州	0.185	8	佛山	0.142	27
武汉	0.182	9	太原	0.141	28
西安	0.175	10	澳门	0.141	29
苏州	0.170	11	福州	0.141	30
重庆	0.169	12	哈尔滨	0.138	31
宁波	0.166	13	温州	0.135	32
青岛	0.165	14	中山	0.134	33
天津	0.165	15	兰州	0.134	34
厦门	0.164	16	长春	0.133	35
长沙	0.158	17	石家庄	0.133	36
郑州	0.156	18	嘉兴	0.131	37
济南	0.152	19	泉州	0.130	38

续表

城市	得分	排名	城市	得分	排名
湖州	0.128	39	贵阳	0.126	45
南通	0.128	40	烟台	0.125	46
洛阳	0.128	41	南宁	0.124	47
珠海	0.128	42	潍坊	0.123	48
常州	0.128	43	金华	0.123	49
绍兴	0.127	44	扬州	0.122	50

资料来源：笔者整理。

三　国家政策视野下的聚焦分析

（一）“一带一路”节点城市的城市品牌发展态势

首先，节点城市的城市品牌发展质量更高。“一带一路”节点城市积极参与“一带一路”建设，助推城市品牌的发展。节点城市的CBDI均值为0.489，比全国城市的CBDI均值高出0.194，指数下滑也比全国均值下滑小0.1个百分点，表明“一带一路”节点城市成为我国城市品牌发展的中坚力量。其次，“陆丝”节点城市的城市品牌全面优于“海丝”节点城市。2020年，“陆丝”节点城市品牌发展实现大翻转，在CBDI总分及5个一级指标中的表现比“海丝”节点城市更为突出。其中，优势最大的指标为文化品牌，对比“海丝”节点城市分差达到0.06；宜居品牌差距最小，“陆丝”节点城市亦领先0.014。最后，节点城市的品牌均衡性有所提升。其中，“陆丝”节点城市品牌均衡性更高，“海丝”节点城市的品牌均衡性也好于2019年。总体来看，随着西太平洋和印度洋的不确定性因素增加，“陆丝”节点城市的重要性进一步凸显，日益成为维护公共卫生安全的健康之路和保障能源安全的动力之路，未来城市品牌的进一步发展可期。“海丝”节点城市也应积极应对挑战，加快推进发展动能的转换，力争实现更高质量的发展。

（二）国家中心城市的城市品牌发展态势

国家中心城市是居于国家战略要津、体现国家意志、肩负国家使命、引领区域发展、参与国际竞争、代表国家形象的现代化大都市。作为全国

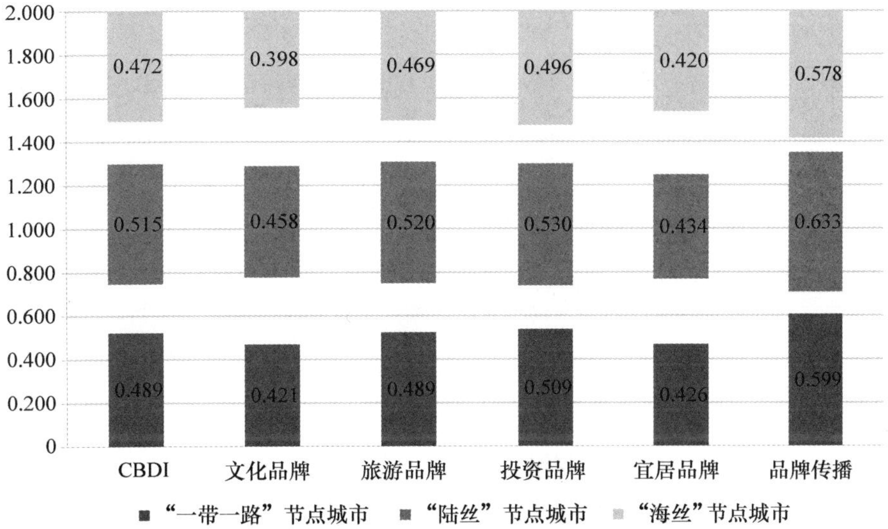

图2－3　“一带一路”节点城市的城市品牌发展指数及一级指标得分对比

资料来源：笔者整理。

城镇体系的核心城市，国家中心城市在我国金融、管理、文化和交通等方面都发挥着重要的中心作用和枢纽作用，也是推动国际经济发展和文化交流方面的重要门户，具有全国范围的中心性和一定区域的国际性两大基本特征。截至2019年年底，我国共圈定9个国家中心城市，分别为北京、上海、广州、重庆、天津、成都、武汉、郑州和西安。另有7个城市明确提出“建设国家中心城市”规划，包括青岛、厦门、长沙、南京、杭州、济南和沈阳。国家中心城市及其主要功能定位如表2－5所示（附计划建设国家中心城市的功能定位供参考）。

表2－5　**国家中心城市及其功能定位**

城市	国家中心城市	功能定位
北京	第一批	建设国际一流的和谐宜居之都 全国政治中心、文化中心、国际交往中心、科技创新中心
上海	第一批	卓越全球城市 全国经济中心、国际金融中心、国际航运中心、国际贸易中心
广州	第一批	国家历史文化名城、国际商贸中心、综合交通枢纽 综合性门户城市、区域文化教育中心

续表

城市	国家中心城市	功能定位
重庆	第一批	西部开发开放战略支撑、长江经济带西部中心枢纽载体、长江上游地区经济中心、金融中心、商贸物流中心、科技创新中心、航运中心
天津	第一批	环渤海地区经济中心、中国北方经济中心、中国北方国际航运中心、物流中心、港口城市、生态城市
成都	第二批	西部地区重要的经济中心、科技中心、文创中心、对外交往中心、综合交通枢纽、公园城市
武汉	第二批	世界亮点城市 中国中部地区的中心城市、长江经济带核心城市、国家重要的工业基地、科教基地和综合交通枢纽
郑州	第二批	国际枢纽之城 中部地区重要中心城市、国家重要的综合交通枢纽、中原经济区核心城市
西安	第三批	“三中心两高地一枢纽” 西部地区重要的经济中心、对外交往中心、丝路科创中心、丝路文化高地、内陆开放高地、国家综合交通枢纽
青岛	计划建设	国际性、全国性、区域性三类综合交通枢纽
厦门		国际性综合交通枢纽
长沙		智能制造中心
南京		东部地区重要的中心城市
杭州		创新创业中心
济南		全国新旧动能转换先行区、海陆双向开发枢纽
沈阳		对外开放新前沿

资料来源：笔者整理。

本书对9个国家中心城市及7个计划申报城市的CBDI得分和排名进行了对比。总体而言，国家中心城市的城市品牌发展势头强劲，总分均值高达0.638，无可争议地位于城市品牌领导阵营。9大中心城市中，西安、天津和郑州的CBDI得分排名未进入前10。“预备军”7个城市的CBDI均值为0.541，得分明显低于国家中心城市均值；但杭州和南京的CBDI得分排名均挺进前10，实力非凡。从城市品牌发展质量的角度来看，杭州和南京作为未来国家中心城市的热门候选城市当之无愧。

表 2－6　　国家中心城市的城市品牌发展指数得分情况

2020 年	北京	上海	成都	广州	重庆	西安	天津	武汉	郑州	平均
CBDI	0.835	0.741	0.642	0.630	0.626	0.589	0.568	0.607	0.504	0.638
排名	1	2	5	6	7	11	12	9	18	
2020 年	杭州	南京	青岛	长沙	厦门	沈阳	济南			平均
CBDI	0.648	0.606	0.538	0.514	0.506	0.489	0.488			0.541
排名	3	10	15	16	17	20	21			

资料来源：笔者整理。

（三）“双创”视角下的城市品牌

当前，以“大众创业、万众创新”推进创新驱动转型和高质量发展的进程进一步深化，打造“双创”生态系统成为提升城市内生增长动力的重要途径。在城市品牌发展指数体系中，创新创业潜力作为城市投资品牌发展指数的二级指标，旨在测量城市“双创”生态系统的发展水平，具体包括创新投入（R&D 人员和 R&D 内部经费支出），创新绩效（专利申请量、专利授权量、发明专利数量、“众创”空间纳税额及孵化器纳税额），高校质量（各城市最好大学排名），平台与设施（众创空间数、孵化器数），创新创业口碑（城市创新创业纸媒及全网数据量）5 个三级指标。2020 年 CBDI 测算数据显示，我国城市的创新创业水平处于建设和提升的阶段，是城市投资品牌 4 个二级指标中得分均值最高的指标（0.316），对城市投资品牌发挥显著的正向作用。由于规模、设施和创新绩效的限制，创新创业对城市品牌的作用有待进一步提升。数据显示，创新创业潜力得分在 0.5 分及以上的城市仅有 40 个，0.4 分及以上的城市也仅有 74 个，大多数城市的创新创业潜力得分较低（见表 2－7 和图 2－4）。

表 2－7　　创新创业潜力前 30 位城市的得分与排名

城市	创新创业潜力	排名	城市	创新创业潜力	排名
北京	0.904	1	南京	0.762	6
深圳	0.860	2	武汉	0.745	7
上海	0.833	3	苏州	0.739	8
杭州	0.793	4	天津	0.708	9
香港	0.773	5	西安	0.707	10

续表

城市	创新创业潜力	排名	城市	创新创业潜力	排名
重庆	0.705	11	合肥	0.604	21
广州	0.679	12	无锡	0.603	22
成都	0.677	13	长春	0.586	23
青岛	0.654	14	大连	0.573	24
厦门	0.629	15	沈阳	0.570	25
济南	0.627	16	徐州	0.570	26
郑州	0.625	17	福州	0.563	27
长沙	0.613	18	哈尔滨	0.560	28
东莞	0.613	19	温州	0.541	29
宁波	0.612	20	石家庄	0.540	30

资料来源：笔者整理。

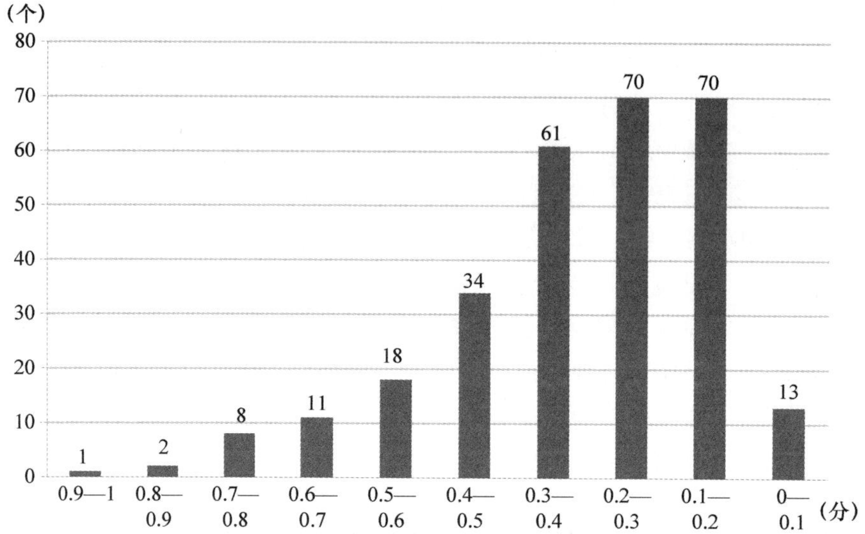

图2-4　创新创业潜力指标各分数段城市数量

资料来源：笔者整理。

四　中国城市品牌发展指数五年回眸（2016—2020年）

自2016年起，本研究在原城市营销发展指数（CMI）的基础上，提出城市品牌发展指数（CBDI）作为每年《中国城市营销发展报告》的指数测评依据，至今已连续发布5次CBDI测评榜单。在这期间，CBDI框架进行了两次微调，总体指数框架保持着较强的稳定性和连贯性。本部分拟对2016—2020年5次CBDI的测评结果进行纵向分析，以在较长的时间框架下观察我国城市品牌的发展轨迹和演变特征，从而为未来城市品牌的提升提供参考和借鉴。由于2016年的报告只选取了全国100个城市作为样本，为确保数据的可比性，本研究选取历年CBDI 100强城市作为样本进行分析。

（一）城市品牌的结构演变：文化品牌与宜居品牌掣肘严重，品牌传播和旅游品牌成强劲引擎

2016—2020年，中国城市的CBDI总分及各一级指标的得分均存在不同程度的起伏跌宕。总体来看，城市品牌发展指数呈上升态势，而5个一级指标的表现却分化明显（见表2－8、表2－9、表2－10）。从品牌结构的视角来看，我国城市品牌发展呈现出如下的特征和趋势。

表2－8　**2016—2020年CBDI 100强总指数及一级指标的得分对比**　（单位：%）

	CBDI	文化品牌	旅游品牌	投资品牌	宜居品牌	品牌传播
2016年	0.380	0.458	0.282	0.467	0.456	0.237
2017年	0.398	0.346	0.465	0.410	0.401	0.370
2018年	0.378	0.346	0.459	0.332	0.390	0.362
2019年	0.439	0.379	0.448	0.422	0.407	0.539
2020年	0.418	0.358	0.433	0.411	0.367	0.522
年均增长率	2.42	－5.94	11.30	－3.12	－5.33	21.81

资料来源：笔者整理。

1. 城市品牌持续成长，成为新型城镇化的重要助推力

2016—2020年，我国新型城镇化建设高速推进，城市发展从过去的盲目扩张开始转轨到高质量增长的道路上。在此过程中，全国CBDI 100强的城市品牌建设发挥了引领和带动作用，CBDI平均得分从0.380上升至0.418，实现年均2.42%的增长，较同期全国城镇化率年均增长1.95%高0.47个百分点。对比表2－8、表2－9和表2－10可以发现，城市品牌

发展指数存在明显的马太效应。大城市、特大城市的压倒性资源优势和调控能力，有利于不断巩固其自身品牌地位，城市品牌网络体系相对出现固化的趋势。唯有站上时代的风口浪尖，在技术革命浪潮中占据产业链的优势位置（如深圳、杭州、成都、西安等），才能突破阻力，实现城市品牌的逆袭。

表2-9 2016—2020年CBDI 20强总指数及一级指标得分对比 （单位：%）

	CBDI	文化品牌	旅游品牌	投资品牌	宜居品牌	品牌传播
2016年	0.531	0.646	0.432	0.628	0.519	0.431
2017年	0.539	0.492	0.581	0.583	0.481	0.556
2018年	0.530	0.527	0.584	0.507	0.490	0.542
2019年	0.619	0.578	0.591	0.637	0.556	0.733
2020年	0.596	0.561	0.578	0.624	0.508	0.708
年均增长率	2.90	-3.47	7.58	-0.15	-0.57	13.19

资料来源：笔者整理。

表2-10 2016—2020年CBDI 10强总指数及一级指标得分对比 （单位：%）

	CBDI	文化品牌	旅游品牌	投资品牌	宜居品牌	品牌传播
2016年	0.598	0.706	0.522	0.684	0.558	0.518
2017年	0.597	0.548	0.631	0.641	0.507	0.660
2018年	0.587	0.588	0.632	0.570	0.527	0.618
2019年	0.686	0.657	0.652	0.714	0.603	0.805
2020年	0.660	0.639	0.634	0.705	0.553	0.771
年均增长率	2.52	-2.47	4.99	0.74	-0.23	10.42

资料来源：笔者整理。

2. 品牌传播和旅游品牌成为城市品牌发展的强劲驱动力量

2016—2020年，城市品牌传播发展指数年均增长超过21%，引领作用空前彰显。这表明我国城市的宣传热情及力度持续高涨，城市品牌意识极大增强。“互联网+”战略的推进，带动了传播相关行业的快速转型，移动互联网和新媒体的重要性和影响力显著提高，城市品牌传播的技术平台、传播手段和传播理念迅速迭代，使得品牌传播成为城市品牌发展的最大牵引力。同时，借助互联网媒体的城市品牌传播还有助于减缓城市品牌的马太效应，中小城市也能够运用互联网媒体在全国乃至全球范围内发声、获取关注。数据显示，CBDI 100 强城市的品牌传播发展指数年均增长率高于 20 强城市，而 20 强城市的品牌传播发展指数又高于 10 强城市。

此外，城市旅游品牌发展指数得分年均增长 11.3%，推动城市品牌发展的作用显著。旅游作为市场化程度最高的城市功能之一，营销建设及品牌推广的创新与努力也在逐年加强。2015 年我国第三产业首次在 GDP 中占比超过 50%，随后仍不断攀升。旅游作为第三产业的代表行业之一，近年来从规模增长到业态升级均取得令人瞩目的发展。各种“网红打卡地”此起彼伏，成为旅游走进大众生活的生动写照，旅游品牌带动城市品牌发展的成效有目共睹。同时，旅游同质化竞争加剧，拥有更多资源的一、二线城市占尽发展先机，导致大量旅游规划相对落后、资源相对稀缺的中小城市难以突出自身优势和特色，在旅游品牌打造上往往事倍功半。近五年来的数据显示，CBDI 100 强城市的旅游品牌发展指数年均增长率高于 20 强城市，20 强城市的旅游品牌发展指数年均增长率又高于 10 强城市。

3. 文化品牌与宜居品牌成为短板，同时也是未来城市品牌竞争的主阵地

2016—2020 年，CBDI 100 强总指数及一级指标中城市文化品牌和宜居品牌呈走低态势，年均降幅分别为 5.94% 和 5.33%，成为我国城市品牌发展的制约因素，也持续成为城市品牌结构的最大短板。这在某种程度上反映了文化和人居公共服务建设的相对滞后，以及城市文化意识觉醒和人民对美好人居生活需求升级所导致的认知落差。近五年来，环境污染和房价高企等“城市病”对城市宜居品牌产生了较大的负面影响。随着“房住不炒”等系列政策的落地，特别是“以人民为中心”的城市发展模式转型，为城市宜居品牌和文化品牌的发展打开了上升通道。显而易见，城市文化品牌和宜居品牌的建设应是我国城市品牌未来竞争的重点领域，也是城市品牌发展的最大潜力空间所在。

4. 投资品牌在过去的五年里相对稳定，有望成为城市品牌发展新引擎

近五年来，城市投资品牌总体表现较为稳定，但呈负增长态势。后经济危机时代遭遇中美经贸摩擦，令城市投资品牌发展一波三折，充满挑战和压力。但在经历了 2018 年的低谷之后，已开始出现上升的势头，未来有望成为城市品牌发展的新引擎。短期来看，新冠肺炎疫情期间所展现的

卓有成效的治理能力，让中国快速走出疫情阴影，于2020年第二、第三季度成为全球主要经济体中唯一正增长的国家，吸引FDI迅速回流，有利于城市投资品牌的发展和壮大；中期来看，经济发展以“内循环”为主，兼顾“外循环”，要求重构产业链韧性，同时提高国民平均收入，并在第三产业中加速循环，生产和消费推动投资向好发展；长期来看，高端产业、高科技产业和未来产业的发展带来科技进步与经济发展，将推动城市投资品牌拥有更强大的竞争力。

尽管具体到每个城市，情况各有不同，但通过对过去五年数据的梳理，我们可以得出基本结论：一是应继续巩固和优化城市品牌传播与旅游品牌，确保城市品牌发展的基本动力；二是要进一步优化营商环境，着力提升投资品牌，培育城市品牌发展的新引擎；三是要加大城市文化与宜居环境的建设力度，并且尽可能在城市文化品牌、城市宜居品牌与城市旅游品牌、城市投资品牌和品牌传播之间建立紧密的战略性关联，以推动城市品牌迈向协同、均衡的高质量发展。

（二）城市品牌的区域分化：华东和华南地区城市引领增长，华北和华中地区城市下滑明显

考察2016—2020年全国各区域（香港和澳门作为特别行政区单独归类）城市品牌100强CBDI均值、100强数量及平均排名的变动情况，发现华东和华南地区城市持续增长，成为城市品牌的引领性力量；华北和华中地区城市下滑明显；东北地区城市及香港、澳门也出现收缩，西南和西北地区城市实现一定程度的成长（见表2-11）。

表2-11　2016—2020年各区域CBDI 100强城市的得分、数量及排名对比

（单位：%，个）

		特别行政区	东北地区	西南地区	华南地区	华北地区	华中地区	华东地区	西北地区
CBDI得分均值	2016年	—	0.373	0.456	0.384	0.384	0.372	0.383	0.334
	2017年	—	0.393	0.397	0.415	0.401	0.380	0.401	0.378
	2018年	0.551	0.403	0.391	0.376	0.382	0.366	0.373	0.344
	2019年	0.599	0.470	0.451	0.433	0.432	0.454	0.432	0.409
	2020年	0.548	0.452	0.449	0.418	0.417	0.415	0.412	0.378

续表

		特别行政区	东北地区	西南地区	华南地区	华北地区	华中地区	华东地区	西北地区
平均年增长率		-0.27	4.92	-0.39	2.14	2.08	2.77	1.84	3.14
100强城市个数	2016年	—	7	6	15	14	11	40	7
	2017年	—	6	4	14	14	13	41	8
	2018年	2	5	8	14	12	9	42	8
	2019年	2	5	8	15	13	7	43	7
	2020年	2	5	7	14	12	9	43	8
平均排名	2016年	—	45	25	47	56	52	49	70
	2017年	—	47	56	44	54	60	48	57
	2018年	9	28	51	49	55	55	51	63
	2019年	11	31	54	50	58	43	51	61
	2020年	15	28	49	49	56	50	52	64

注：本研究2018年开始将香港和澳门纳入测评，故2016年和2017年无数据。

资料来源：笔者整理。

具体来看，各区域的城市品牌发展情况如下。

1. 特别行政区城市品牌指数有所下滑

香港和澳门凭借强大的经济实力、社会活力和较高的城市声望，位于我国城市品牌中的强势阵营。然而近年香港和澳门的CBDI得分有所下降，年均增长率为-0.27%，平均排名下降6位。

2. 东北地区强势品牌阵营缩水

CBDI 100强城市品牌数据显示，2020年东北地区入选100强城市的CBDI得分均值为0.452，年均增长率为4.92%。然而考虑到入选城市品牌数量从7个下降到5个，即拉低均值的城市被排除在统计范围外，表明东北地区的衰落形势尚未好转。

3. 西南地区城市品牌梯队优化

过去5年里，西南地区入选CBDI 100强的城市数量减少了1个，CBDI得分从0.456微降至0.449，年均增长-0.39%。新增城市拉低了平均水平，但区域城市品牌体系有所壮大，表明区域的发展潜力正在释放。

4. 华南地区城市品牌持续成长

华南地区入选 CBDI 100 强的城市数量增加了 1 个，且 CBDI 得分从 0.384 上升至 0.418，年均增长 2.14%，表明该地区城市品牌体系和城市发展活力均实现较好成长，城市品牌发展的领先程度进一步提升。

5. 华北地区城市品牌体系失衡

华北地区入选 CBDI 100 强的城市数量减少了 2 个，CBDI 得分从 0.384 上升至 0.417，年均增长率为 2.08%，表明华北地区城市品牌与第一梯队华东和华南地区的差距有所扩大。京津冀协同发展虽然取得一定进展，但竞争优势不足，区域协同治理和城市品牌体系亟待优化，特别是北京和天津应更好地发挥都市圈和城市群的协同与带动作用。

6. 华中地区城市品牌发展活力不足

华中地区入选 CBDI 100 强的城市减少了 2 个，CBDI 得分从 0.372 上升至 0.415，年均增长率为 2.08%。区域强势城市品牌有所成长，但整体表现缺乏活力，与第一梯队差距扩大。

7. 华东地区城市品牌发展领先全国

华东地区入选 CBDI 100 强的城市增加了 3 个，CBDI 得分从 0.383 上升至 0.412，年均增长率为 1.84%，是我国城市品牌的头部区域，并在第一梯队中实现了领先优势的进一步提升。

8. 西北地区城市品牌发展稳中有进

西北地区入选 CBDI 100 强的城市增加了 1 个，CBDI 得分从 0.334 上升至 0.378，年均增长率为 3.14%，实现了较为稳健的成长。随着国家对西北地区发展的政策倾斜，以及该区域人民在文化品牌、旅游品牌、投资品牌、宜居品牌和品牌传播等领域日渐高涨的建设热情，未来西北地区城市品牌发展应有进一步提升的潜力。

（三）弄潮大时代：城市品牌 20 强的起落得失

CBDI 20 强位居中国城市品牌的领导阵营，20 强的表现是反映特定城市乃至其所在区域发展的重要风向标。2016—2020 年，CBDI 20 强榜单中的城市有起有落，展示了大时代城市品牌弄潮的鲜活图景（见表 2 - 12）。

1. 从 CBDI 20 强的分值和排名来看，大概有七类情形

一是持续保持领先的城市。包括北京（年均增长 1.49%）、上海（年均增长 0.49%）。

二是快速成长的城市。包括杭州（年均增长 3.32%）、成都（年均增长 4.02%）。

三是波动进步的城市。包括深圳（年均增长 3.67%）、广州（年均增长 1.49%）、重庆（年均增长 4.29%）、西安（年均增长 5.48%）、厦门（年均增长 4.56%，2020 年跻身 20 强，2016 年排第 23 名）、昆明（年均增长 5.09%，2020 年排名第 19 位，在 2016 年仅排在第 27 名）。

四是表现稳定的城市。包括武汉（年均增长 3.44%）、南京（年均增长 4.83%）、宁波（年均增长 3.34%）、长沙（年均增长 2.99%）。

五是波动退步的城市。包括香港（年均增长 1.18%，但排名下降明显）、苏州（年均增长 1.46%）、青岛（年均增长 2.56%）、郑州（年均增长 1.27%）。

六是持续衰落的城市。主要是天津，年均增长 -1.5%。

七是跌出 20 强的城市。包括济南（年均增长 1.42%，2016 年排在第 16 名，2020 年则屈居第 21 名）、福州（年均增长 1.14%，2016 年排第 18 名，2020 年排名第 25）、无锡（年均增长 1.21%，2016 年排在第 19 名，2020 年排名第 28）。

2. 从 CBDI 得分年均增长率来看，明星城市领时代风骚

CBDI 年均增长率超过 3% 的城市有杭州、成都、深圳、重庆、武汉、南京、西安、宁波、厦门、昆明、沈阳，成为近五年来城市品牌发展的明星城市；CBDI 年均增长率为负值的城市是天津；其余城市表现各有千秋，总体上成长较好。总的来说，CBDI 进步显著的城市无不是充分把握住了时代机遇的城市，比如杭州和深圳，“互联网 +”科技强势崛起；成都、重庆、西安、厦门和昆明等城市，则充分彰显了自身在“一带一路”倡议中的角色和功能；而增长相对缓慢乃至落后的城市，往往缺乏城市品牌战略规划和产业支撑，曾经的优势资源和地位随着经济社会的发展变迁而失去支撑和推动力，同时也未能很好地融入城市群协同发展的多赢格局中。

表 2-12　　20 强城市 2016—2020 年 CBDI 得分与排名变动　　（单位:%）

城市	年份	CBDI	排名	城市	年份	CBDI	排名
北京	2016	0.787	1	西安	2016	0.476	14
	2017	0.763	1		2017	0.531	10
	2018	0.753	1		2018	0.507	11
	2019	0.864	1		2019	0.628	10
	2020	0.835	1		2020	0.589	11
	年均增长	1.49			年均增长	5.48	
上海	2016	0.727	2	天津	2016	0.604	3
	2017	0.700	2		2017	0.548	9
	2018	0.659	2		2018	0.525	10
	2019	0.774	2		2019	0.616	11
	2020	0.741	2		2020	0.568	12
	年均增长	0.49			年均增长	-1.5	
杭州	2016	0.568	5	苏州	2016	0.533	8
	2017	0.576	5		2017	0.512	12
	2018	0.568	4		2018	0.501	13
	2019	0.675	4		2019	0.558	14
	2020	0.648	3		2020	0.565	13
	年均增长	3.32			年均增长	1.46	
深圳	2016	0.559	6	宁波	2016	0.475	15
	2017	0.597	3		2017	0.485	14
	2018	0.555	7		2018	0.470	16
	2019	0.649	7		2019	0.555	15
	2020	0.645	4		2020	0.542	14
	年均增长	3.67			年均增长	3.34	
成都	2016	0.548	7	青岛	2016	0.487	12
	2017	0.560	7		2017	0.483	15
	2018	0.560	5		2018	0.474	15
	2019	0.663	5		2019	0.568	13
	2020	0.642	5		2020	0.538	15
	年均增长	4.02			年均增长	2.56	

续表

城市	年份	CBDI	排名	城市	年份	CBDI	排名
广州	2016	0. 593	4	长沙	2016	0. 457	17
	2017	0. 582	4		2017	0. 472	16
	2018	0. 556	6		2018	0. 443	19
	2019	0. 642	8		2019	0. 539	16
	2020	0. 630	6		2020	0. 514	16
	年均增长	1. 49			年均增长	2. 99	
重庆	2016	0. 529	10	厦门	2016	0. 423	22
	2017	0. 569	6		2017	0. 490	13
	2018	0. 547	8		2018	0. 454	17
	2019	0. 651	6		2019	0. 530	18
	2020	0. 626	7		2020	0. 506	17
	年均增长	4. 29			年均增长	4. 56	
香港	2018	0. 610	3	郑州	2016	0. 480	13
	2019	0. 682	3		2017	0. 461	17
	2020	0. 624	8		2018	0. 440	20
	年均增长	1. 18			2019	0. 531	17
					2020	0. 504	18
					年均增长	1. 27	
武汉	2016	0. 530	9	昆明	2016	0. 407	27
	2017	0. 529	11		2017	0. 456	19
	2018	0. 505	12		2018	0. 445	18
	2019	0. 591	12		2019	0. 512	21
	2020	0. 607	9		2020	0. 497	19
	年均增长	3. 44			年均增长	5. 09	
南京	2016	0. 502	11	沈阳	2016	0. 431	20
	2017	0. 548	8		2017	0. 443	23
	2018	0. 536	9		2018	0. 421	22
	2019	0. 634	9		2019	0. 501	22
	2020	0. 606	10		2020	0. 489	20
	年均增长	4. 83			年均增长	3. 19	

资料来源：笔者整理。

五　中国城市品牌发展：问题、挑战及展望与建议

2019—2020 年，中国城市营销与品牌化面临复杂的内外环境挑战，特别是新冠肺炎疫情和复杂的中美关系，使得城市的生产和生活环境都发生了深刻的改变。各地正在全力做好“六稳”工作，全面落实“六保”任务，着力营造内外“双循环”的经济发展新格局。城市品牌发展也进入一个深度调整的阶段，以更好地推进城市迈向高质量发展。

（一）问题与挑战

1. “韧性城市”意识严重不足，城市品牌韧性建设任重道远

为进一步考察各城市对韧性建设的认知程度，本研究在 RFC 指标体系之外，另提取了 2020 年前三季度城市对应的韧性口碑全网数据。韧性口碑数据能够反映在特定时期内一个城市对“韧性城市”的自觉意识（政策）、建设动态（项目）和公众认知评价（舆论），进而影响未来城市品牌韧性的发展。本研究将韧性口碑数据经过标准化处理后与韧性要素贡献值得分进行对比，发现城市韧性口碑与韧性要素对城市品牌的贡献值呈弱正相关关系，但韧性口碑得分与韧性要素贡献值得分落差非常显著（见图 2－5）。数据显示，仅部分一线城市和国家中心城市的韧性口碑获得高分，表明这些城市高度重视“韧性城市”建设，并形成了初步的政策、项目和舆论效应；但绝大多数城市的韧性口碑得分非常低，表明即使身处新冠肺炎疫情大流行时期，我国大多数城市的“韧性城市”意识还严重不足，特别是在公共卫生设施、服务以及城市数字治理的建设方面还存在诸多不足，城市宜居品牌、投资品牌和旅游品牌均面临较大风险，亟待加强。

2. 城市群品牌效应进一步增强，但区域协同发展仍显不足

本报告纳入测评的 20 个城市群，包括粤港澳大湾区城市群、珠三角城市群、海峡西岸城市群、长三角城市群、山东半岛城市群、京津冀城市群、长江中游城市群、中原城市群、晋中城市群、成渝城市群、北部湾城市群、黔中城市群、滇中城市群、关中平原城市群、兰州—西宁城市群、宁夏沿黄城市群、呼包鄂榆城市群、天山北坡城市群、辽中南城市群和哈

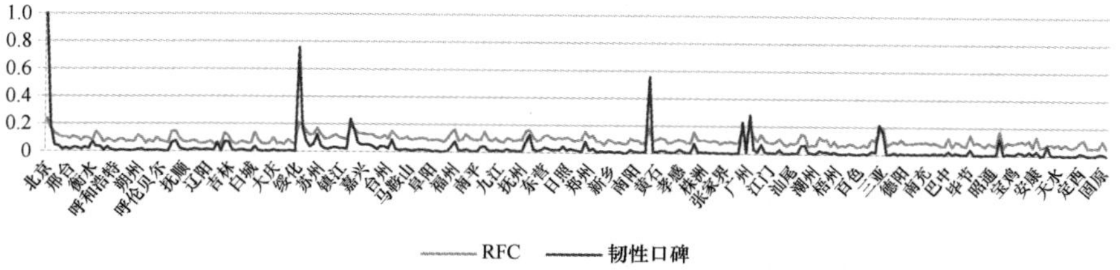

图2－5　韧性要素指标贡献度与韧性口碑数据对比

资料来源：笔者整理。

长城市群。指数测评发现如下情况。

其一，20个城市群的品牌发展分化现象明显，发展水平参差不齐。如图2－6所示，粤港澳大湾区城市群品牌继续大幅领先，ABDI得分为0.976。长三角城市群和京津冀城市群分别位列第2和第3，得分分别为0.724和0.705，较2019年均有明显增长。珠三角城市群、成渝城市群和山东半岛城市群处于0.4以上的分数段，分别位列第4、第5和第6。其余14个城市群的ABDI得分都在0.4以下，其中更有9个城市群的ABDI得分不到0.3。此外，上述20个城市群品牌的梯度效应也非常明显。粤港澳大湾区城市群因为有香港、澳门两个特别行政区的加入，城市群品牌效应非常突出。长三角城市群是国内最早形成的城市群，经济基础雄厚、实力强劲。京津冀城市群品牌则随着北京疏解非首都功能、京津冀协同发展提速而迅速提升，跻身国家级城市群前3和领导阵营。这3个城市群在协同发展和品牌建设方面，肩负参与国际竞争、打造世界级城市群的使命，位于我国城市群品牌的第一梯队。珠三角城市群、成渝城市群、山东半岛城市群和中原城市群相较于这3个城市群品牌尚存在一定差距，但整体水平也较高，位于国家级城市群的第二梯队。长江中游城市群、滇中城市群、北部湾城市群、兰州—西宁城市群、关中平原城市群、哈长城市群和黔中城市群的品牌建设有明显进展，位于第三梯队；呼包鄂榆城市群、海峡西岸城市群、天山北坡城市群、晋中城市群、辽中南城市群、宁夏沿黄城市群的品牌建设尚在起步阶段，核心城市的带动能力不足，区域品牌的发展及影响力都非常有限，位于国家级城市群的第四梯队。

其二，城市群品牌对区域内城市的带动作用有限，城市群品牌发展还有较大的空间。从图2－6可以看出，在20个城市群中，ABDI得分超过

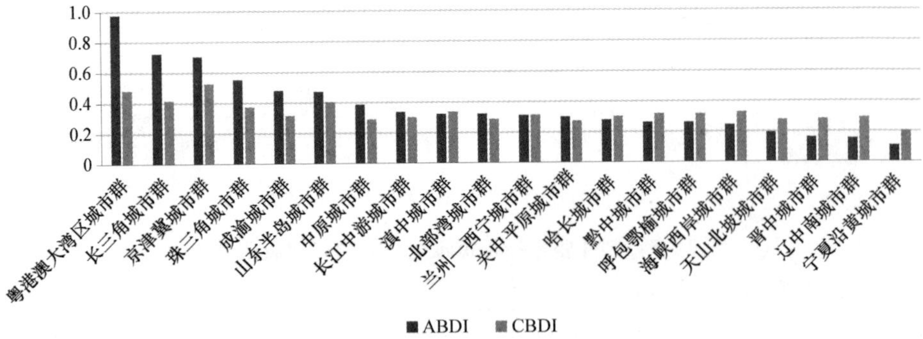

图2－6　20个城市群品牌指数及其内部城市CBDI均值对比

资料来源：笔者整理。

城市群内城市CBDI均值的有10个。表明这10个城市群已形成或初步形成了区域品牌效应，对区域内城市品牌的发展发挥着正向的带动作用，区域协同发展取得进展。而其余10个城市群的ABDI得分尚不及群内城市CBDI的均值，表明这些城市群尚未形成应有的品牌效应，形象还主要依靠群内城市来带动。

在近年的新型城镇化建设进程中，中央不断强调要“提升城市群功能”，为未来城市与城市群品牌的互动发展提供了宝贵的政策契机。一是要加强部分城市群核心城市的工业化和城镇化，提升产城融合发展水平，提升核心城市的集聚与辐射能力，夯实城市群品牌发展的基础；二是要建立城市群内部城市之间的协同治理机制，减少定位雷同和同质化产业竞争，促进人口、资金、产业和技术等要素的充分流动，推动城市之间的优势互补与功能协同，共同构筑城市群的功能优势，进而共同打造更富魅力的城市群品牌形象。

3. 从人才争夺到人口争夺，“以人为本”的城镇化建设亟待升级

2019年以来，城市间的人才争夺进一步加剧。部分城市（如上海）增加直接落户条款、放宽落户政策，将人才争夺推向新高峰。在一线城市加入“抢人大战”的背景下，各地落户政策持续放宽，人才争夺战逐渐有蔓延到人口争夺战的态势，成为未来城市可持续发展的新重点。如何确保“用脚投票”的城市新增人口成为城市未来发展的中坚力量，做好政策配套、环境优化和公共服务供给是关键，同时也是实现“以人为本”

的城市化建设的重大考验。

4. 城市品牌传播重内轻外，制约着城市品牌国际影响力的提升

城市品牌传播指数在2020年有所回落，但仍然是城市品牌发展指数中最强劲的维度。这一方面得益于我国城市品牌意识的普遍觉醒和城市营销能力的加强，尤其是政务服务更趋公开透明和地方融媒体快速发展极大地提升了城市品牌的传播效能；另一方面得益于“互联网+”业态特别是社交媒体和应用的日益丰富，城市受众的踊跃参与提升了城市口碑的丰富性和内容量。从传播内容和范围来看，城市更加注重国内传播，国际传播声量不足，而且传播议题单薄。以CBDI 100强和10强城市为例，品牌传播发展指数下降幅度远高于全国城市均值，分别为-2.7%和-4.4%。其中，国际知名度的数据下滑尤其明显，这表明我国城市品牌的上游城市特别是领导阵营的城市未能更好地承担起国际传播的使命，城市发展服务于国家发展大局的战略意识有待提升。伴随“一带一路”建设的城市形象国际传播环境的复杂化，城市品牌的国际传播成为未来城市品牌建设要突破的重点领域。

5. 文化品牌和旅游品牌指数分化，文旅融合任重道远

2020年的CBDI测评结果显示，城市文化品牌仍然是CBDI结构中得分最低的维度，均值仅为0.223；而旅游品牌则表现较为优秀，均值达0.328。文旅品牌发展的不同步乃至分异，表明文旅融合助推城市品牌建设的力量还较为有限。文化是城市品牌的灵魂，也是旅游发展走出同质化竞争怪圈的底层资源。文旅融合发展要求投入和管理齐头并进，打造更富活力的文旅品牌生态，进而促进城市品牌健康发展。

（二）展望与建议

1. 建设“韧性城市”标准体系，优先夯实城市发展韧性

新冠肺炎疫情给城市管理提出一个明确的要求，就是必须重视城市的韧性，也就是城市在应对可预知和不可预见的灾害和危机时所拥有的预防、抵御、恢复和重建的能力。为更好地应对疫情及内外环境不确定性的影响，增强发展韧性、建设“韧性城市”应该成为“十四五”时期我国城市经济与社会发展的重要战略主线。在发展原则、目标特别是涉及产业、治理和环境的规划中，应明确提出打造“韧性城市”以及增强产业韧性（如增强产业链供应链自主可控能力等）、治理韧性（如强化城市社

会治理与基层治理）、环境韧性（如进一步加强生态城市建设）和品牌形象韧性（如提升城市声望、优化城市形象等）的战略要求，让韧性概念成为城市战略规划和建设的高频词之一。各地应参考国际国内经验，从自身实际出发，提出“韧性城市”建设的标准化指标体系，作为城市未来发展的重要参照。

2. 优化城市治理格局，推进“多中心”治理

优化城市治理格局是提升城市治理韧性的基本任务。首先，要转变政府角色和职能。在城市管理和运营中，政府要从控制者向引导者、服务者和监管者的角色转换。其次，推动治理格局重塑，推动城市从“单中心”向“多中心”的治理模式转变。城市行动计划要吸纳各种主体参与，政府与社会力量应建立良性的分工与协作关系。其中，政府重点发挥规划、引领和监管的作用，充分调动社会、企业和市民的力量参与城市管理与建设事务。重点围绕城市生活、生产和建设的诸多场景，加快形成“多中心”治理新格局，不断提升城市治理效能。最后，要进一步推动信息技术发展，助力城市治理能力提升。比如智慧城市建设中的“城市大脑”及各种城市数字治理应用，对于扩大市民参与、提升治理绩效有着直接的积极作用。

3. 提升基层治理韧性，构建基层“应急链”机制

要提升城市治理韧性，着力夯实基层治理韧性是重中之重。基层社区不仅是居住栖息的“生活共同体”，更是集体面对风险的“命运共同体”。城市基层社区应急治理体系是否完善、是否具备足够的应急治理能力，不仅关乎安居乐业，还是衡量城市发展质量、韧性和竞争力的重要标尺。长远来看，全面系统地完善基层社区应急治理体系，健全基层社区“应急链”，不仅是短期应急的重要举措，更是面向未来、防范风险，满足城市居民和城市更高水平安全、稳定、可持续发展需要的必然选择。未来应提升社区工作人员综合保障水平、厘清城市社区权责、全面建设智慧社区，把抗击新冠肺炎疫情的临时性机制，探索升级为法制化、常态化机制，以不断健全和提升城市社区的应急治理能力。

4. 加强品牌战略规划，助力城市高质量发展

城市品牌能够体现市民的自豪感，凝结着城市多方面的发展功能。同时，城市品牌与城市高质量发展之间也存在相互影响、相互促进的关系。其中，城市品牌建设应面向人民对美好生活的需要，其目标是从满足人民

细分需求出发，践行“五位一体”的发展模式，打造强势、正面的城市品牌体系；其实质是对满足人民美好生活需要的承诺，包括建设城市文化、旅游休闲、投资创业、优美宜居等子品牌，以及优化城市品牌传播、打造区域品牌等。通过城市品牌的合理规划和结构性优化、建设与发展，推动城市迈向更高品质、更富特色的高质量发展道路。城市的高质量发展又能为城市品牌的持续发展注入更多的资源和更大的动力，有效强化城市品牌的建设，进而满足人民对美好生活的向往和需要。可以说，城市品牌建设是“注重需求侧改革”的重要抓手，有助于“形成需求牵引供给、供给创造需求的更高水平动态平衡，提升国民经济体系整体效能”①，推动城市高质量发展。

5. 提升城市整合营销水平，优化城市品牌营销效益

在城市竞争日趋激烈的今天，谋求城市整合营销是提升城市营销和品牌化投入产出效益的重要途径。在城市品牌打造过程中，应尽可能统筹城市品牌的各个方面，在投资促进、旅游推广、人才引进等城市营销行动和相关子品牌建设中，加大资源、行动和过程的协同，达成营销的整合，并且这种整合还应扩大到抗疫防疫、邻里互助、城市共建等社会行动中，以及城市设计、城市更新和社区营造等城市建设方面，让城市品牌精神一以贯之，才能达到更好的城市建设和品牌营销效果。

---

① 《定调 2021 年经济走向 政治局会议透露六大信号》，《经济参考报》2020 年 12 月 11 日。

第Ⅱ编

中国城市品牌发展指数：分项报告

第三章　中国城市文化品牌发展指数报告（2020）

许峰　谭娟*

2019年是文旅融合发展开局之年，也是文旅融合高质量发展的关键年。在文旅融合发展过程中，各地不断实现以旅游促进文化传承、用文化促进旅游提质升级，积极创造新的经济增长点，催生了一批新业态。北京贡献了丰富的文博精品、文化遗产、会议会展等文旅融合产品，博物馆、非遗传习所等公共文化设施与研学旅行共同发展，持续提升文化创新氛围。2020年新冠肺炎疫情对高度依赖人群集聚消费的电影、演艺、节庆会展等文化产业造成了较大的冲击，且不利影响延续时间较长。然而作为最早报告疫情的城市，武汉转危为安，以全市上下一心的姿态向全中国乃至全世界持续输出生命至上、舍生忘死、命运与共的抗疫精神，广大文艺工作者更是瞄准抗疫一线，讴歌新时代“最美逆行者”，唱响抗击疫情的时代最强音，扩大武汉文化的影响力。文化、旅游事业实践不仅在表面上代表了诗和远方的结合，而且新技术、新手段、新商业模式的引入也使打造城市文化品牌成效显著。

本部分主要从文化独特性、文化潜力、文化活力与文化吸引力四个方面对中国城市文化品牌发展指数进行系统性综合评价。首先，文化独特性是城市树立品牌形象、获得差异化竞争优势的资源基础与发展标杆，其细分指标包括文化渊源、文化特色与独特性感知等城市文化特质；其次，作为城市文化成长空间、文化产业开发价值衡量的重要反映，文化潜力下设维度包括文化产业、文化氛围、友善气质等城市文化状态；再次，文化活

* 许峰，山东大学管理学院教授；谭娟，山东大学管理学院旅游管理专业硕士研究生。

力反映城市文化的可持续发展能力，涵盖文化影响力、文化创新、创新氛围等城市文化发展性指标；最后，从媒体、学界以及社会三个方面构建了舆论关注度、研究关注度、城市文化口碑等文化吸引力测量体系。

一　总体发展态势

（一）总体发展特征

1. 城市文化品牌发展指数整体偏低，低分段明显增多

由图 3－1 可知，2020 年，在城市品牌发展指数得分相较 2019 年整体下降 0.011 的基础上，城市文化品牌发展指数得分为 0.223，相较 2019 年降低 0.021，在城市文化品牌发展指数、城市旅游品牌发展指数、城市投资品牌发展指数、城市宜居品牌发展指数、城市品牌传播发展指数这五个指标中排在最后一位，总体偏低，且与整体平均数的差距进一步拉大。

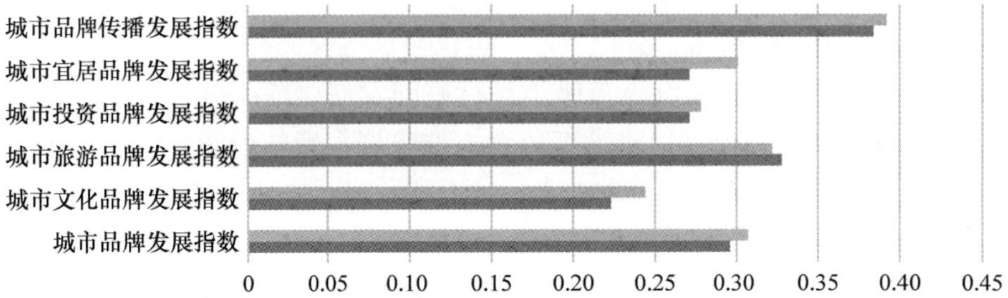

	城市品牌发展指数	城市文化品牌发展指数	城市旅游品牌发展指数	城市投资品牌发展指数	城市宜居品牌发展指数	城市品牌传播发展指数
2019年	0.307	0.244	0.322	0.278	0.301	0.392
2020年	0.296	0.223	0.328	0.271	0.271	0.384

■2019年　■2020年

图 3－1　2019 年与 2020 年城市品牌发展指数及一级指标得分对比

资料来源：中国社会科学院城市品牌发展指数数据库。

如图 3－2 所示，2020 年城市文化品牌发展指数得分在 0.1—0.4 区间段内最为集中，在该区间内的样本数有 222 个，占据样本总量的 77.1%。与 2019 年相比，0.1—0.4 区间段的样本数量占比有所下降，与 2018 年相比也有所下降。位于低分段的样本数量有所增加，2020 年城市文化品牌发展指数得分在 0.1 以下的城市数量比 2019 年增加了 18 个，得

分在 0. 6 以上区间段的城市数量比 2019 年减少了 3 个，分别是广州、南京、西安。从整体上看，城市文化品牌发展指数得分依旧呈中间段集中、两端分散的“梭形分布”，但与 2019 年相比，集中分段向低分区靠拢，0. 6 以上高分段的城市数量有所降低，0. 1 以下低分段的城市数量存在明显增长。

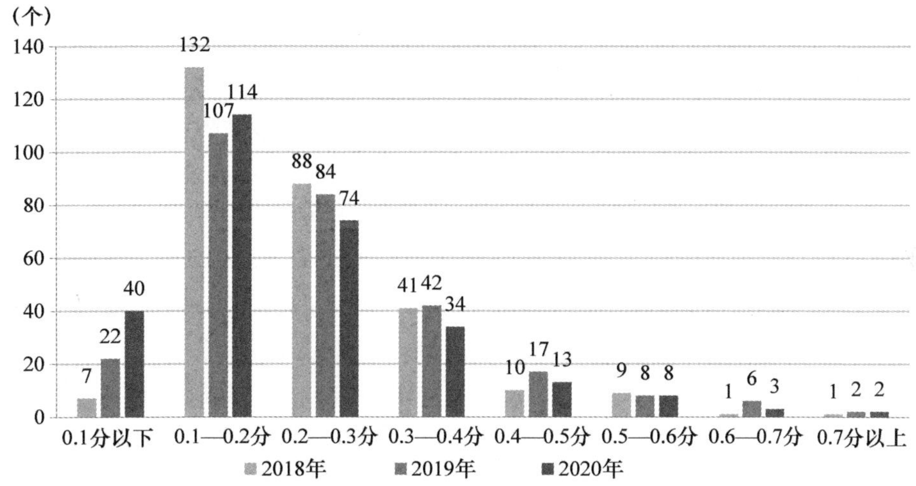

图 3 - 2　城市文化品牌发展指数得分频数分布

资料来源：中国社会科学院城市品牌发展指数数据库。

2. 区域间城市文化品牌发展仍存在较大差距：华东地区领先，东北地区落后

由表 3 - 1 可知，2020 年城市文化品牌发展指数区域间仍存在较大差距，除香港、澳门外，内地七大区域的城市文化品牌发展指数从高到低依次是华东、华北、华中、华南、西南、西北、东北地区，区域间排名除了华中地区上升两个位次，华南、西南地区下降一个位次外，其余地区与 2019 年一致，其中华东地区的城市文化品牌发展指数平均值超过了全国平均水平。与 2019 年城市文化品牌发展指数相比，东北地区 2020 年的均值有所提升，除此以外，华东、华北、华中、华南、西南、西北地区的城市文化品牌发展指数较 2019 年有不同程度的下降，其中华北地区相较 2019 年下滑了 0. 032，是下滑最严重的区域。

从排名位于前 20 的亮点城市数量来看，东北地区相较 2019 年增加了

一个亮点城市沈阳，西南地区相较2019年减少了一个亮点城市昆明，其余地区与2019年亮点城市数量保持一致。华东地区亮点城市数量遥遥领先其他区域，其中为首的上海城市文化品牌发展指数为0.720，位居全国第二，除上海外，还有杭州、南京、苏州、宁波、青岛、济南位居全国前20，这些亮点城市分别属于浙江省、江苏省和山东省。在华北地区，北京的城市文化品牌发展指数位列全国第一，达到0.903，但从区域整体上看，华北地区的亮点城市较少，只有北京、天津。华中地区均值位列全国第三，亮点城市有武汉、长沙、郑州，且位次均有上升。华南地区2020年的文化品牌均值并列第三，有广州、深圳两个亮点城市，从地理分布上看，集中于广东省。西南地区的两个亮点城市分别是四川省的成都市和直辖市重庆，两个城市的文化品牌发展指数位居全国前10，但除了这两个城市外，其他城市的文化品牌发展指数与亮点城市存在很大差距。西北地区2020年的区域均值比2019年有所下降，并且还是只有西安一个亮点城市。东北地区的区域均值虽然仍然位列最后一位，但却是七大区域中唯一上升的，并且，2020年沈阳市再度冲进全国城市文化品牌发展指数排名前20。

总体上看，2020年全国城市文化品牌发展指数整体下降，区域间差距仍然较大。华东地区无论是从区域均值上看还是从亮点城市数量上看，都遥遥领先于其他区域；东北地区在区域城市文化品牌发展指数均值上经历了小幅增长，但东北地区与发展其他区域仍存在较大差距，需要重点关注；其他地区的区域均值均有所下降，其中华中地区下降幅度最小，且亮点城市位次均有所提升。

表3-1　**城市文化品牌发展指数的区域表现对比**

	2020年均值	2019年均值	2020年前20位城市入选数	2019年前20位城市入选数	区域内排名第一城市	指数	全国排名
华东地区	0.278	0.299	7	7	上海	0.720	2
华北地区	0.222	0.254	2	2	北京	0.903	1
华中地区	0.218	0.225	3	3	武汉	0.585	7
华南地区	0.218	0.246	2	2	广州	0.595	6
西南地区	0.199	0.225	2	3	成都	0.607	5
西北地区	0.180	0.204	1	1	西安	0.577	9

续表

	2020 年均值	2019 年均值	2020 年前 20 位城市入选数	2019 年前 20 位城市入选数	区域内排名第一城市	指数	全国排名
东北地区	0. 166	0. 164	1	0	沈阳	0. 439	19
特别行政区	0. 559	0. 576	2	2	香港	0. 675	3

资料来源：中国社会科学院城市品牌发展指数数据库。

3. 排名 10 强城市间发展速度存在差异

2020 年，全国城市文化品牌发展指数排名前 10 的城市与 2019 年相比，增加了武汉，排位顺序依次是北京、上海、香港、杭州、成都、广州、武汉、南京、西安、重庆，其中有 3 个城市属于华东地区，西南地区占了两个城市，华中、华北、华南、西北地区分别占了一个城市。从排名位次上看，与 2019 年相比，武汉的指数排名上升了 6 个位次，目前位居第 7；南京、西安、重庆各下降一位，分别位于第 8、第 9、第 10；其他城市近两年位次均稳定不变，北京、上海的位次近四年都稳定不变，分别排第一、第二位。

从城市文化品牌发展指数得分来看，2020 年，10 强城市除武汉外都比 2019 年有所下降。其中下降幅度最大的是西安，其城市文化品牌发展指数下降了 0. 028；其次是成都，下降了 0. 027；广州、南京、重庆分别下降了 0. 026、0. 023、0. 020，降低量位列第 3、第 4、第 5；北京、杭州、上海、香港位列第 6 到第 9，降低量都在 0. 020 以下；而武汉以 0. 054 的增长量成功跻身 10 强城市。

从总体上看，2018—2020 年，北京、上海的城市文化品牌指数稳居全国第一、第二，武汉的发展势头迅猛，指数排名不断提升，西安的指数排名经历了轻微的波动，南京、重庆的排名则持续下降，其中缘由值得探究。

表 3 - 2　　**2018—2020 年城市文化品牌指数 10 强城市**

排名	2020 年		2019 年		2018 年	
	城市	得分	城市	得分	城市	得分
1	北京	0. 903	北京	0. 922	北京	0. 787
2	上海	0. 720	上海	0. 729	上海	0. 681

续表

排名	2020 年		2019 年		2018 年	
	城市	得分	城市	得分	城市	得分
3	香港	0.675	香港	0.676	成都	0.584
4	杭州	0.623	杭州	0.638	香港	0.575
5	成都	0.607	成都	0.634	杭州	0.56
6	广州	0.595	广州	0.621	南京	0.558
7	武汉	0.585	南京	0.605	重庆	0.554
8	南京	0.582	西安	0.605	天津	0.547
9	西安	0.577	重庆	0.595	广州	0.542
10	重庆	0.575	天津	0.567	西安	0.528

资料来源：中国社会科学院城市品牌发展指数数据库。

（二）区域发展特征

图 3－3 是我国各城市群 2020 年的城市文化品牌发展指数。从地域分布上看，东南沿海地区城市指数普遍较高，其中华东、华北地区表现突出。粤港澳大湾区、长三角、京津冀、珠三角、山东半岛以及成渝城市群

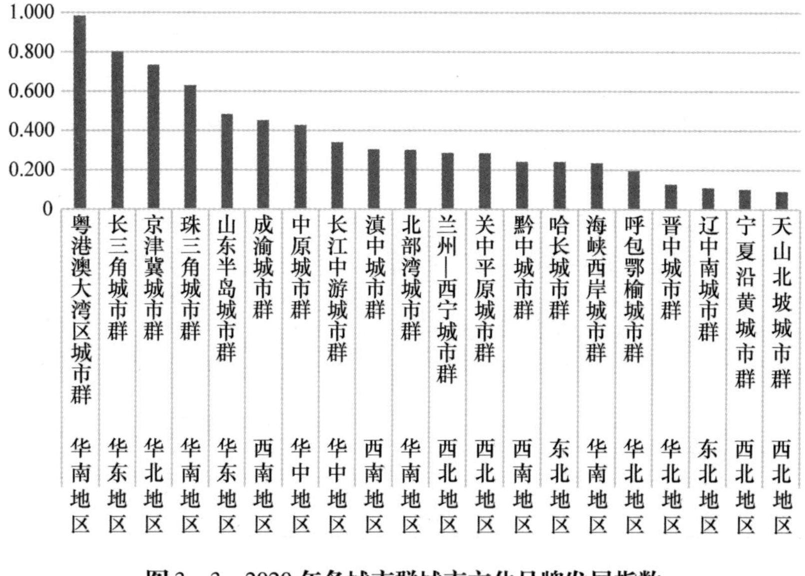

图 3－3　2020 年各城市群城市文化品牌发展指数

资料来源：中国社会科学院城市品牌发展指数数据库。

的表现都比较好，西北地区以及东北地区的辽中南城市群指数得分较低。

1. 华东地区：区域内发展均衡，整体水平在国内处于领军地位

华东地区城市文化品牌发展指数无论是从整体上看还是从个体城市看，在全国都居于领先地位，以0.278的地区城市指数均值在七大区域中位列第一。通过表3－3可以看出，在其77个城市样本中，高于全国指数平均值的城市数量达到47个，占据样本总量的61.04%，这项指标也在七大区域中位列第一。除了指数排名位居全国前20的上海、杭州、南京、苏州、宁波、青岛、济南七大亮点城市外，位居全国前50名的城市也达到23个之多。从整体上看，华东地区的城市文化品牌建设发展水平较为均衡。从省份上看，江浙沪地区的所有样本城市指数均高于全国指数平均值，带动作用明显，而江西、安徽两省的城市稍有落后。

表3－3　　2020年城市文化品牌发展指数区域均值比较　　（单位:%）

	样本数	与全国指数平均值比较			
		高于平均值城市数		低于平均值城市数	
		个数	占比	个数	占比
华北地区	33	13	39.39	20	60.61
东北地区	34	5	14.71	29	85.29
华东地区	77	47	61.04	30	38.96
华南地区	37	16	43.24	21	56.76
华中地区	42	13	30.95	29	69.05
西北地区	30	10	33.33	20	66.67
西南地区	33	9	27.27	24	72.73

资料来源：中国社会科学院城市品牌发展指数数据库。

通过表3－4的分项指标比较分析可以看出，华东地区的文化独特性、文化潜力、文化活力、文化吸引力指数均在七大区域中位列第一，城市文化品牌发展十分均衡。其中文化活力部分的表现尤为突出，可见华东地区的文化影响力深远、文化创新氛围浓厚。

表3－4　　2020年城市文化品牌发展指数分项指标比较

	城市文化品牌发展指数	文化独特性	文化潜力	文化活力	文化吸引力
华东地区	0.278	0.222	0.225	0.413	0.256

续表

	城市文化品牌发展指数	文化独特性	文化潜力	文化活力	文化吸引力
华北地区	0. 222	0. 183	0. 194	0. 302	0. 210
华中地区	0. 218	0. 169	0. 189	0. 313	0. 203
华南地区	0. 218	0. 153	0. 177	0. 334	0. 209
西南地区	0. 199	0. 164	0. 165	0. 281	0. 187
西北地区	0. 180	0. 152	0. 172	0. 244	0. 160
东北地区	0. 166	0. 113	0. 151	0. 236	0. 164

资料来源：中国社会科学院城市品牌发展指数数据库。

2. 华北地区：京津冀城市群表现突出，更多的文化潜力有待挖掘

华北地区的城市文化品牌发展指数位居全国第二，其中京津冀城市群的表现优越。在华北地区的 33 个样本城市中，高于全国指数平均值的城市有 13 个，占比 39. 39%。在这 13 个城市中，除北京、天津外，河北的城市占 4 个，山西的城市占 3 个，内蒙古的城市占 1 个。从总体上看，河北的城市文化品牌发展较为均衡，虽然与北京、天津仍存在差距，但整体水平较好，这可能与北京、天津的带动作用有关。山西的大同和太原在华北地区内指数排名分别第 3、第 4，但省内的其他城市表现普遍较为落后，省内存在较大发展差距。内蒙古的城市整体表现在华北地区是最落后的，只有呼和浩特高于全国指数平均值，在后续发展中，可以利用内蒙古的少数民族文化背景，挖掘其文化价值。

从分项指标来看，华北地区的文化独特性、文化潜力、文化吸引力位列全国第 2，文化活力位于全国第 4，总体表现较好。其中，文化活力得分高于该地区文化品牌得分。由此可见，华北地区的城市文化影响力和文化创新氛围较好，在后续的发展中，可以深入挖掘华北地区的文化特色，提升舆论、研究关注度，发挥文化潜力。

3. 华中地区：中原、长三角城市群带动作用明显，区域内文化独特性有所欠缺

与 2019 年相比，华中地区的城市文化品牌发展指数在七大区域中提升了两个位次，位列第 3。在华中地区的 42 个样本城市中，37 个城市的文化品牌发展指数排名均有所上升。其中，超过全国指数平均值的城市有 13 个，占据样本总量的 30. 95%，在七大区域中位列第 5。在这 13 个城市

中，河南占据6个，湖北占5个，湖南占2个。华中地区城市文化品牌发展指数均值排名第3，但超过全国指数平均值的城市数量位列第5，说明华中地区整体差距较小，但区域内龙头城市不够突出。区域内高于全国文化品牌发展指数平均值的武汉、长沙、荆州、襄阳、宜昌、岳阳、黄冈均属于长江中游城市群，而郑州、洛阳、开封、南阳、安阳、商丘则属于中原城市群，可见城市群对文化品牌打造具有一定影响力。

从分项指标来看，华中地区在文化独特性方面有所欠缺，除了武汉、长沙、洛阳三个城市的文化独特性指标大于0.5，其他城市基本表现平平。因此，在今后的发展中，华中地区应重点考虑城市文化特色的培育。

4. 华南地区：珠三角城市群持续辐射周边，文化独特性和文化潜力有待提升

与2019年相比，华南地区的城市文化品牌发展指数在七大区域中下降了一个位次，位列第4。在该地区的37个样本城市中，有16个城市高于全国文化品牌指数平均值，占据样本总量的43.24%，在七大区域中位列第2。在这16个城市中，广东占据10个，广西占4个，海南占2个。珠三角城市群表现突出，其中广州、深圳、佛山、中山在区域内排名靠前，广西的桂林以及北部湾城市群，如南宁、北海的表现也比较优异。海南只有两个样本城市——海口和三亚，其文化品牌指数均大于全国均值以及华南地区均值。从地理上看，华南地区远离珠三角城市群、远离北部湾城市群、远离广西桂林的城市普遍上文化品牌指数低于邻近以上区域的城市。由此可见，文化品牌指数高的城市群对周边城市文化品牌构建的带动作用明显。

从分项指标来看，华南地区在文化独特性方面有所欠缺，得分仅为0.153，在七大区域中排倒数第3。因此，在文化品牌发展方面，文化渊源的深入以及文化特色的挖掘对于华南地区尤显重要。

5. 西南地区：区域间存在较大发展差距，文化独特性和文化潜力是短板

西南地区的城市文化品牌发展指数在七大区域中排名第五，相较2019年降低了一个位次。在该地区的33个样本城市中，仅有9个城市高于全国文化品牌指数平均值，这项指标在七大区域中排倒数第2。除了成都、重庆两个亮点城市，在全国288个样本城市中文化品牌指数排名位居前20外，其他城市的发展并不理想，与区域亮点城市之间仍存

在较大差距。此外，像云南丽江这样文化氛围浓厚的古城，其文化品牌指数只达到 0. 275，可见其在文化潜力和文化活力方面仍有较大的进步空间。

从分项指标来看，西南地区的四项指标均在七大区域内处于中游、中下游的位置，文化潜力得分仅为 0. 165，在七大区域中排名倒数第 2。西南地区作为少数民族聚居地，在地区文化独特性方面具备得天独厚的优势，如何利用这个优势深入挖掘区域文化潜力、营造文化氛围、提升友善气质、发展文化产业是值得探究的问题。

6. 西北地区：西安一枝独秀，区域整体表现相对落后

在西北地区的 30 个样本城市中，高于全国指数平均值的有 10 个，占据 33. 33%。在这 10 个城市中，陕西的城市占据 60%。总体上看，西北地区除了西安的文化品牌发展指数（0. 577）遥遥领先之外，大部分城市得分聚集于 0. 1—0. 3。

从分项指标来看，西北地区的四项指标在七大区域中均处于下游，要想促进西北地区的城市文化品牌发展，需要整合提升丝绸之路的文化内涵，打造独具西北民族特色以及具有核心竞争力的文化品牌，培育文化电子商务和文化增值服务等新兴业态，进行有效的品牌传播，以优化其文化消费结构，提升丝绸之路品牌价值，提高文化品牌知名度。

7. 东北地区：城市文化品牌有所提升，区域整体发展水平落后于全国

2020 年东北地区仍然是全国七大区域中文化品牌发展指数最低的区域，在其 34 个样本城市中，仅有 5 个城市的文化品牌指数高于全国平均值，占比 14. 71%，远远落后于其他六个区域。超过全国平均值的五个城市分别是沈阳、哈尔滨、吉林、大连、长春，这五个城市的得分值基本集中在 0. 33—0. 44。2019 年，沈阳在全国 288 个样本城市中得分值排在第 21 位；但 2020 年，沈阳排名第 19，跻身前 20。此外，东北地区的城市文化品牌发展指数指数均值是七大区域中唯一有所上升的，文化品牌发展指数得分上升了 0. 002。

从分项指标来看，东北地区除文化吸引力在七大区域中位列倒数第 2，其他各项指标都位居最后，区域总体文化品牌发展水平落后于全国。

二　数据聚焦发现

（一）活力突出，吸引力平稳，潜力紧随，独特性差异大

由图 3－4 可知，在城市文化品牌发展指数的分项指标中，文化活力相对较高，文化吸引力与城市文化品牌发展指数的曲线基本持平，文化潜力紧随文化吸引力，而文化独特性相对较低。

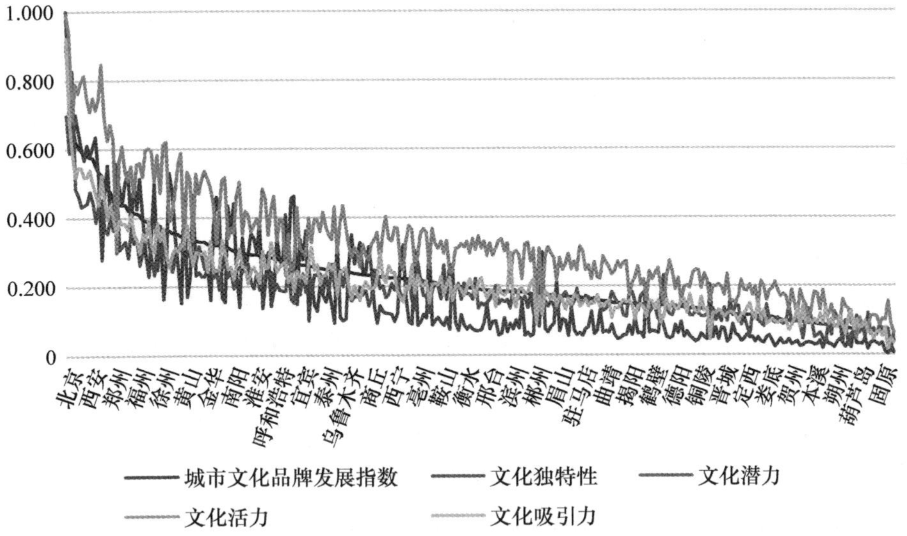

图 3－4　2020 年城市文化品牌发展指数相应指标对比

资料来源：中国社会科学院城市品牌发展指数数据库。

2020 年，全国城市的文化活力指标平均值达到 0.320，远高于其他三项指标，在城市文化品牌发展指数的四项指标中排第一位。由图 3－4 可知，有很大一部分城市的文化活力指标大于其城市文化品牌发展指数。与 2019 年相比，文化活力指标降低了 0.019。由此可见，过去一年，我国城市的文化影响力和创新氛围有所退步。全国城市文化品牌发展指数排名前 100 的城市文化活力指标平均值是 0.497，与全国 288 个样本城市的文化活力平均值相比，高出 0.177，差距较大。由此可见，我国城市间的文化活力差距正在拉大，一批具有强大的文化影响力和城市文化创新氛围的城市正在崛起。文化活力单项排名位于前 10 的城市分别是北京、上海、深

圳、武汉、广州、杭州、成都、南京、重庆、天津，从中可以看出，除了北上广深超一线城市外，武汉、杭州、成都、南京、重庆、天津新一线城市的文化活力也在迅速增长。

2020 年全国样本城市的文化吸引力指标平均值是 0.207，在四项指标中排列第二，也是与城市文化品牌发展指数基本持平的一项指标。从前 100 名城市的平均值和全国样本城市平均值的对比来看，文化吸引力指标相对平稳。288 个样本城市的文化吸引力指标分布与城市文化品牌发展指数最为贴近，趋势平稳。但与 2019 年相比，该指数降低了 0.043，由此可见，2020 年城市文化品牌建设的舆论关注热度、研究关注度有所下降，但依旧维持在一个正常稳健的水平。

文化潜力指数在 2020 年是 0.191，在四项指标中位列第三。由图 3－4 可知，文化潜力的曲线紧随文化吸引力曲线，表现相对平稳。前 100 名城市的文化潜力平均值为 0.298，普遍较低。该指标排名前 10 的城市分别是香港、北京、上海、澳门、杭州、西安、成都、深圳、重庆、南京。香港的文化潜力指数是 0.829，内地排名第一的城市北京是 0.697，两者之间存在较大的差距。从排名前 10 的城市来看，香港、澳门在文化潜力方面仍有值得内地城市借鉴之处。文化潜力的衡量指标主要有文化氛围、文化产业以及城市的友善气质。在排名前 10 的内地城市中，比较令人惊喜的是西安、杭州、成都、南京、重庆，其中大多是近年崛起的新一线城市。由此可见，一个城市的崛起不仅需要经济的增长，文化产业的培育与开发也是其中必不可少的一环。

文化独特性是四项指标中较弱的一项，从图 3－4 可以看出，文化独特性的曲线基本低于城市文化品牌发展指数，且城市间的文化独特性指标差异较大，前 100 位城市的平均值与全国城市平均值的差距也十分明显。由此可见，各城市在文化渊源、文化特色的塑造与宣传方面存在较大差距。该项指标排名前 10 的城市分别是北京、杭州、上海、成都、苏州、南京、广州、重庆、香港、西安。其中北京的表现尤为突出，达到了满分 1 分，与位列第二的杭州拉开了将近 0.3 的差距。从排名前 10 的城市可以看出，像北京、杭州、成都、苏州、南京、重庆、西安这类历史文化底蕴厚重、地域文化特色鲜明的城市，在城市文化品牌的独特性方面占据很大的优势。

表 3－5 **2020 年城市文化品牌发展指数分项指标平均值**

	城市文化品牌发展指数	文化独特性	文化潜力	文化活力	文化吸引力
全国城市平均值	0.223	0.175	0.191	0.320	0.207
前 100 城市平均值	0.361	0.368	0.298	0.497	0.328

资料来源：中国社会科学院城市品牌发展指数数据库。

（二）城市文化品牌发展与城市品牌呈正相关

由图 3－5 可知，2020 年我国城市的 CBDI 走向是一条较为平缓的曲线，只在排名靠前的城市中存在较大的区分度，大部分城市的城市品牌指数集中在 0.2—0.4。此外，城市文化品牌发展指数的曲线走向与 CBDI 呈现高度的一致性。由此可见，城市文化品牌发展与城市品牌发展之间呈正相关。从数值上看，除了高分段城市，其他城市的城市文化品牌发展指数均低于城市品牌指数，但大多数集中在 0.2—0.4。

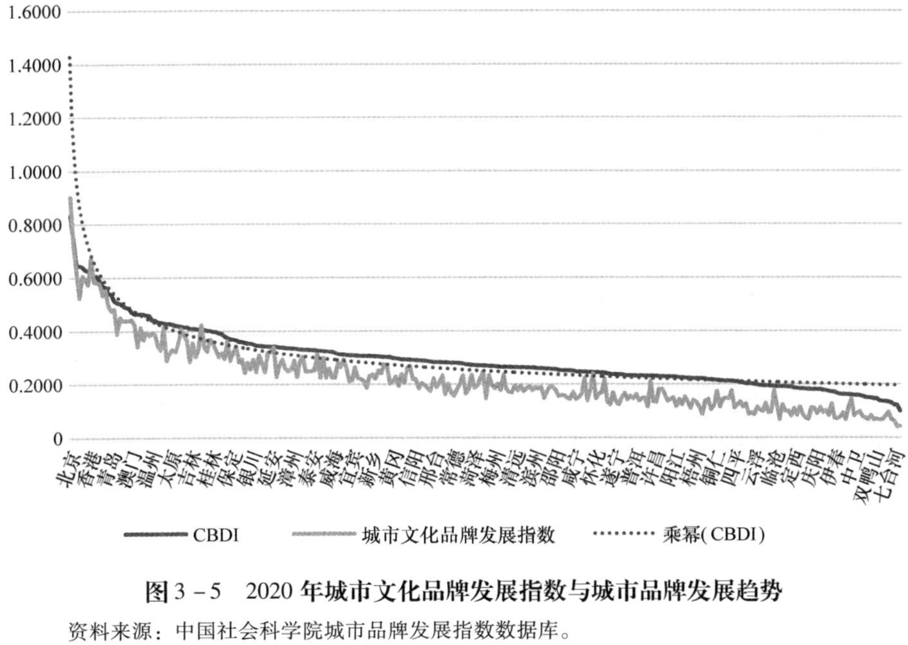

图 3－5 2020 年城市文化品牌发展指数与城市品牌发展趋势

资料来源：中国社会科学院城市品牌发展指数数据库。

由表 3－6 可知，除深圳外，CBDI 得分排名前十城市的城市文化品牌发展指数也在全国排名前十。由此可见，城市文化品牌建设与城市品牌建设息息相关，只有充分发展城市文化品牌，丰富城市文化形象，塑造城市独特的文化标识，才能更好地建设城市品牌。

表3－6 2020年CBDI得分前十城市

城市	CBDI	排名	城市文化品牌发展指数	排名
北京	0.8349	1	0.9028	1
上海	0.7411	2	0.7203	2
杭州	0.6476	3	0.6228	4
深圳	0.6451	4	0.5253	13
成都	0.6416	5	0.6070	5
广州	0.6296	6	0.5953	6
重庆	0.6262	7	0.5749	10
香港	0.6244	8	0.6745	3
武汉	0.6068	9	0.5847	7
南京	0.6058	10	0.5815	8

资料来源：中国社会科学院城市品牌发展指数数据库。

（三）中上游城市文化品牌发展指数波动较大

表3－7是2018—2020年全国288个样本城市中，不同排名区间段的城市文化品牌发展指数均值，经过对比可以发现，与2019年相比，2020年在总体均值下降0.021的情况下，全国排名中上游的城市成为下降幅度最大的群体。排名前十的城市均值下降幅度较小，与2019年相比下降了0.015，远低于全国样本城市总体的均值下降数。排名在后一百位的城市均值下降了0.019，排名在后二十位的城市均值下降了0.01，均值的跌幅都低于全国总体的均值增幅，可以看出后一百名的城市文化品牌发展指数的下跌已经持续三年了。前五十的城市文化品牌发展指数均值在2019年增长了0.048后，2020年下降了0.021；前一百名的城市在2019年增长了0.037后，2020年下降了0.022，且都与全国平均下降值不相上下。

由此可见，在我国288个样本城市中，城市文化品牌发展指数均值整体呈现下降走势，中上游城市近两年波动较大，在城市文化品牌建设上还需要下大功夫。

表 3－7　　2018—2020 年不同排名段城市文化品牌发展指数对比

	2020 年	2019 年	2018 年
总平均值	0.223	0.244	0.237
前十名平均值	0.644	0.659	0.588
前五十名平均值	0.447	0.468	0.420
前一百名平均值	0.361	0.383	0.346
后二十名平均值	0.068	0.078	0.108
后一百名平均值	0.110	0.129	0.150

资料来源：中国社会科学院城市品牌发展指数数据库。

（四）文化品牌发展指数与独特性、活力关联性较强

表 3－8 是以城市文化品牌发展指数为因变量，文化独特性、文化潜力、文化活力、文化吸引力四维度作为自变量，分别在 10 强、20 强、50 强、100 强、全国城市间进行线性回归，并选取标准化系数作为指标衡量作用程度所进行的对比分析。可以发现，在不同排名区间段中，文化独特性的标准化系数值均高于 0.3，在四个指标中属于对城市文化品牌发展指数影响较大的指标，且该现象在全国城市文化品牌 20 强以后城市中表现最为突出。在 10 强之后，文化活力权重增加到 0.3 以上，且超越文化潜力与文化吸引力成为影响城市文化品牌的重要因素。

表 3－8　　全国城市文化品牌线性回归方程标准化系数对比

因变量	前 10 名	前 20 名	前 50 名	前 100 名	全国
文化独特性	0.309 ***	0.326 ***	0.360 ***	0.344 ***	0.323 ***
文化潜力	0.327 ***	0.281 ***	0.238 ***	0.229 ***	0.202 ***
文化活力	0.235 ***	0.321 ***	0.302 ***	0.323 ***	0.319 ***
文化吸引力	0.314 ***	0.282 ***	0.254 ***	0.240 ***	0.223 ***

注：*** 代表 $p < 0.001$。

三　中国城市文化品牌发展指数区域首名城市点评

（一）华北地区——北京

2020 年，华北地区城市文化品牌发展指数排名第一的城市是首都北

京，北京也是全国范围内指数排名第一的城市，城市文化品牌发展指数为0.903，与2019年比，下降了0.019。从分项指标来看，北京的文化独特性（1.000）、文化活力（0.991）、文化吸引力（0.923）均位列全国第一，文化潜力（0.697）排在香港之后，位列第二，其中文化独特性指标达到满分。从地理区域来看，北京城市文化品牌建设水平在华北地区首屈一指，各项指标远超区域内排名第二的天津。此外，北京在周边地区发挥了明显的区域带动作用。从华北地区来看，京津冀城市群在该区域内的表现最为突出。

北京作为我国四大古都之一，也是我国最后一个封建王朝的都城，具备丰富的历史文化积淀，其独特的四合院、胡同文化更是为这个具备独特政治地位的城市增添了浓厚的人文色彩。可以说，北京在城市文化品牌建设方面自带得天独厚的优势。2019年北京先后在巴拿马、美国、奥地利、印度尼西亚等多个国家进行北京文化旅游宣传活动，将北京的城市文化品牌推向世界。此外，2020年第十五届北京国际文化创意产业博览会，探讨“文化+”全面连接新模式，让文化联通智能制造多个端口，促进北京城市文化品牌活力新增长。

（二）华东地区——上海

2020年，华东地区城市文化品牌发展指数排名第一的城市是上海，指数为0.720，在全国范围内排名第二，与2019年相比，指数下降了0.009。从分项指标来看，上海的文化活力（0.937）、文化吸引力（0.685）在国内仅次于北京，排名第二，文化独特性（0.669）、文化潜力（0.590）在国内排名第三，其中文化独特性、文化吸引力与文化活力与2019年相比有所下降。华东地区的区域表现在国内七大区域中位列第一，且区域内的城市发展水平较为均衡，亮点城市较多。上海的城市文化品牌建设水平与同区域内以杭州为代表的亮点城市间的差距在进一步缩小，2020年上海在文化独特性方面略逊于杭州，但在文化潜力、文化活力，尤其是文化吸引力方面在华东地区仍占据领先地位。

上海作为华东地区一个年轻的城市，在吴越文化的基础上，融合开埠后传入的对上海影响深远的源于欧美的近现代工业文明而形成其独特的“海派”城市文化特色。2020年的第二十一届中国上海国际艺术节精确提炼“海派”文化元素，夯实上海文化“码头”“源头”建设，为加速建设“演艺大世界”、全面提升“上海文化”品牌、加快建成“亚洲演艺之都”和国际文化大都市做出积极贡献。

（三）华南地区——广州

广州是2020年华南地区城市文化品牌发展指数排名第一的城市，指数为0.595，在全国范围内排名第六。从分项指标来看，广州的文化活力（0.797）、文化吸引力（0.545）在全国排名第五，文化独特性（0.605）排第七，文化潜力（0.434）排第十三。与2019年相比，广州的文化活力、文化吸引力、文化潜力指标有所下降，文化潜力增长了0.009，小幅提升。在华南地区，广州、深圳的城市文化品牌建设表现最为突出，广州与深圳相比，最突出的优势在于其文化独特性。

广州作为中国的“南大门”，素有“羊城”“花城”“华侨之城”之称，作为海上丝绸之路发祥地、近现代革命策源地、岭南文化中心地、改革开放前沿地，广州具备鲜明的城市文化独特性。2019年10月广东省委印发《广州市推动城市文化综合实力出新出彩行动方案》（以下简称《方案》），《方案》提出全力打造红色文化、岭南文化、海丝文化和创新文化四大文化品牌，建设社会主义文化强国的城市范例。为此，广州市创新性地将目标细分为五个城市范例：老城市焕发新活力的城市范例、对外文化交流门户的城市范例、文艺繁荣兴盛的城市范例、文旅融合发展的城市范例和公共文化服务均等化发展的城市范例。《方案》的提出为推进广州建设文化强市提供了指导，也为国际文化中心的打造指明了方向和路径。

（四）西南地区——成都

成都是2020年西南地区城市文化品牌发展指数排名第一的城市，指数为0.607，在全国范围内排名第五。与2019年相比，指数下降了0.027，但其排名未变。从分项指标来看，成都的文化独特性（0.652）、文化吸引力（0.547）排名全国第四，文化潜力（0.465）、文化活力（0.764）排名全国第七。由此可见，成都在各方面的发展较为均衡，没有明显的短板，但与2019年相比，文化吸引力和文化活力的指标排名有所下降。从区域范围看，西南地区的成都和重庆两个城市是区域内的“领头羊”，且两个城市在各个方面的表现都十分均衡，其中，成都在各项指标上略高于重庆。

成都是蜀文化的发祥地，天府文化、熊猫文化、古蜀文化都是成都传统的文化符号。2019年10月四川省文化和旅游厅发布了四川“十大”文化旅游品牌：大九寨、大峨眉、大熊猫、大香格里拉、大贡嘎、大竹海、大灌区、大蜀道、大遗址、茶马古道，成都市在此基础上积极出台相关配套政策，将品牌建设工作纳入当地国民经济、文化旅游、交通运输等相关规划中，支撑“天府三九大，安逸走四川”的品牌集群和产品线路体系，形成建设系统合力，促使成都文化品牌高质量发展。成都将资源优势转为发展优势，做实、叫响、擦亮品牌形象，协同提升品牌整体竞争力，形成稳定发展趋势。

（五）华中地区——武汉

华中地区城市文化品牌发展指数排名第一的城市是武汉，于2020年成功跻身全国10强，位列全国第七，得分为0.585。与2019年相比，指数增长了0.054，整体文化发展水平有了较大程度提升。从各分项指标来看，武汉的文化活力（0.815）排名全国第4，文化吸引力（0.519）排名全国第9，文化独特性（0.568）排名全国第11，文化潜力（0.438）排名全国第12。其中，文化活力相较2019年上升了9个位次，指数增长了0.098，成为带动武汉跻身全国10强的主要因素。就区域范围来看，武汉与全国20强文化城市长沙、郑州共同形成三足鼎立的区域文化驱动格局。

文化活力方面，武汉于2019年10月举办第七届世界军人运动会，先进炫酷的军事装备、各具特色的军人服饰、灵动异彩的舞蹈音乐、不期而遇的体育明星等展现了刚刚走过七十华诞的崭新的中国形象，威武文明的军人风采，呈现了一场精神文化盛宴，而抢抓机遇、创新发展的江城武汉，以全新的风貌呈现在世界面前，积极营造创新氛围，提升武汉的文化影响力。2020年，新冠肺炎疫情的出现使武汉成为全民抗疫中心，展开了一场气壮山河的疫情防控阻击战，涌现了无数奋斗在抗疫一线的英雄。在这场没有硝烟的战争中，处处展现出中华优秀传统文化的精神气质，武汉向全国乃至全世界传递出敢于斗争、敢于胜利的大无畏气概，铸就生命至上、举国同心、舍生忘死、尊重科学、命运与共的伟大抗疫精神，造就别样影响力。

（六）西北地区——西安

西北地区城市文化品牌发展指数排名第一的城市是西安，位列全国第九，得分为0.577。西安文化呈现“二元分化”发展的整体特色：反映城市文化积淀特性的指标较高，如文化潜力、文化吸引力均排全国第6；反映城市文化创新特色的指标较低，如文化独特性排全国第10，文化活力排全国第12。

作为历经十三个朝代，全国唯一位列“世界十大古都之一”的城市，西安是中国传统优秀文化的典型代表。文化积淀方面，拥有5000多年的文明史、3100多年的建城史、1100多年的建都史，文化底蕴与文化发展潜力深厚；拥有帝王陵墓72座，有大雁塔、钟鼓楼、古城墙等古建筑700多所，是中国唯一的十三朝古都，物质与非物质文化遗产丰富。文化活力方面，2020年6月西安市文化和旅游局提出打造“千年古都·常来长安”文旅品牌，策划推出“共长安·万家灯火送吉祥”“乐长安·夜色阑珊送佳音”“享长安·丝路欢歌迎客来”系列主题活动，彰显西安旅游形象，激发市场消费活力，实现“全年有活动、月月有经典、天天都精彩”。不难看出，西安文化品牌发展整体水平较高，但由于强势的文化底蕴特征，其文化积淀、文化创新“二元分化”发展特点不可避免，且随着政府部门提出配套措施，相信在未来几年，西安文化市场会蓄力迸发。

（七）东北地区——沈阳

东北地区城市文化品牌发展指数排名第一的城市是沈阳，位列全国第十九，得分为0.439，是唯一的非0.5以上梯队的区域第一名城市，但相较于2019年，全国排名上升了两个位次，跻身全国20强。相对其他区域文化品牌第一名城市，沈阳文化发展水平最低、文化特色突出但成长动力不足：反映城市文化特色品质的指标如文化吸引力、文化独特性得分相对较高，分别为全国第19、第21名；反映城市文化提升空间大小的指标得分较低，如文化活力、文化潜力分别为全国第26、第30名。但这四个分项指标排名相较2019年都有所提升。

沈阳素有“一朝发祥地，两代帝王都”之称，是东北亚著名古都、国家历史文化名城。沈阳积淀有史前文明“新乐遗址”，古代文明“满族文化”及中华人民共和国成立后现代工业文明这三方面最具代表性的文化符号，并在各种特色文化下保留众多遗迹遗址、非物质文化遗产以及与群众生活密切相关的各种传统文化表现形式和文化空间，城市文化形态具有多元性。沈阳市文化体育事业基础雄厚，演艺事业丰富，“二人转”表演、沈阳京剧、沈阳评剧、沈阳杂技等艺术在国内享有较高声誉，冰雪雕塑更是独具特色。但是，沈阳尚未形成强烈聚焦、特色鲜明的城市主题文化，且缺乏城市文化品牌创新意识，始终难以摆脱东北重工业基地的发展模式，缺乏对其他产业文化的发展与创新。因此，沈阳在打造特色文化品牌、融合其他产业优势发展文化产业之路上还要下大功夫。

（八）特别行政区——香港

特别行政区城市文化品牌发展指数排名第一的城市是香港，位列全国第三，得分为0.675。相对其他地区的文化品牌第一名城市，香港文化发展水平较高，并且呈现分化的趋势：文化潜力最高，为全国第1名；文化吸引力位列全国第3；文化独特性为全国第9名；文化活力排名则被挤出10强，位列全国第14。

2019年2月中共中央、国务院印发《粤港澳大湾区发展规划纲要》（以下简称《纲要》），《纲要》提出增强大湾区文化软实力，共同塑造和丰富大湾区人文精神内涵，共建人文大湾区。香港特别行政区政府积极落实，联合广东、澳门跨界做好重大文化遗产保护工作，合作举办各类文化遗产展览、展演活动，支持弘扬以粤剧、龙舟、武术、醒狮等为代表的岭南文化，彰显独特文化魅力，这为挖掘香港巨大文化潜力提供了政策支持。在文化吸引力方面，通过国际影视展、香港书展和设计营商周等具有国际影响力的活动，汇聚创意人才，巩固创意之都的地位，并联合打造一批国际性、区域性品牌赛事，成功提高香港文化舆论关注度、研究关注度，提升城市文化口碑。但是，部分红遍东南亚的香港电影、香港音乐等产品出现“港味淡化”的现象。在社会稳定的基础上，香港如何在文化创新方面走出困境，凝聚人心，集聚人才，为香港人文精神增添新内涵，激发文化活性是香港打造文化品牌的重要关注点。

四　中国城市文化品牌发展的问题与挑战

（一）城市文化资源长处延续乏力，品牌发展优势尚待转化

通过对比 2020 年中国城市文化品牌发展指数排名可以发现，诸多具有深厚文化底蕴和丰富文化资源的文化大城并未成为特色鲜明、领衔发展的文化强城，例如江苏的苏州、山西的大同、广西的桂林、河北的承德、云南的丽江等，这些城市在体现文化渊源、文化特色资源的文化独特性指标上的排名都优于城市文化品牌发展指数排名，可见，我国相当一部分城市尚未能将文化资源优势转化为品牌发展优势。

分析认为，历史悠久、遗迹遗址与非物质文化遗产丰厚的古城存在保护与开发的双重选择困境。继承传统历史文化，弘扬原真艺术文化在一定程度上会局限文化产业的发展空间，不利于城市文化品牌的塑造。因此，如何对接传统的文化资源，延伸文化产品与产业，形成新的创造力是部分城市亟待解决的问题。

（二）城市文化吸引力后劲不足，内容创新呈现流星效应

对比 2019 年与 2020 年全国城市文化品牌发展指数可以发现：从横向对比来看，文化吸引力指数在七大区域中均低于城市文化品牌发展指数；从纵向对比来看，与 2019 年相比文化吸引力指数是四个分项指标中下降幅度最大的指标，而文化吸引力是体现舆论关注度、研究关注度、城市文化口碑的指标。由此可见，城市文化品牌未能形成持续吸引力，一时的舆论热度并未转化为品牌长久发展的动力。

究其原因，在于品牌内容创新上呈现流星效应，文化内涵深化不足。与实践结合来看，近年流行的“网红打卡地”存在生命周期短的弊病，诸多爆款只能延续数月，要想长红，离不开持续的创意创新，更离不开文化内涵的深挖。只有不断推出新的产品和服务，将本地文化资源、文化特色和文化基因，与当代人的旅游需求和现代化、艺术化、时尚化的表达方式相结合，形成独有文化基因，才能延续品牌创造力，持续激发游客的消费意愿。

（三）城市文化潜力欠缺，文化品牌产业链开发不足

通过分析2020年城市文化品牌发展指数分项指标曲线以及标准化系数发现，文化潜力在四项指标中始终处于相对落后的状态，并且对城市文化品牌发展指数的影响力处于较低水平。由此可见，我国多数城市文化潜力未能释放，在文化产业的打造、文化氛围的塑造、友善气质的提升方面存在较大的发挥空间。

联系实际来看，文化产业是绿色环保的产业，例如对于东北地区依靠旧动能的重工业基地发展模式的城市来说，将文化资源潜力转化为文化产业竞争力，是转变经济发展方式的有利契机，深入做好舆论宣传和政策引领工作，强力吸引矿产、钢铁、水泥等行业闲散资金，大力发展绿色环保的文化产业是可行之举。

五　中国城市文化品牌发展的对策建议

（一）以文化创意提升文化品牌的创生能力

针对城市文化资源长处延续乏力，品牌发展优势尚待转化的问题，本书提出以文化创意为手段提升文化品牌的创生能力。品牌打造需要以创意为主，培育和创造文化品牌需要摆脱对文化资源的过度依赖，思考如何通过创意让文化资源向产业项目转换，而不仅仅是依托文化资源的过度开发。

建设文化品牌，创意提升十分关键。本书提出以下培育创新文化的手段和措施：第一，牢牢把握新需求，开发与需求相匹配的新产品。当代群众精神文化需求旺盛、多元化，消费者对于品牌的认知也逐渐加强，这要求品牌打造需要精准分析大众文化需求，匹配消费者对生活和艺术质感的追求。第二，结合新技术的应用，通过新科技与新需求的对接，推动云计算、大数据、人工智能、虚拟现实等战略技术与文化产业在多方面深层次融合。例如建立以新媒体为依托的文化研究中心，推进构建文化科技企业间的协同创新平台，扶持和认定具有潜力的重点实验室，重点规划与文化产业相关的前沿技术的发展。第三，挖掘创意元素，通过新创意、新理念与文化消费需求对接，形成市场需要的新产品。同时，随着时间的推移，不断升级、转型，推陈出新，用市场化思维创新文化产品。

（二）以深挖文化内涵增强品牌的持续发展能力

针对城市文化吸引力后劲不足，内容创新呈现流星效应的问题，本书提出以深挖文化内涵的方式增强品牌的持续发展能力。文化作为一座城市内涵的核心元素，可以折射出城市的独特价值，是城市魅力的集中体现。城市文化品牌打造不仅要向外展示创新点，更要向内、向根处深挖城市文化品牌的内涵。

火爆一时的“网红打卡地”要想可持续发展，离不开文化的支撑。地方在引导“网红打卡地”发展中，应深挖文化内涵，讲好品牌故事，重视区域的优秀传统文化，关注文化、艺术、时尚与旅游的融合，通过文化内涵、生活美学、艺术特色、时尚气息和旅游功能的结合形成独特而持久的魅力。在追求品牌形象时尚化的同时，注重品牌文化内涵的提炼。这要求精准把握所要构建文化品牌的核心价值，进而做到准确定位，也只有清晰定位所要构建城市品牌的独特文化价值，才有可能形成独具特色的城市文化品牌。此外，还要求深入调查研究，切实加强对当地文化历史文献的整理和开发利用，围绕地区特色打造文化标签，使传统文化、现代文化与当代需求相融合，打造能够深度体验、感受城市生活的新场景，推动城市文化品牌可持续发展。

（三）以拓展产业链建立多元的文化品牌格局

针对城市文化潜力欠缺、文化品牌产业链开发不足的问题，本书认为，应当以拓展产业链的方式建立多元的文化品牌格局。在我国现有的文化产业体系中，大而强的文化集团以及具有专业化、特色化的小微文化企业都相对缺乏。因此，本研究建议打造更多、更有竞争力的文化特色企业，组建更大、更强的文化产业集团，建立多层次、多元化的品牌梯队，深入拓展产业链。

具体来说，对于小微文化企业，可以以自身品牌为中心，从媒体网络、主题乐园、影视游戏、特许经营、图书出版、周边产品等主要业务入手，细分市场并打造专业化的品牌团队，实现在统一的框架下进行多领域发展，促使品牌在产业链滚动中实现价值的提升，并创造更多跨界合作与多元交流的平台，为跨领域产出立下先机。另外，对于具有一定规模和资金、实力相对雄厚的文化品牌，可充分利用规模经济和资本优势，通过与国内外文化企业共同开发、收购、兼并、入资重组等方式，打通横向、纵向的产业链条，积极尝试跨地域融合，加强海外并购和投资，补足自身的技术、人才、渠道等短板，不断完善和优化自身产业发展体系，通过合作共赢、发挥品牌集聚效应，进一步调整我国文化品牌的发展结构，提升我国文化品牌整体的影响力和竞争力。总的来说，文化品牌需要打破过去彼此之间单一的竞争态势，各企业间可以根据自身情况积极开展不同层面的商业合作，实现强强联合、优势互补、资源共享。

第四章　中国城市旅游品牌发展指数报告（2020）

许峰　詹崔婧*

2020年，文旅行业虽然在新冠肺炎疫情影响下遭遇重创，但仍呈现出较强的修复能力和反弹力，长期向好势头不可逆转，文化旅游产业将在经济社会发展中起到至关重要的作用。自2015年始，全域旅游以燎原之势在全国蓬勃发展。2019年，文化和旅游部决定开展首批国家全域旅游示范区验收认定工作，并在河南信阳新县举行的全国全域旅游工作推进会上，公布了首批71家全域旅游示范区。2020年全国文化和旅游厅局长会议正式释放了全域旅游再出发的信号，这意味着全域旅游正式步入常态化和机制化轨道。全域旅游已经形成了社会参与、全民关注的良好格局，成为旅游业内外的普遍共识和推进新时代旅游业发展的重要理念。因此，要持续推进全域旅游又好又快发展，把绿水青山建得更美，把金山银山做得更大。积极推进城市旅游品牌建设，打响城市旅游品牌，从资源挖掘、形象塑造、项目推进、立体营销、产业融合等方面发力，打造旅游精品，激活城市发展潜力。

本部分主要从旅游人气、旅游吸引力、旅游发展效益、旅游营销传播四个方面对中国城市旅游品牌发展指数进行系统性综合评价。首先，旅游人气意味着游客对于城市旅游目的地的直接认可，是衡量城市旅游知名度的重要标志，是城市旅游品牌的重要表征，主要通过城市吸引的游客数量加以体现；其次，旅游吸引力主要指城市较为知名的自然与人文旅游资源，是旅游业发展的核心依赖，也是塑造旅游品牌的有效物质载体，以知

* 许峰，山东大学管理学院教授；詹崔婧，山东大学管理学院旅游管理专业硕士研究生。

名景区和非物质文化遗产为评价标准；再次，旅游发展效益反映的是城市旅游目的地的成熟程度，意味着城市旅游品牌营销网络的完善与健全，体现为城市旅游的各项收入及其增长情况；最后，旅游营销传播为城市旅游品牌知名度的扩大和提升提供了有效的媒介，移动互联网时代城市旅游在纸媒和互联网上的曝光率是营销传播能力最为直接的体现。

一 总体发展态势

（一）总体发展特征

通过对2020年288个样本城市的旅游品牌发展指数进行分析，可以看出中国城市旅游品牌发展水平较低，其指数得分平均值为0.328，中位数值为0.310，均不足0.5，但均较2019年略有提升。从结构上来看，在这288个城市中，基本呈现正态分布且峰值区域高于2019年，得分在0.3—0.4的城市数量最多，有105个，但得分高于平均值的城市数量较2019年减少了2个，只有119个。各地打造旅游品牌的力度持续增加，北京、重庆、上海、杭州、成都的城市旅游品牌发展指数仍稳居前五，旅游品牌影响力持续扩大。

如图4－1所示，2020年中国旅游品牌发展水平较高的城市数量较少，得分在0.5以上的城市只有17个，比2019年减少2个，仅占总体的5.90%，其中得分在0.6及以上的城市有6个，得分不足0.5的城市却有271个。具体来看，北京的旅游品牌发展水平最高，其指数得分为0.8689，较2019年下降了0.0045，在旅游吸引力与旅游营销传播两个指标上仍旧获得满分；重庆与上海的得分分别为0.7179与0.6866，重庆得分较2019年增长了0.0023，上海自2018年被重庆反超后，与重庆的距离逐渐拉大，由2019年低于重庆0.0191发展为2020年低于重庆0.0313；杭州与成都分别以0.6345与0.6288的得分位列第四、第五位，杭州得分较2019年下降0.0076，而成都较2019年增长了0.0009，两者之间的距离逐渐缩小；武汉以0.6183的得分位列第六位，较2019年上升六个位次。上述6个城市的旅游品牌得分均大于0.6，明显高过其他城市。与2019年相比，原本得分低于0.2的城市中，佳木斯、资阳、定西、淮北、朝阳、四平、武威、克拉玛依、平凉、随州这10个城市2020年的城市旅游品牌发展指数高于0.2，而宁夏的中卫成为新增的得分低于0.2的城市。

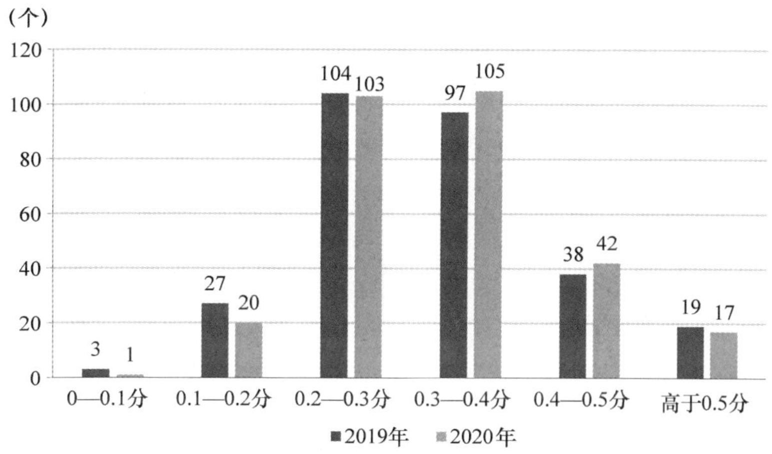

图4－1　城市旅游品牌发展指数得分频数分布

资料来源：中国社会科学院城市品牌发展指数数据库。

（二）区域发展特征

1. 非均衡格局持续，东北、华中、西南地区呈上升态势

长期以来，我国城市旅游品牌发展基本呈现“东强西弱、中南均衡、西北落后、东北塌陷”的格局，2020年的数据与2019年相比，七大区域都有所提升，但整体依旧呈非均衡的格局。华东、华南、华北地区始终居于领先地位，与2019年相比，增长速度较为缓慢，整体呈稳健态势。华中、西南、东北地区与2019年相比增幅较大，呈上升态势。尤其是东北地区，打破了持续走低的僵局。从总体上看，全国整体态势向好。

由图4－2可知，华东地区的城市旅游品牌发展指数依旧位居第一，得分为0.364，华南地区得分为0.348，华北地区以0.346的得分紧随其后。从得分情况来看，华东、华南、华北地区位居我国城市旅游品牌发展水平的第一梯队；西南和华中地区位列第二梯队，其指数均值分别为0.339和0.313，西南地区近年发展势头迅猛，不断向第一梯队靠拢；西北与东北地区属于第三梯队，城市旅游品牌发展水平较为落后，得分均低于0.3，分别是0.276和0.255，西北地区作为丝绸之路城市群的主要分布区域，其整合品牌传播效能仍较弱，较2019年的数据增幅较小，而东北地区增长较为显著，呈现出较好的发展态势。

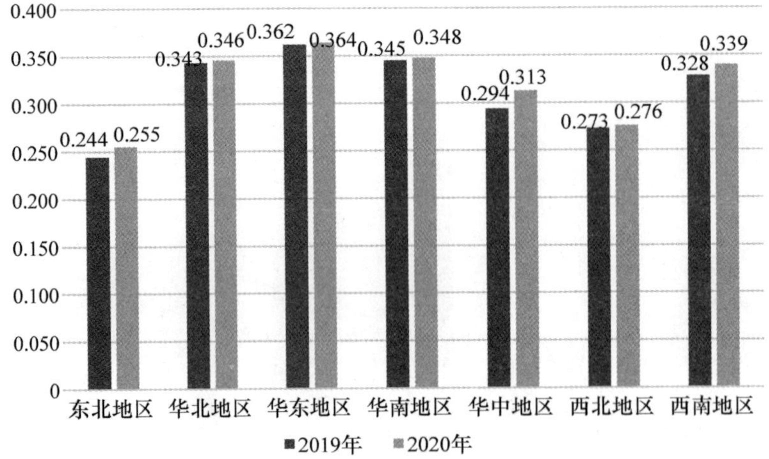

图4－2 城市旅游品牌发展水平区域均值

资料来源：中国社会科学院城市品牌发展指数数据库。

从表4－1中50强城市的区域分布来看，华东地区有20个城市入围，与2019年持平，是城市旅游品牌发展强市的高度集聚区。其中，绍兴、台州重回50强，而九江与上饶遗憾落选，显示出第一梯队城市间竞争仍较为激烈。华南地区有6个城市入围，其中三亚较2019年排名上升15个位次，冲进50强，离岛免税或成为金字招牌，珠海跌出50强。华北地区有6个城市入围，但入围的除北京、天津之外的其他城市的排名均在第30位之后，京津冀一体化发展任重道远。西南地区仅有4个城市入围，丽江跌出前50名，而重庆、成都、昆明的表现都较为亮眼。华中地区4个城市的排名稳中有进，武汉突围进入10强，洛阳也提升了10个位次。东北地区占5席，其中沈阳上升7个位次，进入20强，而哈尔滨、大连、吉林均有不同程度的下降。由此可见，50强城市的分布与中国城市旅游品牌发展水平的区域格局略有不同。

2. 东北、华北及西部地区的内部存在较大差异

从表4－2可以看出，我国东北、西北、华北以及西南地区的城市旅游品牌发展指数的标准差和变异系数均较大，四大区域的标准差均大于或接近0.1。从变异系数来看，四大区域的变异系数均大于0.3，四大区域城市间旅游品牌发展水平均存在较为显著的空间差异，少数大城市“独占鳌头”、中小城市望尘莫及。从极差值来看，华北、西南地区的极差值

也比较大，佐证了这一点。

表 4－1　　城市旅游品牌发展指数 50 强城市的区域分布

	数量	城市名称
华北地区	6	北京（1）、天津（9）、石家庄（33）、太原（42）、保定（47）、大同（49）
东北地区	5	沈阳（18）、哈尔滨（25）、大连（32）、长春（37）、吉林（41）
华东地区	20	上海（3）、杭州（4）、苏州（10）、南京（11）、宁波（13）、厦门（15）、青岛（17）、黄山（24）、济南（26）、温州（27）、福州（29）、合肥（30）、金华（34）、湖州（35）、南昌（36）、无锡（38）、嘉兴（39）、台州（43）、绍兴（46）、泉州（50）
华中地区	4	武汉（6）、长沙（19）、郑州（20）、洛阳（28）
华南地区	6	广州（7）、深圳（12）、桂林（23）、南宁（31）、佛山（40）、三亚（45）
西南地区	4	重庆（2）、成都（5）、昆明（14）、贵阳（21）
西北地区	3	西安（8）、乌鲁木齐（44）、兰州（48）
特别行政区	2	香港（16）、澳门（22）

注：括号内为排名。

资料来源：中国社会科学院城市品牌发展指数数据库。

表 4－2　　城市旅游品牌发展指数特征的区域描述

	城市数量	平均值	标准差	变异系数	最大值	最小值	极差
华北地区	33	0.346	0.124	0.358	0.869	0.132	0.737
东北地区	34	0.255	0.100	0.393	0.496	0.090	0.406
华东地区	77	0.364	0.094	0.258	0.687	0.215	0.472
华中地区	42	0.313	0.087	0.279	0.618	0.131	0.488
华南地区	37	0.348	0.081	0.233	0.584	0.209	0.376
西南地区	33	0.339	0.109	0.322	0.718	0.211	0.507
西北地区	30	0.276	0.095	0.344	0.577	0.115	0.462

资料来源：中国社会科学院城市品牌发展指数数据库。

此外，东北地区标准差较小但变异系数高居首位，说明该地区城市旅游品牌整体水平偏低，且相当不均衡。34 个城市中仅有沈阳、哈尔滨、大连、长春与吉林 5 个城市入围 100 强，却有 25 个城市位居 200 名以后。

华东地区有 77 个城市进入考评范围，旅游发展较为均衡，旅游品牌发展指数平均值较大，标准差较小。总体来看，华东、华中与华南地区城市旅游品牌发展指数的标准差和变异系数均维持在较小的数值，这些地区城市间的旅游品牌发展基础与发展水平整体差异并不明显，处于均衡发展的良好态势。华南地区的标准差和变异系数最小，分别为 0.081 和 0.233，在区域旅游品牌一体化发展领域表现最好。

二　数据聚焦分析

（一）核心城市优势明显，新兴城市竞争激烈

从城市旅游品牌发展指数总体指标以及旅游人气、旅游吸引力、旅游发展效益、旅游营销传播四个分项指标数值来看，得分位居前 10 的多为直辖市或一线城市（见表 4－3）。与 2019 年相比，在发展指数 10 强的城市中新增了武汉，武汉提升了 6 个位次，位居第 6，香港跌出 10 强排名。北京、重庆、上海、杭州、成都仍稳居前 5，位次顺序不变；同时也有新兴旅游城市，在个别分项指标中冲进 10 强、崭露头角。

表 4－3　　城市旅游品牌发展指数 10 强排名

排名	旅游品牌发展指数	旅游人气	旅游吸引力	旅游发展效益	旅游营销传播
1	北京	上海	北京	重庆	北京
2	重庆	北京	重庆	成都	上海
3	上海	武汉	上海	乌鲁木齐	武汉
4	杭州	重庆	杭州	遵义	杭州
5	成都	广州	苏州	贵阳	广州
6	武汉	深圳	成都	桂林	重庆
7	广州	成都	黄山	杭州	深圳
8	西安	杭州	沈阳	西安	成都
9	天津	西安	西安	昆明	香港
10	苏州	天津	晋中	天津	南京

资料来源：中国社会科学院城市品牌发展指数数据库。

从分项指标来看，北京依旧表现突出，在旅游吸引力、旅游营销传播方面获得满分，稳居第一。重庆实力强劲，凭借众多“网红打卡点”以

及综艺影视剧的宣传，其旅游发展效益得分提升至第一位，旅游人气、旅游吸引力、旅游营销传播方面均表现优异。上海在旅游人气、旅游吸引力及旅游营销传播方面均表现强劲，总体发展指数位居全国第三，紧跟重庆。杭州、成都的各项表现虽然不及北京、重庆突出，但它们属于全面发展型城市，四项指标均位列前10，总体发展指数分别位列第4、第5。

个别新兴旅游城市在分项指标中表现突出，在旅游人气方面，深圳取代香港进入10强，位列第6。在旅游发展效益方面，2019年排名第1的揭阳以及排名第5的湖州、排名第9的新余均跌出前10，西南地区城市表现占上风，重庆、成都排名迅速上升，分别位于第1、第2，遵义、贵阳也挺进前5，旅游发展效益指数前5的城市，西南地区占据了4个，前10的城市中西南地区占据了一半。由此可见，2020年西南地区的核心城市迎来了旅游收入与旅游增长的大跨越。旅游营销传播方面，武汉表现优越，位列第3，西安跌出前10。由此可见，全域旅游推进效果显著，新兴旅游城市乘势而起为城市注入新动能，也使得当前城市旅游品牌方面竞争激烈，新兴旅游城市若想在排行榜上常驻，仍任重道远。

（二）指标间差异显著，旅游营销传播尚存提升空间

由表4－4可见，在城市旅游品牌体系中，旅游人气及旅游发展效益得分均值相对较高，说明当前阶段全域旅游、大众旅游已普及，旅游活动成为大众喜爱的休闲娱乐活动，各旅游城市因此获益，接待了海内外大量游客，取得较为理想的旅游发展效益。旅游营销传播整体表现弱于旅游人气及旅游发展效益，华南、华东地区旅游营销传播得分位居前列。由此可见，在城市旅游品牌的营销与推广方面，尚存进步空间。在当下移动网络惠及全民的时代，信息更替速度快，如何把握机会，通过精准的城市旅游形象定位并以出彩的营销手段呈现给大众，提升城市旅游品牌知名度，是各旅游城市亟待解决的问题。此外，旅游吸引力是四项指标中表现最弱的一项，各区域旅游吸引力得分均值远低于其他三项。华北地区旅游吸引力指标相较于其他地区更为突出，是文化资源及旅游吸引物较为集中的区域；而华东、华南地区虽然在旅游吸引力指标方面表现平平，但在整体指标上表现突出。由此可见，资源丰富的先天优势并不是决定城市旅游品牌塑造成功的唯一因素，立足于地区资源特色，因地制宜打造符合城市形象、功能完善、业态丰富的旅游产品，同样能吸引广大游客。

表 4 – 4　　城市旅游品牌体系的区域描述

	城市旅游品牌发展指数	旅游人气	旅游吸引力	旅游发展效益	旅游营销传播
华北地区	0. 346	0. 423	0. 105	0. 493	0. 362
东北地区	0. 255	0. 352	0. 042	0. 402	0. 224
华东地区	0. 364	0. 480	0. 088	0. 503	0. 384
华中地区	0. 313	0. 420	0. 051	0. 455	0. 325
华南地区	0. 348	0. 458	0. 048	0. 491	0. 393
西南地区	0. 339	0. 418	0. 065	0. 527	0. 347
西北地区	0. 276	0. 342	0. 041	0. 420	0. 301

资料来源：中国社会科学院城市品牌发展指数数据库。

（三）旅游人气和发展效益呈正态分布，吸引力和营销传播呈偏态分布

通过 SPSS 软件绘制城市旅游品牌发展指数的各项指标直方图，可见旅游人气、旅游发展效益两项指标均呈现出正态分布的态势（见图 4 – 3）。在旅游人气方面，大部分城市的旅游人气得分为 0. 2—0. 6，得分在 0. 2 以下或 0. 8 以上的城市均较少。在旅游发展效益方面，大部分城市的得分为 0. 4—0. 6。由此可见，旅游人气和旅游发展效益两类指标分布较为均衡，得分过低或过高的城市均较少。

旅游吸引力、旅游营销传播呈现出偏态分布的态势，其频数分布大多集中于左侧。旅游吸引力指标方面，大部分城市得分低于 0. 1；而旅游营销传播方面，大部分城市得分为 0. 2—0. 4。由此可见，当前我国城市的旅游吸引力及旅游营销传播指数得分普遍偏低且过于集中，这两类指标是城市旅游品牌发展需要共同努力改善的重点方面。

三　2020 年中国城市旅游品牌发展指数 10 强点评

（一）北京

北京作为我国首都，是著名的政治中心、文化中心，始终居于中国城市旅游品牌发展指数得分排行榜首位。北京市统计局 2020 年 3 月发布的

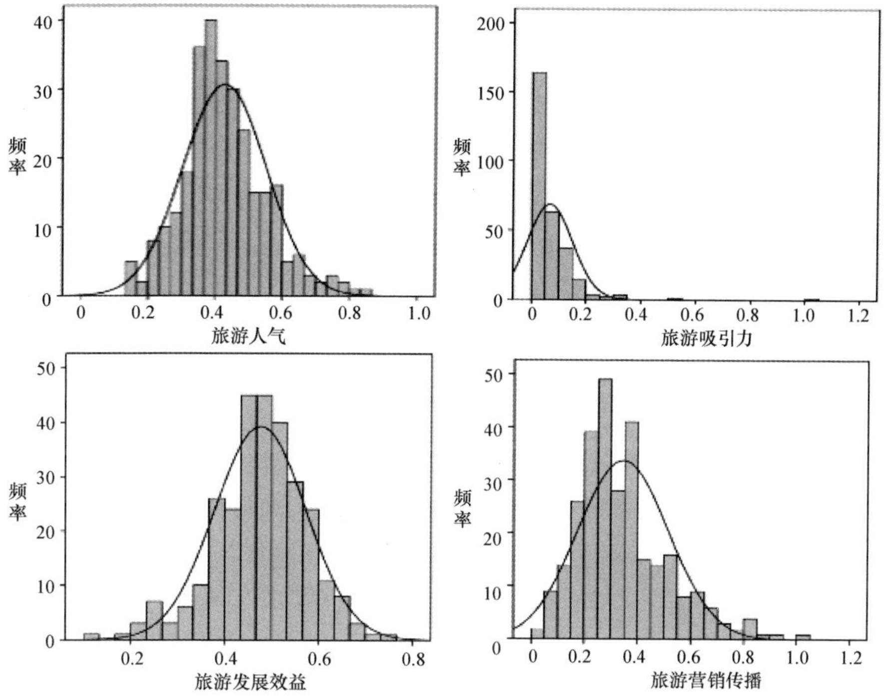

图4－3　城市旅游品牌发展指数各分项指标频数分布

资料来源：中国社会科学院城市品牌发展指数数据库。

《北京市2019年国民经济和社会发展统计公报》显示，北京市2019年接待旅游总人数3.22亿人次，比2018年增长3.6%；实现旅游总收入6224.6亿元，比2018年增长5.1%。作为营造城市旅游品牌的先驱，北京已经塑造出成熟的旅游形象。北京不仅是一座观光城市，更是休闲城市、度假城市。疫情过后，体育休闲、运动康养将更加被旅游者重视，冬奥会则为北京运动休闲旅游、康养旅游的品牌打造播撒下高质量发展的种子。此外，2019年北京大兴国际机场正式通航，其依靠先进的设备设施、一流的建筑景观吸引了大批游客。依托丰富的旅游资源、完备的配套设施、强大的品牌宣传能力，相信北京的城市旅游品牌发展将更上一层楼。

（二）重庆

重庆旅游业市场发展迅速，超越上海成为中国城市旅游品牌发展指数得分位列第二的城市。重庆作为我国四大直辖市之一，是西南地区的核心旅游城市，也是关键的交通枢纽。2019 年重庆旅游总收入达 5734 亿元，游客达 6. 57 亿人次，增幅分别达 32% 和 10% 。重庆拥有得天独厚的旅游资源，除了著名的洪崖洞和长江索道外，重庆拥有旅游资源单体 4042 个，优良级旅游资源单体 230 个，其中五级以上最优级旅游资源单体 31 个，涵盖大都市、大乡村、喀斯特地貌、温泉湖泊、人文风情、历史文化等多种类型。丰富的旅游资源为重庆构建层次化、系列化、特色化的旅游体系奠定了坚实的基础，这也是重庆的旅游吸引力指标位居全国第二且遥遥领先于第三名的原因。重庆具备便捷的交通环境，鄂西、湘西、黔北、川东北、陕南都是重庆中心城市的经济辐射范围，这一区域也是我国旅游资源的富集区，随着区域旅游一体化步伐的加快，该区域将构筑起环重庆黄金旅游圈。近年来重庆充分运用社交媒体，强化旅游宣传营销，通过抖音等视频软件，推介重庆的美食、特色民宿以及高空体验旅游项目，随着重庆旅游品牌的树立，重庆旅游人气日益提升，当地美景通过朋友圈得到广泛宣传。

（三）上海

上海与其他城市相比，整体氛围更显优雅精致。上海融中西文化于一体，通过现代科技与传统老上海文化的碰撞，形成了独具韵味的国际金融中心。2019 年上海的旅游总收入达 5372 亿元，游客达 3. 70 亿人次。近年来，我国旅游业迎来了黄金发展期，面对新的机遇，上海确立了建设具有全球影响力的世界著名旅游城市的发展目标。在新冠肺炎疫情影响下，如何提振区域内文旅消费成为各地关注的重点。2020 年上海旅游节提出了“联动长三角、共享一体化”主题，联合长三角区域内其他旅游城市，成立“长三角旅游推广联盟”，目标直指打造长三角地区高品质世界著名旅游目的地，相互支持开展联盟成员间的区域性旅游宣传推广活动，共同营造区域旅游市场大循环格局，进一步提升上海城市旅游品牌的影响半径及品牌能级。

（四）杭州

杭州地处华东地区，自古便是美景、历史和诗意交织的城市。2019 年杭州全市共接待游客近 20276 万人次，同比增长近 10%；实现旅游收入近4236亿元，同比增长近18%。随着文旅“十大提升工程”任务的基本完成，杭州上榜ICCA发布的全球会议目的地百强城市排行榜，排名仅次于北京和上海。杭州的非物质文化遗产保护、传承、利用系统不断完善，非物质文化遗产保护发展指数位列全省第一。“杭式生活主题屋”、“盛放杭州”文旅盛典、“杭州全球旗袍日”等创新海外营销活动，进一步提升了杭州城市旅游品牌在国际客源市场上的影响力。良渚古城遗址申遗成功，世界旅游联盟总部和世界旅游博物馆正式开建，太阳马戏《X绮幻之境》驻场杭州，富春江景区、湘湖跨湖桥景区等积极创建国家5A级景区，借着G20峰会的余温以及即将到来的亚运会，“国际杭”逐渐出现在人们视野中。优质的旅游服务、完善的基础设施以及智慧化的便捷城市生活，都为杭州的城市旅游品牌塑造创造了有力的条件。

（五）成都

成都作为我国西南地区的中心城市之一，是一座历史悠久的文化名城。近年来，城市旅游品牌发展指数一路上行，2019年旅游总人数和旅游总收入分别达到了2.8亿人次和4664亿元，相比2018年增长了17%和26%，吸引力剧增。近年来，成都市致力于打造“三城三都”，即世界文化名城、世界旅游名城、世界赛事名城、国际美食之都、国际音乐之都、国际会展之都。作为西南地区城市旅游品牌建设排头兵之一的成都虽然在各分项指标上略逊色于重庆，但发展均衡，没有明显的短板。一直深受国内外游客喜爱的熊猫更是成为成都最可爱的形象“代言人”，成都大熊猫繁育基地依托自媒体平台，打造PANDAPIA等官方频道，通过发布熊猫的视频、照片来吸引广大游客。此外，抖音等视频媒体的出现在一定程度上推动了成都旅游品牌的建立，成都的川菜、街头巷尾的美景借力于新媒体的传播，更为家喻户晓。

（六）武汉

武汉作为华中地区的核心旅游城市，旅游资源丰富，历史文化底蕴深厚，2019年武汉旅游总收入达3570亿元，与2018年同期相比，增长了12.89%；旅客达3.19亿人次，与2018年同期相比增长了10.8%。从城市旅游品牌发展指数得分情况来看，武汉2020年较2019年提升了6个位次，进步显著。2019年春季，武汉市以“赏花游”为主题，采取多媒体融合、线上线下相结合的营销方式，以新媒体和网络平台为传播渠道，采取“定向地区微信朋友圈广告”“微博大号推广”等方式进行推广传播，创新展现武汉丰富的赏花资源，擦亮“大武汉、新花城”赏花游品牌，全面提升城市旅游品牌知名度、美誉度，在提升城市旅游吸引力方面取得了良好的成效。尽管新冠肺炎疫情影响了武汉各行各业的发展，但2020年4月，中国社会科学院旅游研究中心等机构发布的《新冠肺炎疫情下旅游需求趋势调研报告》显示武汉成为网民最想去旅游的城市，游客希望通过旅游消费为湖北经济发展做贡献，同时也传达出大众对“英雄的城市”的关切与支持。

（七）广州

广州又称花城、羊城，是广东省的省会，也是华南地区关键的国际商贸中心。2019年广州全年城市接待游客6773.15万人次，比2018年增长3.7%；旅游业总收入4454.59亿元，比2018年增长11.1%；旅游外汇收入65.30亿美元，比2018年增长0.7%。从城市旅游品牌发展指数得分来看，广州综合表现排名第7，其中旅游吸引力表现不佳，位于第43位，可见核心旅游资源不够丰富是广州的短板。与故宫、长城等知名景点相比，广州的广州塔、百万葵园、岭南印象园等景区知名度略逊一筹，但广州拥有长隆旅游度假区。《2018中国旅游业发展报告》显示，广州长隆旅游度假区的受欢迎程度在天坛公园、颐和园、北京奥林匹克公园之上，是最受欢迎的5A级人文景区，此外花都区融创文旅城也备受好评。从交通条件来看，广州白云国际机场的游客吞吐量位居全国第3，接近上海，且到2025年，白云国际机场预计旅客吞吐量将达到9000万人次，为广州旅游市场的进一步扩大做足了准备。如今，广州在国际舞台上越来越活跃，广州正抓住粤港澳大湾区建设机遇，充分发挥区域发展核心引擎作用，提升广州城市旅游品牌形象。

（八）西安

西安是“一带一路”重要节点城市，作为千年古都，其历史底蕴深厚；而论现代化，其表现同样令人瞩目。2019年西安旅游总收入3100亿元，同比增长21%，当前西安正以全新姿态展现历史与现代融合的独特品牌形象。得益于社交平台上的爆红，从“摔碗酒”到“不倒翁小姐姐”，西安的“网红”形象人气旺，西安正以新的思维和方式朝着国家中心城市的目标迈进。通过运用全方位的立体式传播手段，将纸媒、电视、微博、抖音等多种媒介整合发力，打出宣传组合拳，吸引了更多年轻人前来打卡。钟鼓楼、兵马俑等传统文化景点依旧强势“霸占”热门目的地排行榜前 10，而新兴景点借势于社交话题的发酵，热度逐渐提升。当今的西安正继往开来，将传统与现代融为一体，塑造全新的城市旅游品牌形象。

（九）天津

天津是我国北方最大的港口城市，地处海河下游，东临渤海。这里既有全国重点文物保护单位利顺德大饭店，也有被俄罗斯总统普京点赞的传统名吃煎饼果子。东西方文明相融交会，传统与新潮相互碰撞，形成了“近代中国看天津”的旅游品牌。近年来，天津积极推进文化旅游融合发展，主打“洋气牌”和“青春牌”，丰富旅游内涵，谋划、塑造具有国际影响力的旅游品牌，展示天津城市旅游新形象。主打“洋气牌”，以五大道风貌建筑和解放北路金融街风貌建筑为主体，打造一体化的西洋建筑群；主打“青春牌”，建设了全球唯一建在桥上的摩天轮——永乐桥“天津之眼”，并开辟了年轻人喜爱的夜市。当前天津正进一步完善“一带三区九组团”的空间规划布局，循着运河——海河旅游观光带，在海河上游继续整合两岸历史人文景观，丰富商业业态，打造运河旅游观光带。从传统的古代建筑到近代的西洋别墅，从带有烟火气的民俗曲艺到时尚感十足的“网红”城市，天津正在摸索出一条高质量发展之路，塑造城市旅游品牌新形象。

（十）苏州

苏州古称姑苏，是中国首批 24 个历史文化名城之一，也是长三角地区重要的中心城市之一。2019 年苏州全年接待游客 13609 万人次，比 2018 年增长 4%；国内旅游收入 2759 亿元，同比增长 8%。在 2020 年中国城市旅游品牌发展指数榜单中，苏州是江苏省得分最高的城市，位列全国第 10。从分项指标来看，苏州旅游吸引力排名靠前，位居全国第 5，拥有丰富的旅游资源，而旅游发展效益表现稍逊一筹。近年来，电视剧《都挺好》让苏州闯入观众的视野，剧中取景地苏州同德里成为游客们打卡的胜地。平江路、山塘街、东方之门，剧中呈现出的传统与现代相融合的苏州，让广大观众对典雅精致、底蕴深厚的吴地文化心向往之，也成为最具感召力的城市旅游品牌标识。苏州作为中国文人心目中最具诗意和最向往的地方，其江南经典形象成为无数人的精神家园。古镇、古城、古典园林，每个转角都是画，昆曲、古琴、评弹，每一声弦索都是戏，“以文塑旅、以旅彰文”在苏州的城市旅游品牌形象中体现得淋漓尽致。

四 中国城市旅游品牌发展的问题与挑战

（一）旅游营销能力弱，品牌知名度有待提高

通过前文的分析，在我国城市旅游品牌指标的四个分项指标中，旅游吸引力及旅游营销传播表现较弱，其中旅游吸引力指标由世界文化遗产、5A 级景区数量等固定指标来衡量，标准化程度高，提升难度较大，而旅游营销传播在自媒体平台涌现的当下，迎来提升的利好时期。当前社会信息更迭速度快，如何制造热点，在广大国民心中留下良好的城市印象，提升好感度，激发出游兴趣，是当前各个城市在开展营销传播活动时需要深入思考的问题。如何从纷繁的热点中脱颖而出，保持持续的热度、话题度，能够长时间吸引大量游客前来游玩，是衡量一个城市旅游品牌传播效果的关键。从 2020 年的数据来看，在当前旅游营销传播得分情况较好的城市中，首先是直辖市、一线城市，此外华东、华南地区城市得分情况较好。以上城市一方面本身知名度较高；另一方面，各地政府更加重视旅游业的发展、旅游品牌形象的塑造，且营销推广投入较多。其他城市应该关注到旅游品牌营销这一短板，有效借鉴得分较高城市成功的营销案例，提升营销推广能力。

（二）城市间竞争激烈，得分和排名波动较大

通过对比 2019 年和 2020 年的数据可以看出，当前我国各城市旅游品牌发展指数得分和排名情况变动较大。例如，在 2019 年中国城市旅游品牌发展指数排名前 50 的城市中，西安、乌鲁木齐、香港在 2020 年得分下降 0.04 以上，桂林、张家界、丽江得分下降 0.025 以上，珠海、厦门、青岛、福州、佛山、泉州、烟台、昆明、上海得分下降 0.1 以上。由此可见，排名靠前的城市间竞争激烈，且得分处于波动状态。个别城市或许因

为某一年营销较为成功、举办了知名的节事，或许因为个别小视频走红自媒体平台，从而表现较好，但这种优势并不能得到很好的延续。当前许多城市想走“网红经济”的路子，开辟“网红”景点，吸引游客打卡，但该模式持续性较差，难以持续吸引客流。因此，如何保持稳中向上的势头，找到真正适合当地的发展模式，持续推进城市旅游品牌建设，是当前各个城市亟待突破的困境。

（三）区域发展不平衡，得分水平差异明显

由近年来我国城市旅游品牌发展指数得分情况可见，当前我国七大区域旅游品牌差距较大，地域旅游品牌发展水平分化严重，华东、华北、华南地区整体水平较高，西北、东北地区整体落后。此外，各区域内城市之间旅游品牌发展水平也差距明显，核心城市遥遥领先。如何发挥核心城市的带动作用，提升区域整体水平，如何形成可借鉴、可复制的城市旅游品牌提升模式，带动当前落后区域提升旅游品牌发展水平，是当前亟待解决的难题。

五　中国城市旅游品牌优化的对策建议

（一）整合区域资源，挖掘旅游品牌内涵

要解决当前“网红模式”营销存在的持续性不强、热度过后城市旅游品牌发展指数回落的现状，就要立足于当地优势资源，在综合整理当地旅游资源的基础上，设计符合地域特色的、体现民族文化情感的、具有文化内涵的城市旅游品牌形象，打造能够体现地方城市旅游品牌、丰富旅游体验层次的旅游产品。立足于当前文旅融合的大背景，实现地方文化遗产活化利用，推出更多具有精神高度、文化内涵和艺术价值的文化精品，为游客打造更多具有文化主题的产品。为旅游注入新的内容，增加游客思考的机会，加深游客对于目的地城市品牌形象的深入体验和感知，从而塑造起立体的、具备持续影响力的城市旅游品牌。

（二）推进地域间合作，拉动整体水平提升

要解决当前我国区域间、区域内城市旅游品牌发展水平悬殊的问题，可以从开展跨地域合作着手，打破行政区划界限，整合各个城市优势旅游资源，统一规划区域旅游精品线路，通过整合相邻地域资源，实现旅游品

牌知名度高的城市与新兴旅游城市之间优势互补。当前上海与长三角地区部分新兴旅游城市开展了联合营销，推出精品旅游线路，进一步提升了长三角地区区域城市旅游品牌发展水平。诸如此类的实践可以推广应用到其他地区，通过旅游宣传联动，创造跨地域旅游大市场；通过推进旅游合作机制创新，深化合作内容，搭建跨地域合作平台；通过联合举办区域性大型活动，实现异地促销，共同举办展会，整合开发旅游市场，形成互动、共赢的整体态势。

（三）开拓营销渠道，完善融媒体矩阵

从前文的分析可知，在当前我国城市旅游品牌分项指标中，旅游营销传播得分情况不够理想。立足于信息化时代背景，各城市应广泛开拓城市旅游品牌营销渠道，完善旅游营销的融媒体矩阵。综合利用各个媒体传播平台，进行有关提升品牌形象的活动策划、内容策划。在热点活动出现的时间段内，同步输出大量相同标签的主题活动内容，增加活动曝光度，在短时间内形成热点，具备话题度。除了热点活动营销外，还需要持续开展关于城市旅游品牌的宣传营销活动，根据资源类型、客源类型，合理判断理想的营销渠道。充分利用大数据手段，实现精准推送，向潜在客户群体推送旅游活动信息，塑造立体的品牌形象并不断丰富其内涵。开展长期且高效的营销活动，提高城市旅游品牌知名度，提升城市吸引力。

第五章 中国城市投资品牌发展指数报告（2020）

刘彦平 张莹*

在本报告中，中国城市投资品牌发展指数主要由经济基础、投资活力、创新创业潜力、投资营销传播4个分项指标构成，4个分项指标下面又包括15个下一级指标。

在4个分项指标中，经济基础主要描述城市的经济发展现状，从经济发展水平、人力资源、企业质量等方面来衡量，是城市打造投资品牌的基础因素；投资活力主要包括投资吸引力、投资绩效和经济发展预期等，这些要素是一个城市吸引投资的基础条件；创新创业潜力是城市投资品牌长久发展的重要因素，主要从创新收入、创新绩效、高校质量、平台与设施、创新创业口碑五个方面来衡量；投资营销传播主要从纸媒传播和网络传播两个方面来考虑，是城市投资品牌声望对外扩散的有效渠道，也是提高城市品牌影响力的重要手段。

一 总体发展态势

（一）总体发展特征

1. 城市投资品牌显著提升，但整体水平有待提高

2020年，全国288个样本城市的投资品牌发展指数均值与2019年相比无明显变化。然而中国城市的投资品牌发展水平总体较低，其指数得分

* 刘彦平，中国社会科学院财经战略研究院城市与房地产经济研究室主任、研究员；张莹，中国社会科学院大学商学院2020级硕士研究生。

平均值为0.2714，较2019年的指数得分平均值0.2781有下降趋势，中位数值为0.2394，较2019年的中位数值0.2430有下降趋势，两者均不足0.5。除此之外，在这288个城市中，有115个城市的得分高于平均值，其余的173个城市的投资品牌发展指数得分低于平均值，这说明超过一半的城市投资品牌发展水平处于较低层次。

2. 城市间投资品牌发展水平差异明显

如图5－1所示，中国投资品牌发展水平较高的城市较少。得分在0.5以上的城市只有19个，比2019年减少了3个；得分在0.6以上的城市仅有11个，比2019年减少1个；得分不足0.5的城市却有269个。具体来看，北京的投资品牌发展水平最高，其指数得分为0.8701；其次是上海，得分为0.8576；深圳排在第3名，其指数得分为0.7722；杭州的得分紧随其后，为0.6898，这4个城市的投资品牌得分明显高于其他城市。排名后三位的城市分别为鹤岗、嘉峪关和平凉，其得分均不足0.1，这表明288个样本城市的投资品牌发展水平差异较为明显。

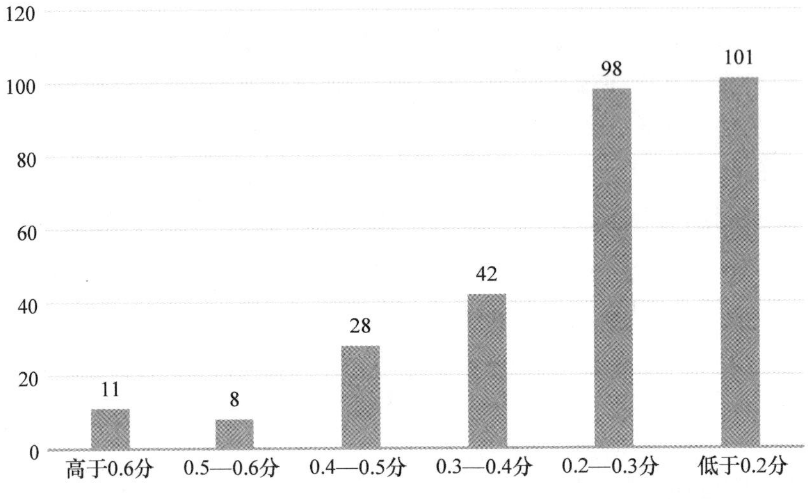

图5－1　城市投资品牌发展指数得分频数分布

资料来源：笔者整理。

（二）区域发展特征

1. 城市投资品牌由东向西呈阶梯式递减

从国内七大区域来看，我国城市投资品牌发展水平以华东地区为标杆，由东向西呈现出阶梯式递减的分布格局。从图5－2来看，我国华东地区的城市投资品牌发展指数较为领先，得分为0.2995；其次是华南、华中和华北地区，其中华南地区城市投资品牌发展指数得分均值为0.2806，仅次于华东地区，华中地区城市投资品牌发展指数均值为0.2784；西北和东北地区分别以0.2545和0.2478的得分在七大区域中处于较低层次，还有很大发展空间。

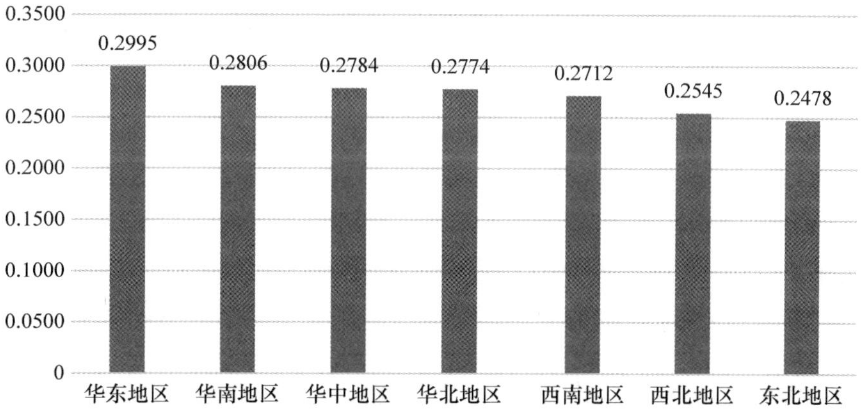

图5－2　城市投资品牌发展水平区域均值对比

资料来源：笔者整理。

从表5－1中50强城市的区域分布来看，华东地区占据了22席，几乎占据了50强城市的半壁江山，是强市的高度集聚区，并且入围的城市除了传统的经济强市之外，还有像温州、绍兴、芜湖、徐州等一些后起之秀。其次是华南地区，有7个城市入围，主要集中在珠三角地区。再次是东北地区，入围了5个城市，分别是大连、哈尔滨、长春、沈阳、吉林。而华北、华中和西南地区都各自入围了4个城市，西北地区仅入围了西安和兰州两个城市。

表5－1　**城市投资品牌发展指数50强城市的区域分布**　（单位：个）

	城市数量	城市名称
华北地区	4	北京、天津、石家庄、太原
东北地区	5	大连、哈尔滨、长春、沈阳、吉林

续表

	城市数量	城市名称
华东地区	22	上海、杭州、南京、苏州、宁波、青岛、厦门、济南、合肥、无锡、南昌、福州、常州、南通、嘉兴、温州、绍兴、湖州、芜湖、烟台、徐州、金华
华中地区	4	武汉、长沙、郑州、洛阳
华南地区	7	深圳、广州、东莞、珠海、佛山、南宁、中山
西南地区	4	重庆、成都、昆明、贵阳
西北地区	2	西安、兰州
特别行政区	2	香港、澳门

资料来源：笔者整理。

2. 东南与西北地区呈阶梯式递减，地区内部差异不明显

2020 年，我国城市投资品牌发展水平的区域性差异较为明显，具体见表 5－2。我国华北、华南地区的城市投资品牌发展指数标准差和变异系数均较大，说明无论是发展基础还是发展速度，这两个区域城市间投资品牌发展水平均存在较为显著的空间差异。从极差值来看，华北地区的极差值达到 0.7534，说明其内部城市投资品牌发展的不均衡性较为突出。此外，东北和西北地区标准差较小，但变异系数较大，说明该地区城市投资品牌总体水平偏低，但其发展速度差异明显。而华东地区纳入参评的城市数量较多，导致其极差较大；但从其标准差和变异系数来看，华东地区的城市投资品牌发展水平与发展速度都处于比较均衡的状态。

表 5－2　**城市投资品牌发展指数特征的区域描述**

	城市数量	平均值	标准差	变异系数	最大值	最小值	极差
东北地区	34	0.2478	0.1139	0.5570	0.5004	0.0933	0.4070
华北地区	33	0.2774	0.1455	0.5318	0.8701	0.1167	0.7534
华东地区	77	0.2995	0.1298	0.3382	0.8576	0.1547	0.7029
华南地区	37	0.2806	0.1447	0.5237	0.7722	0.1308	0.6414
华中地区	42	0.2784	0.0997	0.3824	0.6374	0.1380	0.4993
西北地区	30	0.2545	0.1137	0.5458	0.5998	0.0814	0.5156
西南地区	33	0.2712	0.0793	0.3296	0.6520	0.1205	0.5315

资料来源：笔者整理。

二　数据聚焦分析

（一）指数透视

1. 经济强市投资品牌依然强劲，新兴城市亦初露锋芒

通过表5－3可知，无论城市投资品牌发展指数还是经济基础、投资活力、创新创业潜力、投资营销传播4个分项指标，其得分值较高者多为直辖市、省会等老牌经济重点城市，但也有部分新兴经济体开始在投资品牌的某些方面崭露头角。

表5－3　**城市投资品牌发展指数10强排名**

排名	城市投资品牌发展指数	经济基础	投资活力	创新创业潜力	投资营销传播
1	北京	北京	上海	北京	北京
2	上海	上海	重庆	深圳	上海
3	深圳	深圳	成都	上海	深圳
4	杭州	香港	广州	杭州	武汉
5	广州	杭州	西安	香港	香港
6	重庆	广州	北京	南京	广州
7	香港	澳门	杭州	武汉	杭州
8	武汉	南京	深圳	苏州	南京
9	成都	成都	武汉	天津	重庆
10	南京	天津	天津	西安	成都

资料来源：笔者整理。

从城市投资品牌发展指数来看，位居前10的城市主要是四大直辖市、重要省会、特别行政区和区域中心城市。横向来看，北京与上海的城市投资发展指数不仅总体水平高，而且其各项分项指标的表现也非常亮眼。北京市在4个分项指标中除了投资活力指标排在第6名稍显弱势之外，其他3个分项指标都是位居榜首。而上海市的投资活力分项指标位居第1，创新创业潜力指标位居第3，其他两个分项指标都位列第2名，彰显出其均衡又强势的品牌地位。

纵向来看，10 强城市中，各个分项指标也都入围 10 强的只有北京、上海、深圳和杭州 4 个城市，这印证了前述部分新兴经济体开始在投资品牌的某些方面崭露头角。从经济基础指标来看，澳门显示出了自身的特别行政区优势，排名全国第 7；从投资活力指标来看，西安和武汉表现非常亮眼；在创新创业潜力指标中，武汉、苏州此类新兴城市则表现出强大的发展潜力；在投资营销传播指标中，成都等新兴经济体的崭露头角与近年来新媒体的迅猛发展密切相关。

2. 创新创业与投资活力主导城市投资品牌发展

通过表 5－4 可知，在城市投资品牌发展体系中，创新创业潜力得分均值最高，达到 0. 3161 分；其次是投资活力，得分为 0. 3093。创新创业潜力是一个城市内在活力与长久发展的可能性体现，而投资活力则是将这种可能性变现的最重要因素。投资营销传播得分为 0. 2945，也表现出较为重要的作用，尤其是在互联网高度发达、自媒体“爆炸”的新时代，“酒香也怕巷子深”的趋势越发明显。而经济基础得分最低，不足 0. 2 分，这表明我国的地区经济发展应该更加注重发展基础，稳扎稳打，在经济实力提升的基础上才能更好地塑造投资品牌。

表 5－4　**城市投资品牌发展指数的区域描述**

	全国	华北地区	东北地区	华东地区	华中地区	华南地区	西南地区	西北地区
经济基础	0. 1657	0. 1688	0. 1471	0. 1794	0. 1646	0. 1682	0. 1615	0. 1518
投资活力	0. 3093	0. 3144	0. 2866	0. 3360	0. 3159	0. 3176	0. 3092	0. 2936
创新创业潜力	0. 3161	0. 3244	0. 2905	0. 3559	0. 3307	0. 3305	0. 3193	0. 2981
投资营销传播	0. 2945	0. 3020	0. 2670	0. 3268	0. 3024	0. 3061	0. 2946	0. 2744

资料来源：笔者整理。

从区域分布来看，华东地区在各个指标方面都以绝对优势领先；而在投资活力与投资营销传播指标上，华南地区与华东地区可谓势均力敌，这与珠三角、长三角所处的地理位置，以及其较高的开放程度有很大关系。华中与西南地区的各个指标都处于中游水平，但也有部分指标开始崭露头角，如华中地区的创新创业潜力指数得分为 0. 3307，这说明华中地区的创新创业意识开始有所觉醒。

（二）"一带一路"节点城市投资品牌指数

1. "一带一路"节点城市投资品牌得分总体优于全国平均水平

"一带一路"节点城市包括武汉、成都、重庆、西安、合肥、长沙、郑州、南昌、兰州和西宁共10个城市。在城市投资品牌得分中，"一带一路"节点城市平均得分为0.53018，远远高于全国平均水平（0.2714），10个城市的投资品牌得分也均高于全国平均水平。其中重庆位列"一带一路"节点城市第1位，西宁得分最低。除西宁、兰州之外，其余各节点城市的投资品牌排名均位于全国前35名。

表5－5 "一带一路"节点城市的城市投资品牌得分情况

	城市投资品牌发展指数	排名	经济基础	排名	投资活力	排名	创新创业潜力	排名	投资营销传播	排名
重庆	0.6520	6	0.3260	17	0.8641	2	0.7050	11	0.7128	9
成都	0.6347	9	0.3891	9	0.7688	3	0.6775	13	0.7034	10
武汉	0.6374	8	0.3600	14	0.6567	9	0.7446	7	0.7881	4
西安	0.5998	12	0.3462	15	0.7205	5	0.7073	10	0.6250	15
长沙	0.5393	16	0.3402	16	0.6252	11	0.6128	18	0.5788	17
郑州	0.5146	18	0.3004	25	0.5588	19	0.6246	17	0.5747	19
合肥	0.4921	21	0.3033	24	0.4992	26	0.6043	21	0.5616	20
南昌	0.4760	24	0.3133	22	0.5893	15	0.5339	34	0.4677	46
兰州	0.4270	36	0.2639	37	0.4354	40	0.5385	31	0.4701	45
西宁	0.3289	67	0.1932	70	0.3954	57	0.3855	82	0.3414	80

资料来源：笔者整理。

2. 节点城市投资品牌指数整体表现较好，经济基础指标稍显弱势

从经济基础来看，平均得分为0.3136，成都市以0.3891的得分位列第1，同时排名全国第9。从投资活力来看，"一带一路"节点城市平均得分为0.6113，共有5个城市得分超过平均分，占比达到50%；排在全国前20名的城市共有7个，占比为70%。从创新创业潜力得分来看，其均值为0.6134，处于相对较高的水平，在10个城市中，除西宁外，其余各城市得分均超过0.5，并有6个城市排名全国前20。从投资营销传播指标来看，平均得分为0.5824，共有7个城市得分超过0.5。

（三）城市投资品牌的城市群效应

1. 四大城市群投资品牌得分情况

长三角城市群、京津冀城市群、珠三角城市群投资品牌得分由高到低差距较小，成渝城市群相对落后。综合分析我国长三角城市群、京津冀城市群、珠三角城市群、成渝城市群城市投资品牌发展水平，具体排名结果见表5－6。

表5－6　　　　四大城市群城市投资品牌得分情况

	城市投资品牌发展指数	排名	经济基础	排名	投资活力	排名	创新创业潜力	排名	投资营销传播	排名
长三角城市群	0.691	2	0.779	2	0.677	2	0.617	2	0.604	2
京津冀城市群	0.632	3	0.765	3	0.556	3	0.549	3	0.523	3
珠三角城市群	0.491	4	0.595	5	0.470	4	0.381	5	0.414	5
成渝城市群	0.395	5	0.299	11	0.462	5	0.489	4	0.428	4

资料来源：笔者整理。

在城市投资品牌分项指标中，长三角城市群、京津冀城市群的各项指标排名都非常稳定，分别位列第2、第3名；珠三角城市群除了投资活力排名第4以外，其他几项指标都排在第5位。成渝城市群稍显弱势，其城市投资品牌排名第5位，但其4个分项指标的表现参差不齐，其中创新创业潜力和投资营销传播指标都排在第4位，而经济基础则相对较弱，排在第11位。

从得分情况来看，城市投资品牌指标得分在这四个城市群中呈阶梯式递减，长三角城市群的投资品牌得分接近成渝城市群得分的2倍。从经济基础来看，京津冀城市群和长三角城市群的得分差距甚微，而珠三角城市群的得分与前两者相差超过0.1，主要是珠三角地区的高等教育以及科研机构较少，导致高端人才聚集不够。成渝城市群的此项指标排在第11名，主要是由于这个地区相对闭塞，对优质人才和资本的吸引力不足。从投资活力指标来看，四个城市群得分差距较大。而在创新创业潜力和投资营销传播指标上，成渝城市群的表现则优于珠三角城市群。

2. 四大城市群具体评价

（1）长三角城市群

长三角城市群包括上海，江苏省的南京、苏州、无锡、南通、常州、扬州、镇江、盐城，浙江省的杭州、宁波、嘉兴、绍兴、湖州、金华、台州、舟山，安徽省的合肥、芜湖、马鞍山、安庆、铜陵、滁州、池州、宣城。长三角城市群城市投资品牌得分为0.691，远远高于全国平均分。其中，上海得分最高，为0.858分；池州得分最低，其分值为0.156，城市群内部发展差异较大。在长三角城市群中，得分高于全国平均分（0.271）的城市共有21个，占比约为84%。排名进入全国前10名的城市有3个，分别为全国第2名的上海、全国第4名的杭州与全国第10名的南京。得分超过0.5的城市有5个，占比为20%。

从经济基础得分来看，得分最高的为上海，其分值为0.705；得分最低的城市为池州，分值为0.109，这说明长三角城市群内部的经济实力很不均衡。上海、杭州和南京的经济基础排名分别位于全国第2位、第5位和第8位，其中上海的经济基础得分超过0.5分。从投资活力得分来看，得分最高的为上海，其分值为0.912分，位居全国之首，这与上海国际化大都市的地位以及长三角经济金融科技中心的地位相符合；杭州投资活力也表现得非常亮眼，以0.696的得分排名全国第7位，这也是长三角城市群中仅有的两个在投资活力指标排名中进入全国前10的城市；得分最低的城市为池州，其分值为0.215，在全国排第220名，与第一名的差距达到0.701分。从创新创业潜力指数来看，上海市得分为0.833，排在长三角城市群中的第1位；池州市得分为0.164，与上海市相差0.669分，差距较大。长三角城市群中创新创业潜力得分超过0.5分的城市有11个，占比为44%，整体发展水平较高；得分排名在全国前5的城市共有两个，分别为上海和杭州。从投资营销水平来看，得分最高的城市为上海，得分为0.977；得分最低的城市为池州市，得分为0.132，差距非常悬殊。其中有5个城市得分超过0.6，占比为20%，长三角城市群的投资传播实力非常强。

（2）京津冀城市群

京津冀城市群包括北京、天津，河北省的石家庄、保定、唐山、邯郸、廊坊、秦皇岛、沧州、张家口、邢台、衡水和承德。在京津冀城市群的城市投资品牌中，北京以0.870的得分位居全国第1。天津得分为

0.614，居全国第11位。承德得分最低，其分值为0.232，与北京差距较大。在京津冀城市群中，各城市的城市投资品牌得分为0.2—0.4的共有10个城市，占比约为77%；高于全国平均分的城市达到10个，可见京津冀城市群整体投资实力强，但强势领头羊城市不是很多，内部发展差距较大。

从经济基础得分来看，北京以0.886分的压倒性优势高居京津冀城市群之首，得分最低的城市是邢台，仅为0.121分，与北京差距悬殊。天津的得分为0.389，虽然在京津冀城市群中排名第二，但并不是很有优势。除北京和天津的经济基础得分超过0.5且位于全国前10之外，河北省的11个城市得分均不足0.4，这说明河北省在京津冀城市群中经济基础整体水平较低，也说明在京津冀城市群中北京市的虹吸效应依然存在。

从投资活力指标来看，北京得分为0.701，在京津冀城市群排第1名，在该项指标中得分最低的城市为衡水，其分值为0.269。

从创新创业潜力得分来看，北京排名第1，其分值为0.904；承德得分最低，其分值为0.273。京津冀城市群创新创业潜力得分超过0.5的城市共有4个，分别为北京、天津和石家庄和保定。京津冀城市群内超过一半的城市创新创业潜力得分超过0.4，说明其创新创业潜力整体较好并且比较均衡。

从投资营销传播得分来看，北京得分最高，其分值在标准化后为满分；承德得分最低，其分值为0.245，差距非常显著。天津得分为0.703，实力也不容小觑。

（3）珠三角城市群

珠三角城市群包括深圳、广州、东莞、佛山、珠海、中山、惠州、江门、肇庆、韶关、河源、清远、云浮和汕尾共14个城市。在城市投资品牌得分中深圳得分最高，其分值为0.772；汕尾得分最低，分值为0.131。在珠三角城市群中投资品牌得分排名全国前10的城市有两个，分别为深圳和广州；得分在全国平均分以上的城市共有8个，占比约为57.1%；得分低于0.2的城市有3个，占比约为21.4%。

从经济基础来看，深圳得分最高，其分值为0.685；云浮得分最低，其分值为0.073，差距较大。珠三角城市群共有两个城市得分排名位于全国前10，分别为深圳和广州，分别排在全国第3名和第6名，珠海、东莞、佛山、中山、惠州和江门排名进入全国前100，其余城市均位于全国第 100 名之后，存在一定的差距。

从投资活力来看，广州得分为 0.732 分，在珠三角城市群位中排在第 1 位，在全国排第 4 位，也是珠三角城市群中投资活力指标唯一一个得分超过 0.7 的，可见这个历史悠久、底蕴深厚的商贸城市的经济实力依旧非常强。深圳得分为 0.658，紧随广州之后，在全国排在第 8 位，经济实力也非常强。珠海得分为 0.543，排在珠三角城市群的第 3 位。

从创新创业潜力来看，深圳依旧领先，得分为 0.860；其次是广州，得分为 0.679；再次是东莞，得分为 0.613；其余城市得分为 0.3—0.5 的有 6 个，占比为 42.86%。可见在创新创业潜力指标上，珠三角城市群的发展还是较为均衡的。

从投资营销传播来看，深圳得分最高，其分值为 0.886；其次是广州，得分为 0.781；有 4 个城市得分为 0.5—0.6；得分在 0.3 以下的共有 6 个城市，占比约为 42.8%；汕尾得分最低，为 0.139，与深圳差距悬殊。

（4）成渝城市群

在成渝城市群的城市投资品牌得分中，重庆和成都分别以 0.652 分和 0.635 分位列前两名，并在全国排名中分别位居第 6 名和第 9 名，在成渝城市群中表现非常优秀。成渝城市群中得分为 0.2—0.3 的共有 7 个城市，占比为 43.75%。城市投资品牌得分高于全国平均值的城市共有 4 个，占比为 25%。

从经济基础来看，成渝城市群中大部分城市得分低于 0.2，占比超过 80%。成都得分最高，其分值为 0.389；其次是重庆，得分为 0.326，成渝城市群相对闭塞的自然环境导致其对优质资源的吸引能力相对不足。从投资活力来看，重庆和成都以大比分领先于城市群内的其他城市，且在全国也进入前三甲，看得出这是重庆与成都近年来竞合发展的成果。其他城市的得分均不超过 0.4，还存在一定的进步空间。从创新创业潜力来看，重庆与成都又是以势均力敌的压倒性优势继续保持领先地位，分别以 0.705 和 0.678 的得分获得城市群内的冠亚军。总的来说，成渝城市群的整体投资品牌实力与其他三个城市群存在一定的差距，但重庆与成都的实力却非常强劲，在全国也能占据一席之地，在今后发展中要着重发挥这两个优势城市的带动作用，促进整体投资品牌实力的提升。

三　2020年中国城市投资品牌发展指数10强点评

（一）北京

北京是全国政治中心、文化中心、国际交往中心、科技创新中心，还是世界著名古都和现代化国际城市。2019年北京的地区生产总值为35371.3亿元，按可比价格计算，比2018年增长6.1%。其中，第一产业增加值为113.7亿元，下降2.5%；第二产业增加值为5715.1亿元，增长4.5%；第三产业增加值为29542.5亿元，增长6.4%。三次产业构成由2018年的0.4：16.5：83.1变化为2019年的0.3：16.2：83.5。按常住人口计算，全市人均地区生产总值为16.4万元。

2020年北京的城市投资品牌发展指数以0.8701的高分获得冠军，保持着首都的经济地位。不仅投资品牌总指数保持一贯的强势，其各个分项指标的表现也非常亮眼。经济基础、创新创业潜力和投资营销传播三个分项指标均获得全国第1的好成绩，而投资活力表现稍逊一筹，排在全国第6位。经济实力雄厚，人才优势突出，拥有全国40%以上的科学院院士和工程院院士，以及全国数量最多的研发（R&D）人员，同时拥有92所普通高校，全年研究生教育招生12.4万人，在学研究生36.1万人，毕业研究生9.2万人。普通高等学校招收学生15.7万人，在校生58.6万人，毕业生14.5万人。全市共有民办高校16所，在校学生5.7万人。为企业的发展提供了强有力的智力支持，也是其投资活力良好的表现。

2019年北京全年专利申请量与授权量分别为22.6万件和13.2万件，分别比2018年增长7.1%和6.7%。其中，发明专利申请量与授权量分别为13万件和5.3万件，分别增长10.4%和13.1%；年末拥有有效发明专利28.4万件，增长17.8%；全年共签订各类技术合同83171项，增长0.8%；技术合同成交总额达5695.3亿元，增长14.9%。此外，北京拥有包括中关村在内的多个高科技园区，且2019年“一带一路”国际商协会大会以“链接‘一带一路’民间资源，助推商协会共同发展”为主题，共商如何在深度推进“一带一路”高质量建设中，积极发挥商协会资源优势，助力全球商协会合作共赢。

2020年9月发布的《北京市促进数字经济创新发展行动纲要（2020—2022年）》提出要体系化构建数字经济发展体制机制，全面提升基础设施支撑能力、技术产业协同创新能力、产业数字化转型能力、安全保障能力，坚决推动数据要素有序流动和培育数据交易市场，大胆探索关键领域对外开放及跨境数据流动等新模式新业态，积极稳妥推进与国际数字经济、数字贸易规则对接，引领和赋能国内数字经济发展，将北京市建设成为国际数字化大都市、全球数字经济标杆城市。

北京具备人才、资金等各项投资要素优势，加之近年来世园会等重大节事和会议的开展，为其投资品牌的传播带来了很大的便利。未来北京要在保持各项品牌优势的基础上，做好统筹协调，因地制宜地发展各个区域的投资优势，增强整体的投资活力。

（二）上海

上海是中国的经济、金融、贸易、航运、科技创新中心，也是长三角世界级城市群的核心城市。

2019 年，上海的地区生产总值为 38155.32 亿元，比 2018 年增长 6.0%。其中，第一产业增加值为 103.88 亿元，下降 5.0%；第二产业增加值为 10299.16 亿元，增长 0.5%；第三产业增加值为 27752.28 亿元，增长 8.2%。第三产业增加值占上海生产总值的比重为 72.7%，比 2018 年提高 1.8 个百分点。按常住人口计算的上海人均生产总值为 15.73 万元。2019 年，战略性新兴产业增加值为 6133.22 亿元，比 2018 年增长 8.5%。其中，工业增加值为 2710.43 亿元，增长 3.3%；服务业增加值为 3422.79 亿元，增长 13.3%。战略性新兴产业增加值占上海生产总值的比重为 16.1%，比 2018 年提高 0.4 个百分点。2020 年 8 月，上海名列上半年中国 GDP 10 强。

2020 年上海城市投资品牌发展指数得分为 0.8576，排名全国第 2 位，展现出强劲的品牌实力。其中经济基础和投资营销传播两个分项指标取得了第 2 名的好成绩；上海的投资活力表现更胜一筹，获得了全国第 1 名的好成绩；创新创业潜力略逊色，但也能在全国排第 3 名。

上海全市共有普通高等学校 64 所，全市共有 49 家机构培养研究生，全年招收全日制研究生 5.27 万人，在校全日制研究生 15.85 万人，毕业全日制研究生 4.31 万人。这为上海投资品牌的建设奠定了良好的人才基础。

位于浦东的张江高科技园区是国家级高科技园区，已构筑起三大国家级基地，重点发展以集成电路、软件、生物医药为主导的高新技术产业。2019年，上海投资环境的综合优势日益显现，这些优势包括以下几个方面：政府职能的转变；办事效率的提高；社会诚信体系的建设；良好的社会安全稳定体系；上海的国际化程度正在进一步提高；上海的法制建设也正在进一步推进；信息化水平已经达到一定的高度；上海已经拥有了一批高端人才；上海的产业结构比较均衡；等等。此外，从提高生产效率和扩大市场占有率来说，上海投资环境也是有优势的。

截至2018年年底，上海累计引进外资项目9.7万个，合同外资4712亿美元，实到外资2404亿美元；累计吸引跨国公司地区总部670家、外资研发中心441家。外资企业以全市2%左右的企业数量，创造了全市1/4左右的GDP、1/3左右的税收、2/3左右的外贸进出口额和规模以上工业总产值。金融市场体系日益完备，自由贸易账户功能不断拓展，实现本外币一体化管理，为境外融资等的便利化做出重大贡献，也是增强上海投资吸引力的重要手段。未来，上海应把握国际大都市的各项要素优势，在信息化时代的浪潮中不断完善投资环境，营造超一流的营商环境，促进投资品牌的长足发展。

（三）深圳

深圳地处中国华南地区，东临大亚湾和大鹏湾，西濒珠江口和伶仃洋，南隔深圳河并与香港相连。优越的地理位置使得深圳成为国际性综合交通枢纽，水陆空铁口岸俱全，是中国拥有口岸数量最多、出入境人员最多、车流量最大的口岸城市。作为中国第一个经济特区，深圳的社会主义市场经济发展充分而完善。在过去30多年中，深圳的GDP年均增长达25%，成为世界上发展最快的城市之一。深圳已经成为国际科技产业创新中心、中国三大全国性金融中心之一，并全力建设全球海洋中心城市，深圳是一片备受资本青睐的沃土，其投资品牌建设有许多可圈可点之处。

投资活力是建设投资品牌的根基。2019年，深圳地区生产总值为26927.09亿元，比2018年增长6.7%。其中，第一产业增加值为25.20亿元，增长5.2%；第二产业增加值为10495.84亿元，增长4.9%；第三产业增加值为16406.06亿元，增长8.1%。第一产业增加值占全市地区生产总值的比重为0.1%，第二产业增加值占比为39.0%，第三产业增加值占比为60.9%。人均地区生产总值203489元，增长3.0%，按2019年平均汇率折算为 29498 美元。全年固定资产投资比 2018 年增长 18.8%。其中，房地产开发投资增长 15.9%，非房地产开发投资增长 21.0%。从投资主体来看，国有经济投资增长 38.2%，民间投资增长 9.2%，港澳台商经济投资下降 0.5%，外商经济投资增长 75.0%。2020 年 8 月，深圳名列上半年中国 GDP 10 强。扎实的投资活力、稳健的三产比例是深圳市经济基础分项指标取得高分（0.6848）的重要保障，也是投资品牌建设取得第 3 名好成绩的重要原因。

截至 2019 年年末，深圳有各级各类学校达 2642 所，有普通高等学校 13 所，在校学生 11.32 万人，增长 9.0%。全年全市普通本科和专科招生 3.00 万人，在校生为 9.22 万人，毕业生为 2.13 万人；普通高等学校研究生教育招生 0.81 万人，在校研究生为 2.10 万人，毕业研究生为 0.47 万人。截至 2019 年年末，深圳全市有各类专业技术人员 183.50 万人，比 2018 年增长 10.1%；全市有各级创新载体 2258 个，其中，国家级重点实验室、工程实验室和技术中心等创新载体 116 个，部级创新载体 604 个，市级创新载体 1537 个。全年专利申请量与授权量分别为 26.15 万件和 16.66 万件，分别增长 14.4% 和 18.8%。其中，发明专利申请量与授权量分别为 8.29 万件和 2.61 万件，分别增长 18.4% 和 22.3%；PCT 国际专利申请量为 1.75 万件，减少 3.4%。高质量的人才储备以及完善的创新创业平台是深圳经济基础指标获得超过 0.7 分的好成绩的重要原因。

从投资营销传播指标来看，深圳排名第 3。深圳本就处于科技中心的地位，互联网新媒体等都非常发达，加之前海新区的迅猛发展带来的传播流量，深圳在投资营销传播指标中取得这样的好成绩可谓实至名归。

（四）杭州

近年来随着移动互联网、电商、移动支付等的兴起，杭州正以电子基地的崭新面貌出现在世人面前。这种面向未来的转变使得杭州备受资本的宠爱，投资品牌建设节节攀升。

2019 年，杭州的城市投资品牌得分为 0.6898，排名全国第 4 位，仅次于北京、上海和深圳，这三个一线城市历来是资本的“战场”，杭州能紧随其后可见其投资品牌实力的强劲。从其分项指标来看，2019 年杭州的地区生产总值为 15373 亿元，按可比价计算同比增长 6.8%。分产业看，第一产业增加值为 326 亿元，增长 1.9%；第二产业增加值为 4875 亿元，增长5.0%；第三产业增加值为10172亿元，增长8.0%。三次产业增加值结构调整为2.1：31.7：66.2（根据我国GDP核算制度和第四次全国经济普查修订结果，2018年杭州GDP为14307亿元，三次产业增加值结构为2.1：32.8：65.1）。全市人均GDP达15.2万元，折合为2.2万美元。2020年8月，名列上半年中国GDP 10强。2018年，全年金融业增加值为1197亿元，增长9.0%。2018年年末全市金融机构有525家，新增26家。这些数字显示了杭州雄厚的经济实力，也是杭州的投资活力指标取得第5名好成绩的重要原因。

从创新创业潜力上看，杭州排名全国第4位。杭州集聚了浙江大学、中国美术学院、浙江音乐学院等全省一半以上的高等院校及科研院所，杭州市属高校7所，普通高等学校40所，在校学生有49.6万人，其中研究生有6.4万人。杭州是国家信息化试点城市、电子商务试点城市、电子政务试点城市、数字电视试点城市和国家软件产业化基地、集成电路设计产业化基地。杭州致力于打造"滨江天堂硅谷"，以信息和新型医药、环保、新材料为主导的高新技术产业发展势头良好，已成为杭州的一大特色和优势。通讯、软件、集成电路、数字电视、动漫、网络游戏六条产业链正在做大做强，有12家企业进入全国"百强软件企业"行列，15家企业进入国家重点软件企业行列，14家IT企业在境内外上市。2018年，全年发明专利申请36538件、发明专利授权10267件，分别增长42.8%、4.0%。认定（包括复审通过）国家重点扶持高新技术企业1557家，其中新认定1059家。新增省级研发中心149家，累计984家。科技企业孵化器有138家，其中国家级有32家，省级有75家。累计拥有众创空间129家，其中国家级55家。全年研究与试验发展（R&D）经费支出占地区生产总值的比重为3.3%。财政一般公共预算支出中科技支出118.2亿元，同比增长28.0%。杭州的投资影响传播在G20峰会等重大国际会事中继续绽放光彩。

（五）广州

广州是国家中心城市、国际商贸中心和综合交通枢纽，这是著名的商业城市。广州在2017年福布斯"中国大陆最佳商业城市排行榜"中居第2位。广州被全球权威机构GaWC评为世界一线城市，每年举办的中国进出口商品交易会吸引大量客商以及大量外资企业、世界500强企业投资，国家高新技术企业达 8700 多家，总量居全国前 3，集结了广东全省 80% 的高校、70% 的科技人员，在校大学生总量居全国第 1。广州人均住户存款均居全国前 3 位，人均可支配收入居广东全省第 1 位。广州人类发展指数居全国第 1 位，国家中心城市指数居全国第 3 位。在中国 100 强城市排行榜中居第 3 位。

2019 年，广州的地区生产总值为 23628.60 亿元，按可比价格计算，比 2018 年增长 6.8%。其中，第一产业增加值为 251.37 亿元，增长 3.9%；第二产业增加值为 6454.00 亿元，增长 5.5%；第三产业增加值为 16923.23 亿元，增长 7.5%。第一、第二、第三产业增加值的比为 1.06 : 27.32 : 71.62。第二、第三产业对经济增长的贡献率分别为 25.7% 和 73.7%。雄厚的实力是其投资活力指标获得第 6 名好成绩的保证。

从创新创业潜力来看，作为华南的教育中心，广州坐拥中山大学、暨南大学、华南理工大学等 80 余所高等院校。2019 年，全年研究生教育招生为 3.95 万人，在校研究生为 11.24 万人，毕业生为 2.67 万人；普通高等教育本科和专科招生 36.16 万人，在校生为 115.30 万人，毕业生为 29.00 万人。2019 年年末，全市县级及以上国有研究与开发机构、科技情报和文献机构有 186 家；全市在穗院士人数有 51 人，其中中国科学院院士 22 人、中国工程院院士 22 人，以及国外、境外机构获评院士 7 人；国家重点实验室有 20 家，省级重点实验室有 237 家，市级重点实验室有 165 家；国家级孵化器有 36 家，国家级孵化器培育单位有 31 家；全市累计有认定的高新技术企业 12174 家；国家级、省级大学科技园有 8 个，广州吸引资金的能力大大提升。广州逐渐成为中国最受欢迎的投资城市。

（六）重庆

重庆是我国中西部地区唯一的直辖市，是长江上游地区的经济、金融、科创、航运和商贸物流中心，也是西部大开发重要的战略支点、“一带一路”和长江经济带重要联结点以及内陆开放高地。2019 年，重庆常住人口为 3124.32 万人，比 2018 年增加 22.53 万人。其中，城镇人口为 2086.99 万人，占常住人口的比重（常住人口城镇化率）为 66.8%。全年外出人口为 474.02 万人，市外外来人口为 182.05 万人。

重庆经济建设基本形成大农业、大工业、大交通、大流通并存的格局，是西南地区和长江上游地区最大的经济中心城市。2020 年 8 月，重庆名列上半年中国 GDP 10 强。

2020 年，重庆城市投资品牌发展指数得分为 0.6520，排名全国第 6 位。从各个分项指标来看，投资活力指标得分为 0.3260，排在第 17 位，稍显弱势。2019 年，重庆地区生产总值为 23605.77 亿元，比 2018 年增长 6.3%。按产业分，第一产业增加值为 1551.42 亿元，增长 3.6%；第二产业增加值为 9496.84 亿元，增长 6.4%；第三产业增加值为 12557.51 亿元，增长 6.4%。三次产业结构比为 6.6∶40.2∶53.2。非公有制经济增加值为 14699.61 亿元，增长 6.9%，占全市经济总量的 62.3%。按常住人口计算，全市人均地区生产总值为 75828 元，比 2018 年增长 5.4%。全员劳动生产率为 128035 元/人，比 2018 年增长 6.5%。投资活力与其他几个直辖市相比确实存在差距，但仍然保持着强大的发展动力。

从经济基础来看，重庆的经济基础得分为 0.8641，高居亚军之位。作为巴渝文化的发祥地，文化底蕴深厚的重庆当然也少不了优秀的高等学府。2019 年，重庆共有普通高等教育学校 68 所、成人高校 4 所、中等职业学校 180 所。2019 年，重庆市级及以上重点实验室有 182 个，其中国家重点实验室有 10 个。市级及以上工程技术研究中心有 364 个，其中国家级中心有 10 个。新型研发机构有 83 个，其中高端研发机构有 34 个。有效期内高新技术企业有 3141 家。全年技术市场签订成交合同 3822 项，成交金额 150.3 亿元。2019 年，重庆共受理专利申请 6.73 万件，其中发明专利申请 2.01 万件。获得专利授权 4.39 万件，其中发明专利授权 0.70 万件，有效发明专利 3.24 万件。随着自由贸易试验区的建设不断深入推进，智能制造、商贸物流、新兴金融、医疗健康等产业集群化发展助推区内外产业转型升级，也为重庆吸引投资带来更多机会和资金优势。

从创新创业潜力指标来看，重庆自贸试验区新增注册企业 12768 户，其中外商及港澳台商投资企业 221 户。新增商贸、交通运输、信息传输、软件和信息技术服务、科学研究和技术服务业企业 7731 户，占比超过六成。重庆自贸试验区引进项目 983 个，签订合同（协议）总额达 2129.25 亿元，覆盖大数据、大交通、大健康、总部经济、文化旅游、教育、农业农村、扶贫、环保等领域。截至 2018 年年底，百度、阿里巴巴、腾讯三大互联网巨头先后落户重庆自贸试验区。重庆的创新创业潜力巨大。从投资营销传播指标来看，重庆作为旅游胜地，在互联网新媒体的浪潮助力中成为新晋“网红”城市，其营销传播能力不容小觑。

（七）香港

香港是高度繁荣的自由港和国际大都市，与纽约、伦敦并称为“纽伦港”，是全球第三大金融中心，是重要的国际金融、贸易、航运中心和国际创新科技中心，也是全球最自由经济体和最具竞争力城市之一，在世界享有极高声誉，被GaWC评为排名第3的世界一线城市。自由与竞争造就了香港的投资活力与潜力。

2019年，香港的城市投资品牌发展指数得分为0.6469，排在全国第7名，实力强劲。从其分项指标来看，创新创业潜力指标和投资营销传播指标分别以0.5536分和0.7818分排名第5位；经济基础指标得分0.5536，排在第4位；投资活力指标稍显弱势，排在第31位。

2019年，香港以市价计算的本地生产总值为2.9万亿港元，同比实际减少1.2%，人均本地生产总值为38.2万港元。基本通货膨胀率为2.9%，物价处于温和增长态势。2019年年底劳动人口为396.6万人，失业率为3.3%。香港经济以服务业为主，服务业占本地生产总值的比重长期保持在90%以上，经济实力非常雄厚。

内地是香港最大的贸易伙伴，香港是内地最重要的贸易转口港。2019年，香港自内地进口20581亿港元，向内地出口22109亿港元。同时，香港和内地互为最大的外资来源地。2019年内地对香港非金融类投资总额为635.6亿美元，占内地对外非金融类投资总额的57.5%；吸引来自香港的投资963亿美元，占内地吸引外资总额的69.7%。随着“沪港通”“深港通”“债券通”和基金互认等先行先试政策不断推出，两地资本市场互联互通渠道逐步增多，机制不断完善。当前，以参与“一带一路”建设、粤港澳大湾区建设等为引领，香港同内地优势互补、协同发展的机制不断完善，香港将更好地融入国家发展大局。

2015年香港成立创新科技署，并出台了许多鼓励创新科技的政策措施，与内地合作建立多个创新创业项目，如科技人才入境计划、粤港科技合作资助计划等。此外，香港生产力促进局拥有28个研发中心、10个实验室、近300位各行业专业顾问，每年为上万家中小企业提供涵盖生产科技、信息科技、环境科技及管理系统等范畴的广泛服务。这些因素综合作用造就了香港巨大的创新创业潜力。

从投资营销传播来看，香港特别行政区跻身全国前3甲。香港优越的地理位置加上历史上多元文化的交融，使得这个城市的国际化程度远远高于许多内陆城市，经济的发展、先进的信息技术等为香港的信息传播提供了优越的条件。

香港特别行政区的综合竞争力位居世界前列，高等教育机构科研水平高，是我国内地高技术产品进出口贸易的重要枢纽，但研发活动总体规模较小，产业创新能力较弱。面向未来，香港需抓住国家粤港澳大湾区建设战略机遇，巩固自身优势，融入粤港澳大湾区协同创新体系，助推大湾区国际科技创新中心的建设。

（八）武汉

武汉别称江城，是湖北省的省会、中部六省唯一的副省级市、特大城市，是国务院批复确定的中国中部地区的中心城市，是全国重要的工业基地、科教基地和综合交通枢纽。截至2019年年末，全市下辖13个区，总面积为8569.15平方千米，常住人口为1121.2万人，地区生产总值为1.62万亿元。

武汉城市投资品牌发展指数为0.6374，位居全国第8名。其中经济基础指数得分为0.6567，排名第9；投资活力指数为0.3600，排名第14；创新创业潜力指数得分为0.7446，排名第7；投资营销传播指数得分为0.7881，排名第7。

从经济基础来看，2019年武汉的地区生产总值为16223.21亿元，按可比价格计算，同比增长7.4%。三次产业结构调整为2.3∶36.9∶60.8。按常住人口计算，全市人均地区生产总值为145545元，按平均汇率折合为2.11万美元。根据第四次全国经济普查结果和中国GDP核算制度规定，2018年武汉的GDP修订为14928.72亿元。2019年武汉的居民人均可支配收入为46010元，同比增长9.2%。按常住地分，城镇居民人均可支配收入为51706元，增长9.2%；农村居民人均可支配收入为24776元，增长9.4%。

从创新创业潜力来看，武汉是联勤保障部队机关驻地、长江经济带核心城市、中部崛起战略支点、全面创新改革试验区，是全国三大智力密集区之一，中国光谷致力打造有全球影响力的创新创业中心。根据国家发改委要求，武汉正加快建成以全国经济中心、高水平科技创新中心、商贸物流中心和国际交往中心四大功能为支撑的国家中心城市。武汉是中国四大科教中心城市之一。截至2019年年末，武汉有普通高校84所，全年在校研究生有14.93万人，同比增长8.2%；本科和专科在校生有100.69万人，增长3.9%。截至2019年年末，武汉地区科技研究机构有101个，国家重点实验室有22个，国家工程实验室有4个，国家级工程技术研究中心有28个，拥有中国科学院院士31人、中国工程院院士41人。全年科技“小巨人”企业有1251家，比2018年增加11家。全年技术合同认定登记25094项，增长43.1%；技术合同登记成交额为841.27亿元，增长16.4%。荣获国家科学技术进步奖21项，国家技术发明奖4项。全年“四上”高新技术产业增加值为4167.27亿元，同比增长11.8%，占GDP的比重为25.7%。全年专利申请量有77097件，授权量有39258件，同比分别增长27.4%和21.2%；发明专利申请量有33202件，授权量有11754件，分别增长15.5%和33.5%。每万人发明专利拥有量有41.6件。PCT国际专利申请量有1825件，增长23.7%。

从投资活力来看，武汉是中国首批沿江对外开放城市之一，是外商投资中部的首选城市，在所有外商投资中，港资比重最大。武汉是法国在华投资额最高的城市，占法国在华全部投资的1/3。比利时安海斯—布希英博、德国拜尔斯道夫等世界500强企业的中国区总部设在武汉，美国威瑞森电信、德国博世将中国区总部落户武汉。虽然武汉的投资活力仅排在全国第14名，对比其他指标来看，稍有逊色，但是武汉的投资环境在逐渐转变，并且有良好势头。

（九）成都

成都是成渝城市群的中心城市之一，也是备受瞩目的经济明星城市。2020年，成都的城市投资品牌发展指数得分为0.6347，排名全国第9位。从各个分项指标来看，投资活力指标得分为0.3891，排在第9位，实力较为强劲。2019年成都的地区生产总值为17012.65亿元，按可比价格计算，比2018年增长7.8%。其中，第一产业增加值为612.18亿元，增长2.5%；第二产业增加值为5244.62亿元，增长7.0%；第三产业增加值为11155.86亿元，增长8.6%。三次产业结构为3.6：30.8：65.6。三次产业对经济增长的贡献率分别为1.1%、34.5%、64.4%。按常住人口计算，人均地区生产总值为103386元，增长6.0%。2020年8月，名列上半年中国 GDP 10 强。这些成绩展示了成都扎实的产业结构布局以及良好的投资活力。

从经济基础来看，成都的表现非常亮眼，以 0.7688 的得分跻身前 3 甲。2019 年新建、改扩建学校（幼儿园）100 所，39.7 万流动人员的随迁子女在蓉入学。2019 年年末，在蓉普通高校（含高职）有 56 所，在校本科和专科学生 86.9 万人，博士研究生 1.7 万人，硕士研究生 8.6 万人，专任教师 5.0 万人。成功举办 2019 年成都全球创新创业交易会，发布 4 批次《城市机会清单》。新增国家地方联合工程研究中心 5 家、国家级孵化器 3 家。累计建成市级以上科技企业孵化器及众创空间 231 家，面积为 615 万平方米。获得市级及以上科技成果奖 202 项、国家级科技奖励 20 项。完成科技攻关项目 831 项、成果推广 990 项，完成火炬计划 638 项。全年共申请专利 80819 件，其中发明 28199 件，实用新型 41392 件。专利授权 50775 件，其中发明 9179 件，实用新型 30260 件。万人有效发明专利拥有量 25.8 件，比 2018 年增长 15.2%。技术合同登记成交额达 1136.8 亿元，增长 20.1%。这些保证了成都市创新创业的资金和创新活力要素。

从投资营销传播指标来看，成都的得分为 0.7034，排在第 10 名。近年来成都加快建设“一带一路”开放高地，主动参与推动经济全球化进程，发展更高层次的开放型经济，已建立友好合作关系的城市达 93 个，这些为成都的国际化口碑传播搭建了平台。此外成都是著名的旅游名城、美食之城，其现代化的传播媒介一直比较活跃，这些因素促进了成都的投资传播。

（十）南京

南京是国家物流枢纽、长江国际航运物流中心、南京都市圈核心城市，也是东部沿海经济带与长江经济带战略交会的重要节点城市。

2020 年，南京的城市投资品牌发展指数得分为 0.6248，排名全国第 10 位。从各个分项指标来看，投资活力指标得分 0.4168，排在第 8 位，实力较为强劲。截至 2019 年，南京常住人口为 850.0 万人，城镇常住人口为 707.2 万人，城镇化率为 83.2%。2019 年，南京地区生产总值为 14030.15 亿元，位列全国第 11 位，比 2018 年增长 7.8%。人均地区生产总值为 152886 元，在中国直辖市、副省级市及省会中排名第 2，仅次于深圳，在省会中排名第 1。第一产业增加值为 289. 82 亿元，增长 0. 7%；第二产业增加值为 5040. 86 亿元，增长 6. 7%；第三产业增加值为 8699. 47 亿元，增长 8. 6%。三次产业增加值结构为 2. 1：35. 9：62. 0。结构调整扎实推进以及本就扎实的投资活力是其指标得分较高的原因。

从经济基础来看，南京得分为 0. 6073，排在第 14 位，稍逊一筹。截至 2019 年，南京有两院院士 81 人，普通高等学校 53 所（不含部队院校），在校学生 73. 54 万人，研究生 14. 25 万人。"111 计划"高校 10 所，仅次于北京、上海。一流大学及一流学科建设高校共 12 所，居中国第 3。南京的经济基础得分并不是特别理想，今后应更加注重此方面。

从创新创业潜力指标来看，南京的得分为 0. 7620，排在第 6 位，实力不凡。2019 年，南京以创新名城建设为主导方向，落实"10 + 18"共 28 条有分量的政策举措，取得了令人振奋的创新成效，创新名城的知名度和影响力快速提升。市委"一号文"继续聚焦创新名城，落脚在"提升产业基础能力和产业链水平"上，更加强调产业化应用落地，使三个"一号文"形成完整政策链，规划出一条从科技强到产业强、经济强、城市强的发展新路径。

南京是国家重要的科研中心，南京高校和研究所主持的项目在国家科技三大奖中均获得过一等奖。在 2019 年全球城市基础前沿研究监测指数前 20 强中，南京位列全球第 14，位列中国第 3。2020 年全球创新指数排名，南京排名世界第 21，位列中国第 4。截至 2019 年，高新技术企业有 4680 家，入库科技型中小企业有 6685 家，省级以上工程技术研究中心有 403 家，省级以上科技公共服务平台有 85 家，省级以上重点实验室有 89 家，其中国家重点实验室有 29 家。这些保证了南京创新创业潜力不凡。

从投资营销传播指标来看，南京的得分为 0. 7132，排在第 8 名。截至 2019 年，凤凰出版传媒集团经济规模连续 8 年在中国出版行业中排名第 1，在"世界出版业 50 强"中位列第 6；译林出版社经济规模连续 7 年位居全国同类出版社首位，是中外文学交流领域最具品牌影响力的专业出版社。南京近年来成功举办世界智能制造大会、全球未来网络发展峰会、新型研发机构国际合作大会等重要活动，南京商务局与韩国大田广域市科学经济局签署经贸战略合作伙伴关系备忘录，积极搭建国际化合作平台。南京的投资营销传播实力不断上升。

四 中国城市投资品牌发展的问题与挑战

（一）城市投资品牌发展水平较低，城市间投资品牌发展差距较大

我国城市投资品牌发展指数平均值为 0.2714，中位数值为 0.2394，均呈现较低的状态。在我国 288 个地级市中，有 173 个城市的投资品牌发展指数得分低于平均值，意味着超过一半的城市投资品牌发展处于较低层次。虽然我国城市投资品牌发展指数排名前几位的城市得分较高，但从总体来看，整体投资品牌发展水平仍处于较低层次。与此同时，我国城市投资品牌存在两极分化严重的问题。

投资品牌最高的城市指数为 0.8863，最低的城市仅为 0.0179；10 个排名最高城市的指数平均值为 0.7048，10 个排名最低城市的指数平均值为 0.1036，差距明显。我国虽然有部分投资品牌发展水平较高的城市，但整体城市投资品牌发展水平较低，严重的两极分化是导致这种现象的重要原因。

（二）城市投资指标发展不均衡，要素质量有待提升

2020 年，我国城市投资品牌发展指数平均值为 0.2714，其四个分项指标的得分均值大不相同。其中创新创业潜力指标得分均值最高，为 0.3161 分；其次是经济基础指标，得分均值为 0.3093；再次是投资营销传播指标，均值为 0.2945 分。此外，从各项指标得分前 10 名的均值来看，投资活力、经济基础、创新创业潜力和投资营销传播四个分项指标各自得分前 10 名的均值分别为 0.5401、0.7370、0.7824 和 0.8102。虽然 2020 年与 2019 年相比有升高的趋势，但是投资活力指标依然明显落后于其他指标，这暴露出在我国的投资品牌建设中对最基础的要素指标的培育力度不够的问题。

（三）城市投资品牌的区域发展差距较大，区域内部马太效应显著

通过前面的数据分析可知，我国城市投资品牌发展指数在各个区域内的发展极其不均衡。从各个区域的均值来看，华东地区的经济基础指标的得分均值最高，为 0.2058；在投资活力方面，华东地区也独占鳌头，比西北地区多 0.1247 分；在创新创业潜力方面，只有华东地区得分超过

0.4，华北地区和华中地区的得分为0.3—0.4分，西北地区得分最低，为0.2364；在投资营销传播方面，依旧是华东地得分最高，不过华北地区和华南地区得分均超过0.3，最低依然是西北地区，指数得分为0.2218。这说明各个区域内部的发展也存在极大差距，强者越强、弱者越弱的马太效应较为明显。

五　塑造中国城市投资品牌的对策建议

（一）提升投资品牌意识，塑造投资品牌形象

我国经济发展进入新常态，经济已经由高速增长阶段转向高质量发展阶段，转变发展方式、创新推动高质量发展已经成为必由之路。投资作为经济发展至关重要的一环，其吸引力和竞争力的培育也需要有所创新，投资品牌的塑造就是城市吸引投资、增强竞争力的创新之举。当前我国一些发达城市的投资品牌实力已经非常强劲，但城市投资品牌发展总体实力却不够突出。究其原因，主要是由城市投资品牌发展不均衡所致。一些较为落后的城市，其投资品牌意识甚至尚未觉醒，依旧按原来的方式散乱地吸引投资，今后应该着重提升这部分落后城市的投资品牌意识，引导其系统地建立自己的投资品牌形象，从而提升其投资品牌竞争力。

（二）重点培育投资要素，激发投资活力

吸引投资始终是城市经济健康发展的基础，也是推动城市发展的重中之重。基础设施的建设水平、生态环境水平以及软环境因素，如教育、医疗资源配备、人才吸引开放政策等，都是城市投资品牌的基本要素，也决定了一个城市对外的吸引力和对内的凝聚力。当前我国很多城市的投资活力不张主要是由投资要素不健全或者投资要素质量较差造成的。今后发展中应注重基础投资要素的培育，打牢基础才能实现腾飞；但各地区也应该因地制宜，在全方面培育投资要素的同时，差异化培育自身的要素亮点，打造自身独特的投资吸引力。如北京通过打造“四个中心”——政治中心、文化中心、科技中心和国际交往中心，为首都投资品牌提供新的发展内涵。深圳加快打造国际科技、产业创新中心，不断发展电子信息、互联网等产业，在相关领域处于领先地位。对于新兴城市而言，其投资品牌的发展在依靠要素资源投入的基础上，根据城市建设特色，依靠品牌吸引驱

动投资效益提升则显得较为必要。

（三）协调区域间的竞合关系，缩小区域发展差距

近年来，城市群的全面发展、粤港澳大湾区的建设、“一带一路”倡议的深入推进以及京津冀协同发展战略等都对区域城市之间的协同发展进行了全方位部署，投资品牌整体实力的提升也需要城市之间、区域之间的通力协作。如在京津冀一体化过程中，河北省的投资实力明显弱于京津地区，应大力推动政策向河北省的各个城市倾斜，促进京津地区优质资源向河北省流动，以均衡区域投资品牌水平。

第六章　中国城市宜居品牌发展指数报告（2020）

刘彦平　张莹[*]

随着人居环境与住区问题研究的不断深入，人们关注的角度和问题的深度、广度都在不断发展，包括城市环境、资源、生态、安全等内容逐步进入研究领域。“宜居城市”的概念走入人们的视野。宜居城市是城市发展到后工业化阶段的产物，是指宜居性比较强的城市，是具有良好的居住和空间环境、人文社会环境、生态与自然环境和清洁高效的生产环境的居住地。1996 年联合国第二次人居大会提出了城市应当是适宜居住的人类居住地的概念。此概念一经提出就在国际社会形成了广泛共识，成为 21 世纪新的城市观。2005 年，在国务院批复的《北京城市总体规划》中首次出现“宜居城市”概念。2016 年 2 月，中共中央、国务院发布了《关于进一步加强城市规划建设管理工作的若干意见》，其中总体目标是实现城市有序建设、适度开发、高效运行，努力打造和谐宜居、富有活力、各具特色的现代化城市，让人民生活更美好。2016 年 3 月，十二届全国人大四次会议审查通过了《中华人民共和国国民经济和社会发展第十三个五年规划纲要》（以下简称“十三五”规划）。“十三五”规划把建设和谐宜居城市作为重要内容，提出了推动城市现代化建设的具体举措。中央城市工作会议和“十三五”规划为我国城市发展指明了方向，重点可以概括为“把握一个规律、实现五个统筹、理解九个重要论断”。2021 年 3 月，第十三届全国人民代表大会第四次会议审查并批准了国务院提出的

---

* 刘彦平，中国社会科学院财经战略研究院城市与房地产经济研究室主任，研究员；张莹，中国社会科学院大学商学院 2020 级硕士研究生。

《中华人民共和国国民经济和社会发展第十四个五年规划和2035年远景目标纲要（草案）》，在推进新型城市建设部分提出要顺应城市发展新理念新趋势，开展城市现代化试点示范，建设宜居、创新、智慧、绿色、人文、“韧性城市”。

当前，中国城市的发展模式已经从单纯追求经济增长与城市规模扩大转变为对“宜居”的重视。本报告运用中国城市宜居品牌发展指数，从宜居声望、城市活力、民生质量和生态环境四个方面对城市的宜居品牌进行综合考量，并对评价的结果进行分析，从而为城市宜居品牌的建设提出建议。

一　总体发展态势

（一）总体发展特征

1. 中国城市宜居品牌整体发展水平偏低且有下降趋势

通过对2020年我国288个样本城市的宜居品牌发展指数进行分析，可以看出中国城市的宜居品牌发展水平总体偏低，其指数得分平均值为0.2708，中位数为0.2509，两个数值均远低于0.5。和2019年相比，2020年中国城市宜居品牌发展指数得分的平均值和中位数均有下降趋势。此外，在288个样本城市中，有111个城市的得分值高于平均值，其余177个城市的宜居品牌发展指数得分值低于平均值，这说明半数以上的城市宜居品牌发展水平较低。和2019年高于宜居品牌发展指数平均数的110个城市相比，2020年高于宜居品牌发展指数平均值的城市增加了1个。

2. 宜居城市主要集中在一线城市，民生质量和城市活力表现欠佳

在2020年中国城市宜居品牌排名中，北京、上海、深圳、香港、杭州、重庆、广州、成都、天津、厦门位列前10（见表6－1）。前10的城市多集中在一线城市，可见城市的宜居品牌表现与其经济发展水平具有一定的相关性。从指数得分情况来看，在排名前10的城市当中得分最高为0.6730，最低为0.5001，阶梯效应并不明显。在全国城市宜居品牌10强中，多数城市在宜居声望和生态环境方面表现更佳，均位列第19名之前；但在城市活力和民生质量方面表现相对较弱。一般而言，城市宜居品牌的建设需要较高的经济发展水平和较多的公共服务资源，但在建设初期，经

济的快速发展会导致生活成本升高、人口剧增、交通拥堵以及生态环境受损等“城市病”的出现，这在一定程度上使得城市宜居品牌的建设在宜居声望、城市活力、民生质量和生态环境四个方面存在明显不均衡的发展特点。总体来看，中国建设宜居城市的道路还任重道远。

表6-1 **2020年全国城市宜居品牌发展指数10强**

	城市宜居品牌发展指数	排名	宜居声望	排名	城市活力	排名	民生质量	排名	生态环境	排名
北京	0.6730	1	0.9997	1	0.7944	1	0.3613	7	0.5365	1
上海	0.6296	2	0.9455	2	0.6767	3	0.3895	5	0.5068	2
深圳	0.5919	3	0.7632	6	0.5970	8	0.5367	1	0.4706	4
香港	0.5499	4	0.7537	8	0.7131	2	0.3981	4	0.3347	30
杭州	0.5373	5	0.8094	3	0.5958	9	0.3180	15	0.4259	7
重庆	0.5337	6	0.7731	5	0.6526	4	0.2248	152	0.4844	3
广州	0.5310	7	0.7858	4	0.5812	10	0.3030	21	0.4541	5
成都	0.5145	8	0.7625	7	0.5414	16	0.3366	9	0.4177	8
天津	0.5092	9	0.7080	11	0.6037	7	0.3343	10	0.3908	12
厦门	0.5001	10	0.6219	19	0.6177	6	0.3750	6	0.3857	13

资料来源：笔者整理。

（二）区域发展特征

1. 中国城市宜居品牌发展呈区域梯度递减态势

从图6-1可知，我国七大区域城市宜居品牌发展水平呈现阶梯式的态势——四级梯度。华东地区的城市宜居品牌发展指数得分最高，为0.3090，是我国城市宜居品牌发展水平的第一梯度。第二梯度是华北地区和华南地区，这两个地区的城市宜居品牌发展水平较为均衡，差异微小，两者的指数均值分别为0.2787与0.2771。第三梯度是西南地区和华中地区，其指数均值分别为0.2545与0.2640。我国西北地区和东北地区的城市宜居品牌发展水平较为落后，其指数均值仅分别为0.2277和0.2199，均低于0.25，是我国城市宜居品牌发展水平的第四梯度。

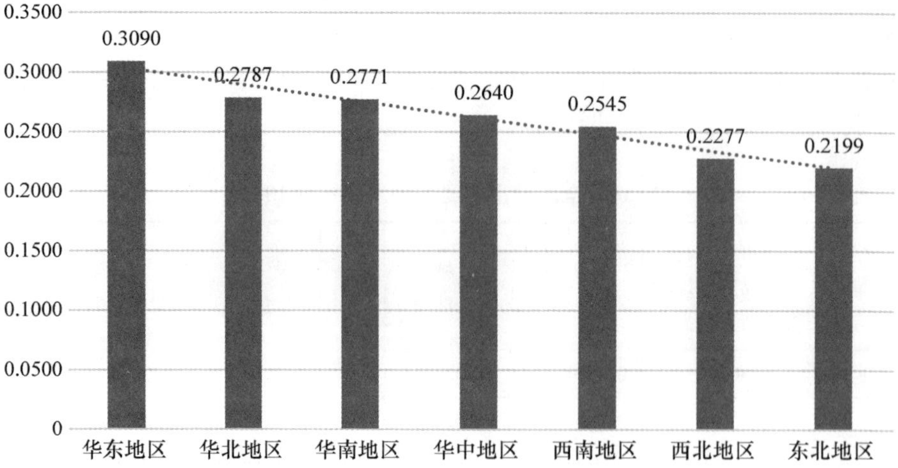

图6－1 城市宜居品牌发展水平区域均值

资料来源：笔者整理。

2. 整体上东西部地区差异明显，华北、华南地区内部存在两极化差异

由表6－2可以看出，我国城市宜居品牌发展在区域间存在较为明显的差异。华东地区在城市数量、宜居品牌发展指数均值方面均明显优于西北和东北地区。整体而言，华东、华北和华南地区的城市宜居品牌表现较好，并且优于全国平均水平。从区域内部的发展情况来看，先测量城市宜居品牌发展指数的标准差、变异系数、最大值和最小值，再进行比较，结果显示华南地区内部城市间的表现差异较大。其中，标准差为0.1019，为各个区域中的最大值，变异系数为0.3677，说明华南地区内部在宜居品牌发展方面呈现出一定程度的两极分化情况。相比较而言，东北、华东、西北、西南、华中地区城市宜居品牌发展指数的标准差和变异系数均较小，分别低于全国平均水平，可见这几个地区内部城市间的宜居品牌发展水平相对均衡。

表6－2 **各区域城市宜居品牌情况**

	城市数量	均值	标准差	变异系数	最大值	最小值
华北地区	33	0.2787	0.1006	0.3610	0.6730	0.1560

续表

	城市数量	均值	标准差	变异系数	最大值	最小值
东北地区	34	0.2199	0.0848	0.3856	0.4558	0.1217
华东地区	77	0.3090	0.0856	0.2770	0.6296	0.1811
华中地区	42	0.2640	0.0648	0.2455	0.4744	0.1567
华南地区	37	0.2771	0.1019	0.3677	0.5919	0.1544
西南地区	33	0.2545	0.0886	0.3481	0.5337	0.1519
西北地区	30	0.2277	0.0735	0.3228	0.4688	0.1375

资料来源：笔者整理。

二　数据聚焦分析

（一）城市宜居声望和城市活力提升明显，民生质量和生态环境普遍偏低

从排名前30城市的情况可以看出，在城市宜居品牌指标中，宜居声望和城市活力指标得分相对较高，民生质量和生态环境普遍偏低（见表6－3和表6－4）。

表6－3　**排名前30城市的城市宜居品牌发展指数情况**

	城市宜居品牌发展指数	排名	宜居声望	排名	城市活力	排名	民生质量	排名	生态环境	排名
北京	0.6730	1	0.9997	1	0.7944	1	0.3613	7	0.5365	1
上海	0.6296	2	0.9455	2	0.6767	3	0.3895	5	0.5068	2
深圳	0.5919	3	0.7632	6	0.5970	8	0.5367	1	0.4706	4
香港	0.5499	4	0.7537	8	0.7131	2	0.3981	4	0.3347	30
杭州	0.5373	5	0.8094	3	0.5958	9	0.3180	15	0.4259	7
重庆	0.5337	6	0.7731	5	0.6526	4	0.2248	152	0.4844	3
广州	0.5310	7	0.7858	4	0.5812	10	0.3030	21	0.4541	5
成都	0.5145	8	0.7625	7	0.5414	16	0.3366	9	0.4177	8
天津	0.5092	9	0.7080	11	0.6037	7	0.3343	10	0.3908	12
厦门	0.5001	10	0.6219	19	0.6177	6	0.3750	6	0.3857	13
南京	0.4925	11	0.7402	9	0.5412	17	0.2818	43	0.4070	9

续表

	城市宜居品牌发展指数	排名	宜居声望	排名	城市活力	排名	民生质量	排名	生态环境	排名
武汉	0.4744	12	0.7199	10	0.6330	5	0.2232	156	0.3213	38
苏州	0.4702	13	0.6523	14	0.5414	15	0.3188	13	0.3682	17
西安	0.4688	14	0.6857	12	0.5400	18	0.2686	62	0.3811	14
宁波	0.4674	15	0.6626	13	0.5188	20	0.2937	28	0.3944	10
沈阳	0.4558	16	0.6124	20	0.5599	13	0.3182	14	0.3328	32
长沙	0.4507	17	0.6243	18	0.5719	11	0.2664	64	0.3403	26
青岛	0.4422	18	0.6352	15	0.4875	24	0.2547	80	0.3914	11
郑州	0.4339	19	0.6024	21	0.5667	12	0.2452	96	0.3210	39
中山	0.4334	20	0.6294	16	0.4871	25	0.2736	55	0.3435	24
东莞	0.4282	21	0.5151	38	0.4126	40	0.4046	3	0.3806	15
昆明	0.4271	22	0.6264	17	0.4805	26	0.2497	89	0.3519	19
太原	0.4162	23	0.5098	40	0.3984	44	0.3094	16	0.4470	6
佛山	0.4159	24	0.5209	32	0.5567	14	0.2752	51	0.3106	45
大连	0.4144	25	0.5402	28	0.4575	28	0.2836	40	0.3762	16
合肥	0.4100	26	0.5579	26	0.5146	22	0.2323	128	0.3351	29
澳门	0.4065	27	0.5071	41	0.5058	23	0.4573	2	0.1559	274
无锡	0.4041	28	0.5110	39	0.4319	33	0.3432	8	0.3303	34
南昌	0.4040	29	0.5203	34	0.5200	19	0.2288	141	0.3468	23
济南	0.4038	30	0.5894	22	0.4699	27	0.2081	180	0.3480	21

资料来源：笔者整理。

表6－4　　　**全国和排名前30城市的城市宜居品牌发展指数均值**

	全国平均值	排名前30城市平均值
宜居声望	0.3189	0.6628
城市活力	0.2898	0.5523
民生质量	0.2268	0.3105
生态环境	0.2479	0.3797

资料来源：笔者整理。

在城市宜居品牌发展指数排名前30的城市中，宜居声望指标的表现相对较好，指数均值为0.6628。宜居声望主要包括美丽口碑、美食口碑、和谐城市以及生活品质等方面。这项指标表现好体现出城市建设以及城市综合口碑的重要性均得到广泛认可。

城市活力这一指标包括人才吸引力、创业活力、社交空间和城市活力口碑等方面。从全国范围来看，城市活力指数的均值为0.2898，高于民生质量指数和生态环境指数的均值，低于宜居声望均值。在城市宜居品牌发展指数排名前30的城市中，指数均值为0.5523，低于宜居声望指数均值，高于民生质量和生态环境指数均值。

从全国288个样本城市来看，生态环境指数平均值为0.2479。生态环境主要包括环境质量、生态保护、环境保护以及生态城市口碑四个方面，这项指标评分高反映出我国大部分城市已经将生态环境保护作为城市发展的核心要素。良好的生态环境是一座城市的最大优势和宝贵财富，是国际一流和谐宜居之都的重要标志，是经济高质量发展、市民高品质生活的内在要求。但是在排名前30的城市中，生态环境这一指标不占优势，位居倒数第2，均值为0.3797。

在排名前30的城市中，民生质量指数的分值差异较大。宜居品牌发展指数高的几个城市，其民生质量指数得分普遍偏低。民生质量评价指标主要包括教育文化、公共医疗、社会保障、居民消费水平、人居基础设施。可见，宜居品牌发展指数较高的大城市，其“城市病”所表现出的房价高、教育资源紧张、公共医疗供不应求等问题，直接影响了居民的生活质量。

（二）“一带一路”节点城市宜居品牌的表现

随着“一带一路”倡议的不断深入和扩大，“一带一路”沿线26个节点城市深度融入“一带一路”建设，锐意进取、勇于创新，不断推进宜居新环境的建设，联手开启了“建设全面体现新发展理念的国家中心城市”的新征程。“一带一路”包括“丝绸之路经济带”（“陆丝”）和“21世纪海上丝绸之路”（“海丝”），“陆丝”包括西安、兰州、西宁、重庆、成都、郑州、武汉、长沙、南昌、合肥10个节点城市，“海丝”则以上海、天津、宁波—舟山、广州、深圳、湛江、汕头、青岛、烟台、大连、福州、厦门、泉州、海口、三亚16个城市为节点。

这26个城市的宜居品牌发展指数平均得分为0.4258。其中，“陆丝”

的10个节点城市的宜居品牌发展指数均值为0.4344，“海丝”的16个节点城市的宜居品牌发展指数均值为0.4205。“一带一路”节点城市的宜居品牌发展指数均值不仅高于全国288个样本城市的平均值（0.2708），也高于最强区域——华东地区城市的宜居品牌发展指数均值（0.3090）。

表6-5 “陆丝”节点城市宜居品牌情况

	城市宜居品牌发展指数	排名	宜居声望	排名	城市活力	排名	民生质量	排名	生态环境	排名
重庆	0.5337	6	0.7731	5	0.6526	4	0.2248	152	0.4844	3
成都	0.5145	8	0.7625	7	0.5414	16	0.3366	9	0.4177	8
武汉	0.4744	12	0.7199	10	0.6330	5	0.2232	156	0.3213	38
西安	0.4688	14	0.6857	12	0.5400	18	0.2686	62	0.3811	14
长沙	0.4507	17	0.6243	18	0.5719	11	0.2664	64	0.3403	26
郑州	0.4339	19	0.6024	21	0.5667	12	0.2452	96	0.3210	39
合肥	0.4100	26	0.5579	26	0.5146	22	0.2323	128	0.3351	29
南昌	0.4040	29	0.5203	34	0.5200	19	0.2288	141	0.3468	23
兰州	0.3539	45	0.5385	29	0.4132	39	0.2420	105	0.2220	177
西宁	0.3001	79	0.4113	67	0.3239	84	0.1889	219	0.2763	75

资料来源：笔者整理。

表6-6 “海丝”节点城市宜居品牌情况

	城市宜居品牌发展指数	排名	宜居声望	排名	城市活力	排名	民生质量	排名	生态环境	排名
上海	0.6296	2	0.9455	2	0.6767	3	0.3895	5	0.5068	2
深圳	0.5919	3	0.7632	6	0.5970	8	0.5367	1	0.4706	4
广州	0.5310	7	0.7858	4	0.5812	10	0.3030	21	0.4541	5
天津	0.5092	9	0.7080	11	0.6037	7	0.3343	10	0.3908	12
厦门	0.5001	10	0.6219	19	0.6177	6	0.3750	6	0.3857	13
宁波	0.4674	15	0.6626	13	0.5188	20	0.2937	28	0.3944	10
青岛	0.4422	18	0.6352	15	0.4875	24	0.2547	80	0.3914	11
大连	0.4144	25	0.5402	28	0.4575	28	0.2836	40	0.3762	16

续表

	城市宜居品牌发展指数	排名	宜居声望	排名	城市活力	排名	民生质量	排名	生态环境	排名
福州	0.3999	31	0.5320	30	0.4327	32	0.2796	46	0.3553	18
泉州	0.3693	39	0.4383	61	0.4546	29	0.2741	54	0.3102	46
海口	0.3664	40	0.5068	42	0.3892	51	0.2306	137	0.3389	27
烟台	0.3489	47	0.4694	51	0.3772	56	0.2302	138	0.3187	40
三亚	0.3156	62	0.4572	56	0.3446	71	0.1575	259	0.3032	51
舟山	0.3033	73	0.4560	58	0.2486	171	0.2112	175	0.2974	55
汕头	0.2787	103	0.3138	124	0.2800	131	0.2309	134	0.2900	63
湛江	0.2601	131	0.3188	121	0.2741	138	0.2071	184	0.2403	139

资料来源：笔者整理。

对比“陆丝”和“海丝”节点城市的城市宜居品牌发展指数可以发现，“陆丝”节点城市宜居品牌的均值略高于“海丝”节点城市。10个“陆丝”节点城市中仅有2个城市（重庆和成都）的宜居品牌发展指数进入全国前10名。相比而言，“海丝”节点城市宜居品牌中强势品牌更多，5个城市跻身全国10强，分别是上海、深圳、厦门、广州和天津。“陆丝”节点城市的宜居声望、城市活力指标表现略优于“海丝”节点城市，“海丝”节点城市的民生质量和生态环境指标表现则明显优于“陆丝”节点城市。

表6－7　　　　**“一带一路”节点城市宜居品牌各项指标均值**

	城市宜居品牌发展指数	城市宜居声望	城市活力	民生质量	生态环境
“陆丝”节点城市	0.4344	0.6196	0.5277	0.2457	0.3446
“海丝”节点城市	0.4205	0.5722	0.4588	0.2870	0.3640

资料来源：笔者整理。

当前，打造“一带一路”重要节点城市是各个节点城市发展的重要历史机遇，但也是重大挑战。这有利于城市在旅游、教育、文化、购物、医疗等领域获得全方位的发展，也有利于城市的宜居建设，提升居民的幸福指数，增强城市宜居品牌的竞争力。同时，“一带一路”倡议是我国进一步融入和整合世界经济的一个主链条，“一带一路”节点城市必须以世界性的视野和国际化的标准加速提升城市的宜居度。从城市建设和管理水平入手，持续提高城市品质；从生态建设和环境保护入手，营造优美的城市环境；从民生保障和生活质量方面入手，提高居民福祉，发展城市的特色文化，形成城市的独特魅力，打造节点城市的国际品牌，增强节点城市的国际认同感，在“一带一路”建设进程中获得更多的发展机遇和更大的发展空间。

三 2020 年中国城市宜居品牌发展指数 10 强点评

（一）北京

北京是国家首都，是我国的政治中心、经济中心、文化中心，具有国际影响力。北京被全球最权威的世界城市研究机构之一的 GaWC 评为世界一线城市，联合国报告也指出，北京的人类发展指数居中国城市第 2 位，近年来致力于打造国际一流的和谐宜居之都。

在 2020 年城市宜居品牌发展指数测算中，北京得分为 0.6730，其中，宜居声望位居所有城市中的第 1 位，城市活力位居所有城市中的第 1 位，生态环境位居所有城市中的第 1 位，民生质量位居所有城市中的第 7 位。相比较往年，北京的宜居声望和城市活力得分较高，主要是由于北京作为首都城市，其社会建设各个方面能得到更多的关注，吸引更多的人才。北京在民生质量及生态环境两个方面已经取得了显著的进步。这得益于北京改变单中心集聚的发展模式的城市空间改造及民生建设方面的大力投入。2020 年北京疏解非首都功能取得了显著成效，尤其在生态环境方面，北京一直以资源环境承载力为硬约束，确定人口总量上限，划定生态红线和城市开发边界。对大气污染、交通拥堵等突出问题进行系统分析、综合施策，使得城市治理不断优化，城市宜居性不断提升。

（二）香港

香港是国际和亚太区重要的金融、航运枢纽和最具竞争力的城市之一，有“东方之珠”“美食天堂”“购物天堂”之称。香港同时也是世界上人口密度最高的地区之一，人均寿命全球第一。

从国内范围来看，在 2020 年城市宜居品牌发展指数的测算中，香港得分为0.5499，位居第4名。在城市活力方面表现颇佳，得分为0.7131，排名在第2位。香港近年来通过加强对外联系、巩固优势产业、发展新兴产业、改善营商环境、提升市民生活质素等措施，积极推动经济发展，使香港成为更宜居城市。

（三）上海

上海是国家中心城市、超大城市，中国的经济、交通、科技、工业、金融、贸易、会展中心城市和首批沿海开放城市，被全球最权威的世界城市研究机构之一的GaWC评为世界一级城市。上海是全球著名的金融中心，是全球人口规模和面积最大的都会区之一。

在2020年城市宜居品牌发展指数测算中，上海得分为0.6296，位列第2。其中，上海在生态环境（位列第2位）、宜居声望（位列第2位）和城市活力（位列第3位）方面表现都很突出，这主要得益于上海领先的社会保障体系及相关公共服务，同时也得益于上海良好的国际国内口碑。此外，在生态环境方面，上海近年来十分重视生态文明建设，2018年印发了《上海市2018—2020年环境保护和建设三年行动计划》，上海的生态环境在强有力的政策支持推动下，取得了显著成效。由于上海生活成本较高，在民生质量方面仅位列第5。

（四）深圳

深圳是中国改革开放建立的第一个经济特区，是中国改革开放的窗口，已发展成为有一定影响力的国际化城市。深圳享有“设计之都”“钢琴之城”“创客之城”等美誉，宜居声望一向颇佳。

在2020年城市宜居品牌发展指数测算中，深圳得分为0.5919，位列第3。其中，民生质量位列第1，生态环境位列第4，宜居声望位列第6，城市活力位列第8。

作为中国改革开放的门户城市，深圳从一个边陲小镇崛起为经济繁荣、社会和谐、功能完备、环境优美的国际化大都市，可以说是改革开放的排头兵、先行地和实验区。通过不断探索，实现了由改革开放试验田到创新驱动引领者的转变，深圳被称为世界城市发展奇迹。从奇迹到美好之间的桥梁，就是深圳人在创造奇迹的过程中迅速意识到，城市发展的更高阶形态以及城市存在的更深层意义：如何让人生活得更美好。深圳为了吸引高端人才的集聚，不断提升人居软环境，提升城市对人才的黏性，发挥自身宜居品牌的作用。

（五）杭州

杭州人文古迹众多，素有“鱼米之乡”“人间天堂”等美誉。同时，杭州也是我国重要的电子商务中心，是国家推行科技创新和“互联网+”转型升级的重要试点城市之一。凭借着2016年主办G20峰会，杭州在国内甚至国际社会的城市知名度不断提高，城市品牌的口碑传播效应不断强化。

在2020年城市宜居品牌发展指数测算中，杭州得分为0.5373，位列第5。其中，杭州的宜居声望在所有城市中位列第3，这说明杭州的宜居品牌形象已深入人心，体现了杭州作为“人间天堂”的城市宜居形象。这一方面得益于杭州宜人的气候和风光。杭州的城市活力水平位列全国第9，较2019年提升了两位。此外，杭州的民生质量和生态环境分别位列第15和第7。近些年来杭州的空气污染以及生活成本和房价的升高，对民生质量造成了一定的负面影响。

（六）厦门

厦门是东南沿海重要的中心城市，2018年被重新确认为国家卫生城市（区），并拥有具有“海上花园”之称的鼓浪屿，与漳州、泉州并称厦漳泉闽南金三角经济区。

在2020年城市宜居品牌发展指数测算中，厦门得分为0.5001，位列第10，较2019年的排名下降了4个位次。其中，宜居声望得分为0.6219，位列第19。城市活力和民生质量均排第6位，表现优异，生态环境位居第13位。综合来看，厦门具有较好的生态环境和城市活力，这主要得益于厦门作为我国著名的旅游城市，其环境怡人、污染程度低且环境保护措施较为完善，极大提升了城市宜居环境的品质。海陆空交通发达，教育与医疗条件良好，是厦门吸引人才定居的硬环境优势。然而厦门经济体量整体规模较小，但物价工资比却较高，又让很多年轻人望而却步。在人才竞争白热化的当下，厦门如何在新一轮的竞争中拉长补短将成为城市下一轮经济发展的关键。

（七）广州

广州是国家沿海首批开放城市，也是中国通往世界的南大门，临近香港、澳门，从东汉时期就成为海上丝绸之路的主港，是历史文化名城，也是世界上唯一的两千多年长盛不衰的大港之城。

2020 年，广州的城市宜居品牌发展指数得分为 0. 5310，位居全国第 7。其中，宜居声望高居第 4 位，生态环境位列第 5 名。城市活力和民生质量排名略靠后，分别为第 10 名和第 21 名。在城市品牌形象整合营销的新时代，广州充分发挥积累已久的传统媒体优势，同时以超前的意识运用各个新媒体传播路径。尤其是 2020 年举办的“广州红 幸福城”城市形象宣传活动，积极探索运用短视频等新兴媒介，开展“线上 + 线下”城市多渠道宣传活动，全年活动通过多种潮流方式，以年轻态营销升级城市特色。但在生活质量方面，广州还有很大的进步空间，这主要是由于在人口密度、房价、拥堵等方面都存在一些问题，需要从城市建设和治理方面加以改进。

（八）成都

优美的城市环境、创新进取的经济活力、从容休闲的生活方式、古雅和时尚交融的文化氛围，令成都成为一个“来了就不想走的城市”。成都也是中国内陆唯一一个具有“天府之国”和“休闲之都”口碑的城市。

在 2020 年城市宜居品牌发展指数测算中，成都得分为 0. 5145，位列全国第 8。其中，宜居声望位列第 7，生态环境位列第 8，体现出成都“休闲之都”的城市品牌效应。由于成都休闲、美食等一系列宜居要素被广泛认可，其宜居口碑也得到广泛的传播。此外，成都的城市建设、基础设施等方面也日趋完善，加之生活成本较低，因而在民生质量方面表现强劲（排名第 9）。但成都在城市活力方面，排名全国第 16 位，跟往年相比有较大提升，但城市活力口碑的表现却与便利的设施以及日益壮大的创新创业活力颇不相称。未来应该在创新和活力城市的形象认知方面进一步扩大宣传。

（九）天津

天津是国家中心城市、超大城市，是环渤海地区的经济中心，素有

“九河下梢”“河海要冲”之称。在2020年城市宜居品牌发展指数测算中，天津得分为0.5092，位列全国第9。其中，城市活力排名第7位，宜居声望排名第11位。随着天津自贸区的深入推进，天津不断推出创新举措，包括金融、税收、贸易投资、人才激励等政策，有效激发了市场主体活力，这种激励效应大大提高了天津的人才吸引力。天津在民生质量和生态环境方面表现相较于往年有很大提升，分别位居第10和第12。在生态环境方面相较于2019年上升了6个位次，这得益于近年来天津在雾霾治理和环境整治方面工作的有效开展与严格落实。

（十）重庆

重庆是中国的四个直辖市之一，地处中国西南地区，又称山城、雾都。在2020年城市宜居品牌发展指数测算中，重庆得分为0.5337，位列全国第6。其中，生态环境指标表现突出，位列全国第3，在过去的一年里，重庆环境质量持续改善，生态优先、绿色发展成为重庆发展“主旋律”。在城市活力及宜居声望方面，重庆分别位列第4、第5。而民生质量排名比较落后，位于第152名，可见未来在生活便利设施、公共服务及市民幸福感方面需进一步提升。

四　中国城市宜居品牌发展的问题与挑战

（一）城市宜居品牌发展水平整体偏低，高端宜居品牌寥寥无几

从整体来看，中国城市整体宜居品牌发展水平偏低，大多数城市宜居性的品牌效应较弱，城市宜居品牌发展指数平均值仅为0.2708，中位数为0.2509，且相较于2019年城市宜居品牌发展指数（0.301）有所下降。在全国288个样本城市中，209个城市宜居品牌指数低于0.3，较2019年城市宜居品牌指数低于0.3的城市又多出32个；49个城市品牌指数位于0.3—0.4；8个城市的宜居品牌指数位于0.5—0.6；仅北京和上海的宜居品牌指数高于0.6。其中，北京的民生质量位居全国第7名。在其他宜居品牌指数得分较高的城市中也存在发展不均衡的问题。

（二）民生质量和生态环境成为城市宜居品牌建设短板

从2020年城市宜居品牌各分项指标的数值可以看出，民生质量和生

态环境成为影响大部分城市宜居品牌发展的主要因素。城市宜居品牌评价中民生质量可谓是重中之重，具体包括教育文化、公共医疗、社会保障、居民消费水平和基础设施建设等方面，社会民生事业发展关乎民生、连接民心，是一个城市品质和温度的重要标志。高质量推进社会民生事业发展，对于提高中心城市的宜居品牌、更好地服务新时代经济高质量发展具有重要意义。较低的民生质量不仅不利于人才流入，还对本地居民的生活产生负面影响。

另外，城市生态环境不佳严重影响了城市宜居品牌建设。近年来，随着城市化以及工业化的高速发展，城市居民的整体生活水平和质量有了显著的提高。但是中国城市生态与环境形势日益严峻，污染负荷已经突破了生态与环境承载能力的极限，一系列环境污染问题（如空气污染、水污染等）层出不穷，导致生态环境成为制约城市宜居性的重要因素。城市生态环境问题已成为市民评价城市是否宜居的核心指标之一。城市的宜居性要在城市经济发展以及生态环境中找到平衡，决不能以牺牲生态环境为代价片面追求经济的增长速度，走好保护生态与经济发展的双赢之路，才是建设宜居城市的关键。

（三）部分地级市的宜居品牌效应凸显

与我国城市宜居品牌指数整体下滑态势形成对照的是部分地级市的宜居品牌指数明显上升。其中，长沙、中山、苏州、郑州、南昌、佛山、东莞、昆明和太原等城市的宜居品牌指数得分显著上升，表明部分城市在绿色发展乃至以人民为中心的发展方式转型方面，走在了全国城市的前列。

（四）宜居品牌发展区域间差异大，区域内部宜居要素发展不平衡

通过对我国七大区域的城市宜居品牌发展指数进行比较，可以发现各区域间存在明显的差异，区域间宜居品牌指数从东部沿海地区向北部、西部地区递减幅度不断加大。客观而言，区域发展不平衡是中国的基本国情，无论是经济发展水平、人口结构和密度、居民收入、基础设施，还是卫生、医疗、教育等方面，均存在东强西弱的区域不平衡特点。但是，党的十九大以来，中国政府进一步加大实施区域协调发展战略的力度，不同区域间以及区域内部不同地区间推进实施。例如，京津冀协同发展的目的是发挥北京的辐射带动作用，这在一定程度上推动北京的宜居品牌在京津

冀区域内呈现出一定的外溢作用，使得区域内部的宜居品牌效应得到进一步提升。

五 推进中国城市宜居品牌发展的建议

（一）坚持因地制宜的城市规划与设计

宜居城市的建设离不开科学合理的城市规划与设计，选择和制定符合宜居城市内在属性要求的可持续发展战略，是促进宜居城市发展的关键手段和环节，是实现宜居城市的基础和前提。宜居城市战略规划的制定和城市的设计应具备前瞻性、整体性和地域性的特征，还要着眼于未来，着眼于发展和变化的客观现实，特别是城市基础设施的供应能力要适当超前，不断完善城市载体功能，以适应经济社会发展的需要以及市民对美好生活的需要；要树立以城市环境生态化、城市文化特色化、公益设施便捷化、城市空间人性化为主要目标的城市现代化建设更新理念，统筹兼顾市区、郊区、城乡接合部、农村的时空关系，实现城乡一体化发展。因此，在制定总体规划、详细规划和专业规划等规划体系的同时，应制定和完善城市的宜居建设规划，包括总体规划、居民重点活动区域的城市建设、生态环境、市政公用设施等专业规划，以及与建设宜居城市密切相关的规划设计体系，切实做到层层落实规划战略愿景。

（二）以人为本，打造“人民城市”

习近平总书记在上海考察调研时强调“人民城市为人民”，在城市建设中，一定要贯彻以人民为中心的发展思想，合理安排生产、生活、生态空间，努力扩大公共空间，让老百姓有休闲、健身、娱乐的地方，让城市成为老百姓宜业宜居的乐园。践行“人本”理念，建设“人民城市”。在社会经济快速发展、城市规模持续扩大的当下，随之而来的“大城市病”等发展问题也成为人们日益关注的焦点、瞩目的重点。由此，把“人本”价值作为推动城市发展的核心取向，作为改进城市民生服务的重要标尺，作为检验城市各项工作成效的根本标准，贯穿城市规划、建设、管理和生产、生活、生态各环节各方面，使之成为“为人民谋幸福、让生活更美好”的根本理念。

（三）注重生态环境体系建设，创建绿色宜居城市

党的十九大报告提出，“生态文明建设功在当代、利在千秋”。建设生态宜居城市是一项系统工程，更是我国各级政府的核心责任。加强生态环境体系建设，创建绿色的宜居城市，要在理念、规划、建设和监管等方面全面推进。在理念上，要强化民生环保意识，以科学的方式推进低碳经济和循环经济发展，强调资源利用的合理性，净化城市空气，实现人文环境与自然环境的和谐发展。在规划上，要通过出台相关支持政策，引导城市规划建设向生态宜居的方向发展。在建设上，要建立循环经济发展模式，大力发展低污染、低能耗、高附加值的高新技术产业，不断优化城市的产业结构。在监管上，要加大环境执法力度，对严重的环境违法案件，要坚决查处、严肃问责。在整体上，要实现生产、生活、生态三大布局的统筹，即构筑高效集约的生产空间、宜居适度的生活空间、山清水秀的生态空间。

（四）发挥城市特色资源，打造城市宜居品牌

各地区应该结合自身优势，发挥宜居城市特色功能，利用城市特色资源，树立宜居城市特色品牌形象。城市宜居的要素主要包括宜居声望、社会治理、生活质量、生态环境等诸多方面，应根据自身拥有的优势形成自己独特的城市品牌定位，并依据品牌的定位做好整体的城市规划，取长补短，提升城市宜居品牌的建设能力。中小城市应该在人口密度适中、环境良好、房价不高、交通通畅等优势的基础上，加大产业转型力度、提升城市活力，打造宜居宜业并举的城市新形象。大城市、特大城市和超大城市则更应强调优质的基础设施与公共服务、多样化的城市文化以及城市现代化和国际化的功能与魅力，建设宜居城市形象。

第七章　中国城市品牌传播发展指数报告（2020）

何春晖　郭世瑾　王天舜*

城市是人类文明诞生的标志，也是孕育品牌的土壤。作为城市发展最稀缺的核心资源，城市品牌是城市之间竞争的制高点，也是城市经济发展的利器。作为城市价值的延伸，城市品牌犹如城市的独特烙印，终会在城市传播的过程中形成不可忽视的张力。因此，助力城市价值“走出去”的城市品牌传播行为已然成为城市品牌发展的关键一环。随着媒介融合和城市化进程的深入，城市品牌传播的生态链经历剧烈变革，城市品牌传播也面临前所未有的变化和机遇。

本书中的中国城市品牌传播发展指数主要根据城市知名度、城市关注度、媒体营销传播和政务新媒体传播 4 个二级指标进行评测。其中，城市知名度是指城市被国内外公众知晓、了解的广度和深度，是评价城市名气大小的客观尺度，代表着基础的城市品牌识别程度，是城市品牌传播发展的首要指标。其次，城市关注度是社会公众经过认知层面上升到行为层面的一个重要参数，是城市在社会各群体中“热度”的体现。再次，媒体营销传播是基于传统媒体和新媒体平台对城市传播水平进行的测度，是城市品牌信息丰富性、渠道多元性和传播强效性的叠加。最后，城市的品牌形象必然与政府服务密不可分，政务新媒体建设对于公众提高城市满意度和信任度至关重要，政务新媒体的传播力、服务力和互动力也构成了衡量城市品牌传播水平的重要因素。

---

* 何春晖，浙江大学传媒与国际文化学院策略传播系主任；郭世瑾、王天舜，浙江大学新闻传播专业 2020 级硕士研究生。

一　总体发展态势

（一）总体发展特征

1. 城市品牌传播的整体水平小幅回落，对城市品牌发展仍起贡献作用

2020 年，中国城市品牌传播发展指数均值为 0.384，相较于 2019 年的均值（0.392）下降了 2%，依旧高于城市品牌发展总指数均值（0.295）。城市品牌传播的整体水平略微回落，但基本保持稳定，对城市品牌总体发展仍起到支持作用（见图 7－1）。城市品牌传播发展指数排名前 20 的城市的平均值为 0.710，较 2019 年（0.740）下降了约 0.03；后 20 名城市品牌传播指数平均值为 0.191，较 2019 年（0.173）上升了约 0.018，尾部城市的品牌传播水平有所提升。在 288 个样本城市中，有 118 个城市位于全国城市品牌传播指数平均值之上，比例为 41%，与 2019 年的 43% 相比略有下降。受到 2020 年新冠肺炎疫情的影响，全国城市品牌传播的整体水平小幅回落。

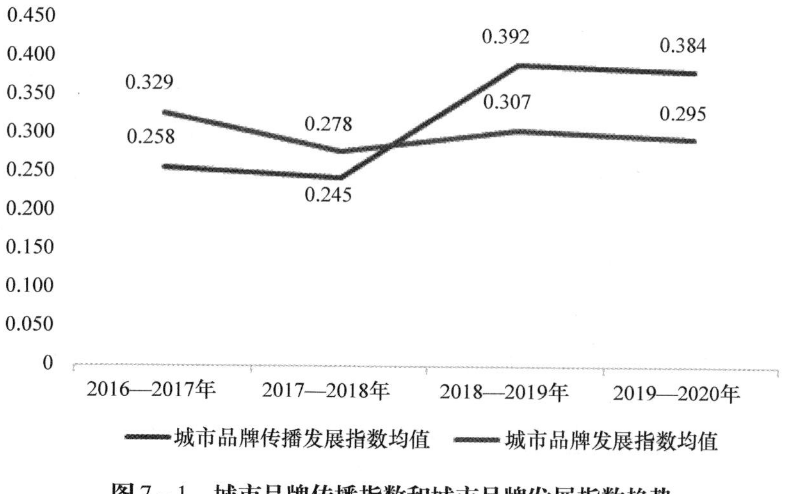

图 7－1　城市品牌传播指数和城市品牌发展指数趋势

资料来源：2016—2020 年的《中国城市营销发展报告》。

2. 城市品牌传播发展不均衡，但两极分化现象有所改善

目前，我国前 20 名城市品牌传播指数均值（0.710）与后 20 名城市

品牌传播指数均值（0.191）的差距较2019年有所下降，但城市品牌传播发展水平不均衡现象仍较突出。0.7分以上的头部城市为11个，占比达3%；0.3分以下的尾部城市则有77个，占比达26.7%，为头部城市数量的7倍，末端基数较大。其中，尾部城市的城市品牌传播指数虽然比往年有所进步，但与平均水平相比仍有较大差距，两极分化现象的改善与尾部城市品牌传播水平的提升呈正相关。我国城市品牌传播指数中段走势相对平稳且温和，在0.3—0.5区间集中了166个城市，占比为57.6%，达到半数以上，我国城市品牌传播水平的提升有赖于这些第二梯次城市传播能力的整体加强。

综上所述，现阶段我国拥有较高品牌价值和传播能力的城市仍占少数。城市品牌传播的两极分化现象虽然有所改善，但仍是提高我国城市品牌传播整体水平亟待解决的突出难题，城市品牌传播任重道远。

3. 前三甲中成都表现亮眼，政务新媒体持续助力城市品牌传播

在2020年的中国城市品牌传播指数评估中，北京再次拔得头筹，城市品牌传播指数为0.860，持续领跑中国城市品牌传播发展；成都脱颖而出，超越上海跻身次席，得分为0.823，较2019年跃升1个名次，与北京仅相差0.037分，相比于2019年0.102分的差距大有赶追之势；上海排名第三，得分为0.811，较2019年下降1个名次。从三个城市品牌传播指数具体分值来看，今年三甲城市的差距进一步缩小，虽然排名出现较大变动，但第一梯队城市品牌传播水平仍旧保持较高水准。

从城市品牌传播指数具体指标来看（见图7-2），北京充分发挥首都优势，依托首都城市影响力、雄厚的经济实力、丰富的文化传播资源等，在城市知名度（0.998）、城市关注度（0.884）和媒体营销传播（1.000）三项指标上均高居全国前列，其中媒体营销传播更是达到满分。上海作为开放包容、经济高度发达的国际大都市，各项指标紧追北京，其中城市关注度（0.890）略高于北京（0.884）。然而在政务新媒体传播方面，北京和上海的总体排名均有大幅度跌落，北京从2019年的第6名下跌至第26名，上海从2019年的第4名下跌至第34名，这其中暴露出一定的问题。

成都在城市知名度、城市关注度和媒体营销传播的三项指标中均落后于北京和上海，但其凭借满分的政务新媒体传播指数跃升全国第二，由此可见，政务新媒体传播的突出表现是成都城市品牌传播水平提升和三甲城市差距缩小的主要原因。近年来，成都重视运用政务新媒体进行政务公

开、舆情回应和政务服务等工作，在政务新媒体发展上持续领跑全国，常年位于全国第一梯队。

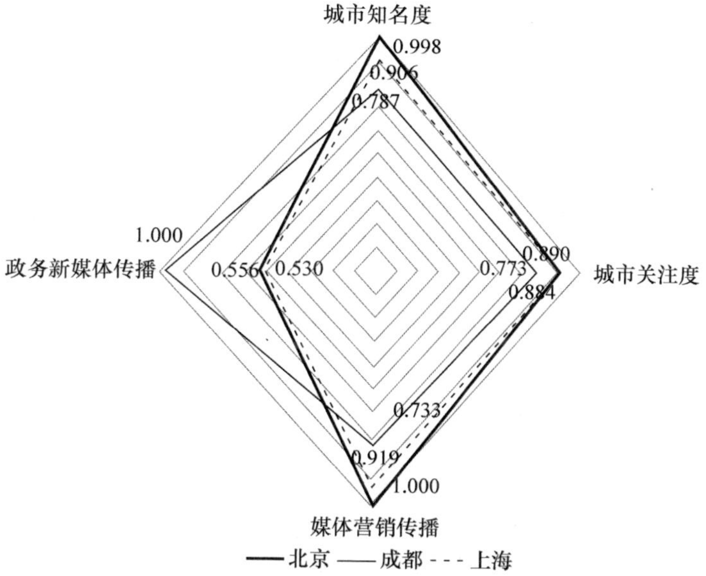

图 7－2　2020 年城市品牌传播发展指数前三甲

资料来源：笔者整理。

从表 7－1 可知，在城市品牌传播发展指数 20 强中，苏州、昆明和沈阳上升势头强劲，苏州位列第 13，较 2019 年上升 14 个名次；昆明和沈阳分别排名第 15 和第 19，较 2019 年分别上升了 7 个和 5 个名次，挺进 20 强行列。分析城市品牌传播具体指标发现，这三个城市的政务新媒体传播指数明显高于排名其后的城市。在其余指标稳定的情况下，政务新媒体传播功不可没。而名次较往年有较大下滑的香港和天津，虽在城市知名度和关注度上占据优势，但在政务新媒体传播方面存在显著短板，其中香港排名第 137 位，天津排名第 115 位。近年来，随着社会信息化程度的不断升高，利用“互联网＋”思维促进政务服务改革已成各城市发展的必然趋势。面对 2020 年新冠肺炎疫情，“互联网＋政务服务”有力助推疫情后复工复产，国家政务服务平台陆续推出“小微企业和个体工商户服务专栏”和疫情防控、复工复产、就业服务等 15 个服务专题，同时建设“防疫健康信息码”，汇聚并支撑各地共享“健康码”数据 6.23 亿条，累计服务6亿人次，成为此次大数据支撑疫情防控的重要创新。与此同时，全国各市的政务新媒体通过制作抗疫视频、有序举办新闻发布会、集中采访等活动形式，促进政府与民众的亲切互动，更为抗疫凝聚了正能量，在疫情防控与宣传中发挥重要作用，进一步营造了城市传播的良好形象。凝聚人心是打响这场战争的精神力量，公开透明则是最好的社会稳定剂。蓬勃发展的政务新媒体以其丰富的传播手段、亲民的互动方式，切实提升了信息发布、解读政策、办事服务的整体水平，为政府向民众传递良好城市形象打开通道。

表7－1　　**2020年城市品牌传播指数20强城市得分及排名**

	2020年传播指数	2020年排名	2019年排名	排名变动
北京	0.860	1	1	—
成都	0.823	2	3	↑1
上海	0.811	3	2	↓1
深圳	0.790	4	7	↑3
南京	0.780	5	4	↓1
广州	0.775	6	8	↑2
杭州	0.754	7	6	↓1
香港	0.745	8	5	↓3
西安	0.724	9	12	↑3
武汉	0.719	10	10	—
青岛	0.708	11	11	—
宁波	0.658	12	14	↑2
苏州	0.653	13	27	↑14
重庆	0.652	14	13	↓1
昆明	0.633	15	22	↑7
郑州	0.629	16	15	↓1
天津	0.629	17	9	↓8
济南	0.628	18	16	↓2
沈阳	0.618	19	24	↑5
大连	0.860	20	21	↑1

资料来源：笔者整理。

在城市品牌发展进程中，各市政府应继续结合新技术新应用，尤其是注重利用大数据技术积极探索新型公众参与方式，创新政务发布形式，进一步提升政务新媒体的传播力、服务力和互动力，为城市品牌传播搭建阶梯。

4. 城市品牌传播水平区域不平衡，华东、西南地区领先，东北、西北地区相对较弱

从区域划分来看，在2020年中国城市品牌传播发展指数区域排名中，华东地区摘得桂冠，平均指数为0.420（见表7－2），其余六个区域依次为西南、华北、华中、华南、西北和东北地区，西南地区首次超越华北地区，位居第2。在各区域城市品牌传播发展指数中，只有华东和西南两个地区的平均值高于全国平均值，其余五个地区的平均值均低于全国平均值，马太效应较为明显，地区显著不平衡，主要依靠华东、西南两个地区带动。由图7－3可知，城市品牌传播的强势城市主要聚集在长三角城市群、珠三角城市群、京津冀城市群和成渝城市群，集聚效应显著，印证区域不平衡的观点。

表7－2　**2020年城市品牌传播发展指数区域分析**

	均值	前20位城市入选数	最大值		
			城市	指数	全国排名
华东地区	0.420	7	上海	0.811	3
西南地区	0.414	3	成都	0.823	2
华北地区	0.388	2	北京	0.860	1
华中地区	0.388	2	武汉	0.720	12
华南地区	0.386	2	深圳	0.790	4
西北地区	0.373	1	西安	0.724	9
东北地区	0.361	1	沈阳	0.618	19

资料来源：中国城市品牌传播发展指数（CBDI）。

从具体情况来看，华东地区在城市品牌传播中拔得头筹，主要是因为该区域集中了较多优秀的城市。其中进入20强的城市华东地区占据7席，分别为上海、南京、杭州、苏州、宁波、青岛、厦门，可以看出其排名靠前的城市都是经济高度发达、地区开放度较高的城市。西南地区均值大幅提升，首次在七大区域中位居第2，但是仅有成都、重庆、昆明三个城市

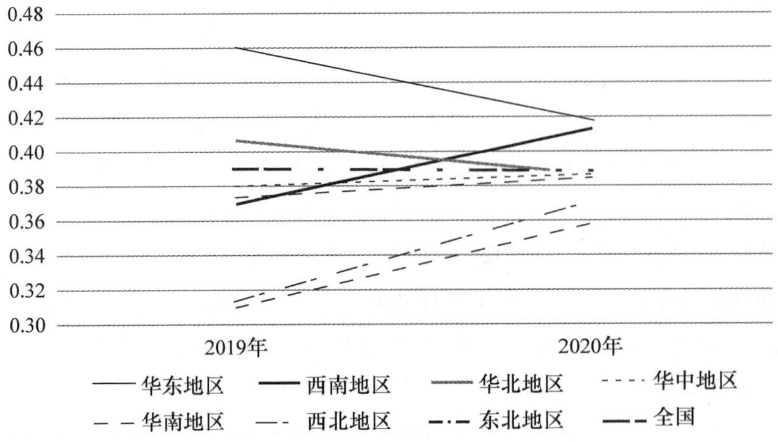

图7－3　2020年区域城市品牌传播发展指数变化趋势

资料来源：中国城市品牌传播发展指数（CBDI）。

入选20强。这说明虽然在西南地区城市品牌传播中突出的城市相对较少，但是区域整体传播水平较高。华北、华中和华南地区表现相似，均有2个城市跻身20强，华北地区为北京和天津，华中地区为武汉和郑州，华南地区则以深圳和广州为代表。西北和东北地区相对落后，西北地区仅有西安入选全国前20名，东北地区则只有沈阳入列。

（二）区域发展特征

总体而言，城市品牌传播水平由东部沿海向内陆递减，华东、华北地区优势明显，西北、东北地区较为落后，但七大区域整体传播水平仍需提高，内部发展不均衡，普遍呈现一定程度的两极分化。

表7－3　**2020年城市品牌传播发展指数区域均值比较分析**　（单位：%）

	样本数	高于全国平均值城市数		高于区域平均值城市数	
		个数	占比	个数	占比
华东地区	77	46	59.7	35	45.5
华北地区	33	14	42.4	14	42.4
华中地区	42	13	31.0	15	35.7
华南地区	37	15	40.5	15	40.5

续表

	样本数	高于全国平均值城市数		高于区域平均值城市数	
		个数	占比	个数	占比
西南地区	33	10	30.3	6	18.2
西北地区	30	9	30.0	13	43.3
东北地区	34	6	17.6	6	17.6

资料来源：中国城市品牌传播发展指数（CBDI）。

1. 华东地区：区域指数得分持续位列第一，是现代化城市品牌传播的标杆

华东地区依旧是七大区域中入选城市最多的地区，在77个城市中传播指数高于全国均值的达到59.7%，是唯一半数得分超过全国均值的地区，相较2019年又有了一些进步。华东地区集合了江苏省、山东省和浙江省等经济强省，拥有上海、南京、杭州、青岛、宁波等综合实力强劲的城市，雄厚的经济基础和深厚的文化积淀使华东地区成为我国品牌传播综合实力最强的地区。

2. 华北地区：北京继续占据第一，区域整体传播水平有所回落

华北地区共有33个城市进入统计样本，区域均值（0.388）与全国均值（0.39）较为接近，同时高于全国均值与区域均值的城市数都为14个，占入选样本数的42.4%。华北地区的区域排名从2019年的第2回落至第3，区域整体传播水平未出现较大变动。地处京畿地区的北京和天津遥遥领先，是带动区域均值的主力，其中北京持续占据全国城市品牌传播指数第一的位置，这显然也与北京作为首都的文化底蕴有关，两个省会——石家庄、太原稍逊一筹，其余城市均为0.2—0.5，中后段城市需加大传播力度，尤其是政务新媒体指数明显低于其他指标。

3. 华中地区：整体指数较为均衡，需注重提升整体水平和差异化程度

华中地区共有42个城市进入统计样本，其中有13个城市高于全国平均值，占比为31.0%，15个城市高于区域均值，占比为35.7%，整体上低于华南地区。武汉和郑州进入全国前20，整体传播水平较为均衡，但可以看出重点城市排名均不靠前，甚至落后于成都、重庆等城市，反映出华中地区城市品牌识别度不高的缺点，需要结合城市特点着重宣传有潜力

的城市，继续提升整体城市品牌传播水平。

4. 华南地区：深圳、广州成绩亮眼，省域差距需弥补

在华南地区的37个入选样本中，有15个城市达到全国和区域均值以上，占比为40.5%。深圳超越广州成为华南地区品牌传播指数最高的城市，在全国排名第4。作为改革开放最先发展起来的地区，华南地区的城市知名度和关注度均位居七大区域之首，在城市传播中占有基础优势，但媒体营销传播和政务新媒体传播水平不够理想。值得注意的是，排名较靠前的城市均位于较发达的广东省，与另两省的差距较大，期待广东发挥龙头效应，提升区域整体的品牌传播水平。

5. 西南地区：成都、重庆、昆明领衔，整体排名不俗

西南地区排名超越华北地区，重回第二名，离不开两大重要城市重庆和成都在品牌传播上的优秀表现，其中成都的政务新媒体指数趋近满分，展示了成都打造城市文化品牌的决心和努力。与此同时，昆明也成为新晋的20强城市之一，说明西南地区在城市品牌的推广上取得了卓越的成效。然而西南地区超过全国均值的城市仅占区域总样本数的30.3%，超过区域均值的也仅有18.2%，在七个区域中呈现严重的两极分化，且尾部基数较大，城市知名度与媒体营销传播是其主要短板，总体传播水平尚待提升。

6. 西北地区：区域内部差异小，头部城市水平期待提升

西北地区共有9个城市传播指数高于全国均值，占区域30个入选样本数的30.0%，其中13个城市高于区域均值，比例为43.3%，仅次于华东地区。这说明西北地区虽然整体传播水平普遍偏低，但内部差距较小。在西北地区的几个省会中，除了西安在城市知名度和媒体营销传播上独领风骚，打造了大量的“网红打卡点”和城市传播话题外，其余城市传播意识和传播效果的发展都比较滞后，期待能够有所提升。

7. 东北地区：龙头城市有升有降，整体水平亟待提高

在东北地区入选的34个样本城市中，高于全国平均值的仅有6个，占区域样本数的17.6%；高于区域平均值的也仅为6个，较2019年继续下滑。东北地区在七大区域中均处于末位，入选全国前20名的沈阳和大连排名也较为靠后（分别为第19名和第20名），2019年占据区域第一的哈尔滨更是掉出前20名，可以说辽宁省两大城市在品牌传播上有长足进步，但区域整体水平仍不高。在城市文化上东北地区并不缺乏丰富的故事

和样本，怎样把丰厚的城市底蕴转化为现代化城市发展中可以吸引人的传播点，让若干个特色老城市焕发新的生机是需要重点关注的部分。

二　数据聚焦发现

新媒体的强势兴起带来了传播方式日新月异的变革，互联网平台的蓬勃发展使越来越多的人参与到网络社交生活中，社会化媒体平台和新媒体日益成为构建城市品牌的重要介质和必要工具。尤其是短视频为城市文化的传播提供了平台，成为越来越多的城市进行品牌传播不可或缺的选择。表7－4显示，城市媒体营销传播指数的平均值相对2019年有了显著的提高，然而受新冠肺炎疫情冲击，城市知名度、关注度、政务新媒体传播指数略有下降。从整体来看，四项二级指标今年的指数平均值都稳定在0.35—0.4，分项平均值间差距较小，保持了一个均衡的状态。可见城市品牌传播虽然受到大环境的冲击，但基本实现了全方位发展。

表7－4　**城市品牌传播发展指数平均值**

	城市知名度	城市关注度	媒体营销传播	政务新媒体传播
2019年平均值	0.396	0.447	0.333	0.391
2020年平均值	0.394	0.4	0.372	0.368

资料来源：中国城市品牌传播发展指数（CBDI）。

（一）媒体营销传播指数稳中有进，成为唯一上升的分项指标

城市媒体营销传播指数的平均值为0.372（见表7－4），相对2019年有所提升。

本书中的媒体营销传播指数主要是从纸媒传播和互联网传播两方面来评估，纸媒传播主要参考城市名纸媒报道发文量，互联网传播主要参考城市名全网数据量。近年来，互联网移动通信技术蓬勃发展，数字存储技术使网络传输内容日益丰富，涵盖文字、图片、声音、影像等，全面强大的媒介融合能力使城市传播方式更立体，传播效果也更为显著。作为城市品牌生态中的有机组成部分，媒体在城市传播中的地位日渐提升。随着媒介融合进程不断加速，互联网作为强大的新兴媒体势力，不断融合各类媒体，传统权威媒体也通过革新发挥其固有优势，改变了城市品牌媒体营销

传播的原有框架，媒体营销传播逐渐成为助力城市品牌传播发展的重要因素，城市品牌传播借助大数据更加有效地传递了城市的形象。其中，随着数字化传播技术的迅速发展，创意新媒体逐渐成为城市传播的新型传播载体，尤其是以抖音为代表的短视频为城市文化的个性语言传播提供了平台，和传统媒体互为补充，搭建出全方位、立体化的传播矩阵，成为越来越多的城市进行品牌传播不可或缺的选择。

（二）城市知名度指数、关注度指数和政务新媒体指数小幅下滑

新冠肺炎疫情大大限制了城市品牌的向外传播，2020 年的城市知名度、关注度和政务新媒体三项指标较 2019 年相比均有小幅下滑。其中，城市知名度的平均值为 0.394，与 2019 年基本持平。城市品牌知名度三甲榜单有所变动，深圳超越上海跻身次席，北京和香港依靠其在政治、经济、文化等各方面的专属特性稳固位列前二。本书中的城市知名度主要是从国际知名度和国内知名度两方面来评估，参考了百度新闻和 Google 新闻上城市名的搜索信息数量。城市的知名度是城市综合影响力的重要组成部分，是构建核心竞争力的重要筹码。如何整合城市的综合资源以扩大城市知名度，形成集聚效应，吸引更多的先进技术、资金和人力资源将是推广城市品牌“走出去”的关键思考点。

城市关注度指数的平均值为 0.4（见表 7－4），相对 2019 年略有下滑，但仍是 4 个分项中平均值最高的指标。本书中的城市关注度主要是从网络关注度和研究关注度两方面来衡量，前文提到的互联网普及率的提升、网民规模的扩大和传播手段的变革出新是网络关注度提升的重要因素，随着“城市化”成为世界发展的大趋势，近年来，有关城市方面的科学研究也在不断变热，城市关注度指数随之不断升高。

政务新媒体传播指数的平均值为 0.368（见表 7－4），处于分项指标中的最低位且指数水平略有下降。本书中的政务新媒体传播指数主要是从政府微博的传播力、服务力和互动力三个层面来考量。《第 46 次中国互联网络发展状况统计报告》显示，我国“互联网＋政务服务”水平不断提升，数字治理体系不断完善。截至 2020 年 6 月，国家政务服务平台注册用户达 1.26 亿人，总计访问人数为 10.02 亿人，总浏览量为 58.91 亿次。多个省市的城乡社区通过社区微信群、小程序等数字化工具积极开展防疫工作，成为基层治理的一大创新。虽然目前政务新媒体传播指数水平在分项指标中

处于较低水准，但互联网政务的蓬勃发展和大数据技术的有力支持将最大程度上释放政务新媒体的传播潜能，推动其指数水平进一步提升。

（三）城市的品牌传播发展指数呈梭形分布

观察本次测评的288个样本城市的品牌传播发展指数，发现数据整体呈梭形分布，大部分城市的品牌传播发展指数都集中于0.2—0.48，整体数据更趋近于较低水准，两极分化的现象一直存在，但有所改善，有170个城市低于城市品牌传播指数均值（0.384）。可见我国城市品牌传播发展并不均衡，传播发展水平较高的城市仍是少数。

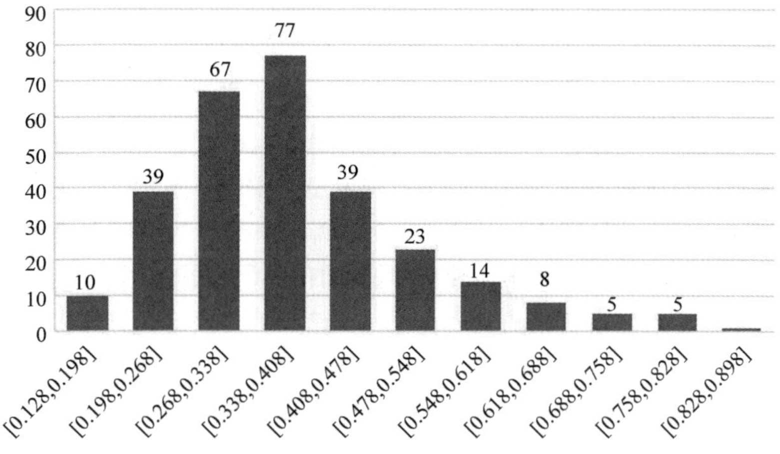

图7-4　城市品牌传播发展指数分布状况

资料来源：笔者整理。

（四）城市品牌传播发展指数与城市品牌呈正相关

图7-5显示了城市品牌传播发展指数与城市品牌发展指数的趋势走向，其中城市品牌传播发展指数较为平缓且主要集中在0.3—0.5，尾部城市的品牌传播发展指数水平有所提升，城市品牌发展指数主要集中在0.2—0.4。可以看出两者趋势一致，数据点呈正相关分布。观察城市品牌传播发展指数，排名靠前的城市在城市品牌发展指数排名中也名列前茅（城市品牌传播发展指数排名前10的城市，在城市品牌发展指数排名中位列第1至第11名）。城市品牌发展指数除了城市品牌传播，还包括文化、旅游、投资和宜居四个指标，所以城市品牌传播发展指数与城市品牌

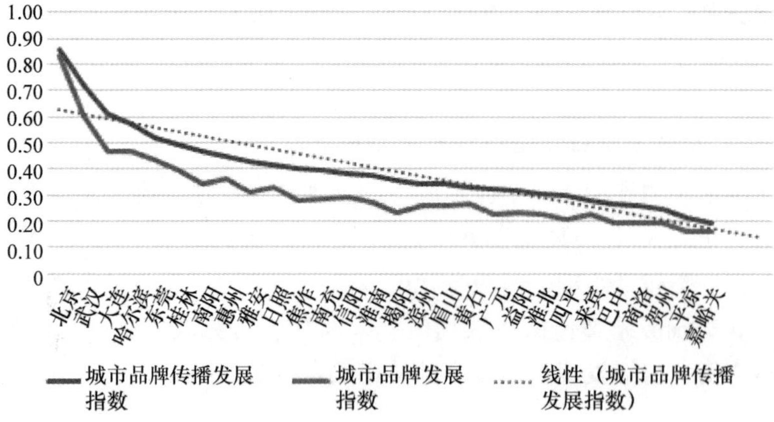

图 7－5　城市品牌传播发展指数与城市品牌发展指数趋势分析

发展指数之间存在小范围的波动。但观察指数分布可以得知，城市品牌传播发展指数整体上领先于城市品牌发展指数，说明城市品牌传播在城市品牌的 5 个一级指标中起到拉动城市品牌发展的作用，同时这几个一级指标之间形成了较强的协同力，共同推动城市品牌建设发展。随着全球化、城市化和品牌化的发展，城市品牌传播已经日益成为城市品牌发展的关键一环。大众媒介与城市营销的发展也促使城市品牌传播途径更加多元，中国城市品牌传播需要结合新技术新应用创新传播模式，构建新的城市品牌传播体系，扩展城市品牌传播空间，从根本上提高城市品牌软实力和城市品牌全球化传播力。

三　2020 年中国城市品牌传播发展指数 10 强点评

2020 年，中国城市品牌传播发展指数排名靠前的城市可划分为三个层次。北京以 0.8596 的指数遥遥领先，是唯一超过 0.85 分的城市，成都（0.8232）脱颖而出，上海（0.8114）紧随其后，二者分列第二和第三。深圳（0.7900）、南京（0.7796）、广州（0.7746）、杭州（0.7537）、香港（0.7445）、西安（0.7240）、武汉（0.7195）则从高到低紧密地分布在 0.7—0.8，差距较小。整体来看，2020 年头部城市品牌传播发展指数较 2019 年有小幅回落，但仍保持在较高水平。相比于城市品牌发展指数前 10 名，西安跻身城市品牌传播发展指数前 10 名，重庆仅名列城市品牌传播发展指数的第 14 位，除重庆外，其余 9 个城市在两榜的 10 强内有较高重合度。此外，对比 2020 城市商业魅力排行榜可以发现，城市品牌传播发展指数 10 强均为一线城市或新一线城市，可见城市品牌传播发展指数的提升离不开雄厚的经济支撑。

（一）北京

作为全国政治中心、文化中心、国际交往中心和科技创新中心，北京充分提炼挖掘四个中心的元素，打造出古都北京、红色北京、京味北京、创新北京等城市形象特色，利用主场优势成功构建与国际影响力和大国首都相匹配的良好国际形象，很早就被全球最权威的世界城市研究机构之一的 GaWC 评为世界一线城市，其在国内外知名度以及网络、研究的关注度上都具有天然优势。

在 2020 年“中国城市品牌传播发展指数排行榜”中，北京以 0.8596 的高分再次拔得头筹。虽然由于新冠肺炎疫情等因素的影响，总指数有小幅下滑现象，但仍保持绝对优势。其中，北京的城市知名度和媒体营销传播指数均位列第 1，媒体营销传播指数更是达到满分水准，关注度指数为 0.8843，位居第 3。然而，在政务新媒体传播方面。北京（0.5558）仅位列第 26，与其他指数的排名差距较大，和 2019 年的指数排名（第 6 位）

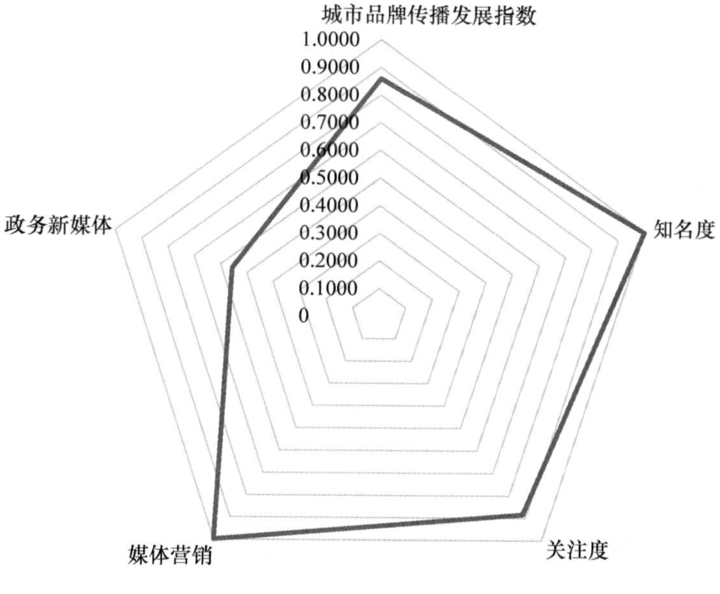

图 7－6　北京城市品牌传播发展指数及分项指标情况

相比降幅明显。由此可见，政务新媒体的低运营水准是北京城市品牌传播水平进一步提升的主要障碍。作为国家政治中心的北京应紧紧围绕首都城市战略定位，以深化政务新媒体政策解读、舆论引导和形象塑造功能等为主线，以加强微博等新媒体平台运营、落实开办主体责任等为重点，守正创新，充分发挥政务新媒体的传播力、服务力和互动力。除此之外，北京应深化对各新媒体平台传播规律的研究与运用，坚持内容为王、移动优先、视频优先，坚持用户导向、以人民为中心的传播理念，在推进媒体深度融合中发挥主力军、决胜军的终端作用。

（二）成都

成都是四川省的省会，成渝地区双城经济圈核心城市，国务院批复确定的中国西部地区重要的中心城市，国家重要的高新技术产业基地、商贸物流中心和综合交通枢纽。与此同时，成都是全国十大古都和首批国家历史文化名城，被评为“中国最佳旅游城市”。在全球化与世界城市研究网络（GaWC）2020 年发布的全球城市分级排名《世界城市名册》中，成都排名较 2018 年提升 12 位，位列全球第 59 名，成为唯一入选 Beta +（世界二线强城市）的中国城市，继续保持在新一线城市中的领先地位。在 2019 年 12 月发布的国家中心城市国际形象传播影响力榜单上，成都位列第四。2020 年 5 月，《城市商业魅力排行榜》公布成都依旧为新一线城市的第一名。

在 2020 中国城市品牌传播发展指数排行榜中，成都脱颖而出，以 0. 8232 的分数首次超越上海跻身次席。在关注度指数上，成都排名第 5，得分为 0. 7730；知名度指数排名第 8，得分为 0. 7866；媒体营销传播指数排名第 10，得分为 0. 7332，值得一提的是其以满分的成绩在政务新媒体指数排名中位列第 1。在其余三个指数表现平平的情况下，成都仅依靠政务新媒体指数的拉升在中国城市品牌传播发展指数中位列第二，可见其政务新媒体的超强传播力。

在政务新媒体方面，成都连续四年蝉联“全国城市政务微博竞争力排行榜”第 1 名，“成都发布”“成都服务”等 100 余个账号进入全国行业系统政务微博影响力分榜前 10 名。在中国电子信息产业发展研究院和中国软件评测中心发布的“2019 中国数字政府服务能力评估”榜单中，成都在省会政府网站评估中位列第一，政务新媒体建设已经成为成都网信

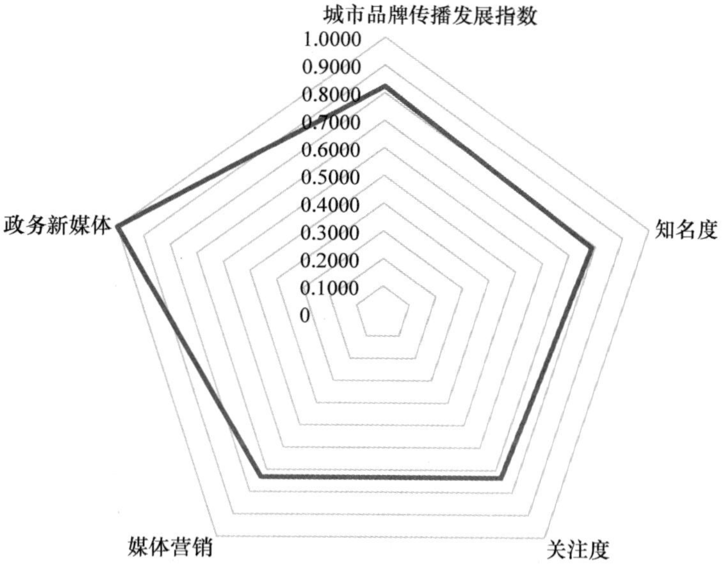

图7－7 成都城市品牌传播发展指数及分项指标情况

工作的一张亮丽名片。面对2020年的新冠肺炎疫情，成都各级政务新媒体通过制作抗疫视频等形式，促进了政府与民众的亲切互动，也为抗疫凝聚了正能量，在疫情防控与宣传中发挥着重要作用，进一步深化了成都城市传播的良好形象。《2019年抖音数据报告》显示，成都在2019年国内城市抖音点赞量Top10榜单中位列第2，抖音等短视频行业的强势助力使城市形象传播的策略与手段日新月异，成都的城市品牌也在润物细无声中被塑造起来。但当前抖音上大部分与城市形象相关的视频都属于感性、碎片化的内容模式，这种形式可以在短期内迅速增加城市热度。但从长期来看，人们的“注意力”流失速度快，如何能将“注意力经济”转化为城市形象传播的“续航动力”成为成都城市形象传播与营销的重要思考点。

2020年成都首次超越上海，跻身城市品牌传播指数的次席。在取得重大突破的同时，也应思考如何持续创新城市形象传播观念及模式以构建立体深刻的城市形象，打造经久不衰的高质量城市品牌。另外，新冠肺炎疫情大大限制了全球各城市间的联系度，成都可以迅速制定下一轮城市形象传播方案，等到形势好转，积蓄的力量将转化为增长的动力。

（三）上海

上海作为现代化的国际大都市、全球关键的金融经济中心，其GDP常年位居中国城市首位、亚洲城市第二位，仅次于日本东京。在全球化与世界城市研究网络（GaWC）2020年发布的全球城市分级排名《世界城市名册》中，上海依旧被评为世界一线强城市，首次排名全球第五，与2018年相比上升1位。在全球金融中心指数（GFCI）中，上海首次排名第四。在新华·波罗的海国际航运中心发展指数中，上海跃居全球第三。在这三大集中体现城市服务能级和全球影响力的指数排名中，上海是唯一首次同时进入世界前五的中国城市，也是全球仅有的三个城市之一。

上海是2020年中国城市品牌传播发展指数排名第3的城市，得分为0.8114。其关注度和媒体营销传播指数位列第2，得分分别为0.8901和0.9189，知名度指数排名第4（0.9060），在这三个指标中上海表现较均衡。2020年9月，上海通过世博会10周年的契机启动2020世界城市日推广活动，号召国际社会在全球常态化疫情防控背景下进一步发挥社区和城市的作用。两届进博会成功举办的溢出效应持续扩大，使上海成为全球瞩目的服务品牌。上海也借助与此相关的一系列经济文化活动不断提升其知名度和关注度。2020上海城市旅游宣传片等城市形象传播活动明确传播定位，制定传播策略，注重传播效果，提升了国际社会对中国的好感度和友善度，也成为了传播上海城市气质、精神品格、文化气度的最佳窗口。然而在政务新媒体传播方面，上海以0.5035的得分仅排名第34位，尽管"上海发布""浦东发布"等新媒体平台表现亮眼，但受新冠肺炎疫情等特殊情况影响，总体排名仍下跌了30位。

总体来看，2020年是危机之年，也是机遇之年。尽管城市传播效果整体受新冠肺炎疫情冲击，但恰逢上海开放30周年，上海应该抓住危中之机，对标国际最高标准、最好水平，加快推进"五个中心"和"四大品牌"建设，不断扩大战略优势，积极开展城市外交，树立城市品牌意识，全面打造创新型城市形象，不断增强城市吸引力、创造力和竞争力。另外，上海应坚持各领域齐头并进，不留短板和洼地，按照"权威、创新、服务、时效、引领"的要求，将城市品牌、内容与平台相结合，充分发挥短视频新媒体传播优势，在上海城市品牌建设和对外传播方面最大程度地释放政务新媒体的传播力、服务力和互动力。

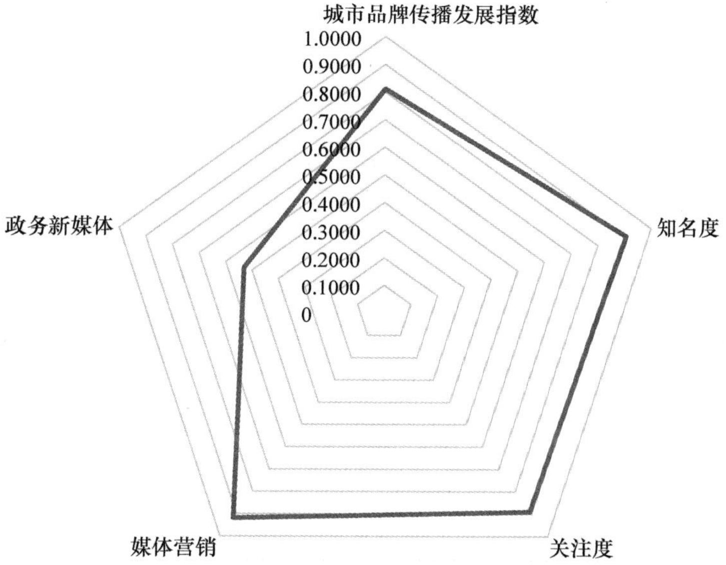

图 7－8　上海城市品牌传播发展指数及分项指标情况

（四）深圳

深圳虽然建市较短，但其依靠国家的政策支持、外来人口的拼搏奋斗、城市包容开放的胸怀和改革开放的创新精神，短短 40 年时间，从一个小渔村摇身变成 2019 年全年地区生产总值 2. 69 万亿元，位居全国大中城市第 3 位的超大城市。作为中国设立的第一个经济特区、中国改革开放的窗口，全国性经济中心城市、国际化城市和新兴移民城市，它创造了举世瞩目的“深圳速度”，被誉为“中国硅谷”。深圳在中国高新技术产业、金融服务、外贸出口、海洋运输、创意文化等多方面占有重要地位，也在中国的制度创新、扩大开放等方面肩负试验和示范的重要使命。2019 年 12 月，深圳位列 2019 中国城市创意指数榜第三名，进入年度中国城市品牌 10 强。在 GaWC 2020 年发布的《世界城市名册》中，深圳再次入围世界一线城市，全球排名第 46 位，与 2018 年相比上升 9 位。

深圳是 2020 中国城市品牌传播发展指数排名第 4 的城市，得分为 0. 7900，较 2019 年相比，位次上升 3 名。深圳的知名度指数和媒体营销传播指数均排名第 3，得分分别为 0. 9153 和 0. 8409；关注度指数和政务新媒体指数均位列第 8，得分分别为 0. 7623 和 0. 6414。

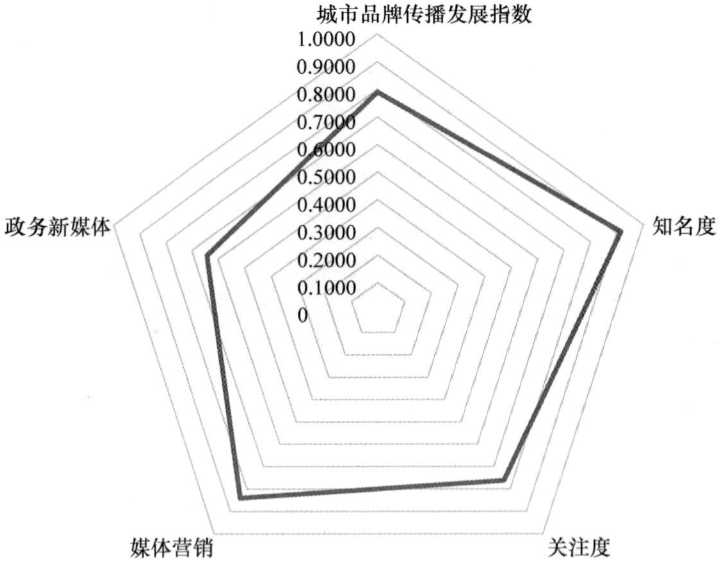

图 7－9　深圳城市品牌传播发展指数及分项指标情况

在城市品牌的发展和传播过程中，深圳根据城市的发展战略不断地调整城市品牌的定位方向，完善城市品牌形象的传播推广策略。2020 年，深圳深度锤炼城市精神，坚持构建六大体系，即精神文明建设典范、国际时尚创意之都、公共文化服务标杆、文化创意产业先锋、世界级旅游目的地以及国际文化交流中心，努力建设与国际化创新型城市相匹配的文化强市。《中国新闻周刊》等媒体为“文化创新 2020”实施后的深圳予以了新的定义——“东方文化新坐标”。此外，深圳重视利用视觉符号的传播扩大城市品牌宣传的深度和广度，2020 年 9 月发布的城市形象宣传片在城市品牌故事的讲述方面进行了全新的尝试和探索，进一步解读了深圳独有的城市精神。在政务新媒体传播方面，2020 年上半年，深圳举行近 200 场新闻发布会、新闻通气会、集中采访等新闻发布活动，使其疫情发布机制受到广泛好评，被评为疫情信息发布全省“最透明”城市，彰显了其日益提升的城市治理能力。

深圳在城市形象传播进程中取得显著成效的同时，也应注意增强城市品牌的体验感，通过先进科技整合可用资源和传播手段，进一步提升城市品牌形象。此外，运用科学的品牌管理和测评机制定期检测深圳城市品牌形象传播过程中的不足，及时调整方案，提高城市品牌传播效率。

（五）南京

南京是江苏省的省会，国务院批复确定的中国东部地区重要的中心城市，是全国重要的科研教育基地和综合交通枢纽，是首批国家历史文化名城，是中华文明的重要发祥地，悠久的历史和深厚的文化底蕴是南京得天独厚的城市名片。2020 年 8 月，联合国人居署发布亚洲城市 100 强名单，南京位列亚洲第 11。

南京是 2020 中国城市品牌传播发展指数排名第 5 的城市，得分为 0.7796，较 2019 年相比，位次下降 1 名。南京的政务新媒体指数排名第 2，得分为 0.8576；南京的关注度指数排名第 6，得分为 0.7706；媒体营销传播指数排名第 8，得分为 0.7604；知名度指数排名第 10，得分为 0.7300。

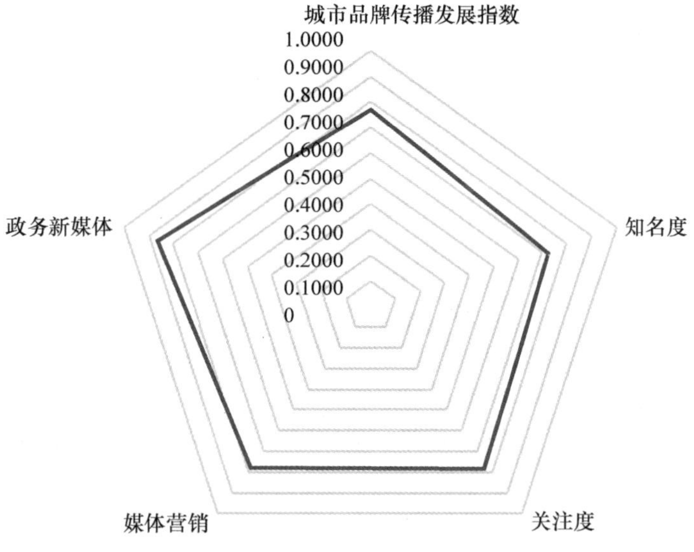

图 7－10　南京城市品牌传播发展指数及分项指标情况

在各项指数中，南京的政务新媒体表现最为亮眼。根据《2019 年南京政务新媒体发展报告》，南京市各区各部门统一高效、联动有力的政务新媒体传播矩阵已成规模，特别是短视频主题传播成果斐然。政务新媒体从重数量向重质量转变，“鼓楼微讯”“秦淮发布”“平安南京”等10个微博，“今日六合”“玄武发布”“高淳发布”等10个微信公众号，以及一批政务紫金号、政务抖音号获评2019年优秀政务新媒体账号。另外，南京通过推动传统媒体和新兴媒体在“信息内容、技术应用、平台终端、管理手段”等方面深化融合，进一步激发政务新媒体的活力。南京在我国新一线城市第二梯队中的位次保持基本稳定的水平，其相对较慢的城市商业发展则在一定程度上限制了其城市品牌传播的水平，且其城市定位始终在“六朝古都”“博爱之都”“长三角中心城市”“智慧南京”等名称间摇摆不定，导致公众对其形象定位的整体认知不足。

在未来城市形象建设中，南京应在植根于城市历史文化脉络的同时，保持与时俱进的姿态和追求，充分落实“一个声音”的城市传播理念，找准定位，在系统的战略指导和科学规划下，推动城市形象的多渠道、全方位、高效性传播，形成可持续的城市形象传播力。

（六）广州

作为华南地区的国家中心城市，广州自古以来就有着重要的经济文化地位，也是粤文化的突出代表。在国家大湾区战略背景下，与深圳、香

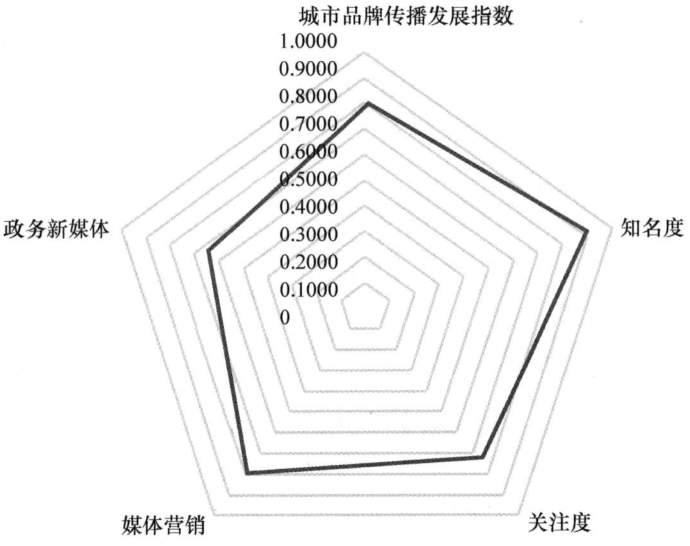

图7-11　广州城市品牌传播发展指数及分项指标情况

港、澳门进一步协同，以及和佛山的战略融合，使得人们对这个古老的商贸之都投去了更具期待的目光。近年来，广州正充分发挥国家中心城市和综合性门户城市引领作用，同时也十分注重城市品牌传播的作用。2016年广州成立了国际城市创新传播研究中心，致力于国际城市创新传播，注重结合“21 世纪海上丝绸之路”背景下瞄准广州国际城市创新传播的机遇、路径和策略。2019 年 11 月，广州与人民网合作的“读懂广州”城市品牌传播战略合作项目正式签约。广州正在城市品牌传播策略中探索一条兼具专业性、时代性和大湾区特色之路。

（七）杭州

杭州是 2019 年中国城市品牌传播发展指数排名第 6 的城市，得分为 0. 7853，2020 年后退一名为第 7 名，得分为 0. 7537。杭州的媒体营销传播和政务新媒体指数均位列第 3，得分分别为 0. 7898 和 0. 8042；其知名度指数排名第 6，得分为 0. 7962；关注度指数排名第 12，得分为 0. 7510。可以看出，杭州的城市关注度指数明显落后于其他头部指数，是杭州此次排名下降的主要原因。

2020 年新冠肺炎疫情发生的大背景之下，杭州以其在疫情发生后的

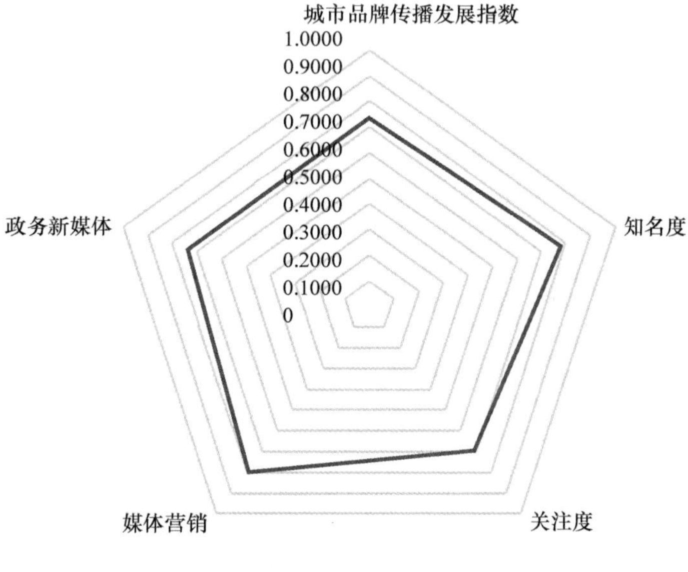

图 7－12 杭州城市品牌传播发展指数及分项指标情况

大量稳健合理的防范和调控措施，赢得了全国范围内对杭州智慧城市治理水平的赞叹。加之杭州的城市发展水平领先，其自然从人们心目中的旅游休闲城市转型成为一个更具现代化和生命力的活力之城。

（八）香港

香港不仅在中国甚至在世界上都享有极高的知名度，在 GaWC 2020 年发布的《世界城市名册》中，香港位居中国第一名，世界排名 Alpha + 榜第 3 位。香港是全球最自由经济体之一，在全世界享有极高声誉，向来有“东方之珠”“购物天堂”的美誉。

然而，因为 2019 年以来新冠肺炎疫情等的影响，香港在全球以及祖国内地的美誉度和大众印象受到了较大的冲击，城市品牌传播排名中已由 2019 年的第 5 名跌至 2020 年的第 8 名。在诸多指标当中，香港的政务新媒体指数显著落后于其他指标。尽管香港是最早开通微博账号的城市之一，但近些年的新媒体指标连连下降，也体现了城市口碑和稳定性对城市品牌传播的极大影响。

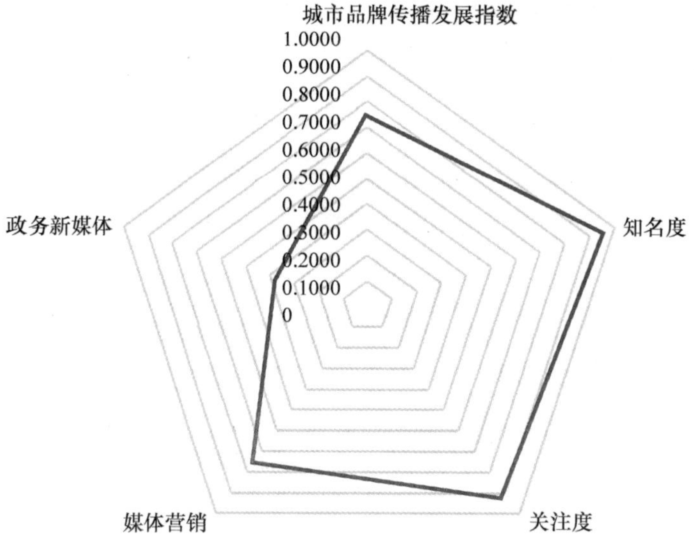

图 7－13　香港城市品牌传播发展指数及分项指标情况

（九）西安

西安是六朝古都，城市品牌传播的各项指标发展均衡，没有明显的短板。2020 年西安的城市品牌传播指数为 0. 724，排名比 2019 年攀升 3 位，上升势头明显。西安是联合国科教文组织确定的“世界历史名城”，其厚重的历史文化底蕴为旅游业的发展带来了深厚的资源。西安政府近年在媒体营销传播上的投入和努力更是可圈可点。自 2018 年起，西安连续数年打造“西安年·最中国”节庆文化大 IP，把西安与人们印象中的盛唐气象、纯正的中国味道关联在一起，使得西安的文化印象突破了传统的地域文化限制，丰富了人们的想象。随着“一带一路”倡议的提出，西安的重要地位日渐凸显，近年西安政府明确了大西安要建成亚欧合作交流的国际化大都市的新定位，城市传播显现出更大更国际化的格局。

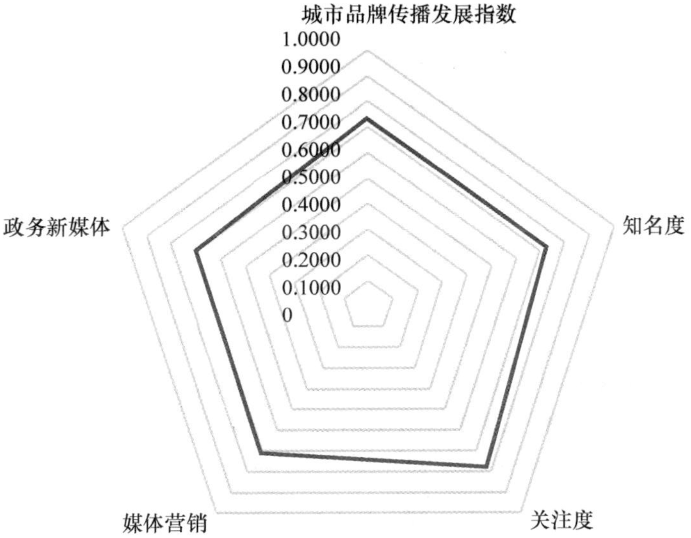

图 7－14　西安城市品牌传播发展指数及分项指标情况

（十）武汉

武汉是中部地区的中心城市，全国重要的工业基地、科教基地和综合交通枢纽，同时也是国家历史文化名城。作为在新冠肺炎疫情中遭受重创的城市，武汉曾一度成为全国乃至世界的关注焦点。结合武汉在疫情中和复工后的形象传播表现，可以说武汉成功实现了从疫情危机中饱受争议之地到疫情以来恢复最完善城市之一的完美转型。武汉 2020 年的城市品牌传播指数依旧排名第 10，与 2019 年持平，连续三年一直位居排行榜前 10。

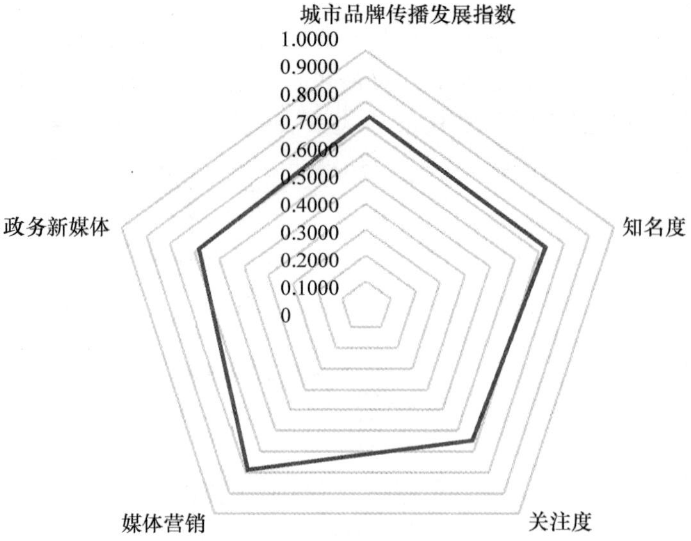

图 7－15　武汉城市品牌传播发展指数及分项指标情况

2020 年 5 月，武汉市委市政府联合腾讯等多家企业推出“武汉有力量——2020 武汉城市品牌计划”，从内容、产业、文化、人才四个维度进行合作，助力武汉社会经济复苏和武汉城市品牌塑造。第一阶段，发起“我为武汉抢一单”活动，以助力武汉消费券发放使用为核心，推广消费品牌，提升消费热情。第二阶段，“闪耀武汉之夜”以拉动武汉夜经济复苏和提升为重点，展现武汉魅力。伴随着“2020 腾讯中国城市夜经济影响力启动盛典”落地武汉，其还推出“武汉小龙虾地图”等精品内容和活动，进一步刺激消费。第三阶段，“武汉欢迎你”聚焦武汉文旅产业复苏，喜迎八方游客，合力打造武汉文旅品牌。

复工之后，一张武汉某乐园的欢庆照片更是在疫情严重的欧美国家中疯传，显现出武汉超高速的危机控制能力和经济恢复能力，这也是武汉能够在危机中迅速脱险并让城市品牌依旧保持活力的现实印证。

四　中国城市品牌传播发展的问题和挑战

在新冠肺炎疫情笼罩的社会环境下，中国城市品牌传播也难逃受打击的命运。2020 年，中国城市品牌发展指数均值为 0.295，较 2019 年均值（0.307）下降 3%。在城市品牌发展指数的各项一级指标中，中国城市品牌传播发展指数均值为 0.384，较 2019 年均值（0.392）下降 2%。由此可见，中国城市品牌传播水平呈小幅下降的趋势。此外，中国的城市化进程正在如火如荼的进行着，城市在发展之余也面临资源稀缺、竞争加剧等困境。机遇与挑战并存，基于城市品牌传播现状和数据进一步探讨中国城市品牌传播发展进程中的现存问题，以期找到良性发展的传播策略。

（一）20 强城市品牌传播竞争激烈，新锐城市进步惊人，传统强市退步明显

2020 年城市品牌传播指数 20 强出现了较大的位次变动，体现了城市传播的竞争激烈，也暗示了不少传统城市在新锐城市的品牌传播面前逐渐失去竞争力。在华东地区，苏州上升 14 名，排名全国第 13，是头部城市中进步最大的城市，也是非常值得重视的案例；类似的还有上升 7 名位居第 15 的云南省会昆明。与这两者对照的则是一些传统的强势城市的竞争力下降，比如下降 8 个位次的天津、下降 3 个位次的香港和下降 12 个位次跌出前 20 名榜单的哈尔滨。

表 7－5　　2020 年城市品牌传播发展指数 20 强城市概况

	2020 年传播指数	2020 年排名	2019 年排名	排名变动
北京	0.860	1	1	—
成都	0.823	2	3	↑1
上海	0.811	3	2	↓1
深圳	0.790	4	7	↑3
南京	0.780	5	4	↓1
广州	0.775	6	8	↑2
杭州	0.754	7	6	↓1
香港	0.745	8	5	↓3

续表

	2020 年传播指数	2020 年排名	2019 年排名	排名变动
西安	0.724	9	12	↑3
武汉	0.719	10	10	—
青岛	0.708	11	11	—
宁波	0.658	12	14	↑2
苏州	0.653	13	27	↑14
重庆	0.652	14	13	↓1
昆明	0.633	15	22	↑7
郑州	0.629	16	15	↓1
天津	0.629	17	9	↓8
济南	0.628	18	16	↓2
沈阳	0.618	19	24	↑5
大连	0.560	20	21	↑1

资料来源：笔者整理。

从总体趋势上看，南方城市基本维持往年水平，个别城市有所跃升，尤其是西南地区涨势明显。相反，东北、华北地区整体城市品牌传播水平下降幅度较大。

对于新锐城市来说，如何延续既有的品牌传播势头，把短期传播的动能转化为长期的品牌势能，持续讲好城市品牌故事，是接下来的另一重要课题。

对于传统的占据榜单头部位置的城市来说，如何在城市品牌传播角度提出新的成长目标，如何把更多特色地域类元素和城市名、城市品牌结合起来，值得思考。除了面向城市内部传播，更要把城市的旧日风采进行现代化、年轻化、国际化传播。

（二）城市群品牌区域发展不均衡，核心城市品牌的引擎作用尚不强劲

由图 7－16 可知，我国城市群品牌发展水平波动幅度大，呈现明显的分层趋势和两极分化现象，区域发展水平严重不均衡。根据城市群品牌传播发展指数（ABDI），粤港澳大湾区、长三角城市群、京津冀城市群占据

前三甲，位居第一阵营；珠三角城市群、山东半岛城市群、中原城市群、成渝城市群位居第二阵营；长江中游城市群、滇中城市群、黔中城市群等10个城市群位居第三阵营；晋中城市群、天山北坡城市群和宁夏沿黄城市群位居第四阵营，可见城市群分层趋势明显且在中部水平集聚的城市群较多。其中，粤港澳大湾区以0.917分远超其他城市群，而宁夏沿黄城市群以0.077分与其显示出巨大差距。近几年，国家战略的加持给城市群品牌发展带来积极的传播效应，如京津冀协同发展、长江经济带一体化规划、粤港澳大湾区规划的进一步落实促使对应城市群走在全国前列、发挥示范引领作用。不可忽视的是，大多数中西部城市群和东北地区的城市群的传播指数得分较低，相对前三甲差距较大，两极分化现象突出。

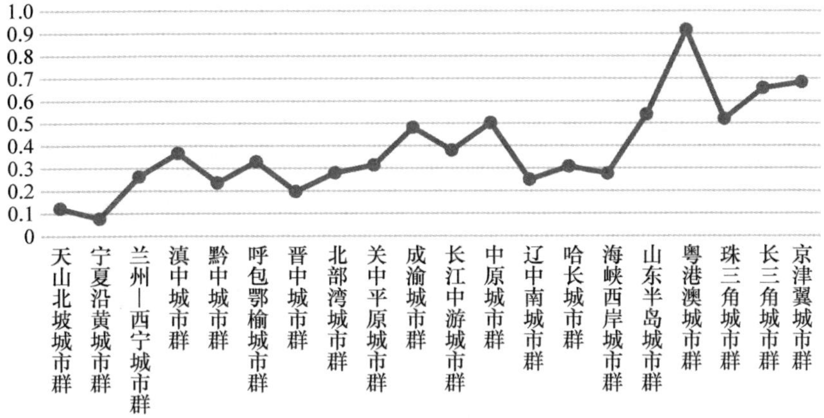

图7－16　2020年城市群品牌传播发展指数

资料来源：笔者整理。

根据“极化扩散”理论，城市群品牌的发展必须有增长极，即核心城市品牌的带动。从中国城市品牌传播发展指数（CBDI）来看，粤港澳大湾区（深圳，第4位；广州，第6位；香港，第8位;）和长三角城市群（上海，第3位；南京，第5位；杭州，第7位）的品牌发展水平因核心城市品牌的强势带动而不断取得突破。然而，成渝城市群和长江中游城市群的核心城市虽然表现突出，如排名第2的成都和排名第10的武汉，但实为“一枝独秀”的状态，其辐射性和扩散性远不及诸多核心城市品牌协同作战的集合效应。根据近几年报告的数据，上述问题一直存在，但从未解决。总体来看，核心城市的品牌建设需要尽快实现价值引领、创新驱动和区域协同的发展模式，以期更大程度地带动城市群的品牌发展，改善区域不均衡现象。

（三）部分城市品牌传播增长遇阻，亟须探索多元化传播路径

2020 年的城市品牌传播发展指数相较 2019 年，整体均值略有下降，表现为城市知名度、城市关注度和政务新媒体指数普遍下降，唯一增长的只有媒体营销传播指数，可以看出不少城市在城市品牌传播指数的增长探索上遭遇了不少阻力。

2020 年的新冠肺炎疫情，让人与城市的关系发生了进一步的变化。一方面人们进一步依赖互联网接收信息，此时，城市品牌的政务新媒体就起到了非常重要的作用。政务新媒体矩阵构建完善、沟通机制健全的城市，在疫情期间能够及时发声，使公众知晓最新疫情状况和防控措施。各个城市政务新媒体的沟通能力之高下，在疫情紧张期间有目共睹，那些平常不重视政务号建设的城市品牌，自然得到了市民乃至全国网民“反映不及时，沟通不顺畅”的评价。表 7 - 6 比较政务新媒体指数单项排名，会发现一些大城市（北京、上海等）排名不靠前，反而是一些小城市（陇南、苏州、渭南等）排名靠前。这显示不同城市对政务新媒体的重视程度不一，整体上的政务传播意识有待增强。

表 7 - 6 **城市政务新媒体指数排名 20 强**

	政务新媒体指数	排名
成都	1. 0000	1
南京	0. 8576	2
杭州	0. 7342	3
武汉	0. 7025	4
西安	0. 6963	5
青岛	0. 6896	6
广州	0. 6524	7
深圳	0. 6414	8
陇南	0. 6390	9
宁波	0. 6284	10

续表

	政务新媒体指数	排名
南昌	0.6281	11
济南	0.6280	12
合肥	0.6186	13
开封	0.6136	14
宿州	0.6041	15
昆明	0.5980	16
沈阳	0.5919	17
苏州	0.5891	18
兰州	0.5863	19
渭南	0.5835	20

资料来源：笔者整理。

另一方面，随着新媒体的发展，城市的官方主流传播渠道受众逐渐流失。在很多的城市，官方对于城市品牌传播的理解仅停留在宣传政府新近规划、建设文明城市和拍摄城市宣传片等层面，并没有认识到要想让城市通过城市品牌传播获得发展的先机，需要更多有策略、多途径的沟通和传播方式。同时，部分城市的官方话语中，城市品牌传播并没有从专业的角度出发。比如很多城市的宣传片，基本上都由工业发展成就、建设成就等政绩元素组成，较少考虑到如何面向公众、游客、企业等利益相关方的传播。

当代年轻人生于一个信息爆炸和新媒体飞速发展的时代，十分追求个性化、多元化和个体价值。年轻人对于城市——这个生活、游玩与工作的地方自然有更多的期待。当城市发展越来越依靠年青一代时，如何让城市形象更加年轻化，赢得更多知识人才的青睐，也是城市发展的一个重要课题。基于此，探索更加多元化、年轻化的城市品牌传播路径和策略是帮助城市摆脱困境的重要方式。

五　提升中国城市品牌传播的对策和建议

（一）依托城市自身优势，讲好城市特色故事，打造超级符号

从近年的数据和城市与公众的沟通实践中，可以看出对中国城市品牌

传播影响较大的几个因素。

一方面，城市的行政和经济地位对城市品牌传播水平有较大影响。2020 年的上榜名单中除了北京、上海、重庆、天津四个直辖市和香港特别行政区之外，还有 10 个省会上榜。而其余上榜城市基本都是属于经济实力十分雄厚的城市，比如深圳、青岛和苏州等。

苏州是一个典型的例子，作为一个行政区划仅为地级市的城市，苏州凭借得天独厚的区位优势，在长三角地区成为了 GDP 仅次于上海的城市。据国家统计局、国家信息中心等单位发布的针对全国地级市的《2019 中国百强品牌城市榜单》中，苏州位列全国第一。近年，苏州以其迅猛发展的经济成就和历史悠久的文化底蕴，展现了一个江南韵味与现代科技齐头并进，有着无限未来可能的人间天堂。

与之类似的，还有浙江省的第二大城市宁波，2020 年上升两名排在第 12 名，紧跟苏州的脚步。一句“书藏古今，港通天下”的标语将宁波的历史和港口文化底蕴表达得淋漓尽致。可以看出在城市文化传播的层面，新锐城市有着更大的后劲和决心，对传统的城市品牌格局发起冲击，争夺在中国甚至全世界范围内的有力地位。

另一方面，作为一个相对独立于经济发展水平的维度，城市品牌传播发展指数也与城市自身的传播意识和传播手段相关联。从 2020 年的案例中我们可以看到，不少城市结合自身的发展优势挺进头部品牌传播城市行列，比如西安在城市特色的搭建上持续延续往日的策略。在抖音热门城市排行榜上，西安大唐不夜城超越上海迪士尼、北京故宫等传统热门景点，占据了 2020 年抖音播放量最高景点榜单的第一名。与其他文化名城的城市故事叙述路线不同，西安展现给人们的是一个更加年轻的现代化古城形象。

还有一个案例当属云南省会昆明，身处西南一隅的昆明在经济行政上的地位优势并不明显，在人们以往的印象中，昆明除了“春城”并没有更多维度的想象。然而，近些年的昆明除了从经济增长上发力，还十分注重自身城市品牌差异化的打造。随着各种多样化路线的确立，如今的昆明着力打造的“世界春城花都、历史文化名城、中国健康之城”三张城市品牌金名片已经初见成效。打造千姿百态的鲜花艺术，建设多个健康产业中心，都在向外界展示独一无二的中国昆明。独特的逛花市、吃花饭、沐花浴、枕花眠、看花车等，也已经成为昆明人的生活习惯。

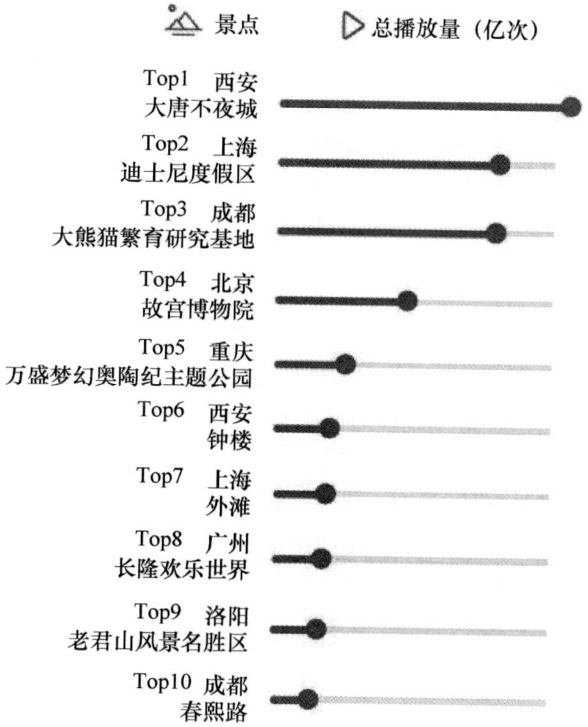

图7－17　2020年抖音播放量最高的景点榜单

城市的差异是城市存在的本质内涵，也是城市识别的本质属性。因此，综上可以看出围绕城市品牌的差异化特征，打造独一无二的城市特征与符号是城市品牌传播发展的一条突围之路。

（二）以新兴媒介形式和多元内容生产为导向，多维度呈现城市品牌要素

在城市品牌的传播发展过程中，短视频等新兴媒介技术凭借碎片化、场景化、影像化和平民化等优势多维度呈现城市品牌要素，开启了城市传播的新风尚。未来5G技术与AR/VR技术的融合将为城市品牌的内容生产创造出更多全新场景，用户的沉浸式交互体验将得到进一步优化。此外，新兴媒介形式为多元化内容生产提供更多可能性，在以抖音为主的短视频平台中，最受大众欢迎的城市视频内容由高到低依次分为城市视觉识

别、城市理念识别、城市行为识别三类。以此为基础进行多元化内容生产和内容强化，不仅保证城市品牌信息的全面性，还有利于吸引大众的关注。城市视觉是作用于受众对品牌认知的基础和直观要素，如特色饮食、地方景点和“网红打卡地”等。在短视频社交媒体中，新兴媒介技术为多元化内容传播搭建了移动和沉浸式场景，营造了“身体在场”的真实感，并依靠科技元素增加了传播内容的趣味性，进一步还原城市的细微之处，以情动人。此外，相较于外部形象，核心精神和内在价值理念是城市的无形资产，具有不可复制性。增加城市精神的相关宣传有利于潜移默化地将其内化为受众的心理认知，巩固其品牌忠诚度。因此，城市在进行形象宣传时，应注重增添更多有关历史文化、戏剧艺术与城市民俗工艺的元素，打造难以替代的独特性品牌符号，进一步加深民众对城市文化的认同感。最后，市民是城市活动的重要参与者，是城市品牌行走的代言人，其体验感和分享状况是外界了解城市形象的直接渠道。因此，政府应该注重延伸以市民行为、市政服务、政府形象为基础的城市行为识别内容，鼓励市民积极发布城市形象宣传信息，展现良好的民众和城市风貌。多元化内容生产有利于多维度呈现城市品牌要素，建构更加立体化的城市形象，而新兴媒介技术为这一城市形象建构行动保驾护航，并提供更多可能性。

（三）协同公众、企业等群体，共同传播城市品牌

共生于一片城市天空之下，除了官方声音所能提供的传播效力之外，城市的居民和企业等利益相关方所能提供的城市传播力仍然不可忽视。共创城市品牌不仅能够提升居民和企业对于城市的主体感和自豪感，更能让城市品牌的声音存在于更多官方声音难以触达的地方。对于很多品牌传播经费不足的城市来说，这也是打响城市品牌的破局之策。

赋予文化和品牌传播功能于城市公共空间是其中一个代表途径。以成都春熙路太古里、上海南京东路和杭州湖滨路为代表的城市步行街，正在成为时下最能代表城市年轻与特色文化的城市地标。而这类城市步行街的文化、消费与公共空间的打造，离不开官方的推动，更离不开市民和企业的支持。这类步行街往往交通便利，能够迅速通往最能代表城市的景区，能够让游客和市民迅速了解一个城市的文化。杭州湖滨路毗邻西湖和清河坊，时常举办一系列具有西湖文化特色的集市和文化节；成都春熙路上的时髦街拍一度火爆外网，位于春熙路上的大熊猫雕塑更是成为最火热的打

卡点之一。这样的城市文化实践，通过游客、市民的口碑传播，以及一些地产、汽车和互联网等行业企业自发主办的城市活动，让城市品牌在更多的角落和媒体营销传播渠道出现。

抖音提出的“抖 inCity 城市美好生活节”落地至全国 30 多个城市，引发了广泛关注与大量传播。该活动选取最具代表性的城市特色，融合短视频的传播语言，在短时间引发全网的关注。在落地南京的美好生活节中，抖音邀请了 8 位国家级非遗大师亲临现场，聚焦于南京特有的文化古都魅力。“抖 in”山东项目更是与山东省内一个音乐节 IP 合作举办了更加盛大的城市传播嘉年华。每一次美好生活节的落地，都能引发抖音平台用户的大量关注。

在未来，城市品牌传播需要有更多的思考维度和传播渠道，而在官方声音之外，城市需要重视的是如何协同居民、企业等拓展多样化的传播路径。依靠三方力量，打造城市品牌传播多元化的共生共创之路。

第Ⅲ编

中国区域品牌发展报告

第八章　中国省域品牌发展指数报告（2020）

刘彦平　燕翔*

21世纪既是全球化的时代，更是品牌化的时代。省域品牌的建设，并不是一个简单的名称和省域形象塑造问题，而是各省在发展进程中角色转变和战略重新定位的调整。一个省份选择为自己建立一个品牌，就等于选择了一个时代，就等于找到了自己的定位。在我国“一带一路”倡议、京津冀协同发展战略、粤港澳大湾区建设等发展背景下，数字经济日新月异，使得不同区域镶嵌进一个全新的生态体系之中。区域品牌塑造的传统格局随着竞合态势、传媒生态、社会网络和技术条件的变迁而发生天翻地覆的变化，我国不同省域开始进入一个百舸争流的品牌比拼与再造时代。

对省域品牌的关键要素进行梳理和剖析，构建符合中国实际的省域品牌评价体系，有助于深入了解中国省域经济的社会发展态势，并为理论与实践的互动提供数据支持。此外，通过指标体系的工具价值及其所承载的理论思想，也期为省域品牌提升提供参考与借鉴，进而引导省域发展的形象提升与话语权管理，尽早实现从自发到自觉、从粗放到专业、从战术到战略的转型。

一　省域品牌发展指数的构建

结合数据的可获得性，本章构建了省域品牌发展指数（PBDI）的

---

* 刘彦平，中国社会科学院财经战略研究院城市与房地产经济研究室主任、研究员；燕翔，中国社会科学院金融研究所博士后。

三级指标框架。省域品牌发展指数由5个一级指标构成，分别为文化品牌发展指数（包括城市文化品牌、省域文化品牌口碑及省域文化关注度3个二级指标）、旅游品牌发展指数（包括城市旅游吸引力、省域旅游口碑及省域旅游传播3个二级指标）、投资品牌发展指数（包括城市投资吸引力、经济发展预期、创新创业潜力及投资营销传播4个二级指标）、宜居品牌发展指数（包括城市宜居性、省域宜居声望、社会治理声誉及生态环境声誉4个二级指标）和品牌传播发展指数（包括城市传播能力、省域知名度、省域关注度、媒体营销传播及政务新媒体传播5个二级指标）。每一个二级指标由多项数据合成。在这一指标体系中，省域品牌发展指数的总体表现为5个一级指标的复杂互动关系。其中，文化品牌是特征指数，旅游品牌是提升指数，投资品牌是基础指数，宜居品牌是趋势指数，品牌传播是推动指数，组成一个渐次递进又相互作用的系统结构（见图8－1），具体指标体系见本报告附录的表2。

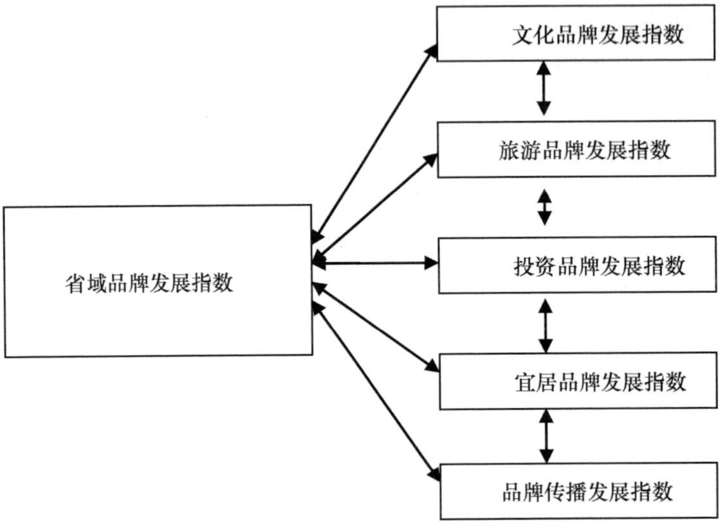

图8－1　省域品牌发展指数的概念关系

资料来源：笔者整理。

二　中国省域品牌发展指数得分与排名

通过对2020年30个样本省域的品牌发展指数进行分析可以看出，当前我国的省域品牌发展水平整体较低，指数得分平均值仅为0.342。在30个样本省域中，仅有11个省域的得分值高于全国平均水平，其余19个省域的得分值低于全国平均水平，说明各省域之间的品牌发展水平存在不平衡的现象，分化较为严重（见图8－2）。

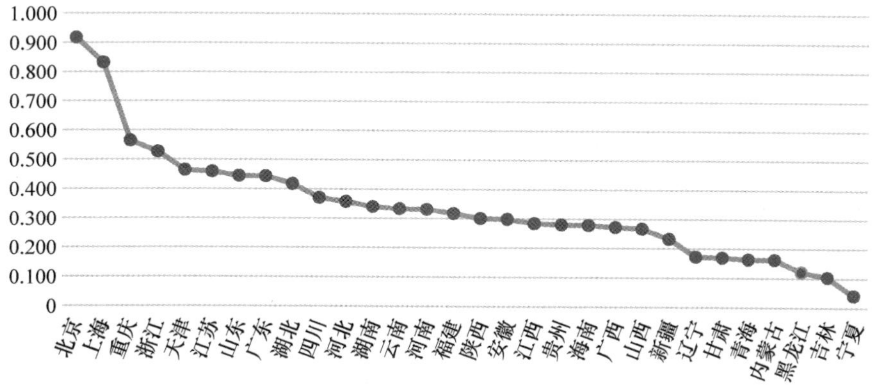

图8－2　30个样本省域的品牌发展指数

资料来源：笔者整理。

具体来看，北京、上海的PBDI得分均值都高于0.8，遥遥领先于其他地区，是无可争议的PBDI第一梯队。重庆、浙江的PBDI得分均值都高于0.5，省域品牌发展也较好，但与北京、上海等第一梯队还存在不小的差距，为第二梯队。天津、江苏、山东、广东、湖北的PBDI得分均值都高于0.4，省域品牌发展各具优势，为第三梯队。四川、河北、湖南、云南、河南、福建、陕西、安徽、江西、贵州、海南、广西、山西的PBDI得分均值均处于0.25—0.40，为第四梯队，省域品牌发展尚需进一步推进。新疆、辽宁、甘肃、青海、内蒙古、黑龙江、吉林、宁夏的PBDI得分均值均处于0.25分以下，省域品牌发展相对滞后，为第五梯队（见表8－1）。

表 8－1　　省域品牌发展指数得分及排名

	PBDI	排名	文化品牌发展指数	排名	旅游品牌发展指数	排名	投资品牌发展指数	排名	宜居品牌发展指数	排名	品牌传播发展指数	排名
北京	0.917	1	0.818	1	1.000	1	0.941	1	1.000	1	0.828	2
上海	0.832	2	0.686	2	0.822	2	0.915	2	0.887	2	0.849	1
重庆	0.564	3	0.503	3	0.646	3	0.558	3	0.577	4	0.537	3
浙江	0.526	4	0.463	4	0.590	4	0.556	4	0.584	3	0.437	7
天津	0.464	5	0.411	7	0.419	11	0.513	6	0.509	5	0.467	5
江苏	0.459	6	0.415	6	0.430	9	0.522	5	0.474	7	0.451	6
山东	0.444	7	0.385	11	0.445	7	0.460	8	0.462	8	0.468	4
广东	0.443	8	0.379	12	0.466	6	0.496	7	0.444	9	0.431	8
湖北	0.417	9	0.386	10	0.489	5	0.413	9	0.476	6	0.323	14
四川	0.370	10	0.330	15	0.438	8	0.326	11	0.371	11	0.386	9
河北	0.357	11	0.332	14	0.367	14	0.334	10	0.388	10	0.363	11
湖南	0.340	12	0.428	5	0.367	13	0.290	14	0.328	13	0.285	20
云南	0.332	13	0.407	8	0.423	10	0.220	21	0.294	15	0.318	15
河南	0.331	14	0.323	17	0.341	16	0.303	13	0.349	12	0.336	13
福建	0.317	15	0.325	16	0.332	17	0.314	12	0.321	14	0.293	18
陕西	0.300	16	0.335	13	0.305	21	0.243	19	0.263	19	0.356	12
安徽	0.298	17	0.288	18	0.271	23	0.283	15	0.274	17	0.373	10
江西	0.284	18	0.276	19	0.300	22	0.253	17	0.274	18	0.315	16
贵州	0.279	19	0.269	20	0.366	15	0.248	18	0.227	21	0.287	19
海南	0.278	20	0.201	25	0.381	12	0.269	16	0.287	16	0.253	22
广西	0.272	21	0.404	9	0.314	18	0.201	23	0.173	23	0.268	21
山西	0.267	22	0.265	21	0.308	20	0.221	20	0.242	20	0.298	17
新疆	0.232	23	0.229	22	0.310	19	0.203	22	0.200	22	0.219	25
辽宁	0.172	24	0.208	23	0.121	27	0.157	24	0.126	27	0.249	23
甘肃	0.169	25	0.175	28	0.167	25	0.115	28	0.161	24	0.228	24
青海	0.163	26	0.205	24	0.169	24	0.105	29	0.140	25	0.198	27
内蒙古	0.163	27	0.196	26	0.146	26	0.121	26	0.138	26	0.213	26

续表

	PBDI	排名	文化品牌发展指数	排名	旅游品牌发展指数	排名	投资品牌发展指数	排名	宜居品牌发展指数	排名	品牌传播发展指数	排名
黑龙江	0.121	28	0.182	27	0.078	28	0.121	27	0.088	29	0.139	30
吉林	0.103	29	0.067	29	0.077	29	0.131	25	0.100	28	0.142	29
宁夏	0.041	30	0.007	30	0.022	30	0.025	30	0.003	30	0.149	28

资料来源：笔者整理。

从区域分布来看，北京、上海等直辖市的PBDI表现强势。在2020年PBDI排名前5位中，直辖市占据四席，其中北京、上海、重庆分列第1—3位，天津位列第5。东部沿海地区省域的品牌发展也相对较好，浙江、江苏、广东追赶第一梯队的速度明显，差距正逐渐缩小，其中浙江的PBDI得分位居全国第4。华中地区和中部地区各省的省域品牌发展水平居中，其中山东2020年PBDI得分排名第7，湖北排名第9。东北三省和西北地区整体水平偏低。

三　省域品牌发展指数点评

（一）北京市品牌发展指数

北京是中国的首都，是全国的政治中心、文化中心、科技创新中心以及国际交往中心。北京位于中国的华北地区，与天津、河北等地相邻，总面积约1.64万平方千米，有16个市辖区。截至2019年年末，北京常住人口有2153.6万人，2019年地区生产总值突破35000亿元，人均地区生产总值达16.25万元，位居全国第一，人均可支配收入约为67756元，全年专利申请量与授权量分别为22.6万件和13.2万件，经济与科技竞争力强劲。作为中国四大古都之一的北京，拥有悠久的历史和灿烂的文化，名胜古迹众多，是世界文化遗产数量最多的城市，在文化品牌竞争方面也有着明显的优势，有利于文化旅游品牌的塑造与建设。

1. 北京市的PBDI

北京市的省域品牌发展指数为0.917，是30个样本省城中唯一一个突破0.9分的省级城市，高出位居第二的上海0.085分，遥遥领先于其他

28个省域，且多年来蝉联省域品牌发展指数榜首。在五个分项指数中，北京有四个均居于全国首位，文化品牌发展指数得分为0.818，旅游品牌发展指数得分为1.000，投资品牌发展指数得分为0.941，宜居品牌发展指数得分为1.000，品牌传播发展指数得分为0.828。其中旅游与宜居两项品牌发展指数已达满分，各项品牌实现高质量均衡发展，处于领先地位。

作为全国的政治中心、文化中心、科技创新中心以及国际交往中心，北京市各项品牌发展建设具有天然的优势，品牌传播度广，投资吸引力强。大量的历史文化古迹及风景名胜使北京旅游品牌有着较好的口碑以及较高的传播度；另外，北京极度重视旅游品牌的维护与建设，在景区服务、配套设施完善等方面不断进步，大型商业街区不断涌现，使得北京的旅游吸引力日趋增强。近年来，北京空气质量及路面交通状况得到了显著改善，加之四通八达的城市轨道交通，北京市宜居品牌指数已提升至满分。但是，北京在城市品牌传播方面有待进一步提升，其在得分方面落后于排名第一的上海0.021分，主要是其在政务新媒体方面表现不足所导致。

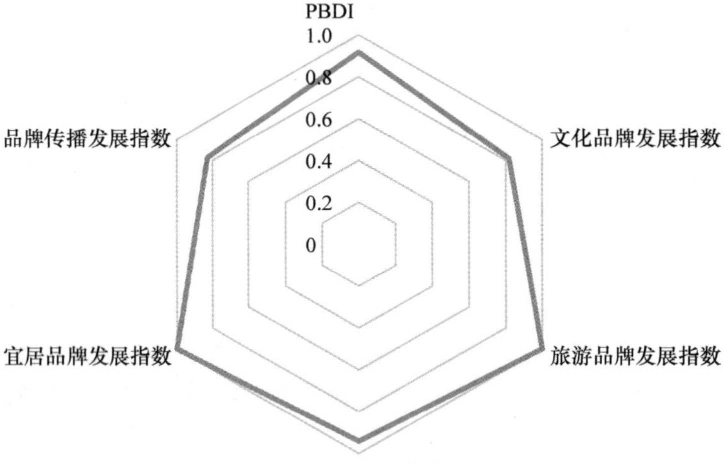

图8-3　北京市的省域品牌发展指数表现

资料来源：笔者整理。

2. 总结与建议

北京的省域品牌发展指数得分排名连续多年蝉联全国榜首，其中旅游品牌与宜居品牌更是达到满分。另外，作为京津冀城市群的核心，北京对天津及河北的品牌发展有着较强的带动作用。因此，北京在维持自身良好的发展势头之外，也要充分发挥自身的辐射带动作用，推进京津冀协同发展。无论是从国家战略规划还是从北京的城市发展规划的角度，北京的高站位也要求各项发展指数的不断增长。

从北京的省域品牌发展指数的五项分项指标来看，仍然有进步的空间和余地。一方面，在当前数字经济背景下，北京在省域品牌传播方面需要重视政务新媒体的作用，充分发挥政务新媒体对城市品牌的积极影响。另一方面，北京在省域文化品牌发展方面要充分发挥北京的历史文化优势，着力塑造良好的品牌形象，创新文化展现形式，提高舆论媒体以及研究关注度，树立良好的文化品牌口碑。

（二）上海市品牌发展指数

上海简称“申”或“沪”，是中国省级行政区、四大直辖市之一。上海历史文化悠久，是中国共产党的诞生地。上海地处太平洋西岸，亚洲大陆东岸，长江三角洲前缘，平均海拔高度为 4 米，属亚热带季风性气候，温和湿润，四季分明。上海是中国经济中心、金融中心、贸易中心、航运中心以及科技创新中心，有 16 个市辖区。截至 2019 年年末，上海的常住人口有 2428.14 万人，地区生产总值超过 38000 亿元。根据《上海市城市总体规划（2016—2040）》，上海将在 2040 年建成卓越的全球城市，国际经济中心、金融中心、贸易中心、航运中心、科技创新中心和文化大都市，成为令人向往的创新之城、人文之城和生态之城。2019 年 12 月，中共中央、国务院印发了《长江三角洲区域一体化发展规划纲要》，其中提出要提升上海的服务功能。面向全球、面向未来，提升上海的城市能级和核心竞争力，引领长三角一体化发展。围绕国际经济中心、金融中心、贸易中心、航运中心和科技创新中心“五个中心”建设，着力提升上海大都市综合经济实力、金融资源配置功能、贸易枢纽功能、航运高端服务功能和科技创新策源能力，有序疏解一般制造等非大都市核心功能。形成有影响力的上海服务、上海制造、上海购物、上海文化“四大品牌”，推动上海品牌和管理模式全面输出，为长三角高质量发展和参与国际竞争提供服务。

1. 上海市的 PBDI

上海的省域品牌发展指数为 0. 832，居于全国第二名，也是全国两个超过 0. 8 分的省域之一，其中品牌传播发展指数排名第一，其余四个分项指标均排名第二，品牌综合发展能力较强。上海的文化品牌发展指数得分为 0. 686，旅游品牌发展指数得分为 0. 822，投资品牌发展指数得分为 0. 915，宜居品牌发展指数得分为 0. 887，品牌传播发展指数得分为 0. 849。

上海位于沿海与沿江交汇之处，地处全国最具活力的长江三角洲腹地，占据了有利于自身品牌发展的独特区位优势。作为推行改革开放及社会主义市场经济建设的重点示范区域，得益于改革开放的一系列政策以及浦东开发区、上海自贸区建设和长三角一体化发展规划等国家战略，上海在经济、社会、民生等方面的各项发展指标均居于全国前列。上海的各项品牌发展较为均衡，总体实力位居全国第二，且优势较为明显，尤其表现在品牌传播发展指数和投资品牌发展指数方面。

近年来，上海加大媒体宣传力度，提高城市的国内外知名度及美誉度。通过纸媒、互联网等途径的营销宣传，上海不断扩大城市品牌传播影响力，同时注重政务新媒体传播，在省域政务微博信息发送、微博互动等各方面综合发力，从而实现上海在城市品牌传播方面的提升。此外，上海作为全国经济中心、金融中心、贸易中心、航运中心以及科技创新中心，集聚了上海证券交易所、期货交易所等诸多金融市场要素；加上“放管服”改革以来不断优化的政府公共服务，进一步活跃了上海的商业发展氛围，拓宽了上海的投资前景，极大地增强了上海的投资吸引力；加之自由、公平的市场氛围以及广阔的人才资源，上海的投资品牌发展指数得分更是突破 0. 9，展现出了强大的投资品牌实力。

靠海临江赋予了上海美丽的水域风光，悠久的历史使得上海拥有崧泽古文化遗址、文庙、豫园、孙中山故居等多项名胜古迹；加之独特的“海派文化”以及繁华的都市盛景，上海旅游品牌发展指数不断增长，2020 年旅游品牌发展指数得分达 0. 822。此外便利的交通条件以及社会治理水平的不断提高，使得上海的宜居指数也不断增长。截至 2019 年年末，上海常住人口总数超过 2400 万人，户籍人口平均期望寿命达到 83. 66 岁，展现出较好的宜居品牌。

但是其文化品牌发展指数相对而言略低于其他各项指标。传统的中国江南传统文化融合了开埠以后传入上海的欧美近现代工业文明，形成了上海独具一格的“海派文化”。既有古典、雅致的传统文化之美，又具有开放、自由的时尚气息，兼容并包，使得上海的文化品牌发展独具优势。未来，上海还需围绕“上海文化”进一步发力，提升自身文化品牌。

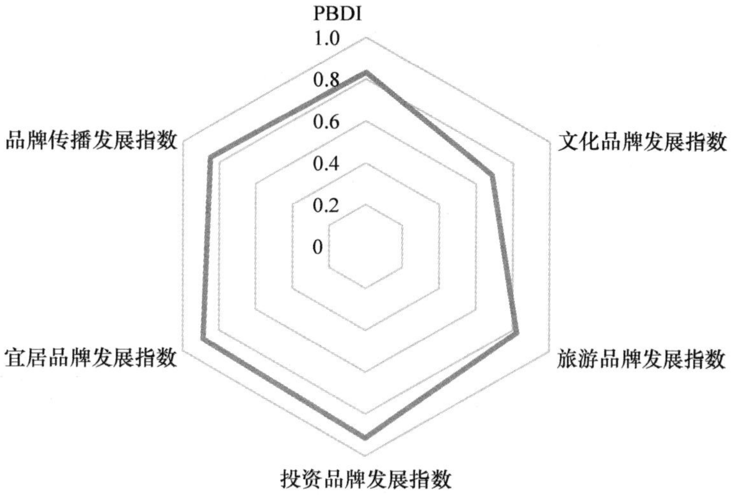

图 8－4　上海市的省域品牌发展指数表现

资料来源：笔者整理。

2. 总结与建议

根据省域品牌发展指数排名，上海的各项品牌发展指数均居于全国第二，综合发展水平高，品牌发展实力强，旅游、投资、宜居以及品牌传播四项发展指数的得分均超过 0. 8，极具发展优势及发展前景。未来上海还应精益求精，着眼自身现代化国际大都市的城市定位，注重城市文化的不断创新与发展，加大科教文卫建设，着力改善民生，提升人民幸福感，满足人民日益增长的美好生活需求，着力打造享誉全球的上海城市品牌。

（三）重庆市品牌发展指数

重庆，简称“渝”，地处中国西南部，是中西部唯一一个直辖市，也是长江上游地区的经济中心、金融中心、科创中心、航运中心以及商贸物流中心。重庆的地貌以丘陵、山地为主，以山城著称，又以雾都扬名。截至2019年年末，重庆常住人口大约有3124.32万人，地区生产总值为23600万亿元。重庆是国家历史文化名城，是巴渝文化的发源地，又是“红岩精神”的起源地，拥有“洪崖洞”“白公馆”“渣滓洞”等多处旅游景点，旅游资源优势显著。致力于将自身打造成为西部大开发重要的战略支点以及内陆开放高地，重庆统筹自身优势资源，并加紧实施自由贸易试验区、两江新区、渝新欧国际铁路等战略项目，越来越引发全国乃至世界的广泛关注，区域品牌形象及其传播度也迈向了更高的台阶。

1. 重庆市的PBDI

重庆作为国家中心城市，2020年品牌发展指数得分为0.564，品牌总体发展趋势良好，居于全国第三位，也是全国四个品牌发展指数得分值超过0.5的省域之一。从重庆的省域品牌发展指数的五项一级指标来看，文化、旅游、投资及品牌传播四项均为全国第三，其中旅游品牌发展指数分值为0.646，得分最高，品牌传播发展指数得分为0.537，投资品牌发展指数得分为0.558，文化品牌发展指数得分为0.503；宜居品牌发展指数得分为0.577，位居全国第四。

总体来看，重庆的品牌发展水平位于全国前列，综合发展水平较高。长江三峡、大足石刻、神龙峡等优美的自然风光、特色鲜明的巴渝文化、陪都文化以及以火锅为代表的特色重庆饮食文化，在赋予重庆独特的文化品牌发展优势的同时，也为其打造、传播旅游品牌奠定了坚实的基础。此外，2020年重庆还联合四川承办了第六届中国诗歌节，成功举办了“舞动山城”国际街舞大赛、中国三峡国际旅游节等一系列节会活动。重庆还在全域旅游、文化产业等方面成功创建了9个国家级品牌，进一步提升了其在旅游、文化品牌方面的优势。

2. 总结与建议

“一带一路”倡议、长江经济带发展、西部大开发等的深入实施给重庆品牌发展带来了巨大的动力。此外，成渝地区双城经济圈建设加快推进，使重庆战略地位凸显、战略空间拓展、战略潜能释放，给城市品牌发展带来诸多利好，特别是对于投资品牌的发展。未来，重庆在城市品牌发展及建设中，一方面要保持良好的发展态势，在旅游和文化品牌建设上持续发力提效，增强城市品牌综合竞争实力。另一方面，处在“一带一路”及长江经济带的联结点上，重庆要充分利用自身的地理位置优势，健全不同区域的城市功能，推动区域协同发展，加快推进两江新区建设；发挥重

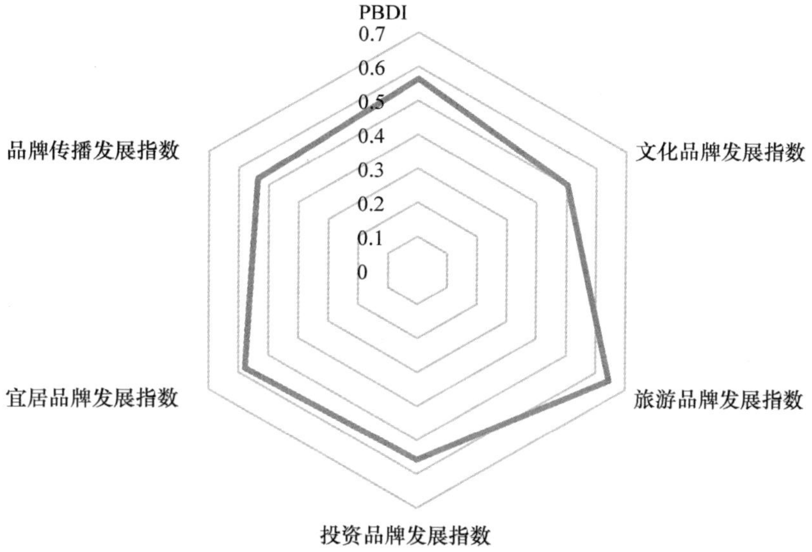

图 8－5　重庆市的省域品牌发展指数表现

资料来源：笔者整理。

庆在成渝城市群中的辐射带动作用，推动重庆迈向高质量发展的新台阶，建设山清水秀的大美重庆，提高居民的生活品质，多方面综合提升重庆的品牌发展质量。

（四）浙江省品牌发展指数

浙江省，简称“浙”，位于中国东南沿海、长江三角洲南翼，地处亚热带中部，属季风性湿润气候。截至 2019 年年末，浙江省全年地区生产总值达 62352 亿元，全省常住人口有 5850 万人，较 2018 年年末增加 113 万人。长江三角洲地区发展基础好、体制环境优、开放程度高，浙江省具有天然的城市品牌发展优势。

1. 浙江省的 PBDI

从省域品牌发展指数综合排名来看，浙江省保持了全国第四的排位，得分 0.526，较 2019 年分值略有提高。其中，省域宜居品牌发展指数的分值为 0.584，位居全国第三；省域旅游品牌发展指数得分为 0.590；省域投资品牌发展指数的分值为 0.556；省域文化品牌发展指数的分值为 0.463，均位居全国第四；省域品牌传播发展指数得分为 0.437，得分相对较低，居全国第七位。总的来看，浙江的省域品牌综合发展水平较高，得分远高于全国平均水平，各项一级指标也均位居全国前列。

浙江在省域经济与社会发展过程中，主动发挥自身区位及资源优势，积极与邻近的国际化大都市上海接轨合作，充分利用上海的辐射带动作用及溢出效应；并努力融入长江三角洲与长三角城市群的合作与交流中，将国家重大发展战略作为自身发展的重要引擎，将自身定位为长江三角洲先进制造业基地、现代服务业中心等，并大力发展高新技术产业；实现各类实体经济的互联网在线运营，互联网行业发展迅猛，一些大型互联网企业已经成为全国乃至世界的先进标杆。另外，浙江省也是地方行政体制改革与政府治理改革的先行示范省，在全国率先推进“最多跑一次”改革，努力推行“互联网 + 政务服务”建设，全省各地、各级政府单位均积极响应、大力实践，极大地提高了政府的政务服务效率，简化办事流程，为企业、百姓提供了极大的便利，也为浙江市场经济的不断活跃与发展扫除了体制机制障碍，极大地提高了浙江省的投资吸引力，提升了省域投资品牌的美誉度。

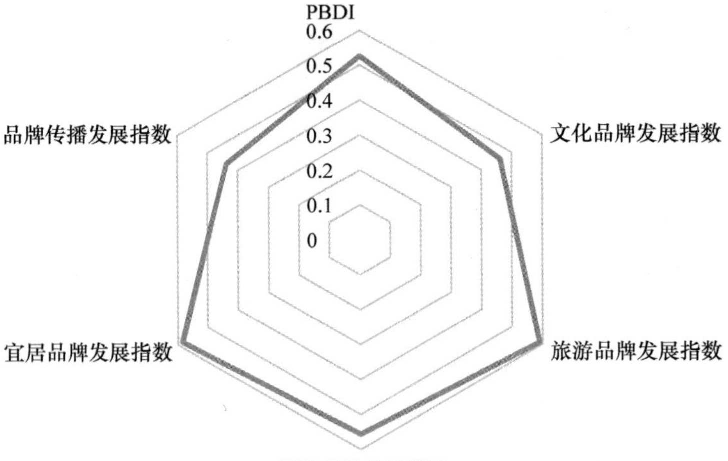

图8－6　浙江省的省域品牌发展指数表现

资料来源：笔者整理。

2. 总结与建议

《长江三角洲区域一体化发展规划纲要》指出，未来浙江要发挥数字经济领先、生态环境优美、民营经济发达等特色优势，大力推进大湾区大花园大通道大都市区建设，整合提升一批集聚发展平台，打造全国数字经济创新高地、对外开放重要枢纽和绿色发展新标杆。因此未来浙江省仍然要在省域宜居品牌、文化品牌以及投资品牌等方面加大力度。首先，要在发展中不断体现浙江特色，弘扬浙江本土文化，发挥浙江作为“丝绸之府”以及“鱼米之乡”的特色文化优势，推进吴越文化、江南文化的品牌建设，不断在发展中提高浙江本土文化的影响力；其次，浙江要注重进一步加大公共服务建设，利用数字经济的领先优势，推进社会治理，持续加大民生投入，改善人民生活质量，合理调控房价，不断提高自身宜居水平；最后，要充分发挥纸媒以及网络媒体的宣传作用，加大城市品牌的推广与传播，注重城市品牌的声望与知名度，多方面提高浙江省省域品牌的综合发展指数。

（五）天津市品牌发展指数

天津是中国四大直辖市之一，是国家中心城市，同时也是中国北方最大的港口城市、北方国际航运核心区、改革开放先行区、首批沿海开放城市、中蒙俄经济走廊主要节点、海上丝绸之路的战略支点、“一带一路”交会点以及环渤海地区的经济中心。截至 2019 年年末，天津市共下辖 16 个区，常住人口有 1561. 83 万人，城镇化率接近 83. 5%，全年地区生产总值为 14104. 28 亿元，人均可支配收入为 42404 万元。天津地区自商周时代便有人类居住，隋朝以后，因为大运河的开通，位于运河北部、兼有河海运输之便的天津的地位日渐重要，唐朝中叶以后，天津便已成为南方粮食、丝绸北运的水陆码头。清末英法联军占领天津后，列强先后在津设立租界，也使得天津汇集了众多新颖别致的西洋建筑，有万国建筑博览会之称，现在已经成为天津别具特色的城市风格。天津市的特色方言、饮食、相声以及话剧等也是天津历史文化的珍贵结晶。天津作为中蒙俄经济走廊的主要节点、海上丝绸之路的战略支点、“一带一路”的交会点，以及京津冀城市群的引领城市和中部核心功能区之一，其城市品牌发展与提升正处于重要的战略机遇期。

1. 天津市的 PBDI

天津市的省域品牌发展指数的分值为 0. 464，居于全国第五，比全国平均水平（0. 342）高 0. 122 分，综合实力较强。从各项一级指标来看，天津市宜居品牌发展指数的分值为0.509，省域品牌传播发展指数的分值为0.467，二者均位于全国第五，与总体排名一致；投资品牌发展指数的分值为0.513，排名全国第六；文化品牌发展指数的分值为0.411，排名全国第七。

总体看来，天津市品牌发展综合实力位居全国前列，综合排名居于全国第五，远高于全国平均水平。但是，相对于综合实力突出的北京、上海，仍然有较大差距；与分别排位第三、第四的重庆市、浙江省相比，也有较多不足之处，仍需不断发展，实现超越。

天津市地处环渤海的中心位置，是华北地区、东北地区以及西北地区三大区域的主要出海口，也是京津冀都市圈的核心区之一，与日本、韩国隔海相望。中国（天津）自由贸易试验区建设、京津冀协同发展、“一带一路”倡议等为天津的城市发展持续注入动力。天津港不但是重要的水路交通枢纽，还与京哈铁路、京津城际铁路、京沪铁路三条铁路干线交会，并外接京广铁路、京九铁路等干线，与全国铁路联网；公路交通更是四通八达，与京津唐高速、丹拉高速等形成辐射状公路网络。便捷的交通为天津的产业发展及投资品牌建设创造了极为良好的条件。作为自中国隋唐以来的重要航运、港口城市，天津拥有丰富、独特的历史文化资源，为文化品牌及旅游品牌的发展创造了优越条件。

2. 总结与建议

天津市品牌发展总体态势良好，综合实力较强，尤其表现在宜居品牌及品牌传播发展方面。在天津市“十四五”规划中，提出未来将打造“津城”“滨城”双城发展的格局，其中“津城”实现现代服务功能明显提升，形成若干现代服务业标志区；“滨城”城市综合配套能力显著增强，生态、智慧、港产城融合的宜居宜业美丽滨海新城基本建成，实现合理分工、功能互补、协同高效的空间布局更加优化，这也为天津城市品牌建设及进一步发展奠定了深厚的基础。未来天津市要把握好城市各区域功能定位，充分发挥各方优势，把握京津冀城市群建设、“一带一路”建设以及滨海新区开发开放等机遇，在原有的发展基础上，瞄准短板，大胆创新，改善营商环境，打造“天津品牌”。着力改善民生，优化社会治理，加快推进生态文明建设；充分发挥天津的历史文化优势，创新文化发展形式，提高文化品牌的影响力；注重城市品牌的推广与宣传，提高旅游吸引力，从而多方面提升天津的品牌发展质量及竞争力。

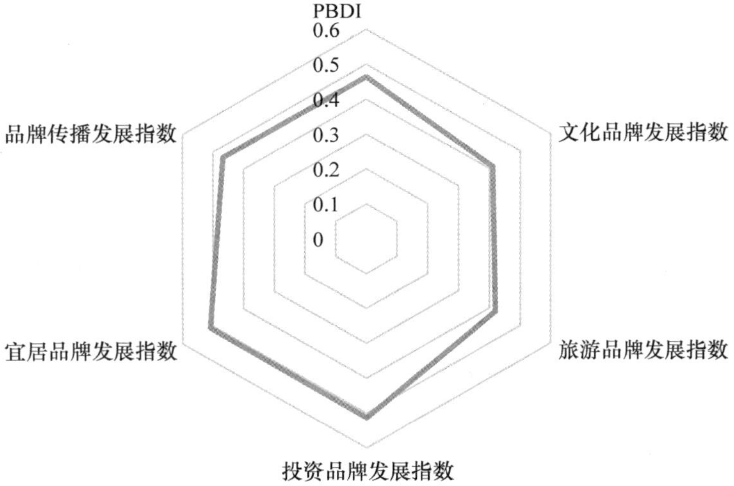

图 8－7　天津市的省域品牌发展指数表现

资料来源：笔者整理。

（六）江苏省品牌发展指数

江苏省简称“苏”，位于中国东部沿海地区，北接山东，东濒黄海，东南与浙江、上海毗邻，西接安徽。江苏省跨江滨海，湖泊众多，地势平坦，地跨长江、淮河两大水系。江苏地处长江经济带，下辖 13 个设区市，省域经济综合竞争力位居全国第一。截至 2019 年年末，常住人口超过 8000 万人，实现地区生产总值为 9631.5 亿元，人均 GDP 高达 123607 万元。江苏省与上海、浙江、安徽共同构成的长江三角洲城市群已经成为 6 大世界级城市群之一。同时，江苏作为远古人类、吴越文化，还有金陵、淮扬文化的发祥地之一，自古以来就是政治、经济、文化最为发达的省域之一。近年来，江苏省不断改革创新，利用自身区位优势及资源优势，实现经济社会的转型发展，同时注重生态环境的保护以及文化品牌的打造与传播，树立了良好的省域品牌形象。

1. 江苏省的 PBDI

江苏省省域品牌发展指数的分值为 0.459，全国排名第六位，较 2019 年上升一位，比全国平均水平（0.342）高出 0.117 分。从各项一级指标来看，江苏省省域投资品牌发展指数的分值为 0.522，排在全国第五位，在五项一级指标中排名最高；文化品牌发展指数的分值为 0.415，品牌传播发展指数的分值为0.451，均位居全国第六；省域宜居品牌发展指数的分值为0.474，排在全国第七位；旅游品牌发展指数的分值为0.430，排名全国第九，排名相对其他指标稍显落后。

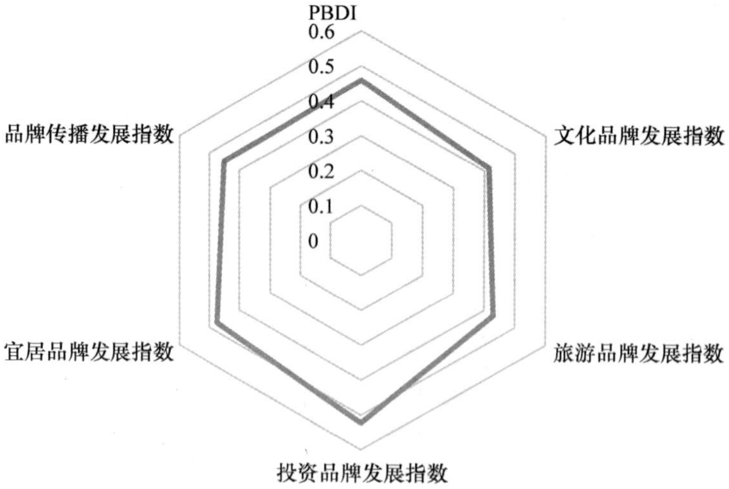

图8－8　江苏省的省域品牌发展指数表现

资料来源：笔者整理。

总体来看，江苏省省域品牌发展综合实力较强，各项一级指标均排名全国前10，整体发展态势良好。江苏省是中国民族工业的主要发祥地之一，具有良好的工业基础，制造业总值约占全国总值的1/8，国有企业利润多年来一直居于全国首位。近年来，江苏省坚持厚植实体经济优势，坚持创新驱动，降低生产成本，不断攀升制造业价值链更高端。另外，江苏省拥有着丰厚的人才资源，宽松的发展环境、良好的发展前景不断吸引优秀人才入苏就业。加上“放管服”改革的不断深化与推进，江苏的营商环境也进一步优化，投资品牌优势不断彰显，因此其投资品牌发展指数位居全国第五。相较而言，江苏在旅游品牌发展方面相对较弱，主要是其在城市旅游吸引力、省域旅游口碑、省域旅游传播三个方面均表现平平，全国排名均在第10名左右。因此，未来需要重视旅游品牌建设与城市品牌建设之间的联系，形成互惠互通、共生共赢的良好关系。

2. 总结与建议

江苏在长期发展中积累了雄厚的经济实力、创新能力、产业竞争力、文化软实力，“一带一路”建设、长江经济带发展、长三角区域一体化发展交会叠加、深入实施，为未来发展打开了广阔空间。未来江苏在城市品牌打造的过程中，需要充分发挥江苏历史文化及自然风光优势，重视旅游品牌的建设与推广，并从生态环境保护、基础设施完善等方面入手，提升人民生活质量，推动旅游品牌发展。另外，通过纸媒、网络等加快省域品牌的传播及推广，从而多方面促进江苏省域品牌的发展。

（七）山东省品牌发展指数

山东省简称“鲁”，位于中国东部沿海、黄河下游，境域包括半岛及内陆两部分，山东半岛突出于渤海、黄海之中，同辽东半岛隔海相望，内陆部分与河北、河南、安徽、江苏接壤，全省陆域面积 15.58 万平方千米，“山水林田湖”自然禀赋得天独厚，气候属温带季风气候。截至 2019 年年末，山东省全省常住人口超过 1 亿人，地区生产总值为 71067.5 亿元。山东是中华文化的重要发源地之一，山东石器时代文明距今已有 8500 年之久，发源于山东的齐鲁文化对于中华文化的形成和发展意义深远，儒家思想对于后世中国历代治国理政以及人民教化亦有重大贡献。山东还是汉代丝绸之路的重要源头，素有“膏壤千里”之称，农业与手工业发达，秦汉时期曾是中国的经济中心。清朝后期，山东烟台曾成为开放口岸，青岛和威海后来也分别租借给德国和英国，后又曾被日本占领。因此，山东青岛、威海等地至今还保存着一定的异域特色建筑。灿烂悠久的历史文化、多样美丽的山水风景、得天独厚的自然条件以及尊尚仁义的社会文明为山东省的品牌发展打下了坚实的基础。

1. 山东省的 PBDI

山东省 2020 年省域品牌发展指数得分为 0.444，整体排名位居全国第七，较 2019 年下降一个位次。相比全国平均水平（0.342），山东省超出 0.102 分。从品牌发展指数的构成来看，山东省品牌传播发展指数得分值为 0.468，居于全国第四名；旅游品牌发展指数得分值为 0.445，排名全国第七；宜居品牌发展指数与投资品牌发展指数得分值分别为 0.462 和 0.460，均位居全国第八；文化品牌发展指数得分值为 0.385，居全国第十一位。

总体来看，山东省品牌发展综合实力在全国居于前列，各项一级指标均高于全国平均水平，且处于不断上升的过程之中。品牌传播发展取得显著成就，得分值仅低于京沪渝三地，位居第四，主要得益于山东政务新媒体发展较好（得分 0.796，全国排名第 2 位）。文化品牌发展指数在五个一级指标中相对较低，主要是其省域文化关注度较低所导致（得分 0.424，全国排名第 14 位），因此需要进一步提升省域文化的关注度。山东作为儒家文化的发源地，其在传统文化方面具备较大优势，但是在城市现代文化方面存在短板，如何吸引现代年轻人是其面临的问题，需要进一步加强。

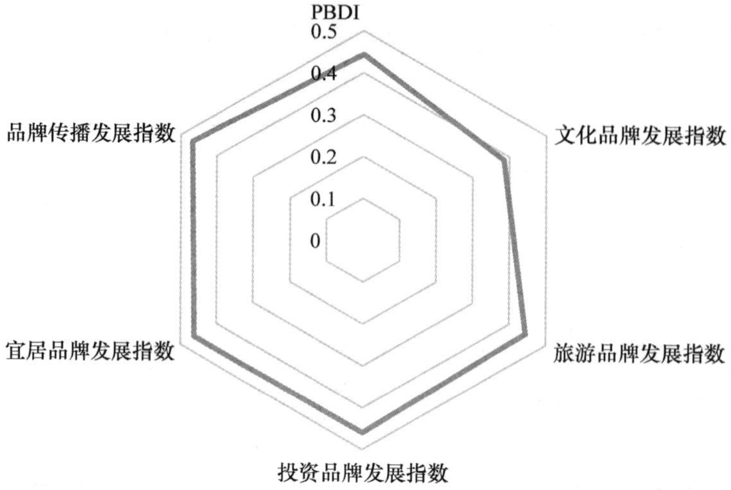

图 8－9 山东省的省域品牌发展指数表现

资料来源：笔者整理。

山东省人口过亿，经济总量居于全国前列，得天独厚的海洋资源是山东经济发展的重要宝库，为其海洋渔业、运输业以及能源化工类产业提供了丰富资源，同时也为其外贸及旅游事业的发展提供了优厚条件。山东对内是连接中国内陆经济发展的重要桥梁，又是中国面向世界对外开放的重要窗口之一，扮演着“一带一路”东亚经济中心和枢纽的重要角色，处于长江三角洲经济带、京津冀地区以及中原经济区的重要联结点上，经济腹地广阔，区位优势显著，加之四通八达的交通与信息网络，山东的综合品牌发展正迈向新的台阶。

2. 总结与建议

立足山东的优势发展资源及有利区位因素，山东省品牌发展还将迎来新的机遇。一方面，山东深度融入共建“一带一路”、对接京津冀和长三角区位优势明显，黄河流域生态保护和高质量发展战略赋予重大机遇；另一方面，山东加快建设新旧动能转换综合试验区、中国（山东）自由贸易试验区、上合组织地方经贸合作示范区等重大平台，战略叠加优势凸显。未来山东需要充分发挥自身品牌传播发展优势，优化营商环境，破除传统的“官本位”思想以及旧的体制机制障碍，推进“放管服”改革，优化公共服务质量，提高办事效率，充分激发市场活力，同时推进其投资品牌发展。进一步加大社会基础设施建设，改善、保护生态环境，提高居民生活质量，提升宜居发展指数。经济、文化、民生、生态、旅游等多方面协同发展，从而推进山东品牌发展迈向新阶段。

（八）广东省品牌发展指数

广东省简称“粤”，省会广州，地处中国大陆最南部，东邻福建，北接江西、湖南，西连广西，南邻南海，珠江口东西两侧分别与香港、澳门接壤，西南部雷州半岛隔琼州海峡与海南省相望。截至 2019 年年末，广东全省常住人口有 11521 万人，城镇化率达到 71.4%。广东是中国第一经济大省，多项经济指标位列全国第一，2019 年全省实现地区生产总值 107671.07 亿元。广东多年来一直充分发挥毗邻港澳的优势，深化区域金融合作，全力建设金融强省，现阶段与港澳合作，打造粤港澳都市圈，将其建成全球最具影响力的大都市圈之一。珠三角经济带及粤港澳大湾区的建设与发展，对广东省省域品牌的打造与推广具有重大的促进作用。

1. 广东省的 PBDI

从总体上来看，广东省品牌发展指数均值为 0.443，位列全国第 8 名，总体发展水平较高。从各项指数构成来看，广东省旅游品牌发展指数全国排名在五项一级指标中最靠前，分值为 0.466，居于全国第六名；投资品牌发展指数得分为 0.496，位居全国第七；品牌传播发展指数得分为 0.431，位居全国第八；宜居品牌发展指数得分为 0.444，位居全国第九；文化品牌发展指数得分为 0.379，在全国排名第十二。

从省域品牌发展指数各分项指标排名来看，广东省四项分项指标均位于全国前十名，综合发展水平高。广东地理位置优越，毗邻港澳，对外开放早。深圳、珠海、汕头率先建立经济特区，创造了良好的投资环境，对海外与国内都具有吸引力，因此商业、外贸等均居全国前列。这些条件为广东成为一个著名的旅游大省奠定了基础。旅游业是广东改革开放的先行领域，其发展历程正是广东改革开放历程的缩影和写照，广东旅游业为中国旅游业的发展起到重要示范带动作用。文化品牌发展指数在五个一级指标中相对较低，需进一步提升。一方面，推进粤港澳等地海上丝绸之路重点史迹申报世界文化遗产工作，不断加强粤港澳在弘扬岭南文化独特魅力方面的合作，挖掘保护富有岭南特色的建筑物；另一方面，完善公共文化服务体系和文化创意产业体系，支持广州岭南文化中心和对外文化交流门户、江门华侨华人文化交流合作平台建设，支持中山保护好、传承好、利用好孙中山文化资源，促进文化品牌发展。

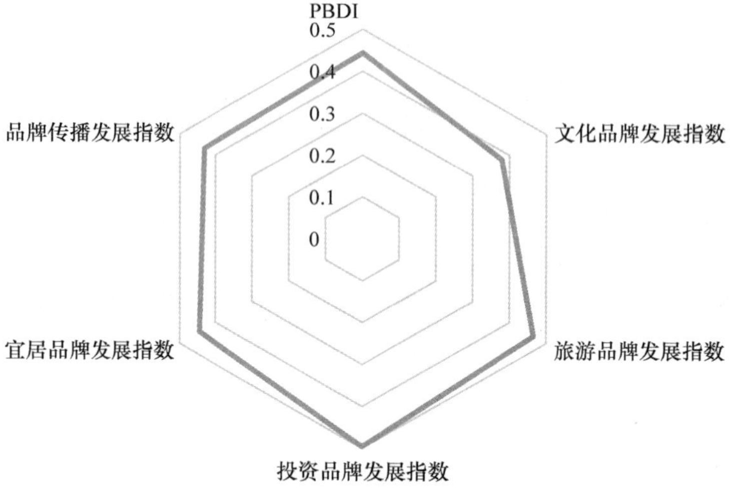

图 8－10　广东省的省域品牌发展指数表现

资料来源：笔者整理。

2. 总结与建议

粤港澳大湾区是中国开放程度最高、经济活力最强的区域之一，在国家发展大局中具有重要战略地位。根据《粤港澳大湾区发展规划纲要》，粤港澳大湾区不仅要建成充满活力的世界级城市群、国际科技创新中心、“一带一路”的重要支撑、内地与港澳深度合作示范区，还要打造成宜居宜业宜游的优质生活圈，成为高质量发展的典范。作为粤港澳大湾区的重要组成部分，广东的发展正迎来新的机遇。在今后的省域品牌发展建设中，广东省要立足自身发展优势，因地制宜，推进珠三角、粤东、粤西及粤北的区域协调发展，发挥珠三角等发达地区的辐射带动作用，从而缩小区域之间的发展差距。另外，要注重创新在文化品牌发展中的作用，创新文化展现形式，提高文化品牌吸引力，借助于互联网新媒体平台，塑造并传播特色鲜明、兼具全球影响力和美誉度的国际城市品牌。

（九）湖北省品牌发展指数

湖北省简称“鄂”，地处长江中游，省会武汉，位于中国中部地区，东邻安徽，南界江西、湖南，西连重庆，西北与陕西接壤，北与河南毗邻。截至2019年年末，湖北省常住人口有5927万人，实现地区生产总值45828.31亿元。湖北历史源远流长，是中华民族灿烂文化的重要发祥地之一，夏商以前就有南方民族长期在此劳动生活。湖北文化是中国古代楚文化之根，湖北又是中国近现代革命的重要策源地之一，历史文物与革命文物十分丰富，享有“文物大省”之誉。长江经济带建设、中部地区崛起等战略的实施与推进，为湖北省域品牌的打造与建设提供了良好的发展机遇。近年来，“灵秀湖北”的品牌形象获得了较高的认可与赞誉。随着汉江生态经济带建设战略的落地与实施，湖北区域品牌发展又迎来新的机遇。

1. 湖北省的PBDI

湖北省省域品牌发展指数得分为0.417，高于全国平均水平（0.342），排名全国第9，较2019年排名有了大幅提升，提升10个位次。从各项品牌发展指数的一级指标来看，湖北省旅游品牌发展指数得分相对最高，分值为0.489，居全国第5；省域宜居品牌发展指数得分为0.476，排名全国第6；投资品牌与文化品牌发展指数得分分别为0.413和0.386，分列全国第9和第10；品牌传播发展指数得分为0.323，排名全国第14，在各项指标中排名相对靠后。

从湖北省省域品牌发展指数及各项一级指标的排名可以看出，其品牌发展综合实力相对较强。湖北江河纵横、湖泊遍布，拥有丰富的山水旅游资源，素有“千湖之省”以及“泽国”之美称，其旅游和宜居品牌的发展具有较大的优势。作为中部崛起的重要战略支点和长江经济带的重要区位，湖北在利用当前区位及资源优势打造投资品牌、推进投资吸引力方面还可进一步提升优化。

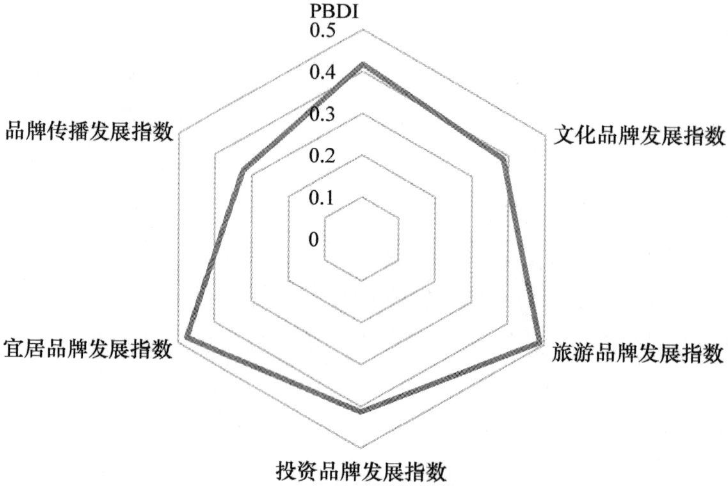

图 8-11　湖北省的省域品牌发展指数表现

资料来源：笔者整理。

2. 总结与建议

根据相关规划，湖北省勾画了“一芯驱动、两带支撑、三区协同”为主要内容的区域和产业发展战略布局。致力于推进自身在中部地区崛起及长江经济带发展中的重要作用，将自身建设成为以全国经济中心、高水平科技创新中心、商贸物流中心和国际交往中心四大功能为支撑的国家中心城市，支持宜昌继续做大做强区域性中心城市，加快产业转型升级，延伸产业和服务链，形成带动区域发展的增长节点。另外，湖北应发挥自身历史文化优势，湖北拥有 11 个历史文化名城，积淀了深厚的楚文化、三国文化、明文化、首义文化与红色文化等资源，为其文化产业的发展提供了不可多得的优势资源，湖北省应充分利用现有资源并加大文化产业创新，挖掘、整合、提升、保护相结合，打造湖北文化品牌并带动旅游品牌的建设与发展。

（十）四川省品牌发展指数

四川省简称“川”或“蜀”，位于中国西南部，地处长江上游，素有“天府之国”的美誉。全省面积 48.6 万平方千米，与重庆、贵州、云南、西藏、青海、甘肃和陕西接壤，地势复杂多样，分属三大气候，总体气候宜人，拥有众多长寿之乡。截至2019年年末，四川省常住人口达到8375万人，全省实现地区生产总值46615.8亿元。四川省一直以来立足自身资源优势，注重省域品牌的打造与建设，使自身品牌知名度及认可度不断提高。

1. 四川省的PBDI

从省域品牌发展指数来看，四川省得分为0.370，排名全国第十，总体发展水平较高，比全国平均水平（0.342）高出0.028分。从五项一级指标来看，四川省旅游品牌发展指数得分为0.438，位列全国第八；品牌传播发展指数得分为0.386，位列全国第九；投资品牌发展指数得分为0.326，省域宜居品牌发展指数得分为0.371，均位列全国第十一；四川省文化品牌发展相对落后，指数得分为0.330，位列全国第十五。

作为人口、经济、资源及科教大省，多项国家战略、重大政策以及多个开放创新平台在四川交会叠加，例如“一带一路”建设、长江经济带发展、新时代推进西部大开发形成新格局、黄河流域生态保护和高质量发展、成渝地区双城经济圈建设等，都为四川省域品牌发展建设创造了有利条件。

四川是中国多民族聚居地区，有55个少数民族，是中国第二藏区，以及唯一羌族聚集区、第一彝族聚集区，民族文化丰富多彩。四川省拥有全国重点文物保护单位230处，位居全国第五，国家级非遗项目139个，文化品牌发展优势明显。四川省政府相继实施了一系列传承发展古蜀文明、历史名人文化传承创新、藏羌彝文化发展等“文化发展繁荣工程”，四川在传统文化和民族文化方面具备得天独厚的优势，因此在城市品牌打造过程中注重文化品牌的发展和传播。

2. 总结与建议

当前，四川省正处于发展新经济、转变城市发展方式、优化经济结构和转化增长动力的重大攻关期。在省域品牌发展综合水平较高的同时，四川仍需不断加强品牌建设，弥补短板，充分发挥资源及政策优势，注重文化品牌建设与传播，并从提升投资品牌吸引力及美誉度、提高宜居品牌发展指数等方面入手，增强省域品牌综合竞争力。根据对成都平原经济区、川东北经济区振兴发展、攀西经济区转型升级、川西北生态示范区建设等的相关规划，四川省五大片区发展目标、定位以及重点任务得到了进一步明确。省域品牌建设要在相关规划的基础上，明确各区域发展定位，注重

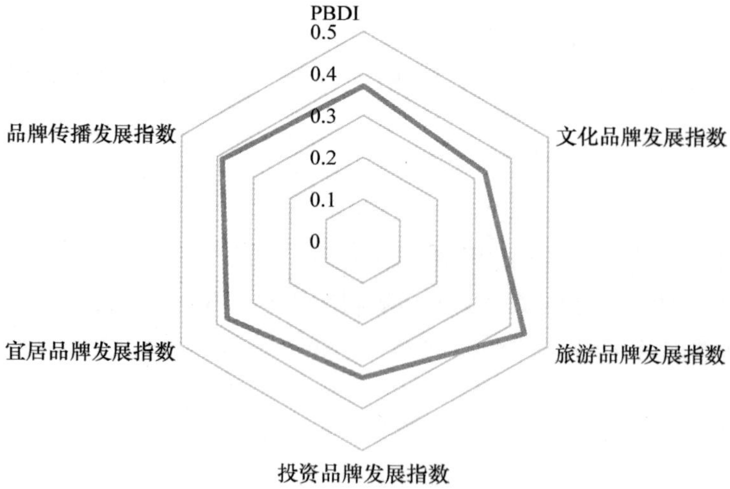

图 8－12　四川省的省域品牌发展指数表现

资料来源：笔者整理。

政策引领，加大创新力度，提高文化品牌的创新意识，从而提高文化品牌吸引力及传播度。进一步优化营商环境，推进“放管服”改革，创造良好的投资环境，发挥市场机制的作用，完善交通建设，从而提高投资吸引力。另外，加强社会治理，加大公共基础设施建设，提高公共服务质量，从而提高省域宜居品牌发展指数。发挥互联网等新媒体的传播优势，注重“四川品牌”的推广及传播，提高品牌的影响力及美誉度。

（十一）河北省品牌发展指数

河北省简称“冀”，省会石家庄，位于中国华北地区，环抱首都北京，东与天津毗邻并紧傍渤海，西倚太行山与山西相邻，河北省地跨海河、滦河两大水系，属温带大陆性季风气候。截至 2019 年年末，河北省常住人口共 7591.97 万人，实现地区生产总值 35104.5 亿元。

1. 河北省的 PBDI

河北省省域品牌发展指数得分为 0.357，高于全国平均水平(0.342)，总体位列全国第十一。从各分项指标来看，河北省投资品牌发展指数得分为 0.334，宜居品牌发展指数得分为 0.388，二者均位于全国第十；品牌传播发展指数得分为 0.363，居全国第十一；旅游品牌发展指数与文化品牌发展指数均排名全国第十四，二者得分分别为 0.367 和 0.332。

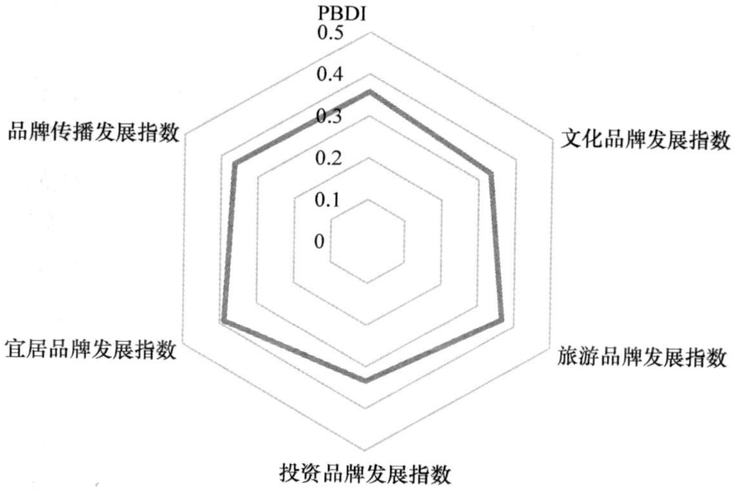

图 8－13 河北省的省域品牌发展指数表现

资料来源：笔者整理。

总体来看，河北省省域品牌发展处于全国上游水平，各项一级指标排名相对靠前，均高于全国平均水平。2017 年 4 月，中共中央、国务院决定设立河北雄安新区，2019 年 8 月，国务院新设中国（河北）自贸区。雄安新区及自贸区的建设，以及京津冀协同发展的不断推进与深化，为河北省的进一步发展带来了宝贵机遇，因此其在投资品牌和宜居品牌两个一级指标方面发展较好。但河北一直以来在旅游、文化品牌方面相对缺少亮点，因此这两个一级指标排名相对落后。北京携手河北省张家口举办 2022 年冬奥会，为河北的发展创造了发展机遇。丰富、独特的历史文化，优美、多样的自然风光，对于打造河北文化品牌、旅游品牌具有重大价值。

2. 总结与建议

尽管河北自身省域品牌指数得分相对较高，但在全国范围内仍与北京、上海有一定的差距。未来河北应依托京津冀协同发展的国家战略，特别是抓住雄安新区建设等契机，加大五个统筹和创新驱动发展的力度，高度重视区域品牌和城市品牌建设，力争在打造京津冀世界级城市群中承担更多的使命，让诚义之燕赵、胜境之河北拥有全新的品牌内涵和品牌光辉。

（十二）湖南省品牌发展指数

湖南省简称“湘”，位于中国中部。湖南是华夏文明的重要发祥地之一，相传炎帝神农氏在此种植五谷、织麻为布、制作陶器，坐落于株洲市的炎帝陵成为中华民族的精神象征；舜帝明德天下，足历洞庭，永州九嶷山为其陵寝之地。湖南的历史遗存众多，出土和发现的澧县城头山古城遗址、里耶秦简、走马楼三国吴简以及凤凰古南方长城、岳麓书院、岳阳楼是湖南悠久历史的浓缩与见证。湖南省是我国人口大省，截至2019年年末，湖南省常住人口达6918.4万人，实现地区生产总值39752.1亿元。作为国家“一带一路”倡议实施的重要腹地，湖南省立足自身发展优势及政策条件，省域品牌发展取得了较大成就。近年来，湖南省致力于打造“锦绣潇湘”的省域品牌形象，开展“爱上湖南”“一图看湖南”等大型品牌推广与传播活动，对湖南品牌的传播发挥了积极作用。“长江经济带”建设、中部崛起等一系列战略政策，为湖南省域发展提供了有力的政策支持与引领。

1. 湖南省的PBDI

湖南省省域品牌发展指数得分为0.340，排名全国第12，较2019年上升2位。从各项一级指标来看，湖南省省域文化品牌发展指数得分为0.428，位居全国第5；旅游品牌发展指数与宜居品牌发展指数得分分别为0.367和0.328，均居于全国第13位；省域投资品牌发展指数得分为0.290，排名全国第14；品牌传播发展相对较弱，指数得分为0.285，排名全国第20。

湖南省域品牌综合发展水平基本位于中上游，文化品牌发展情况相对较好，品牌传播发展情况相对落后。湖南是旅游资源与旅游产业大省，山水风光秀美奇特，历史文化底蕴深厚，民俗风情多姿多彩。湖南既有岳麓书院、韶山、凤凰古城、洪江古商城等底蕴深厚的人文景观，还有中华民族的先祖炎帝和舜帝，留下了屈原、贾谊、朱熹等历代文人墨客的惊世之作，培养了曾国藩、左宗棠、黄兴等众多中国近代史上叱咤风云的人物。湖南还是新中国的开创者毛泽东、刘少奇、任弼时等一批领袖人物的故乡。此外，湖南省聚集了土家族、苗族、侗族等少数民族，丰富多彩的民族文化也使湖南省域文化别具风采。湖南省在发展自身文化品牌的过程中，要注重有效开发本地优质的文化资源；在发扬传统文化的同时，要注重文化表现形式的创新，增强文化品牌的吸引力。同时，运用网络等新媒体传播方式，加强文化品牌的推广，多方位提升文化品牌的美誉度。

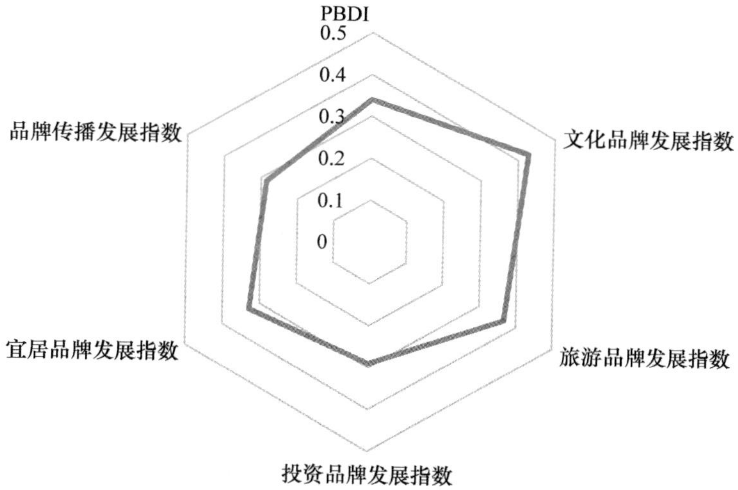

图 8－14　湖南省的省域品牌发展指数表现

资料来源：笔者整理。

2. 总结与建议

湖南位于东部沿海地区和中西部地区过渡带、长江开放经济带和沿海开放经济带结合部，区位优势明显、科教资源丰富、产业基础坚实、人力资源丰厚，长江经济带发展、中部地区崛起等国家战略为其提供区域发展新机遇，新技术革命带来产业升级新动力，共建“一带一路”、自贸试验区建设等引领开放新格局。中国（湖南）自贸试验区成功获批，中非经贸博览会长期落户湖南，对湖南省省域品牌发展和影响力提供了强有力支撑。未来湖南省要充分利用区位优势，充分发挥政策红利作用，紧抓产业梯度转移、空间梯度开发、开放梯度推进，坚持“创新引领、开放崛起”的发展战略，积极融入“一带一路”发展建设之中，从经济、社会、生态、民生、文化等方面提升省域品牌。

（十三）云南省品牌发展指数

云南省简称"云"或"滇"，位于中国西南地区，北回归线横贯南部，省会昆明。东与广西、贵州毗邻，北以金沙江为界与四川省隔江相望，西北紧依西藏，西与缅甸接壤，南部与老挝、越南毗邻，总长4060千米的国境线使云南省的对外交往占据了天然的区位优势。截至2019年年末，云南省常住人口达4858.3万人，实现地区生产总值23223.75亿元。云南以独特的高原风光，热带、亚热带的边疆风物和多彩多姿的民族风情而闻名于海内外。旅游资源十分丰富，已经建成了一批以高山峡谷、现代冰川、高原湖泊、石林、喀斯特洞穴、原始森林、花卉、文物古迹、传统园林及少数民族风情等为特色的旅游景区，为云南省旅游品牌的打造提供了良好的条件。近年来，云南省十分注重省域品牌的打造与传播，"七彩云南"的品牌形象在全国收获了较高的美誉度。

1. 云南省的PBDI

云南省省域品牌发展指数得分为0.332，排名全国第13，较2019年提升5位。总体来看，略低于全国平均水平（0.342）。从各项品牌发展的一级指标来看，云南省省域文化品牌发展指数相对其他指标发展较好，得分为0.407，位列全国第8；旅游品牌发展指数得分为0.423，位列全国第10；品牌传播发展指数和宜居品牌发展指数得分分别为0.318和0.294，均排名全国第15；云南省投资品牌发展相对较弱，得分为0.220，排名全国第21。

从各项指数得分值与排名情况可以看出，云南省借助独特的文化和旅游资源优势，文化和旅游品牌发展势头强劲，均跻身全国前十位。寒温热三带的立体气候、四季如春的城市风光、雄伟壮丽的山川地貌、古老悠久的历史文化遗存以及绚丽多彩的民族风情，为云南省文化和旅游品牌发展输送源源不断的能量。地处中国经济圈、东南亚经济圈和南亚经济圈的结合处，云南省是中国连接南亚及东南亚各国的关键枢纽，随着"一带一路"建设以及孟中印缅经济走廊的深入发展，云南省省域品牌发展不断迎来新契机。

2. 总结与建议

党的十八大以来，习近平总书记两次考察云南，发表重要讲话、作出系列重要指示，殷切希望云南正确认识和把握在全国发展大局中的地位和

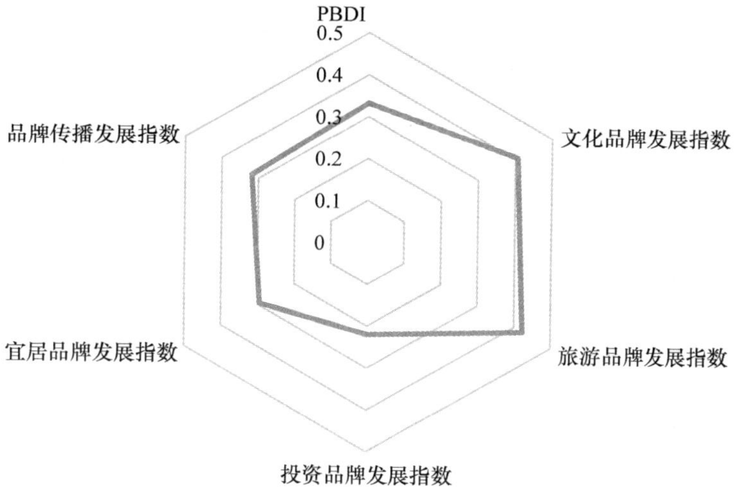

图 8－15　云南省的省域品牌发展指数表现

资料来源：笔者整理。

作用，闯出一条跨越式发展的路子来，努力在建设我国民族团结进步示范区、生态文明建设排头兵、面向南亚东南亚辐射中心上不断取得新进展，谱写好中国梦的云南篇章，为云南发展指明了前进方向。近年来，国家出台了一系列与云南相关的发展政策。“一带一路”倡议、孟中印缅经济走廊、大湄公河次区域经济合作、沿边金融综合改革试验区建设等，为云南的崛起与发展奠定了坚实的政策基础，给予云南省省域品牌千载难逢的发展机遇。当前，云南省除文化和旅游品牌发展情况相对较好以外，其他方面与全国发达地区存在较大差距。尤其在投资品牌发展方面，需要不断发挥自身优势，全力打造云南投资品牌。

（十四）河南省品牌发展指数

河南省简称“豫”，省会郑州。河南历史悠久，是中华民族和华夏文明的重要发祥地，50 万年前就有人类在此繁衍生息，历史上，商周、东汉、曹魏等多朝代都曾定都于河南。河南人口众多，是全国人口大省，劳动力资源丰富，消费市场巨大。截至 2019 年年末，河南省总人口达到 10952 万人，全年实现地区生产总值为 54259.2 亿元，人均生产总值为 56388 元。河南省作为全国重要的综合交通枢纽、通信枢纽、能源基地，基于自身区位优势及资源条件，抓住建设国家粮食生产核心区、郑州航空港经济综合实验区、郑洛新国家自主创新示范区、中原经济区以及中国（河南）自贸区等战略机遇，致力于打造“河南品牌”，从多方面提升河南省省域品牌发展的美誉度及影响力。

1. 河南省的 PBDI

河南省省域品牌发展指数得分为 0.331，位居全国第 14。从五项一级指标来看，省域宜居品牌发展指数得分最高，分值为 0.349，排名全国第 12；投资品牌发展指数和品牌传播发展指数得分分别为 0.303 和 0.336，均位列全国第 13；省域旅游品牌发展指数得分为 0.341，在全国位列第 16；河南省文化品牌发展指数得分相对较低，分值为 0.323，在五项指标中排名最靠后，位于全国第 17。

河南省品牌发展综合水平在全国处于中上游，整体实力较强，五个一级指标得分全部在 0.3 以上。2019 年 9 月，习近平总书记在郑州主持召开黄河流域生态保护和高质量发展座谈会强调，要着力加强生态保护治理、保障黄河长治久安、促进全流域高质量发展、改善人民群众生活、保护传承弘扬黄河文化，让黄河成为造福人民的幸福河。随着黄河流域生态保护和高质量发展这一国家战略的推进，河南在生态环境改善、社会治理水平方面有了显著提升，省域城市宜居品牌表现较好。但其旅游和文化品牌发展方面还有待进一步加强。未来河南省应充分发挥其名胜古迹、名山大河、文化古都、绚丽文化等旅游资源优势，创新旅游产业发展形式，加大旅游品牌建设与传播，从而推进省域品牌综合发展。

2. 总结与建议

当前，河南省基本形成了以郑州为中心的现代综合交通枢纽，高铁、高速公路以及干线公路四通八达，拥有在中原腹地“连天接地”的区位新优势。当前，随着黄河流域生态保护和高质量发展上升为重大国家战略，河南在全国大局中的地位和作用更加凸显，河南省品牌发展拥有持续动能。未来，河南应依托中部崛起的重要发展战略，抓住中原城市群与未来淮海经济区建设的重要契机，依托陇海线与京广线等发展轴，积极融入国内大循环、促进国内国际双循环。进一步增强郑州国家中心城市龙头带动作用，统筹推进郑州国际综合交通枢纽和开放门户、国家先进制造业基地、国家历史文化名城建设，提升枢纽开放、科技创新、教育文化、金融服务功能，打造国家高质量发展新标杆。巩固提升洛阳副中心城市地位，

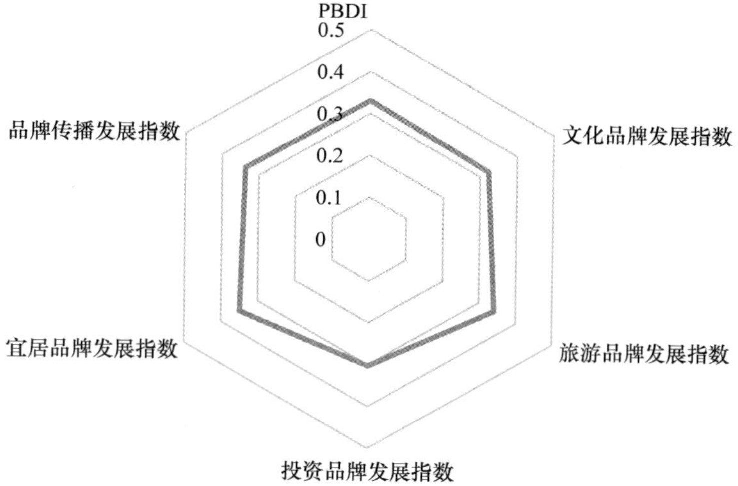

图 8－16　河南省的省域品牌发展指数表现

资料来源：笔者整理。

以全方位开放为牵引，强化高端制造创新、国际人文交往、生态宜居等功能，推动郑州都市圈、洛阳都市圈高质量发展，以此提升河南整体品牌形象与知名度。

（十五）福建省品牌发展指数

福建省简称“闽”，地处中国东南沿海，与台湾省隔海相望，省会福州。福建省地跨闽江、晋江、九龙江以及汀江四大水系，属亚热带海洋性季风气候，温暖湿润。截至 2019 年年末，福建省常住人口达 3973 万人，实现地区生产总值 42395 亿元，人均生产总值为 107139 元。福建省是“21 世纪海上丝绸之路”的核心区、“一带一路”建设的排头兵、国家优惠政策集中地，福建自贸试验区建设、福夏泉国家自主创新示范区的设立等，均为“建设新福建”带来了巨大的政策红利，福建品牌的发展也迎来了更大机遇。

1. 福建省的 PBDI

从省域品牌发展指数来看，福建省的得分为 0. 317，略低于全国平均水平，总体排名全国第 15。省域投资品牌发展指数的得分为 0. 314，排名全国第 12；福建省宜居品牌发展指数得分为 0. 321，排名全国第 14；省域文化品牌发展指数得分为0.325，位于全国第16；省域旅游品牌发展指数得分为0.332，排名全国第17；福建省省域品牌传播发展指数得分相对较低，为0.293，居于全国第18名。

总体来看，福建省省域品牌发展态势处于全国中等水平，发展总体情况良好。一直以来，福建集合政策优势、区位优势等，有效利用市场、资源，取得了令人瞩目的发展成就。“一带一路”的发展建设为福建省对外开放创造了更为广阔的空间，对于福建省参与沿线国家基础设施建设及传统产业转移具有极大的推动作用，同时也为福建总部经济、金融行业、节能环保产业以及加工和服务贸易的转型升级提供了广阔的空间，因此福建在省域投资品牌方面发展较好。相比较而言，福建在省域旅游品牌建设及省域品牌传播方面发展相对较弱。事实上，福建省拥有武夷山风景名胜区、厦门鼓浪屿、福建土楼、古田会议旧址等风格各异、引人入胜的旅游资源，因此其在省域旅游品牌发展和传播方面具有天然优势。如何充分发挥这些优势是未来福建需要重视的，同时福建还需进一步重视省域品牌传播对于省域品牌建设的积极作用，提升福建的省域品牌形象。

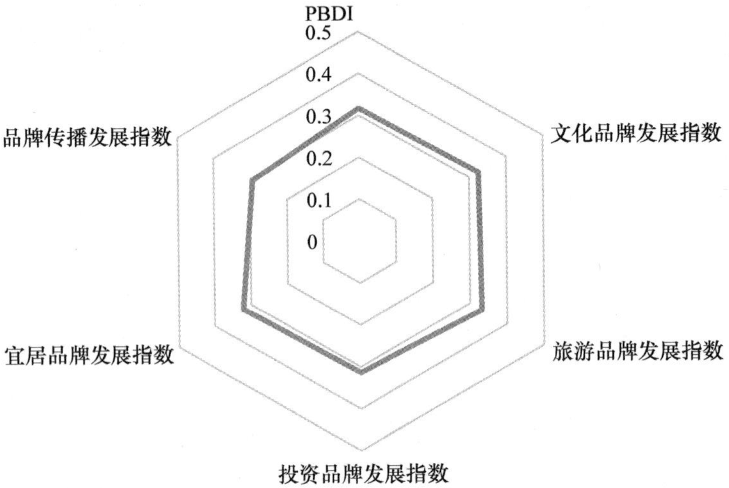

图8－17　福建省的省域品牌发展指数表现

资料来源：笔者整理。

2. 总结与建议

福建省省域品牌发展总体态势良好，在全国处于中游水平。但是，在省域旅游品牌建设及省域品牌传播方面短板相对明显。福建作为“一带一路”建设的关键省域，多项国家政策为其发展创造了良好条件。因此，福建省应充分利用现阶段的政策优势及发展平台，在保持文化品牌建设、投资品牌建设良好态势的同时，注重旅游品牌的推广与传播，创新旅游资源展现形式，开发“一带一路”建设的“福建名片”。同时，注重完善省域内的基础设施，提升宜居品牌发展效能；充分利用网络新媒体宣传平台，向全国乃至世界推广“清新福建”，推动福建省省域品牌不断迈上新的台阶。

（十六）陕西省品牌发展指数

陕西省简称“陕”或“秦”，省会西安，位于中国内陆腹地、黄河中游，是中华民族的重要发祥地之一，先后有周、秦、汉、唐等十多个王朝在此建都。截至 2019 年年末，陕西省常住人口达 3876. 21 万人，实现地区生产总值 25793. 17 亿元，人均生产总值为 66649 元。近年来，“梦回长安”“西安年・最中国”等旅游品牌的打造与推广，为陕西省省域品牌的传播起到了推动作用，“文化陕西，走向世界”的品牌形象开始得到有效塑造。与此同时，陕西着力构建交通商贸物流中心、国际产能合作中心、科技教育中心、国际文化旅游中心及丝绸之路金融中心，为提升陕西省域品牌形象提供了较好的条件。

1. 陕西省的 PBDI

陕西省省域品牌发展指数得分值为 0. 300，低于全国平均水平（0. 342），排名全国第 16，较 2019 年上升 4 位。从其品牌发展指数的一级指标来看，品牌传播发展指数和文化品牌发展指数排名靠前，分列第 12 和第 13 位，得分分别为 0. 356 和 0. 335；投资品牌发展指数和宜居品牌发展指数得分分别为 0. 243 和 0. 263，均位列全国第 19；旅游品牌发展指数得分为 0. 305，位列全国第 21。

从省域品牌发展指数及各项一级指标得分来看，陕西省品牌发展综合水平在全国处于中游，其品牌传播及文化品牌发展情况相对较好，其他各项指标仍与东部发达地区存在较大差距。陕西省是西北地区最为发达的省份，是华夏文明的发源地，历史悠久，文化积淀深厚。作为西部大开发及“一带一路”建设的关键区域，近年来，陕西省省域品牌在国家政策支持及自身大力建设下，取得了一定的成就。但是，就全省而言，陕西省整体营商环境尚待优化，宜居条件有待进一步改善，在投资及宜居品牌建设方面仍有较大的潜力。

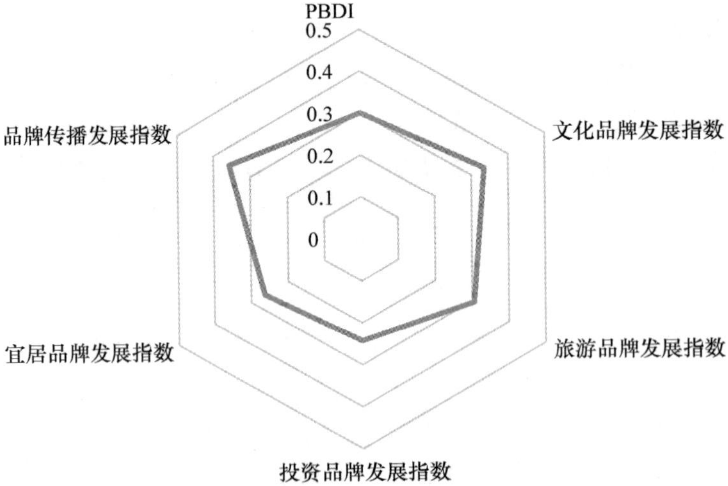

图 8－18 陕西省的省域品牌发展指数表现

资料来源：笔者整理。

2. 总结与建议

近年来，陕西省紧抓西部大开发战略和关中天水经济区建设等重大历史机遇，依托区位、人才及产业优势，产业规模不断壮大，新兴产业发展水平不断提升。近年来，陕西积极对接国家开放战略，主动参与新亚欧大陆桥、中国—中亚—西亚经济走廊建设和西部陆海新通道建设，加强与东部沿海地区城市、港口合作，推动形成“亚欧陆海贸易大通道”。深化与共建“一带一路”国家地区的交流合作，积极建设“一带一路”交通商贸物流中心、国际产能中心、科技教育中心、文化旅游中心、金融中心，同时深入推进西咸新区建设，加强省内各地区之间的文化、经贸及产业交流，推动省域内各市协调发展，建设生态、宜居、发达的省域品牌，提升省域品牌的综合竞争力。

（十七）安徽省品牌发展指数

安徽省简称“皖”，省会合肥，位于中国华东地区，濒江近海，有八百里的沿江城市群和皖江经济带，内拥长江水道，外承沿海地区经济辐射，地理位置优越。截至2019年年末，安徽省实现地区生产总值37114亿元，居全国第11位，常住人口有6365.9万人。近年来，安徽省紧抓长三角一体化发展国家战略以及中部崛起的发展机遇，依托邻近上海、苏浙等地的区位优势，不断发展新兴产业及绿色产业，推动自身品牌的发展与传播。

1. 安徽省的PBDI

从省域品牌发展指数得分情况来看，安徽省得分为0.298，居全国第17名。五项一级指标中得分最高的是省域品牌传播发展指数，分值为0.373，位列全国第10；省域投资品牌发展指数得分为0.283，居于全国第15名；安徽宜居品牌发展指数得分为0.274，位于全国第17；省域文化品牌发展指数得分为0.288，排名全国第18；省域旅游品牌发展指数得分为0.271，排名全国第23。

总体来看，安徽省省域品牌发展综合水平不高，没有达到全国平均水平（0.342），与邻近的上海、浙江、江苏等地存在明显差距。在5个一级指标中，省域品牌传播发展指数排名最高，主要得益于安徽的省域关注度和政务新媒体得分较高（均位居全国第4）。安徽的省域旅游品牌建设并未充分发挥自身潜力，安徽是山水江南、鱼米之乡的典型代表，省内自然、人文旅游资源丰富，加强文化与旅游品牌建设，创新产业发展形式，发展具有地方特色的安徽文化及安徽旅游，安徽品牌将会获得更长足的发展。

2. 总结与建议

近年来，随着长三角一体化、中部崛起战略的持续推进，以及“一带一路”倡议的实施，安徽省省域品牌发展迎来了新的机遇。要坚持把开放作为高质量发展的必由之路，用好安徽自贸试验区这块金字招牌，深化与共建“一带一路”合作国家和地区的合作，落实促进中部崛起战略，继续办好世界制造业大会等，打造具有重要影响力的改革开放新高地。安徽还要紧抓“一带一路”建设及长三角一体化发展机遇，积极提高对外开放层次及水平，改善营商环境，多管齐下梳理安徽投资品牌新形象，从而全面提升安徽省省域品牌的影响力及美誉度。

（十八）江西省品牌发展指数

江西省简称“赣”，因江西最大河流为赣江而得此简称，位于中国东

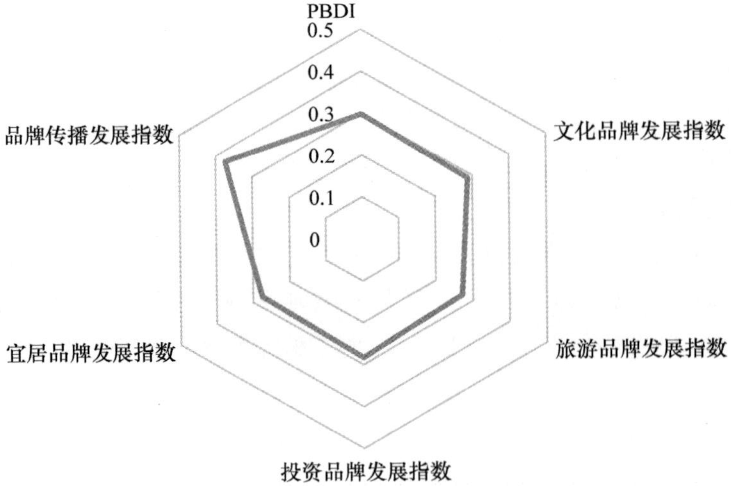

图 8-19　安徽省的省域品牌发展指数表现

资料来源：笔者整理。

南部，长江中下游南岸，地处华东地区，区位优越，交通便利，古称“吴头楚尾、粤户闽庭”，乃“形胜之区”，素有“江南鱼米之乡”的美称。截至2019年年末，江西省常住人口达4666.1万人，实现地区生产总值24757.5亿元，人均国内生产总值为53164元。江西红色文化闻名中外，井冈山是中国革命的摇篮，南昌是中国人民解放军的诞生地，瑞金是苏维埃中央政府成立的地方，安源是中国工人运动的策源地。在旅游资源方面，江西汇集了庐山、井冈山、景德镇、滕王阁等10处5A级风景区，旅游资源丰富。以京九线、浙赣线、武九线等六条铁路为骨干，还有横南、向乐等多条支线，昌九城际铁路、昌赣客运专线等，江西航空、铁路、公路及水路交通四通八达，为其省域经济建设及品牌发展创造了极大便利。

1. 江西省的 PBDI

江西省省域品牌发展指数得分为0.284，位列全国第18。其省域品牌传播发展指数得分为0.315，居于全国第16位；省域投资品牌发展指数得分为0.253，排名全国第17；省域宜居品牌发展指数得分为0.274，位于全国第18；文化品牌发展指数得分为0.276，位居全国第19；旅游品牌发展指数相对落后，得分为0.300，位居全国第22。

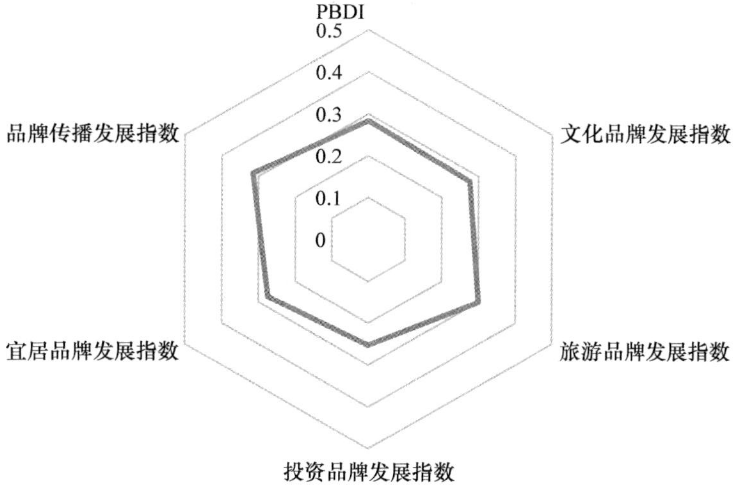

图8－20　江西省的省域品牌发展指数表现

资料来源：笔者整理。

总体来看，江西省省域品牌发展综合水平处于全国中下游，5个一级指标排名均在全国平均水平以下，其中省域品牌传播发展表现最优。江西省是长江三角洲经济区、珠江三角洲经济区和海峡西岸经济区的中心腹地，资源丰富，生态优良，得天独厚的区位优势和丰富深厚的人文底蕴，为江西品牌的发展及推广增添了动力。但是，江西省在旅游品牌、文化品牌发展方面并未充分发挥其资源优势，尚有较大的发展潜力和余地。未来江西可以培育高品质旅游线路和景区、度假区，打造红色旅游首选地、最美生态旅游目的地、中华优秀传统文化体验地。促进文化与旅游融合发展，推出一批更具江西文化特色的文旅产品，进一步唱响“江西风景独好”品牌。

2. 总结与建议

根据相关规划，江西省致力于构筑“多元发展、开放对接”的空间发展新格局，形成“一群两带三区”的省域空间发展总体结构。抓住促进中部地区崛起战略机遇，积极参与长江经济带建设，支持大南昌都市圈协同武汉城市圈、长株潭城市群共建长江中游城市群，推动长江中游城市群上升为国家战略。全面对接粤港澳大湾区、长三角一体化、京津冀协同发展等国家重大区域发展战略，推动与成渝地区双城经济圈等联动发展，从而促进江西整体品牌形象的提升。

（十九）贵州省品牌发展指数

贵州省简称“黔”或“贵”，省会贵阳，是中国西南地区交通枢纽，长江经济带重要组成部分。作为全国首个国家级大数据综合试验区，世界知名山地旅游目的地和山地旅游大省、国家生态文明试验区、内陆开放型经济试验区，截至2019年年末，贵州省常住人口达3622.95万人，实现地区生产总值16769.34亿元，人均地区生产总值为46433元。近年来，贵州省积极融入“长江经济带开发”的建设之中，着力打造贵州区域品牌，“多彩贵州”“云上贵州”“山地公园省·多彩贵州风”等品牌形象引起国内外广泛关注，大扶贫、大数据、大生态三大战略行动引领着贵州品牌开辟发展的新境界。

1. 贵州省的PBDI

从省域品牌发展指数来看，贵州省的得分为0.279，排名全国第19，较2019年上升2位。从各项一级指标的得分情况来看，旅游品牌发展指数得分相对较高，分值为0.366，排名全国第15；投资品牌发展指数得分为0.248，位列全国第18；品牌传播发展指数得分为0.287，位居全国第19；文化品牌发展指数得分为0.269，排全国第20位；宜居品牌发展指数得分为0.227，位居全国第21。

总体来看，贵州省品牌发展综合水平在全国相对较低，与发达地区存在较大差距，远低于全国平均水平（0.342）。贵州省拥有丰富的旅游资源及得天独厚的资源优势，“苗族文化”远近闻名，广泛分布的岩溶地貌构成了贵州特色自然旅游资源的基础，岩溶湖、瀑布、暗河等纵横叠置，形成了极富地域特色的自然“岩溶博物馆”。黄果树大瀑布、龙宫、织金洞等优质景观，都是喀斯特王国的典型代表，因此其旅游品牌发展相对较好。但受社会经济发展水平的限制，其投资及宜居品牌发展仍存在一定的现实障碍。

2. 总结与建议

根据相关规划，贵州省将打造国家大数据综合试验区，推进“云上贵州”“数据铁笼”等引领性重大示范工程建设。当前，国家实施大数据和网络强国等战略，为贵州省后发赶超创造了宝贵契机。在此基础上，贵州应加快融入国家重大区域战略，全力参与新时代西部大开发，积极参与

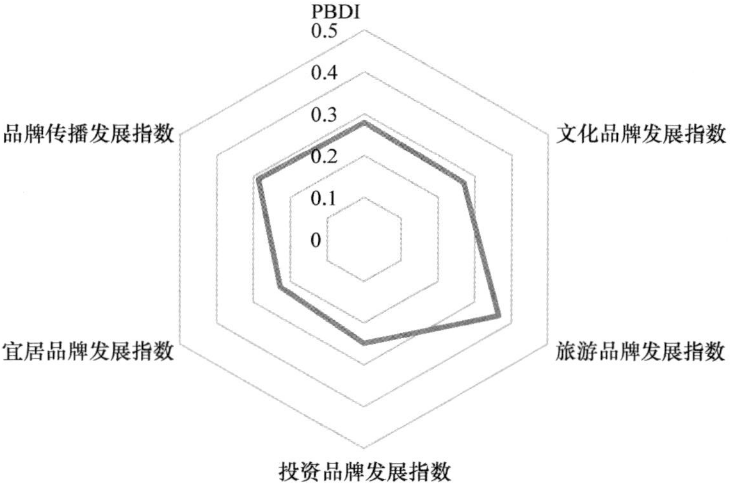

图 8－21　贵州省的省域品牌发展指数表现

资料来源：笔者整理。

长江经济带和泛珠三角区域建设，加强与粤港澳大湾区、成渝地区双城经济圈等协作。在旅游产业化方面，贵州应发挥优势、突出特色，丰富旅游生态和人文内涵，高品质开发旅游新业态，打造国际一流山地旅游目的地、国内一流度假康养目的地，建设多彩贵州旅游强省。同时要大力传播贵州多彩的民族文化及红色文化，加大文化产业创新，打造贵州文化品牌。在黔中城市群建设、贵安新区建设的进程中，充分发挥区域优势，注重生态环境建设及基础设施完善，提高宜居及幸福指数，从而多方面提升贵州省省域品牌形象。

（二十）海南省品牌发展指数

海南省简称“琼”，位于中国最南端，其管辖范围包括海南岛和西沙群岛、南沙群岛、中沙群岛的岛礁及其海域，海南岛西北部海域有浮水洲岛，也称为夜莺岛。海南地处热带边缘，属热带季风气候，素有“天然大温室”的美称。海南岛具有丰富的旅游资源，极富特色，其长达 1944 千米的海岸线上，沙岸占 50%—60%，多数地方风平浪静，海水清澈，仅海口至三亚东岸线就有 60 多处可开辟为海滨浴场。此外海南是全国唯一的黎族聚居区，黎族颇具特色的民族文化和风情，有独特的旅游观光价值。截至2019年年末，海南省常住人口为944.72万人，实现地区生产总值为5308.94亿元，人均地区生产总值为56507元。海南自由贸易港建设的提出，以及“一带一路”建设、博鳌亚洲论坛等，为海南省省域品牌的进一步发展提供了良好机遇。

1. 海南省的PBDI

从省域品牌发展指数来看，海南省得分为0.278，位列全国第20。从各项一级指标来看，海南省旅游品牌发展指数得分为0.381，排名全国第12，在五项一级指标中排名最靠前；省域宜居品牌发展指数和省域投资品牌发展指数得分分别为0.287和0.269，均位于全国第16；省域品牌传播发展指数排名全国第22，得分为0.253；比较而言，海南省省域文化品牌发展指数得分相对较低，仅为0.201，排名全国第25位。

海南省品牌发展综合水平在全国处于中下游水平，有待进一步提升。在5个一级指标中，旅游品牌发展一枝独秀，取得了较为显著的成效。海南省致力于打造“国际旅游岛”，其天然区位及绿色生态优势、民族及多样性文化以及完备的旅游基础设施、国家政策支持等，为省域旅游品牌的发展奠定了坚实的基础。现阶段，海南省除三亚、海口等开发相对完善的地区之外，旅游资源还有很大的可开发潜力，当前较为单一的旅游模式还不能满足日益增长的旅游需求。另外，海南岛独具特色民族风情，黎族、苗族等独特的民族文化为海南的旅游增添了更加丰富的色彩，海南省在文化品牌塑造与传播方面还应加大力度，挖掘其丰富的文化资源潜力，提升文化品牌的传播度与美誉度。

2. 总结与建议

海南省毗邻东南亚各国，是海上丝绸之路的战略性支点，海南自由贸易港建设的提出为海南省省域品牌的发展提供了新的机遇。2020年6月，中共中央、国务院印发了《海南自由贸易港建设总体方案》，根据规划，在未来5年时间（2020—2025年），初步建立起自由港政策和制度体系，营商环境达到国内一流水平；2025—2035年，将形成更加成熟、更具活力的自由开放经济新体制，营商环境跻身全球前列，充分体现国际高标准、高质量、高水平；2035—2050年，建成特色鲜明、世界著名的现代化自由贸易港，形成高度自由化、法治化、国际化、现代化的制度体系，成为我国实现社会主义现代化的标杆和范例。自由贸易港的建设有助于海南投资品牌、宜居品牌、品牌传播发展的打造。因此，未来海南在省域品

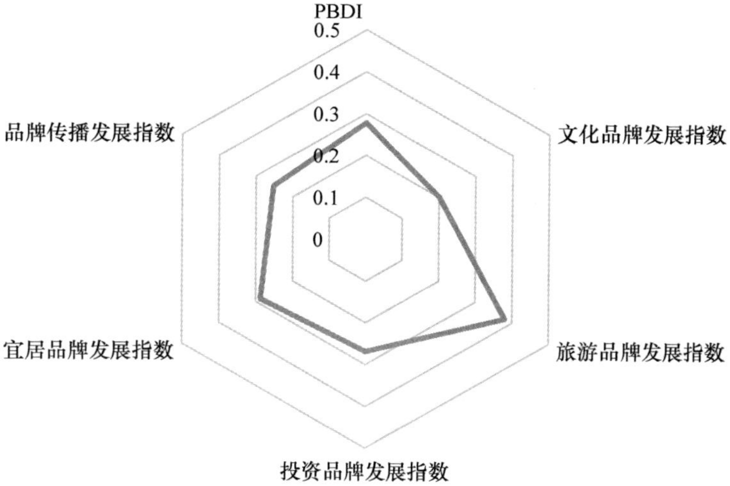

图 8－22　海南省的省域品牌发展指数表现

资料来源：笔者整理。

牌发展过程中，需要依托这一重大发展战略，在保持旅游品牌优势的基础上，提升其他维度的品牌影响，进而提升省域品牌的整体形象。

（二十一）广西壮族自治区品牌发展指数

广西壮族自治区简称“桂”，位于中国华南地区，地处云贵高原东南边缘，跨珠江、长江、红河、滨海四大水系，属亚热带季风气候。截至 2019 年年末，广西常住人口为 4960 万人，实现地区生产总值为 21237.14 亿元，人均地区生产总值为 42964 元。近年来，广西逐步加大区域品牌的塑造与建设，除深入人心的“桂林山水甲天下”的经典形象以外，“美丽广西”“壮族三月三”“八桂之乡”等品牌也逐步走进人们视野，使得广西品牌知名度及美誉度得到了一定的提升。

广西还加大西部陆海新通道建设，积极融入“一带一路”建设、西部大开发中，加强与西部地区省份及全国其他省份的联系与合作，推进北部湾经济区向高水平开放、高质量发展的方向不断迈进，也为广西塑造良好的品牌形象提供了新的契机。

1. 广西壮族自治区的 PBDI

一方面，广西品牌发展指数得分为 0.272，低于全国平均水平

(0.342)，位居全国第21。从其品牌发展指数的一级指标来看，文化品牌发展指数表现最优，得分为0.404，位居全国第9；旅游品牌发展指数得分为0.314，位居全国第18；品牌传播发展指数得分为0.268，位居全国第21；宜居品牌发展指数和投资品牌发展指数得分分别为0.173和0.201，均位居全国第23。

总体来看，广西品牌发展综合水平处于全国中下游，与全国平均水平存在明显差距，但在文化品牌方面一枝独秀。广西是个多民族聚居的地区，这里世代居住着壮族、汉族、苗族、瑶族、侗族等多个民族，各个民族都有悠久的历史和灿烂的文化，这使得广西充满着极其浓厚的少数民族风情和民族文化。相较于文化和旅游品牌，广西在宜居和投资品牌方面表现较弱，但广西是中国—东盟自贸区的重要经济枢纽，是中国内陆腹地通往东盟国家最便捷的出海门户，也是“一带一路”有机衔接的重要门户，具有极大的发展潜力及前景。

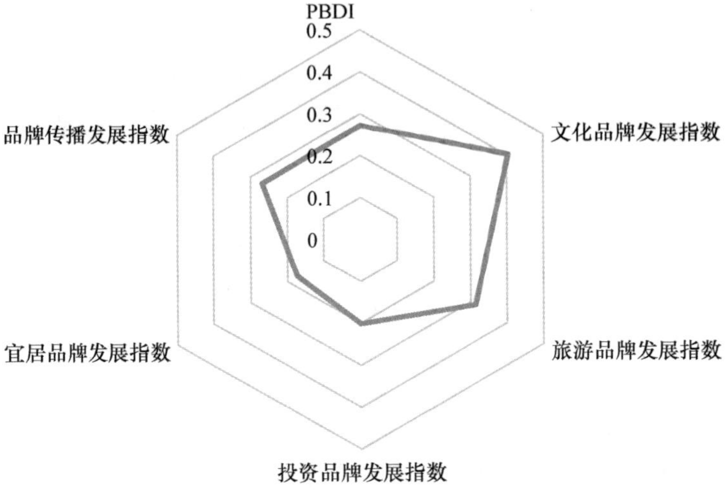

图8-23　广西壮族自治区的省域品牌发展指数表现

资料来源：笔者整理。

2. 总结与建议

随着《区域全面经济伙伴关系协定》（RCEP）正式签署，西部陆海新通道上升为国家战略，中国（广西）自由贸易试验区、面向东盟的金融开放门户等一批国家级重大开放平台推进建设，为广西深度融入国内国际双循环、全方位深化开放合作带来重大机遇，广西需进一步提升自身投资品牌发展水平。另外，还要进一步发挥广西的文化资源优势，将旅游品牌由“山水之乐”向“山水与文化之乐”升级，推进文化与旅游的相互衔接与融合，从而打造广西特色旅游与文化品牌。作为“一带一路”有机衔接的重要门户，广西要重点围绕国际陆海贸易新通道，深耕东南亚市场，做好文化、旅游品牌的传播与推广，全方位提升广西品牌的综合影响力。

（二十二）山西省品牌发展指数

山西省简称“晋”，是中国内陆省份。山西东依太行山，西、南依吕梁山、黄河，北依长城，与河北、河南、陕西、内蒙古等省区为界，柳宗元称之为“表里山河”。山西是中华民族发祥地之一，山西有文字记载的历史达三千年，被誉为“华夏文明摇篮”，素有“中国古代文化博物馆”之称。截至 2019 年年末，山西省常住人口为 3729.22 万人，全年实现地区生产总值 17026.68 亿元，人均地区生产总值为 45724 元。山西拥有巨大的煤炭资源存量，多年来形成了世界上最大的煤炭产业集群，邻近北京、河北，京津冀协同发展及雄安新区建设也为山西的进一步发展提供了机遇。

1. 山西省的 PBDI

山西省省域品牌发展指数得分为 0.267，位列全国第 22，低于全国平均水平（0.342），位于全国中下游。其品牌传播发展指数得分为 0.298，居全国第 17 位；宜居品牌发展指数、投资品牌发展指数和旅游品牌发展指数得分分别为 0.242、0.221 和 0.308，均排名全国第 20；文化品牌发展指数得分为 0.265，位居全国第 21。

总体来看，山西省品牌发展综合水平不高，整体处于全国中下游水平，比全国平均水平（0.342）低 0.075 分，品牌传播发展相对其他指标表现较好。

山西是中华文明发祥地之一，是我国旅游资源最为富集的省份。“华夏古文明，山西好风光”是对山西旅游的高度概括。山西省现存有国家级重点文物保护单位 452 处，占全国的 23.3%，位居第一。其中，大同云冈石窟、平遥古城、五台山为世界文化遗产。山西还是老革命根据地，革命活动遗址和革命文物遍布全省，著名的有八路军总部旧址、黎城黄崖洞八路军兵工厂、文水刘胡兰纪念馆等。立足丰富的历史文化基础，山西应注重省域文化品牌的打造与传播，将历史文化渊源转化为自身品牌发展的优势，发挥内在潜力，从而提高省域品牌的关注度与美誉度。

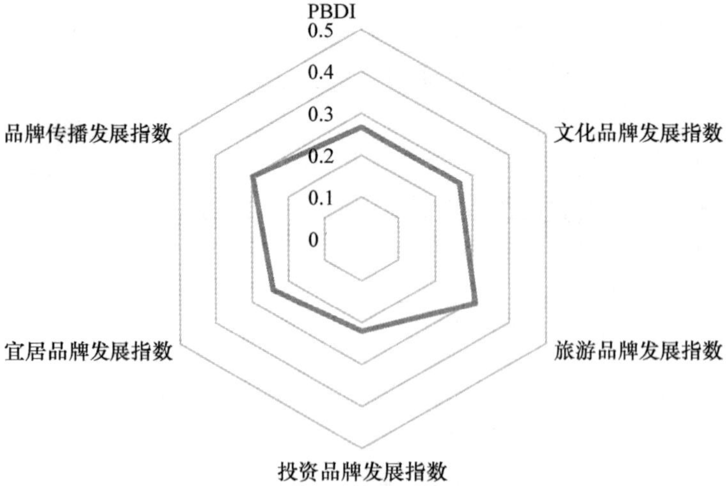

图 8－24　山西省的省域品牌发展指数表现

资料来源：笔者整理。

2. 总结与建议

山西是全国第一个全省域、全方位、系统性的国家资源型经济转型综合配套改革试验区。2020 年 5 月，习近平总书记视察山西时指出，建设转型综合改革示范区是党中央赋予山西的一项重大任务，也是实现山西转型发展的关键一招。当前，山西省省域品牌发展仍未发挥出自身潜力。山西作为“一带一路”的重要组成部分，未来应立足当前各方面优势，大力建设健全基础设施，提高公共服务质量，注重生态环境恢复与保护，促进产业转型升级；发掘历史文化与自然风光资源的发展潜力，创新文化及旅游产业展现形式，从而提高全省投资、宜居、文化及旅游品牌实力，并通过加大媒体传播，提升省域品牌的知名度。

（二十三）新疆维吾尔自治区品牌发展指数

新疆维吾尔自治区简称“新”，其首府为乌鲁木齐，位于中国西北边陲，是中国陆地面积最大的省级行政区，占国土面积的 1/6。新疆地处亚欧大陆腹地，是“亚欧大陆桥”的必经之地，是“丝绸之路经济带”的核心区，区位优势得天独厚。同时，新疆是我国西北的战略屏障，是西部大开发战略的重点地区，是我国向西开放的重要门户，是全国重要的能源基地和运输通道，发展前景非常广阔、潜力巨大。截至 2019 年年末，新疆常住人口为 2523.22 万人，实现地区生产总值 13597.11 亿元。近年来，新疆致力于打造“新疆是个好地方”等省域品牌形象，“我从新疆来”等特色农产品品牌形象也在全国树立起了新疆特色农业的“地域名片”。特殊的地缘区位优势使得新疆一跃成为国家向西开放战略的主战场及前沿阵地，同时也为新疆省域品牌的塑造及传播提供了广阔空间。

1. 新疆维吾尔自治区的 PBDI

新疆省域品牌发展指数得分为 0.232，总体排名全国第 23，比全国平均水平（0.342）低 0.11 分，与全国平均发展水平存在较大差距。从各项一级指标来看，新疆旅游品牌发展指数得分相对较高，分值为 0.310，排全国第 19 名；宜居品牌发展指数、投资品牌发展指数和文化品牌发展指数得分分别为 0.200、0.203 和 0.229，均位列全国第 22；省域品牌传播发展指数得分为 0.219，排全国第 25 名。

总体来看，新疆省域品牌发展综合水平相对较为滞后。新疆是文化资源大区，幅员辽阔，汇聚了欧亚大陆多样的自然景观和各种民族文化风情，绵延的古丝绸之路上遗留了大量举世闻名的关隘、城堡、石窟寺等，新疆境内的克孜尔千佛洞、库木土拉千佛洞等五个佛窟以及令人神往的楼兰古城，都是独特、神秘的新疆文化的典型代表。此外，新疆还拥有丰富的自然旅游资源，塔里木河、塔克拉玛干沙漠、吐鲁番盆地，景观殊异，神奇瑰丽，对于打造新疆文化及旅游品牌无疑是源源不断的财富。但是，受设施及交通等方面的限制，新疆的文化与旅游资源尚未得到充分地挖掘与开发，存在极大的发展空间。当前，“一带一路”倡议的践行为新疆文化及旅游品牌的塑造及传播带来了新的发展机遇。

2. 总结与建议

根据相关发展规划，新疆在国家战略全局中具有特殊的重要性，地位重要关乎全局，是国家实施西部大开发的重点地区，是中国向西开放的重要门户，是“丝绸之路经济带”的核心区。新疆要在信息基础设施建设、信息产业、跨境电子商务及智能物流发展等方面赢得重要先机。天山北坡经济带以及乌昌经济一体化的不断发展壮大，为新疆省域品牌的发展提供

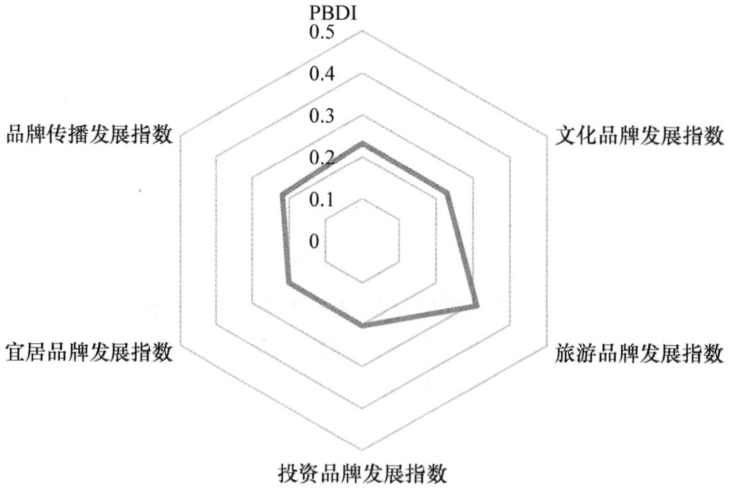

图 8－25　新疆维吾尔自治区的省域品牌发展指数表现

资料来源：笔者整理。

了重要契机，新疆正成为沟通中国与中亚、南亚乃至欧洲的中介纽带。未来，新疆要充分发挥自身西部边境的特殊区位优势，把握好中亚区域经济合作、上海合作组织等区域经济合作不断深化的良好机遇，不断扩大对外开放，发挥好自身在国家向西开放中的贸易走廊、能源走廊及服务功能作用，加强基础设施建设，推进产业发展及环境、人文建设，提升新疆品牌综合竞争力与知名度。

（二十四）辽宁省品牌发展指数

辽宁省简称“辽”，古称“奉天省”“盛京”，位于中国东北地区，南临黄海、渤海，东与朝鲜一江之隔，与日本、韩国隔海相望，是东北地区唯一既沿海又沿边的省份，也是东北地区及内蒙古自治区东部地区对外开放的门户。截至 2019 年年末，常住人口为 4351.7 万人，全年地区生产总值为 24909.5 亿元。近年来，辽宁省积极打造省域品牌，“乐游辽宁、不虚此行”等品牌形象传播取得了一定的成绩。被称为“海滨平原”的辽宁，历史悠久，文化灿烂，又有山海之胜，兼具人文气息与自然美景，文化与旅游产业发展及品牌塑造条件丰厚。新一轮东北振兴及“一带一路”建设、京津冀协同发展战略等，为辽宁品牌的崛起创造了新的条件。

1. 辽宁省的 PBDI

辽宁省省域品牌发展指数得分为 0.172，排名全国第 24，较 2019 年上升 2 位。从各项一级指标来看，文化品牌发展指数和品牌传播发展指数得分分别为 0.208 和 0.249，均排名全国第 23；投资品牌发展指数得分为 0.157，居全国第 24 位；旅游品牌发展指数及宜居品牌发展指数得分分别为 0.121 和 0.126，均排名第 27。

总体来看，辽宁省品牌发展综合水平较为滞后，各项指标发展情况均相对偏弱，特别是旅游品牌和宜居品牌发展较弱。辽宁省历史悠久，自然风光秀美，山海景观壮丽，文化古迹别具特色，旅游资源十分丰富。山岳风景区有千山、凤凰山等；湖泊风景区有萨尔浒、汤河、清河等；海岸风光有大连滨海、金州东海岸、葫芦岛、鸭绿江等；人文景观有沈阳故宫、陵、庙等 50 余处；旅游度假区有大连金石滩、葫芦岛碣石、沈阳辉山等。辽宁的九门口长城、沈阳故宫、昭陵、福陵、永陵和五女山城六处被联合国教科文组织确定为世界文化遗产。然而，辽宁省并没有充分利用自身的资源优势，文化及旅游品牌在全国仍处于劣势。随着经济社会及产业发展的转型升级，辽宁省的工业优势也有所消退，投资品牌发展也遇到了一定的阻力和困难。

2. 总结与建议

根据相关规划，辽宁省加快建设以沈阳为中心的现代化都市圈，以大连为龙头深入推进辽宁沿海经济带开发开放，建设辽西融入京津冀协同发展战略先导区，依托新一轮东北振兴、“一带一路”建设、京津冀协同发展战略等，积极发挥自身产业基础优势，推进产业结构转型升级，全方位提升区域品牌实力。未来，辽宁应积极攻破品牌建设发展后劲不足、品牌价值不高及品牌经营能力不足等难关，结合国家政策和本省实际情况，制定更加全面、科学、可持续的品牌发展战略，充分发挥政府的扶持和引导作用，加大基础设施建设，全方位推进文化、旅游产业发展及生态环境、基础设施、投资环境改善，从而推进品牌综合实力及美誉度的提升。

（二十五）甘肃省品牌发展指数

甘肃省简称“甘”或“陇”，位于中国西北地区。甘肃历史源远流长，历经八千年岁月，是华夏文化及中医的发祥地之一，中华民族的人文始祖伏羲、女娲和黄帝相传诞生在甘肃，故有“羲轩桑梓”之称。截至

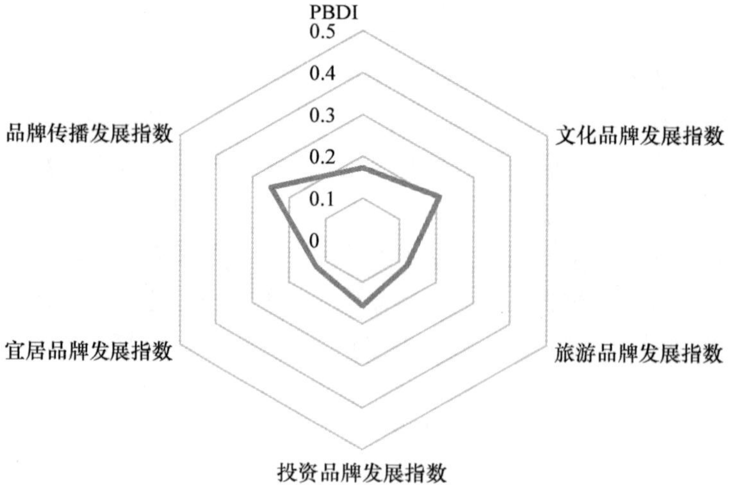

图 8－26　辽宁省的省域品牌发展指数表现

资料来源：笔者整理。

2019 年年末，甘肃常住人口为 2647.43 万人，实现地区生产总值 8718.3 亿元，人均地区生产总值为 32995 元。近年来，甘肃省积极打造区域品牌，“绚丽甘肃”“交响丝路·如意甘肃”等品牌形象在全国范围内引起较为广泛的关注，随着“一带一路”倡议及西部大开发战略等的深入推进，甘肃省省域品牌的建设与发展又迎来了新的契机。

1. 甘肃省的 PBDI

甘肃省省域品牌发展指数得分为 0.169，排全国第 25 名，与 2019 年持平。从省域品牌发展的各项一级指标来看，宜居品牌发展指数和品牌传播发展指数得分分别为 0.161 和 0.228，均位居全国第 24；旅游品牌发展指数得分为 0.167，排名全国第 25；文化品牌发展指数和投资品牌发展指数得分分别为 0.175 和 0.115，排名相对落后，均位列全国第 28。

总体来看，甘肃省品牌发展综合水平在全国处于下游水平，发展水平较低，各项一级发展指标也亟待提升。甘肃是华夏文明的重要发祥地，在漫漫历史长河中创造了丰富多彩、灿烂辉煌的历史文化，悠久深厚的黄河文化、丝路文化、民族文化资源是甘肃建设文化强省的坚实条件。甘肃旅游资源既有雄浑壮美的西部风光，又有钟灵毓秀的江南景致。陇南的锦绣山川、甘肃西北的嘉峪关、有“天之尽头”之称的敦煌等都是甘肃文化、旅游品牌发展的雄厚基础。由于深处西北内陆地区，地势地形较为复杂，交通设施发展滞后，一定程度上限制了甘肃经济社会的发展，其投资营商环境、文化、旅游及宜居品牌发展均有待进一步提升。

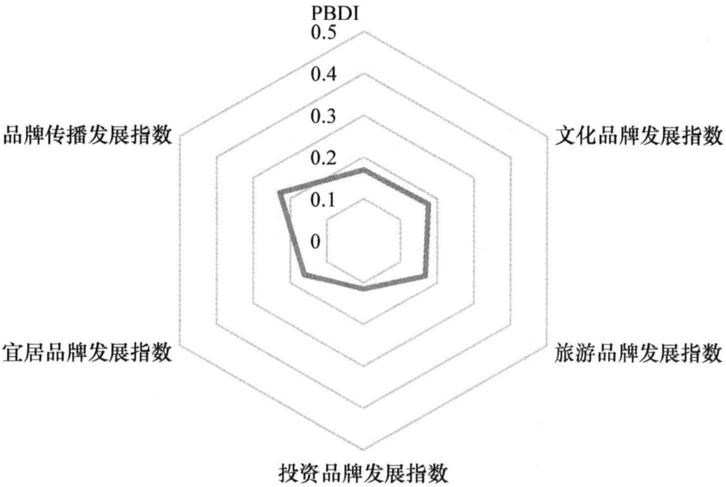

图 8－27　甘肃省的省域品牌发展指数表现

资料来源：笔者整理。

2. 总结与建议

随着“一带一路”建设、推进西部大开发形成新格局、黄河流域生态保护和高质量发展等国家重大决策部署的深入实施，甘肃省省域品牌的建设与发展迎来了新的机遇。未来兰州要继续推进以兰州新区为重点的向西开放经济平台、以丝绸之路（敦煌）国际文化博览会和华夏文明传承创新区为重点的文化交流合作平台、以中国兰州投资贸易洽谈会为重点的经济贸易合作平台三大战略平台建设，促进投资、文化、旅游、宜居品牌质量的提升，注重品牌推广与传播，全方位提升省域品牌综合实力。

（二十六）青海省品牌发展指数

青海省简称“青”，省会西宁，位于中国西北内陆，北部和东部同甘肃省相接，西北部与新疆维吾尔自治区相邻，南部和西南部与西藏自治区毗连，东南部与四川省接壤，是联结西藏、新疆与内陆的纽带。青海作为长江、黄河、澜沧江的发源地，被称为“江河源头”，又称“三江源”，素有“中华水塔”之美誉。截至2019年年末，青海省常住人口为607.82万人，实现地区生产总值2965.95亿元。随着“大美青海”品牌的建设及推广，青海省省域品牌逐渐得到了传播与推广。

1. 青海省的PBDI

青海省省域品牌发展指数得分为0.163，在全国30个样本省域中排名第26，较2019年上升1位。从省域品牌发展指数的五项一级指标来看，青海省文化和旅游品牌发展指数得分分别为0.205和0.169，均居于全国第24位；宜居品牌发展指数得分为0.140，位居全国第25；品牌传播发展指数得分为0.198，排名全国第27；投资品牌发展指数得分为0.105，在全国排第29。

总体看来，青海省品牌发展综合情况在全国处于较低水平，与发达省份存在较大差距。青海自然风光雄奇壮美，具有青藏高原特色，青海湖、孟达林区、塔尔寺等旅游景区极具地方特色和民族风情，三江源、万丈盐桥、昆仑山等地区也是青海神秘、俊丽的风景代表，青海地区还汇聚了藏族、回族、土族等多个少数民族，民族文化丰富多彩，具有鲜明的地域特色。美丽的自然风光和多彩的民族文化赋予青海丰富的旅游资源，使得青海旅游及文化品牌的塑造及发展有了坚实的基础，因此青海文化和旅游品牌排名相对较好，但仍有很大的提升空间。然而，由于青海省远离东部经

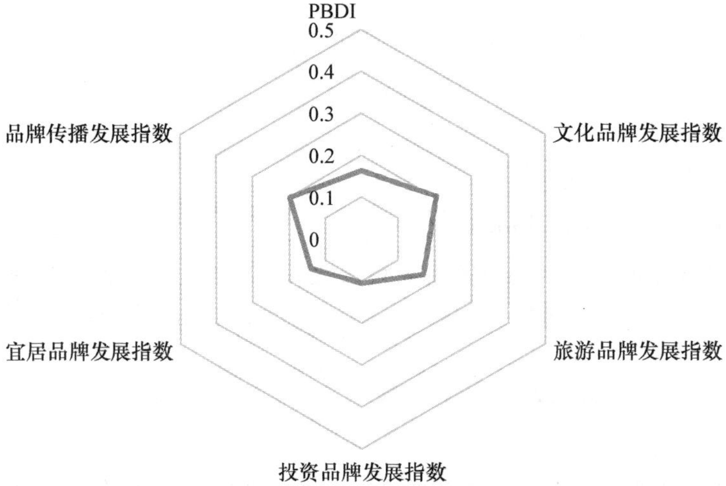

图8－28　青海省的省域品牌发展指数表现

资料来源：笔者整理。

济发达地区，且地处西部高原，受到交通及气候条件限制，青海省投资品牌发展水平与其他大部分省域仍存在较大差距。

2. 总结与建议

“一带一路”倡议、推进西部大开发形成新格局、长江经济带高质量发展、黄河流域生态保护和高质量发展、乡村振兴、东西部协作和对口支援等国家政策的实施，为青海提供了难得机遇和广阔空间。强化西宁与兰州、海东、定西等的联系，统筹城镇建设、资源开发和交通线网布局，加强兰西城镇发展带沿线城市产业分工协作，向东加强与关中平原和东中部地区的联系，向西连接“丝绸之路经济带”沿线国家和地区，打造甘青两省城市群发展和开放合作的主骨架，以此全方位提升青海整体品牌形象与知名度。

（二十七）内蒙古自治区品牌发展指数

内蒙古自治区简称“内蒙古”，首府呼和浩特，位于中国华北地区，地跨黄河、额尔古纳河、嫩江、西辽河四大水系，是中国的第三大省域。截至2019年年末，内蒙古自治区常住人口为2539.6万人，实现地区生产总值17212.5亿元，人均生产总值达到67852元。近年来，内蒙古积极打造区域品牌，立足当地资源优势，内蒙古的“草原文化”获得了广泛的关注及好评。横卧中国大陆脊梁，地跨东北、华北、西北地区，毗邻八省区且与俄罗斯、蒙古等国相邻，内蒙古是中国大陆北方开放带的“桥头堡”，是与东欧、俄罗斯、蒙古国乃至整个东北亚广阔经济区域互联互通的前沿阵地，内蒙古还是“一带一路”陆路通道中的重要节点，其经济发展及品牌建设有极大的发展潜力。

1. 内蒙古自治区的PBDI

从品牌发展指数的得分及排名情况来看，内蒙古省域品牌发展指数得分为0.163，在全国处于下游水平，排名第27，与全国平均水平（0.342）相比仍存在较大差距。从各项一级指标来看，其省域文化、旅游、投资、宜居品牌发展指数和品牌传播发展指数得分分别为0.196、0.146、0.121、0.138和0.213，均位于全国第26。

总体来看，内蒙古品牌综合发展实力相对较弱，与全国平均水平存在较大差距，这主要与该地区地理环境、气候条件及经济发展状况密切相关。内蒙古春季气温骤升，多大风天气，夏季短促而炎热，降水集中，秋季气温剧降，霜冻往往早来，冬季漫长严寒，多寒潮天气，制约了其旅游和宜居品牌的发展。另外内蒙古经济发展水平相对落后，这也制约了其投资品牌的打造。

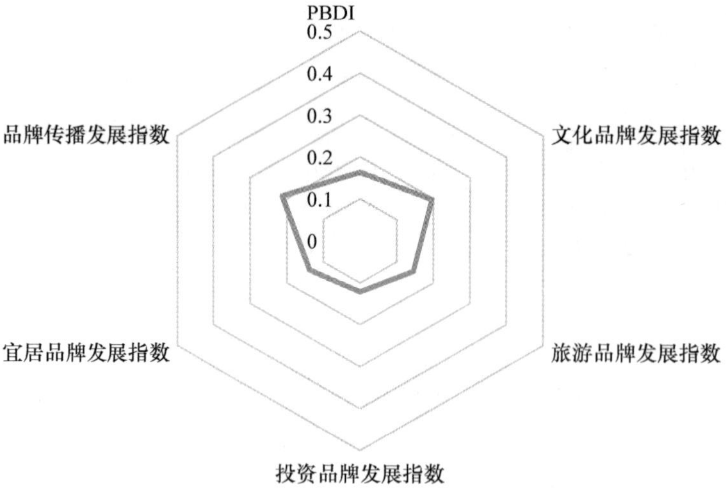

图8－29 内蒙古自治区的省域品牌发展指数表现

资料来源：笔者整理。

2. 总结与建议

内蒙古地区旅游资源丰富多样，草原风情、民族文化、北国风光、口岸边境等旅游资源独具特色，呼伦贝尔草原国家公园、阿拉善沙漠国家地质公园以及素有“塞外明珠”之称的巴彦淖尔市等，都是内蒙古旅游产业发展及旅游品牌建设的重要资源。同时，内蒙古也是历史文化与民俗文化极为丰富的地区，从辽上京到西夏黑城，从忽必烈的元上都到阿拉坦汗的呼和浩特，蒙古族历史文化资源是内蒙古打造地区文化品牌的独特优势。未来，内蒙古将根据自身发展优势，大力发展旅游产业，阿尔山—柴河旅游区、中俄边境旅游区、额济纳胡杨旅游区都将发展成为内蒙古的特色旅游品牌。同时不断完善内蒙古地区基础设施建设，提高内蒙古的宜居及投资品牌吸引力。随着西部大开发的不断推进以及“一带一路”倡议的深入实施，内蒙古品牌发展将会迈进新阶段。

（二十八）黑龙江省品牌发展指数

黑龙江省简称“黑”，位于中国东北地区，省会哈尔滨，是中国最北端及陆地最东端的省级行政区划，是亚洲与太平洋地区陆路通往俄罗斯和欧洲大陆的重要通道，是中国沿边开放的重要窗口，现已成为我国对俄罗斯及其他独联体国家开放的前沿。黑龙江地貌特征为“五山一水一草三分田”，有黑龙江、松花江、乌苏里江、绥芬河等多条河流，有兴凯湖、镜泊湖、五大连池等众多湖泊。黑龙江省位于东北亚区域腹地。截至2019 年年末，黑龙江省常住人口有 3751.3 万人，实现地区生产总值13612.7 亿元。近年来，黑龙江越来越重视区域品牌的打造与推广，“心动黑龙江”“北国好风光·尽在黑龙江”等品牌叫响全国。

1. 黑龙江省的 PBDI

黑龙江省省域品牌发展指数得分为 0.121，在全国 30 个样本省域中排第 28 名，较 2019 年上升 1 位。文化和投资品牌发展指数得分分别为0.182 和 0.121，均排全国第 27 名；旅游品牌发展指数得分为 0.078，排名全国第28；宜居品牌发展指数得分为0.088，居全国第29；品牌传播发展指数得分为 0.139，位居全国第 30。

总体来看，黑龙江品牌发展综合水平在全国较为落后，其中旅游及宜居品牌发展指数得分均低于0.1，发展水平低。黑龙江素有中国“冰雪之冠”的美誉，哈尔滨冰雪大世界、雪博会、中国雪乡等景区都极具地方特色，夏季舒适的气候条件也为避暑游的发展提供了优势，鄂伦春族、赫哲族、朝鲜族等多样的民族文化也是其文化品牌发展的天然条件。然而，由于产业转型、人才流失、体制机制障碍等方面的因素，黑龙江省域品牌发展在全国尚处于较低水平。

2. 总结与建议

当前，“一带一路”倡议及中蒙俄贸易通道的建设为黑龙江区域品牌的推广及传播提供了契机。根据相关规划，一方面黑龙江将抢抓机遇融入国内大循环，创造条件参与国内国际双循环，统筹利用国内国际两个市场两种资源，发挥向北开放窗口地缘区位优势；另一方面打造市场化法治化国际化营商环境，提升全省一体化在线政务服务平台功能，加快推进“数字政府”“诚信政府”建设，推进自身省域投资品牌和品牌传播发展。加快建设有重要影响力和竞争力、宜居宜业绿色城市群，以此提升黑龙江

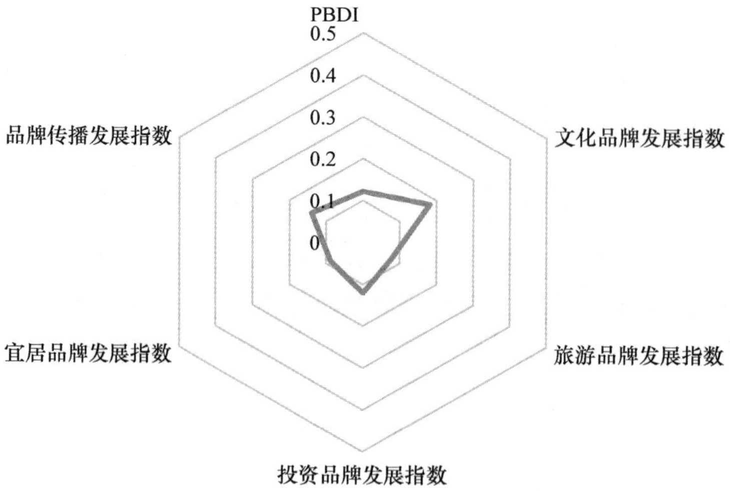

图 8-30 黑龙江省的省域品牌发展指数表现

资料来源：笔者整理。

品牌形象与竞争力。

（二十九）吉林省品牌发展指数

吉林省简称“吉”，位于中国东北地区中部，省会长春，是全省政治中心、经济中心、科教中心、文化中心、金融中心和交通中心，是著名的“汽车城”“电影城”“科教文化城”“森林城”“雕塑城”。吉林省具有沿边近海优势，是全国 9 个边境省份之一，是国家“一带一路”向北开放的重要窗口。吉林省东端的珲春最近处距日本海仅 15 千米，距俄罗斯的波谢特湾仅 4 千米，是吉林乃至中国对外贸易、对外交流的重要通道。截至 2019 年年末，吉林省总人口为 2690.73 万人，实现地区生产总值 1172.82 亿元。近年来，吉林省越来越重视省域品牌的建设与推广，“开放的中国：精彩吉林 相约世界”全球品牌推介活动等使得吉林省在全球的关注度迅速提升。

1. 吉林省的 PBDI

吉林省省域品牌发展指数得分为 0.103，在全国排名第 29，与全国平均水平（0.342）存在较大差距。从五项一级指标来看，吉林省投资品牌发展指数得分为 0.131，排全国第 25 名，在五项一级指标中排名情况最好；宜居品牌发展指数得分为 0.100，居于全国第 28 位；文化品牌发展指数、旅游品牌发展指数和品牌传播发展指数得分分别为 0.067、0.077 和 0.142，均排第 29 位。

总体来看，吉林省品牌发展综合水平较低，与全国大部分省域存在较大差距，特别是文化旅游品牌方面发展尤其滞后。吉林省是旅游资源大省，既有优美的自然景观，又有绚丽的人文景观。秀丽的山川和名胜古迹遍布各地。冰雪旅游独具特色，边境旅游具有异国风情，生态旅游、特种专项旅游具有别样的情趣，民族文化旅游异彩纷呈。吉林拥有中华名山长白山、中国四大自然奇观之一的吉林雾凇、世界文化遗产集安高句丽古迹以及中国最大的电影主题公园长影世纪城。东北民俗文化及满族、朝鲜族等民族文化底蕴深厚，丰富多彩，其旅游及文化产业的发展和品牌的塑造拥有得天独厚的优势条件。近年来，由于产业结构转型以及全国经济发展形势的变化，吉林省经济发展遇到了瓶颈和障碍，在全国有所衰退。当前，新一轮东北振兴及“一带一路”倡议的不断深入，为吉林品牌的崛起和发展创造了有利条件。

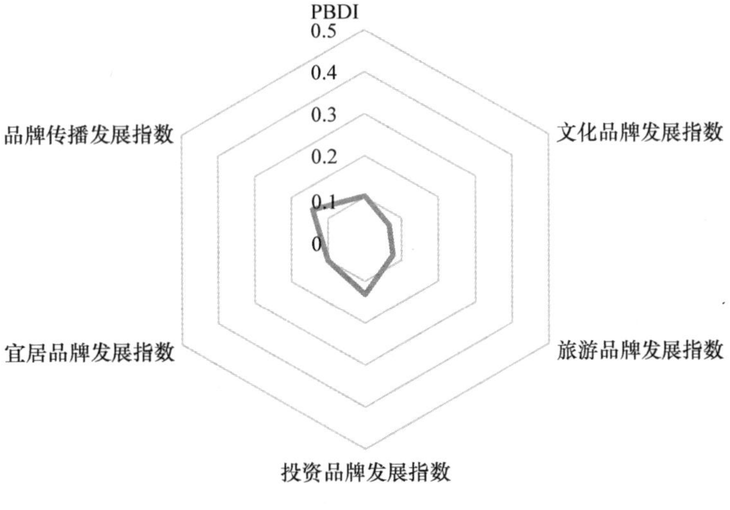

图 8－31　吉林省的省域品牌发展指数表现

资料来源：笔者整理。

2. 总结与建议

根据相关规划，吉林省完成老工业基地振兴的任务，实现经济产业结构的优化升级，将长春建设成为东北亚区域的中心城市。未来，吉林省要依托“一带一路”倡议、东北老工业基地全面振兴的国家利好政策，深度融入这些建设中去，同时深入实施长吉图战略，全面深化与浙江对口合作，开展多层次区域与行业战略合作，不断扩大东博会、吉商大会影响力，加快建设长春新区、珲春海洋经济发展示范区、中韩（长春）国际合作示范区，进一步拓展振兴发展空间。发挥人文优势，推进文化强省建设，加强社会治理创新，着力保障、改善民生，排除各类风险隐患，加快共享发展。完善和提升合作发展平台，大力推进开发区创新发展和转型升级，集聚国内外先进生产要素，培育和集成技术创新、产业创新、市场创新、管理创新，推动特色化、差异化、品牌化发展，增强核心竞争力。

（三十）宁夏回族自治区品牌发展指数

宁夏回族自治区简称“宁”，是中国5个自治区之一，首府银川，位于中国西北内陆地区，东邻陕西，西、北接内蒙古自治区，南连甘肃省。宁夏属典型的大陆性气候，为温带半干旱区和半湿润地区，具有春多风沙、夏少酷暑、秋凉较早、冬寒较长、雪雨稀少等特点。截至2019年年末，宁夏回族自治区常住人口有694.66万人，实现地区生产总值3748.48亿元。近年来，宁夏积极打造区域品牌，“塞上江南·神奇宁夏”等品牌在全国获得了一定的知名度和美誉度。

1. 宁夏回族自治区的PBDI

宁夏的省域品牌发展指数得分为0.041，在全国30个样本省域中排名最后，与全国平均水平（0.342）存在较大差距。其品牌传播发展指数得分为0.149，位居全国第28；文化品牌发展指数得分为0.007，旅游品牌发展指数得分为0.022，投资品牌发展指数得分为0.025，宜居品牌发展指数得分为0.003，四项指标均排名全国倒数第一。

由此可以看出，宁夏品牌发展综合水平在全国靠后，各项指标均亟待提高，文化及宜居品牌发展指数得分均接近于0。宁夏回族自治区旅游资源丰富，文化极具地方特色，古老的黄河文明，神秘的西夏历史，雄浑的大漠风光，构成了宁夏多姿多彩的旅游资源。“两山一河”（贺兰山、六盘山、黄河）、“两沙一陵”（沙湖、沙坡头、西夏王陵）、“两堡一城”（将台堡、镇北堡、古长城）体现了深厚的文化底蕴，展示着独特的自然风光。由于地理位置及经济发展条件的限制，其品牌发展水平低。当前，

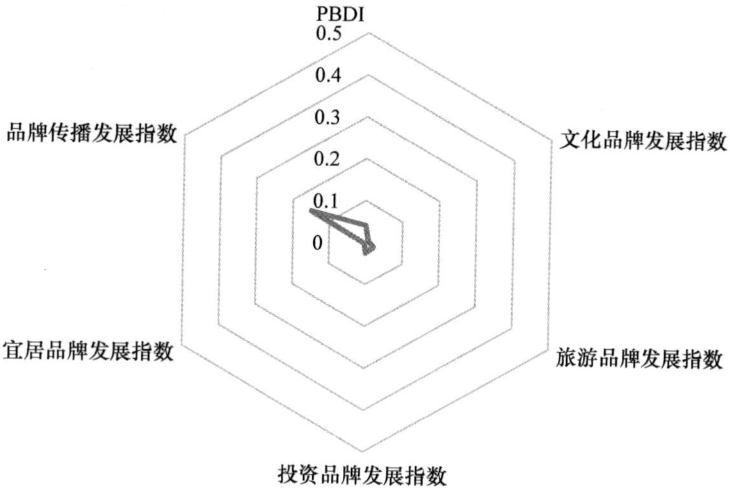

图 8－32　宁夏回族自治区的省域品牌发展指数表现

资料来源：笔者整理。

在“一带一路”倡议及新一轮西部大开发战略的推进下，宁夏的区域品牌发展迎来了新的机遇。

2. 总结与建议

未来，宁夏应紧紧依托西部大开发战略、“一带一路”倡议，加快完善基础设施及公共服务建设，提高宜居水平，为文化、旅游产业的发展创造良好的条件，营造宽松、自由的营商环境，推进投资品牌发展，利用网络新媒体等平台积极传播区域品牌，全方位提升宁夏品牌形象及知名度与美誉度。

第九章　中国城市群品牌发展指数报告（2020）

刘彦平　张莹*

城市群是城市发展到成熟阶段的最高空间组织形式，是在地域上集中分布的若干特大城市和大城市集聚而成的庞大的、多核心、多层次城市集团。通常指在特定地域范围内，一般以 1 个以上特大城市为核心，以至少 3 个以上大城市为构成单元，依托发达的交通通信等基础设施网络所形成的空间组织紧凑、经济联系紧密并最终实现高度同城化和高度一体化的城市群体。加快城市群发展是优化城镇化布局和形态以及推动区域协调发展的重要着力点，城市群将成为主导区域甚至全国经济发展格局的重要力量。未来区域之间的竞争已不再是单个城市的竞争，而是以城市群和都市圈为基础的区域间的整体竞争。大城市群的形成及其分工、合作与竞争，将形成多极化、辐射带动力强的区域增长极。

对城市群品牌的关键要素进行梳理和剖析，构建符合中国实际的城市群品牌评价体系，有助于深入了解中国城市群的整体发展态势和存在的问题，进而为探索优化城市群的发展路径提供理论支撑。此外，通过城市群品牌指标体系的指标构成和测算结果，也期为城市群品牌的塑造提供参考与借鉴，进而引导城市群在品牌建设与管理方面走向科学化和专业化。

---

* 刘彦平，中国社会科学院财经战略研究院城市与房地产经济研究室主任、研究员；张莹，中国社会科学院大学商学院 2020 级硕士研究生。

一　城市群品牌发展指数比较分析

（一）指标建构与测量方法

在城市品牌发展指数（CBDI）的概念基础上，对接国家和地区最新发展战略并结合相关文献，本课题组提出城市群品牌发展指数（ABDI）的概念。其与CBDI的构成维度相似，都是从文化品牌、旅游品牌、投资品牌、宜居品牌和品牌传播这五大维度展开测度，但各维度所含的具体指标和数据项目各有侧重。

1. 城市群文化品牌测度

文化是城市的灵魂，是城市品牌的根基，对于城市群来说亦存在地域文化的紧密联系和亲近特征。城市群文化品牌可以从城市群的文化吸引力、文化品牌口碑和文化关注度等角度来进行考察。其中，文化品牌吸引力显示的是城市群原有的文化品牌根基，而口碑和关注度则展示了其未来文化品牌的发展趋势和潜力。

2. 城市群旅游品牌测度

旅游与各行各业的高度相关性使其成为城市群品牌建设中最具张力与活力的内容，也成为城市群品牌结构中最易凸显的子品牌。在当今这个全域旅游时代，城市群旅游品牌可以从城市群的旅游吸引力、旅游品牌口碑和旅游传播等方面进行测量。

3. 城市群投资品牌测度

投资品牌是衡量城市群整体引资聚才和产业发展能力的重要维度，也是城市群综合实力、发展潜力与城市体系质量的重要表征。建设良好的营商环境，塑造坚实的区域投资品牌，是城市群品牌建设的关键一步。投资吸引力、经济发展预期、创新创业潜力和投资营销传播表现是构成城市群投资品牌的主要因素。

4. 城市群宜居品牌测度

宜居环境是测度城市软实力的重要指标，但随着城市化进程的推进，“大城市病”问题日益凸显，宜居性日益成为城市的稀缺资源。而城市群作为新型城镇化的重要载体，大中小城市协同发展，共创优质生活空间，其本身也是缓解“大城市病”、提升城市宜居性的一种重要手段。本研究中，对城市群宜居品牌主要从宜居性、宜居声望、社会治理声誉和生态环境声誉几个方面进行考量。

5. 城市群品牌传播测度

城市群品牌的塑造是一项系统性、持续性、战略性的工作，主要包括品牌定位、品牌建设和品牌传播等主要任务。其中品牌传播既是品牌建设最后一步，也是关键一步，很大程度上影响着区域品牌被了解和认知的程度。品牌传播能力、城市群知名度、关注度以及媒体营销传播是测度城市群品牌传播指数的重要指标。

基于上述考虑，本书设计了城市群品牌发展指数（ABDI）指标体系（见附录表3）。城市群品牌发展指数的数据来源和测量方法与城市品牌发展指数（CBDI）的数据来源和测量方法基本一致（见附录表1），但在指标权重方面略有调整。在ABDI的5个一级指标中，二级指标中的CBDI均值指标均占40%的权重，其余二级指标按60%的权重平均分配。

（二）中国城市群品牌发展指数得分

2020年，中国城市群品牌发展指数的得分情况如表9－1和图9－1所示。

表9－1 **2020年中国城市群品牌发展指数及排名**

	ABDI	排名	文化品牌	排名	旅游品牌	排名	投资品牌	排名	宜居品牌	排名	品牌传播	排名
粤港澳大湾区	0.976	1	0.983	1	0.979	1	1.000	1	1.000	1	0.917	1
长三角城市群	0.724	2	0.800	2	0.814	3	0.691	2	0.659	2	0.657	3
京津冀城市群	0.705	3	0.734	3	0.847	2	0.632	3	0.629	3	0.683	2
珠三角城市群	0.553	4	0.629	4	0.636	4	0.491	4	0.489	4	0.519	5
成渝城市群	0.479	5	0.450	6	0.632	5	0.395	5	0.438	5	0.481	7
山东半岛城市群	0.472	6	0.481	5	0.578	6	0.380	6	0.381	6	0.539	4
中原城市群	0.387	7	0.426	7	0.469	11	0.247	8	0.290	8	0.502	6
长江中游城市群	0.336	8	0.339	8	0.453	12	0.228	9	0.280	9	0.380	8
滇中城市群	0.322	9	0.303	9	0.493	8	0.215	11	0.233	13	0.367	9
北部湾城市群	0.321	10	0.301	10	0.536	7	0.222	10	0.269	10	0.280	13
兰州—西宁城市群	0.312	11	0.286	11	0.434	13	0.276	7	0.301	7	0.263	15

续表

	ABDI	排名	文化品牌	排名	旅游品牌	排名	投资品牌	排名	宜居品牌	排名	品牌传播	排名
关中平原城市群	0. 299	12	0. 284	12	0. 478	9	0. 173	16	0. 247	12	0. 314	11
哈长城市群	0. 279	13	0. 240	14	0. 421	14	0. 207	13	0. 221	15	0. 308	12
黔中城市群	0. 263	14	0. 241	13	0. 476	10	0. 192	14	0. 170	17	0. 236	17
呼包鄂榆城市群	0. 262	15	0. 195	16	0. 325	17	0. 211	12	0. 252	11	0. 329	10
海峡西岸城市群	0. 244	16	0. 234	15	0. 337	16	0. 167	17	0. 204	16	0. 277	14
天山北坡城市群	0. 195	17	0. 091	20	0. 358	15	0. 174	15	0. 229	14	0. 123	19
晋中城市群	0. 161	18	0. 127	17	0. 296	18	0. 070	19	0. 115	19	0. 197	18
辽中南城市群	0. 154	19	0. 109	18	0. 179	20	0. 101	18	0. 130	18	0. 250	16
宁夏沿黄城市群	0. 105	20	0. 101	19	0. 186	19	0. 068	20	0. 094	20	0. 077	20

资料来源：笔者整理。

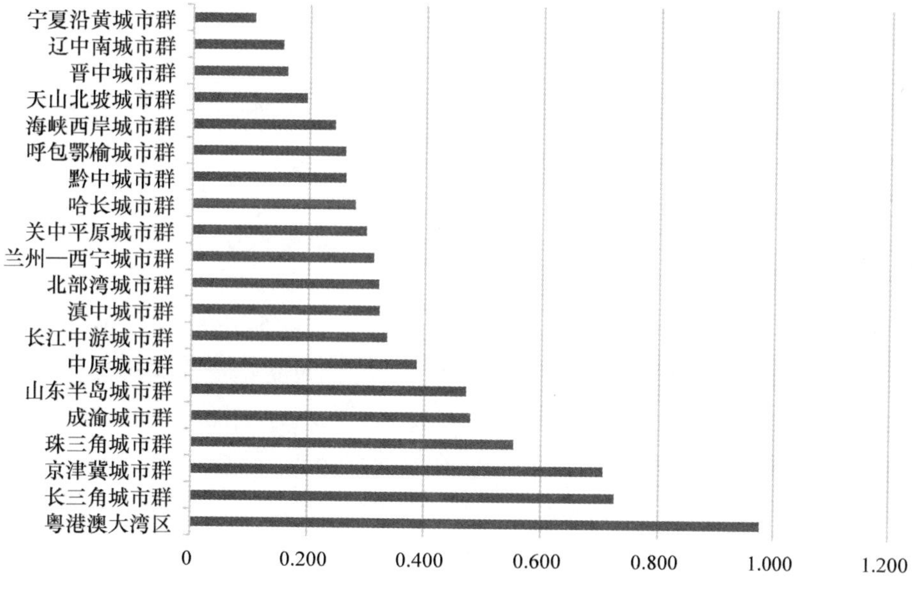

图 9－1　2020 年中国城市群的 ABDI 得分

资料来源：笔者整理。

（三）中国城市群品牌发展指数总体分析

第一，城市群品牌效应初显，但定位亟待优化。指数测评结果显示，全国入选的 20 个样本城市群中，排名处于中上游的城市群的城市群品牌发展指数得分超过区域内城市品牌发展指数均值，这表明部分城市群品牌已形成对城市品牌的带动作用。然而全国各城市群品牌建设发展并不均衡，分化情况较为严重。总体来讲，中国城市群品牌发展指数呈现头尾稳定、躯干波动的发展格局，不均衡发展态势仍未改变。粤港澳大湾区、长三角城市群、京津冀城市群、珠三角城市群稳定在前4，拉开与其他城市群的品牌发展指数差距，头部优势明显。这四大城市群品牌建设所取得的成就归因于政策的指引、经济的积累、基础设施的完善以及媒体效应的扩张，并在此基础上不断加深区域文化传播、旅游推广、投资建设、宜居建设，形成品牌与区域建设的双向协同，相互促进。中等城市群主要表现在山东半岛城市群的崛起与中原城市群、关中平原城市群的没落，从数据来看，尾部排名的城市群虽变化不大，但是与头部城市群的品牌指数差距变小，相较于2019年0.961的极差，2020年得分极差为0.871，说明在城市群品牌的建设过程中尾部城市的发展逐渐恢复。总体来说，尾部城市群与头部城市群的品牌发展指数差距仍然较大，如何促进城市群均衡发展成为目前亟待解决的问题。此外，从指标体系的舆情数据来看，排名后半段的城市群普遍存在定位诉求不清晰的问题，规划定位尚未及时转换为品牌定位体系，很难形成区域形象的合力及吸引力。

第二，投资品牌成为城市群品牌建设的核心。数据显示，投资品牌与城市群总体品牌存在最强的正相关关系，投资品牌成为城市群品牌发展的关键和亮点。

第三，城市群品牌传播亟待优化和提升。在城市群品牌发展指数中，品牌传播指数得分最低，表明城市群的区域品牌传播与区域形象建设尚未成为区域治理中的战略自觉，成为区域治理中的一个短板。未来借助新型传播媒介，区域经济相对落后的城市群通过对区域文化资源、旅游资源、宜居条件和“网红”标志等内容进行有效宣传，缩小与头部城市群的差距。

二　中国城市群品牌发展指数点评

（一）京津冀城市群品牌发展指数

京津冀城市群起源于首都经济圈的概念，包括北京，天津，河北省的保定、唐山、廊坊、石家庄、秦皇岛、邯郸、邢台、张家口、承德、沧州、衡水，河南省的安阳。2014 年京津冀协同发展被提升至国家战略层面，着力推动交通一体化、扩大环境容量生态空间以及促进产业对接协作，打造现代化新型首都圈。2016 年“十三五”规划提出要建设京津冀、长三角、珠三角世界级城市群。2017 年《河北雄安新区规划纲要》进一步明确雄安新区是疏解北京非首都功能的集中承载地，在京津冀世界级城市群建设中具有重要地位。

京秦高速公路北京段于 2018 年 8 月 20 日中午 12 点正式通车，旨在缓解北京东部交通压力，完善国家高速公路网，带动沿线产业及旅游事业发展，打造“京津冀一小时生活圈”。2021 年 2 月 4 日上午北京市推进京津冀协同发展领导小组召开会议，指出要立足融入新发展格局，主动谋划、积极作为，全力以赴将京津冀协同发展向纵深推进。

1. 京津冀城市群的 ABDI

京津冀城市群品牌发展指数得分为 0. 705，处于全国领先水平。一方面，从城市群品牌结构角度来看，京津冀城市群的旅游、文化品牌指数相对较高，其值分别为 0. 847 和 0. 734，品牌传播、城市投资品牌指数次之，其值分别为 0. 683 和 0. 632，宜居品牌发展指数最低（0. 629）。

2020 年京津冀文化和旅游协同发展工作会在天津市滨海新区召开，会议总结了 2019—2020 年京津冀文化和旅游协同发展工作情况，部署了 2021 年京津冀文化和旅游协同发展工作要点。进一步加快了京津冀地区品牌建设的发展。虽然京津冀城市群品牌建设总体水平较高，但投资品牌表现不佳，立足文旅资源优势、着力改善生态环境是全面提升京津冀城市群投资吸引力的重要途径。

2. 总结与建议

根据相关规划，京津冀城市群致力于建成以首都为核心的世界级城市群。北京和天津成为京津冀城市群的两大先驱，发展较快，但其他 12 个城市与它们的差距仍然较大，说明仍需要进一步发挥北京、天津的辐射带动作用，强化北京、天津的引擎作用，带动河北产业结构优化升级。其中应当将雄安新区作为京津冀发展新的动力，与北京中心城区、北京城市副中心合理分工，实现错位发展，加快补齐区域发展短板。从而探索并优化人口经济密集地区的开发模式，实现京津冀的区域融合发展，提升京津冀的品牌形象。

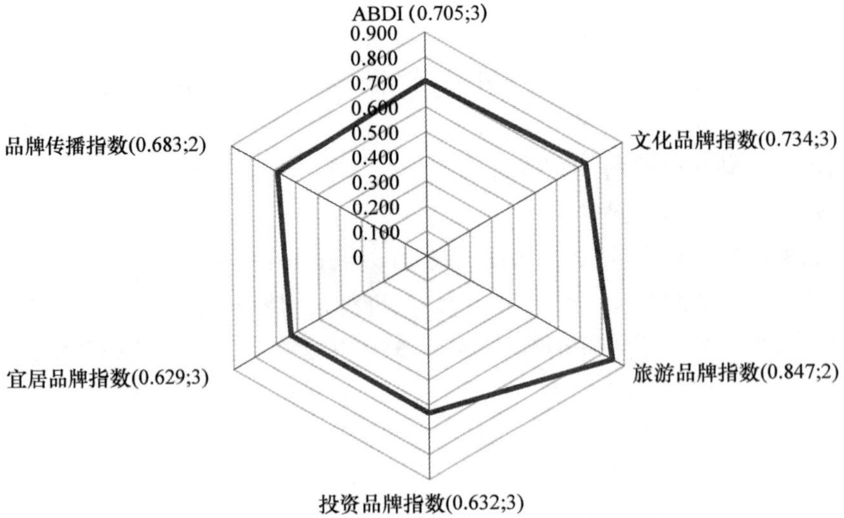

图 9－2　2020 年京津冀城市群品牌发展指数表现

注：括号内为得分和排名。

（二）长三角城市群品牌发展指数

2016 年国务院通过的《长江三角洲城市群发展规划》，明确了长三角城市群包括上海，江苏省的南京、无锡、常州、苏州、南通、盐城、扬州、镇江、泰州，浙江省的杭州、宁波、嘉兴、湖州、绍兴、金华、舟山、台州，安徽省的合肥、芜湖、马鞍山、铜陵、安庆、滁州、池州、宣城 26 个城市。2018 年长三角地区主要领导人签订《长三角地区一体化发展三年行动计划（2018—2020 年）》，同年 11 月，在首届中国国际进口博览会开幕式上，国家主席习近平指出将支持长江三角洲区域一体化发展上升为国家战略，并发挥上海龙头带动作用，促进长三角地区率先发展、一体化发展。

1. 长三角城市群的 ABDI

长三角城市群品牌发展指数得分为 0.724，处于全国领先水平。一方面，从城市群品牌结构角度来看，长三角城市群的旅游、文化品牌指数相对更高，其值分别为 0.814 和 0.800，投资品牌指数次之（0.691），宜居、品牌传播指数相对较低，其值分别为 0.659 和 0.657。

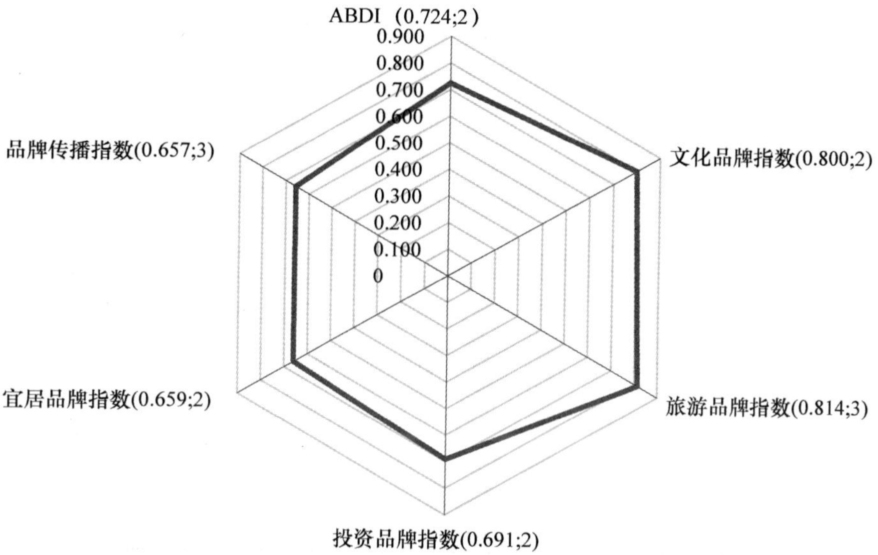

图9－3　2020年长三角城市群品牌发展指数表现

注：括号内为得分和排名。

2. 总结与建议

根据相关规划，长三角地区到2020年要建成世界级城市群框架。总体而言，上海凭借独特的地理位置优势及对外开放程度，创新能力和服务业发展水平处于领先地位；浙江地区民营经济相对发达，但城市群的低水平同质化竞争较为严重。因此在一体化发展的过程中，应当重视环境、社会保障、发展质量等方面的问题，加强公共服务基础设施建设，构建绿色宜居高质量发展的城市群。

（三）珠三角城市群品牌发展指数

2015年珠三角获得国务院批复建立国家自主创新示范区，同年被世界银行评定为世界人口最多和面积最大的城市群。2017年广东省政府网站发布《促进粤东西北地区振兴发展2017年重点工作任务》，研究制定关于建大珠三角经济区的指导意见，推进珠三角与粤东西北一体化发展，加快广佛同城化和三大经济圈建设深度融合。

1. 珠三角城市群的ABDI

珠三角城市群品牌发展指数得分为0.553，处于全国领先水平。一方面，从城市群品牌结构角度来看，珠三角城市群的旅游、文化品牌指数相对更高，其值分别为 0.636 和 0.629；品牌传播、投资品牌指数次之，其值分别为 0.519 和 0.491；宜居品牌指数得分最低（0.489）。

由此可以看出，珠三角城市群品牌发展水平总体较高，但逊于粤港澳大湾区、长三角及京津冀城市群。珠三角城市群是国家经济的三大增长极之一，其区位优势明显，与海外有着天然密切的人文联系，并且具有很大的包容性，吸引来自五湖四海的投资者、企业家、人才，因此造就了强大的旅游和文化品牌。

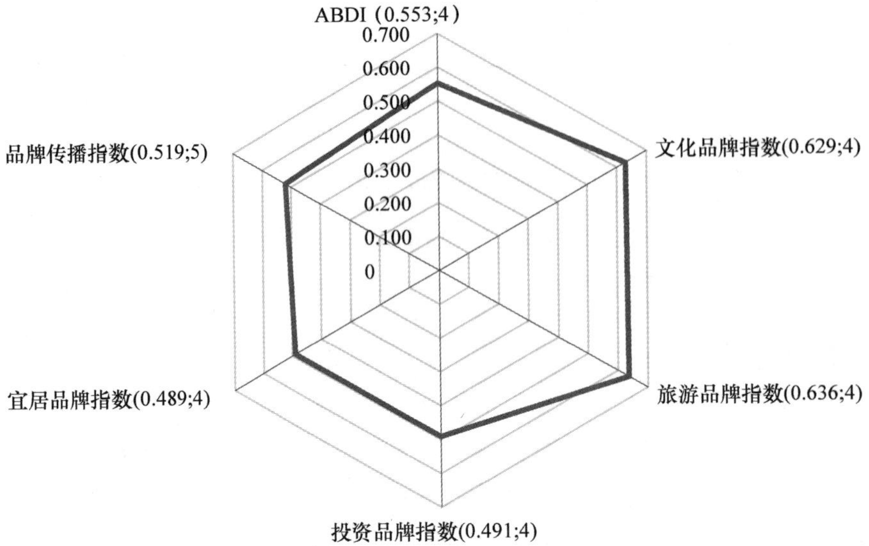

图 9－4　2020 年珠三角城市群品牌发展指数表现

注：括号内为得分和排名。

2. 总结与建议

根据相关规划，珠三角城市群致力于建成国际一流的创新创业中心。一方面要加快产业模式的转型与升级，加快创新发展知识密集型产业，推进区域经济发展的一体化进程，增强区域国际竞争力；另一方面要切实提高资源利用率和加强环境保护，合理配置各城市的资源要素，促进区域协调和可持续发展。

（四）粤港澳大湾区品牌发展指数

粤港澳大湾区的概念由国务院于2015年首次提出，与美国纽约湾区、旧金山湾区和日本东京湾区并称为世界四大湾区，是中国建设世界级城市群的重要空间载体。2017年7月1日《深化粤港澳合作 推进大湾区建设框架协议》签署，标志着粤港澳大湾区的建设正式启动。2019年中共中央、国务院印发《粤港澳大湾区发展规划纲要》，提出要充分发挥粤港澳科技和产业优势，积极吸引和对接全球创新资源，构建开放型区域协同创新共同体。《中华人民共和国国民经济和社会发展第十四个五年规划和2035年远景目标纲要》（简称“十四五”规划）在强化国家战略科技力量、保持香港和澳门长期繁荣稳定与促进区域协调发展中提到粤港澳大湾区，这意味着中国开放程度最高、市场经济活力最强、在国家发展大局中具有重要战略地位的粤港澳大湾区，在未来中国社会全面深化改革进程中，将发挥具有战略性意义的功能与作用。

1. 粤港澳大湾区的ABDI

粤港澳大湾区品牌发展指数得分为0.976，处于全国顶尖水平。一方面，从城市群品牌结构来看，粤港澳大湾区的投资品牌、宜居品牌指数最高，均为1.000；文化品牌发展指数次之（0.983）；品牌传播指数相对较低，其值为0.917。另一方面，从全国排名来看，粤港澳大湾区品牌发展指数位居全国第一。就品牌发展指数构成指标而言，5个指标均处于全国第一的位置（见图9－5）。

由此可以看出，和其他城市群相比，粤港澳大湾区品牌建设成效卓著、发展水平首屈一指。粤港澳大湾区是中国与海上丝绸之路沿线国家往来距离最近的发达经济区域，拥有全球最密集的港口群，具备国际一流的科教资源，科研创新实力稳步提升，在中国对外开放经济中一直发挥着枢纽和门户作用。目前，粤港澳大湾区已实现2小时交通圈，高新技术产业集聚，区域城市之间产业分工功能互补。在“开放引领、创新驱动”的政策指导下，独特的历史文化和区位优势、便利的交通条件、高效的资源分配，共同造就了粤港澳大湾区强大的投资、宜居和旅游品牌。虽然粤港澳大湾区品牌建设整体水平较高，但旅游品牌和品牌传播方面稍显逊色。充分立足宜居宜业的资源优势，通过多元化媒体平台加强城市品牌宣传和文化传播，是全面提升粤港澳大湾区品牌建设水平的重要途径。

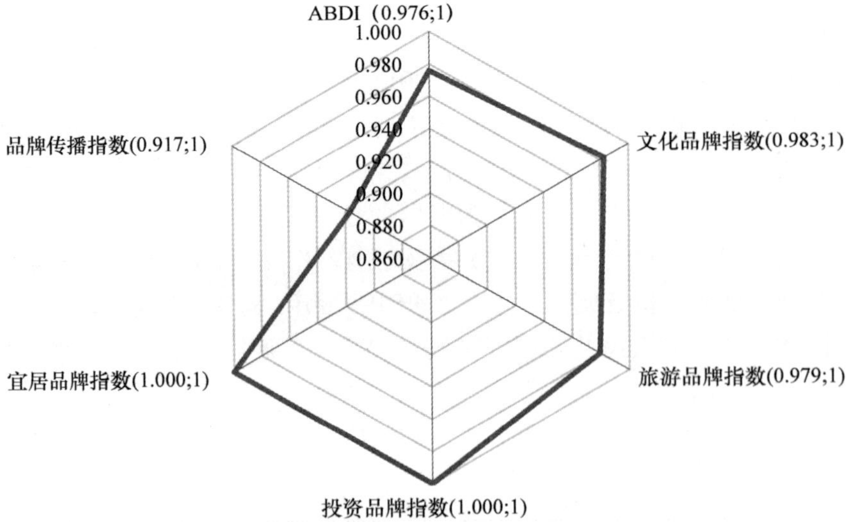

图9－5 2020年粤港澳大湾区城市群品牌发展指数表现

注：括号内为得分和排名。

2. 总结与建议

根据相关规划，粤港澳大湾区致力于建成“一带一路”重要支撑区域、国际科技创新中心、全球最具活力经济区、世界著名优质生活圈和“一国两制”实践示范区。一方面加快推进“广州—深圳—香港—澳门”科技创新走廊建设，探索有利于人才、资本、信息、技术等创新要素跨境流动和区域融通的政策举措，共建粤港澳大湾区大数据中心和国际化创新平台；另一方面鼓励粤港澳企业和科研机构参与国际科技创新合作，共同举办科技创新活动，支持企业到海外设立研发机构和创新孵化基地，鼓励境内外投资者在粤港澳设立研发机构和创新平台。

（五）山东半岛城市群品牌发展指数

2017年出台的《山东半岛城市群发展规划（2016—2030年）》增加了济宁、临沂、泰安、德州、聊城、菏泽、滨州、枣庄和莱芜9个城市，将8个城市扩充到17个城市，并确定了“两圈四区、网络发展”的总体格局。2018年通过的《山东省沿海城镇带规划（2018—2035年）》提出要将泛胶州湾区、泛芝罘湾区建成世界一流湾区，2030年建成国家级城市群。为更好地服务山东半岛城市群的发展，2019 年山东省发布了《环渤海地区山东半岛城市群城际铁路规划（2019—2035 年）》，不断加快重点高速铁路项目建设，不断提升山东半岛城市群品牌。

1. 山东半岛城市群的 ABDI

山东半岛城市群品牌发展指数得分为 0.472，处于全国上游水平。一方面，从城市群品牌结构来看，山东半岛城市群的旅游品牌指数最高（0.578）；品牌传播指数次之（0.539）；文化品牌和宜居品牌指数相对较低，分别为 0.481 和 0.381；投资品牌指数最低，其值为 0.380。另一方面，从全国排名来看，山东半岛城市群品牌发展指数位居全国第 6。就品牌发展指数构成指标而言，其旅游品牌、投资品牌以及宜居品牌指数都已排到全国第 6 的位次，品牌传播指数排在全国第 4 位。

由此可以看出，山东半岛城市群品牌发展水平尚可，但与其他高水平城市群相比仍有一定差距。山东半岛城市拥有密集的对外开放港口，沿海口岸众多，加之其独特的自然景观与传统文化旅游景区，为城市品牌建设创造了良好条件。因此，山东半岛城市群的旅游品牌和文化品牌发展相对更为成熟。然而在全国范围内，其旅游品牌排名一般，借助品牌传播媒介和人文资源优势推动文旅融合发展，是加强山东半岛城市群旅游品牌建设的重要途径。

2. 总结与建议

根据相关规划，山东半岛城市群着力推动“一带一路”沿线地区互联互通、积极承接北京非首都功能、重点发展海洋优势产业集群，致力于建成现代化国家级城市群。城市文化品牌发展仍需要被重视，应当开发利用新媒体，传播文化品牌，增强文化带动经济发展的动能。另外，重视专业人才吸引，加快构建协同创新、合作共赢的现代产业集群。促进绿色发展、集约发展，推动生产空间、生活空间和生态空间的有机融合。

（六）海峡西岸城市群品牌发展指数

海峡西岸城市群是由五大中心城市带动，由 21 个城市组成的海西城市群，既是开展对台合作、促进和平统一的基地，又能促进互利共赢，推进祖国统一大业。海峡西岸城市群是海峡经济区的核心地区。《海峡西岸城市群协调发展规划》明确其发展目标为建成促进祖国统一大业的前沿平台，推动国际合作的重要窗口，衔接长三角和珠三角、辐射中西部的沿

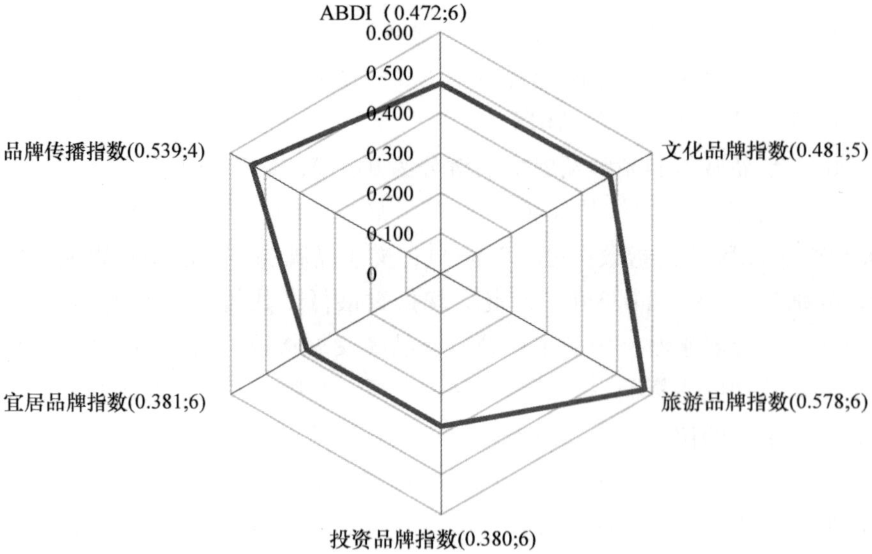

图 9－6　2020 年山东半岛城市群品牌发展指数表现

注：括号内为得分和排名。

海增长极，两岸文化交融、社会和谐的示范区，践行科学发展观的先行区。

1. 海峡西岸城市群的 ABDI

海峡西岸城市群品牌发展指数得分为 0. 244，处于全国中下游水平。一方面，从城市群品牌结构来看，海峡西岸城市群的旅游品牌指数最高（0. 337）；品牌传播指数次之（0. 277）；文化品牌和宜居品牌指数相对较低，分别为 0. 234 和 0. 204；投资品牌指数最低，其值为 0. 167。另一方面，从全国排名来看，海峡西岸城市群品牌发展指数位居全国第 16。就品牌发展指数构成指标而言，品牌传播指数排名相对靠前，位居全国第 14；文化品牌指数次之，为全国第 15 名。

由此可以看出，海峡西岸城市群品牌发展水平一般，与高水平城市群相比有较大差距。在海峡西岸城市群中，核心城市以厦门、福州和泉州为主，厦门是四大经济特区之一，具有丰富的旅游资源；泉州是福建的经济中心，吸引了大量的台商投资。由于海峡西岸城市群横跨多个省份，核心城市与相对弱势城市之间存在较大差距，区域协调发展面临较大挑战。整体而言，海峡西岸城市群品牌建设水平有待提高，特别是要强化投资品牌建设。

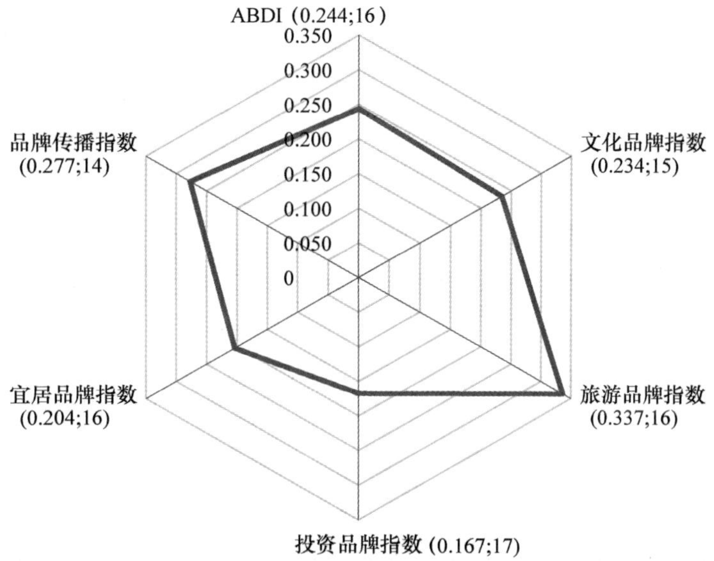

图 9－7　2020 年海峡西岸城市群品牌发展指数表现

注：括号内为得分和排名。

2. 总结与建议

根据相关规划，注重发挥海峡西岸城市群毗邻台湾省的空间区位及其作为两岸交流枢纽的战略优势，加快区域协调发展。一方面吸引专业技术人才，促进优质劳动要素的空间流动，缩小城市群之间的差距；另一方面完善相关的政策，打破城市群之间的行政壁垒，调整产业结构，加快生产要素在不同区域中的流动，促进建设互利共赢的城市群。

（七）哈长城市群品牌发展指数

推进东北一体化发展、加快哈长城市群建设，是习近平总书记立足振兴发展全局，对哈长两市提出的共同要求。哈长城市群是东北地区城市群的重要组成区域，是东北地区加强与全国其他区域交流的主要名片。同时，哈长城市群建设是加强东北各省市之间协同、产业协作、设施互通的重要途径，其发展有利于促进东北经济现代化，加快东北地区的城镇化进程，实现东北地区的全面复兴。

1. 哈长城市群的 ABDI

哈长城市群品牌发展指数得分为 0.279，处于中游水平，较 2019 年下降 2 个位次。从分项指标来看，除品牌传播指数、投资品牌指数和旅游品牌指数外，其余指数排名都有所下降。其中，城市文化品牌发展指数下降 5 个位次。作为老工业基地，哈长城市群的空气污染、河流污染等较为严重，制约居民的居住选择。同时经济结构转型较为缓慢，导致就业机会下降，降低居民的收入与生活水平。

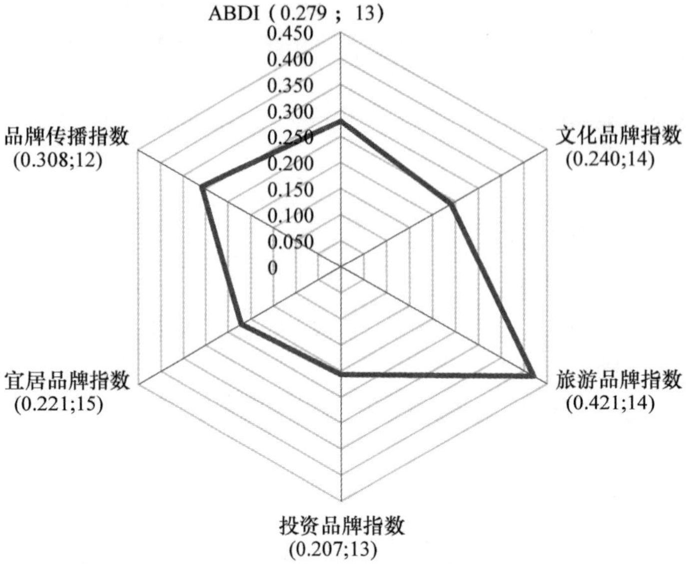

图 9－8　2020 年哈长城市群品牌发展指数表现

注：括号内为得分和排名。

2. 总结与建议

依托于“两横三纵”城市化战略格局的地理优势，哈长城市群具有较大的发展潜能。第一，加速推动区域经济结构的转型，一方面消除地区污染，另一方面提升经济活力，吸引更多的年轻人前来就业。第二，合理开发与优化利用旅游资源，包括对冰雪项目、田园项目的开拓，拓宽城市群品牌宣传途径，提高品牌影响力。第三，加快交通运输网络的完善，形成向南的大通道，不仅能促进城市群内各城市的协同，更为品牌、商贸、文化等“走出去”打好基础。

（八）辽中南城市群品牌发展指数

辽宁省政府在听取《辽中南城市群发展规划（2017—2030 年）》编制意见时就已提出，要站在东北振兴大方位、立足全国发展大格局、面向东北亚开放大环境，把辽中南城市群建设成国内一流、国际先进的城市群。由此可见，辽中南城市群对辽宁省发展的重要性。但在建设过程当中，仍面临较大的困难与挑战。

1. 辽中南城市群的 ABDI

辽中南城市群品牌发展指数得分为 0. 154，处于全国下游水平。不过各分项指数排名跟 2019 年相比没有明显波动。其中，旅游品牌发展指数排名全国第 20 位，与其较为丰富的旅游资源情况极不相符。辽中南城市群最基本的矛盾在于经济的低迷，失去城市竞争优势，导致人口外迁、城市间差距扩大，最后降低城市群在全国的影响力。

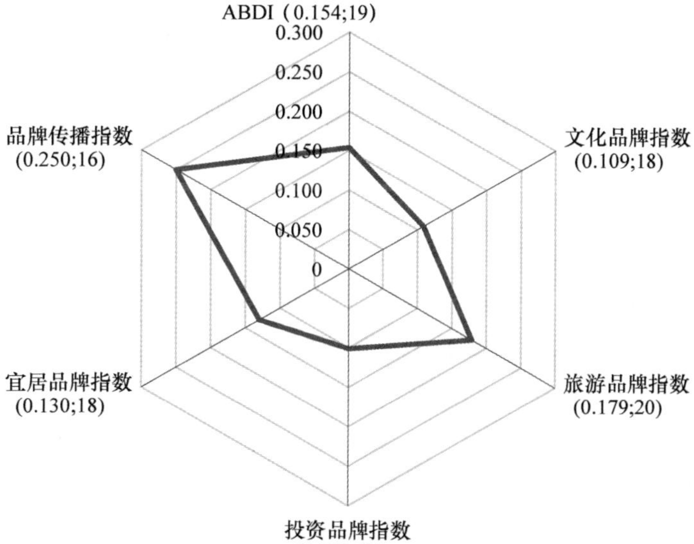

图 9－9　2020 年辽中南城市群品牌发展指数表现

注：括号内为得分和排名。

2. 总结与建议

在外部环境整体向好的情况下，辽中南城市群应该抓住发展的良好机遇。在城市群建设过程当中，应该加强和哈长城市群的交流与合作，形成东北整体区域的有机联动，形成开放、包容、合作、供应的区域格局。同时，加快与东亚国家的交通运输建设，发挥向东的通道作用，提升自身的国际影响力。此外，充分发挥“一带一路”的线路优势，对区域文化、商品进行输出，强化城市群的标签与形象。

（九）中原城市群品牌发展指数

中原城市群是我国涵盖城市数量最多、群体规模最大、人口密度最大的城市群之一，以郑州为核心城市，构建“一核四轴四区”的发展格局。中原城市群携南接北，是各城市群经贸、文化交流的重要枢纽，对周边城市群发展起到桥梁的作用。当前，城市群内各城市经济发展迅速，人口增长速度平稳，区域活力显现，具有较大的发展空间。

1. 中原城市群的 ABDI

中原城市群品牌发展指数得分为 0.387，在全国处于中上游水平，较 2019 年上升一个位次。如图 9－10 中所示，中原城市群文化品牌发展指数和宜居品牌发展指数分别排全国第 7 位和第 8 位。同时，其余三种发展指数有小幅上升。中原城市群品牌发展逐渐恢复对现有资源的合理利用，宣传渠道优化升级，城市发展水平也在缓慢提升。

2. 总结与建议

中原城市群发展潜力巨大，应把握其全国重要先进制造业和现代服务业基地、中西地区创新创业先行区、内陆地区双向开放新高地的重要定位，落实发展高质量、高创新产业，与南北城市群形成连接通道，协同发展。另外，依托城市深厚的文化积淀，鼓励各城市加强宣传渠道建设、新型媒介应用，以品牌传播为入口，吸引资源、人才加入到城市群建设当中，为城市群发展品牌建设提供更强劲的动力。

（十）长江中游城市群品牌发展指数

作为实施促进中部地区崛起战略、全方位深化改革开放和推进新型城镇化的重点区域，长江中游城市群具有较大的发展潜力。其承东启西、连接南北的地理特征，使其易于与长三角、珠三角城市群协同发展，享受两处城市群发展所带来的红利。目前，长江中游城市群最重要的内容在于促进城市群的一体化，构建以武汉、长沙、南昌三个城市为主，辐射整个城

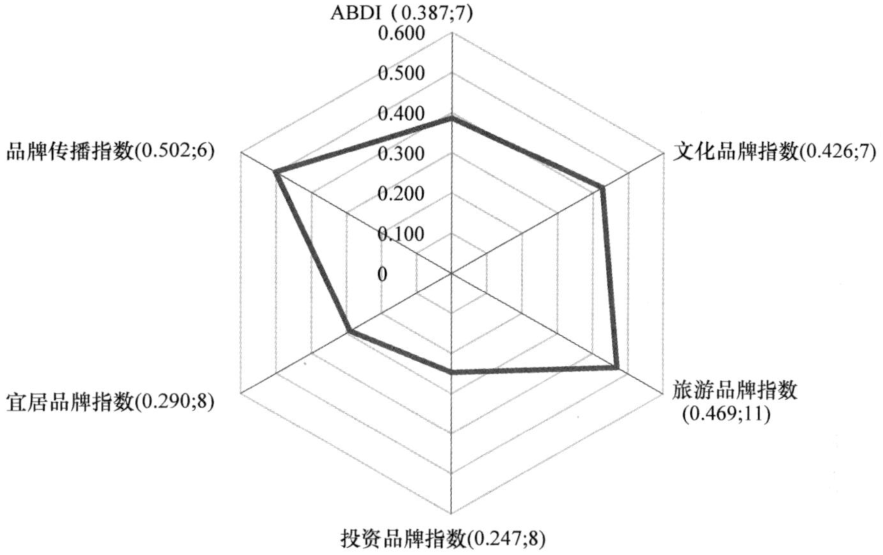

图9－10　2020年中原城市群品牌发展指数表现

注：括号内为得分和排名。

市群的生态格局，实现产业协同、互联互通、创新共享，最终实现合作共赢。“十四五”规划明确提出，推动长江中游城市群协同发展，加快武汉、长株潭都市圈建设，打造全国重要增长极。“十四五”规划明确提出以城市群、都市圈为依托促进大中小城市和小城镇协调联动、特色化发展，表明我国将在“十四五”时期把城市群、都市圈的发展作为新型城镇化发展的重点。推动长江中游城市群一体化发展上升为国家战略，并且与长三角、珠三角并列，说明中央高度重视、认可长江中游城市群的重要性，尤其是在“双循环”格局和世界政治经济不确定性背景下的极端重要性。

1. 长江中游城市群的ABDI

长江中游城市群品牌发展指数得分为0.336，较2019年下降0.034分，仍然处于全国中上游水平，但与粤港澳城市群的差距越来越大。其各品牌建设相对较为均衡，分项指数全国排名稳定在第8—9位。由此看出，在以武汉城市圈、环长株潭城市群、环鄱阳湖城市群一体化为目标的进程中，长江中游城市群注重稳健平衡的发展，三中心形成较为良好的协同。同时，其有效利用区域的地理位置优势，与多方城市群进行密切交流、加强往来。

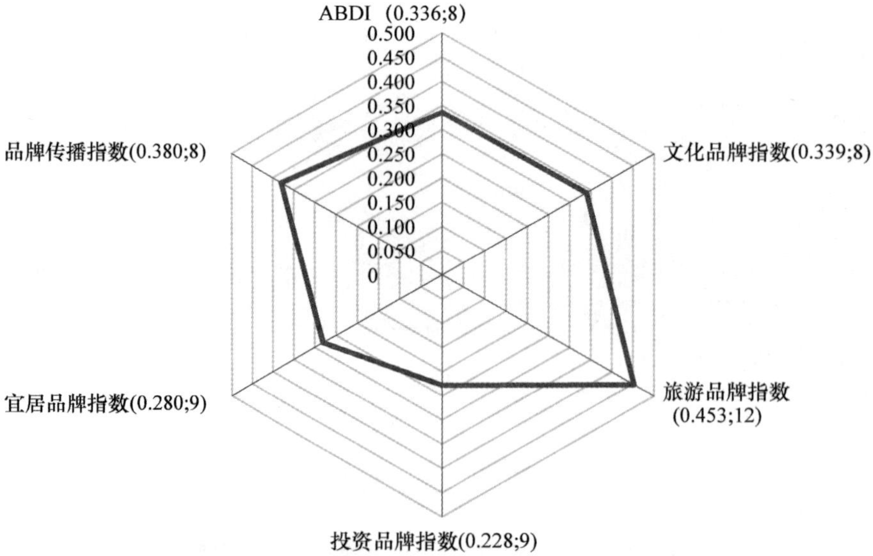

图 9－11　2020 年长江中游城市群品牌发展指数表现

注：括号内为得分和排名。

2. 总结与建议

关于长江中游城市群的建设发展，应当继续贯彻以武汉、长沙和南昌为核心辐射带动周边城市发展，不断创新发展思路，促进三大城市圈的合作交流与协同发展，形成优势互补、产业创新、多元联动的发展格局，最终实现区域的和谐发展，助力城市群品牌建设的优化升级。长江中游城市群有丰富的自然资源、人力要素资源，应发挥区域的交通运输优势，打造更为全面的城市生态圈。

（十一）成渝城市群品牌发展指数

成渝城市群是世界为数不多的“双核型椭圆城市群”，是我国面向中亚、西亚以及东南亚等国家及地区的前沿阵地。2019 年 3 月，国家发改委在其印发的《2019 年新型城镇化建设重点任务》中，提出扎实开展成渝城市群发展规划实施情况跟踪评估，研究提出支持成渝城市群高质量发展的政策举措，将其打造成新的重要增长极。但是，成渝城市群建设也正面临其他城市群建设的冲击，未来的挑战与机遇并存。中共中央政治局2020年10月16日召开会议，审议《成渝地区双城经济圈建设规划纲要》。会议指出，推动成渝地区双城经济圈建设，有利于形成优势互补、高质量发展的区域经济格局，有利于拓展市场空间、优化和稳定产业链供应链，是构建以国内大循环为主体、国内国际双循环相互促进的新发展格局的一项重大举措。

1. 成渝城市群的 ABDI

成渝城市群品牌发展指数得分为0.479，全国排名第5，较2019年上升一个位次，处于中上游水平。各分项品牌指数从排名上讲较为均衡，宜居品牌、投资品牌和旅游品牌指数都位于全国第5，品牌传播指数位于全国第7（见图9－12）。

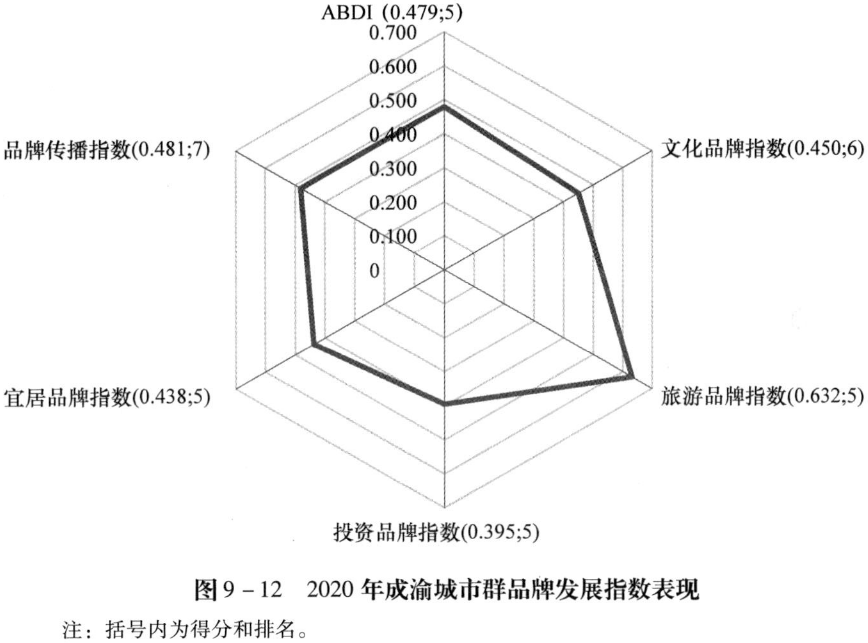

图9－12　2020年成渝城市群品牌发展指数表现

注：括号内为得分和排名。

2. 总结与建议

总体来说，成渝城市群在新媒体流行的时代，很好地利用其巨大的传播效应给城市群品牌及城市品牌提供有效的出口。但是，新媒体的推广内容还大多集中在成都、重庆两个城市，应用范围还不够广，应用程度还不够深。在接下来的建设过程中，应当注重传播途径的优化升级，引导资源向宜居、投资、旅游等品牌建设上聚集。当然，在头部城市品牌建设快速发展的同时，应将资源辐射周边城市，形成有效的联动，最后走向均衡发展。

（十二）关中平原城市群品牌发展指数

在“一带一路”倡议不断深化的进程中，关中平原城市群将迎来不错的发展机遇。其地理位置相对优越，是连通南北、承东启西的重要枢纽。就目前的发展现状来看，关中平原城市群潜力巨大，但也面临较大的挑战。2019 年 5 月第二届关中平原城市群党校区域发展研讨会在西安市委党校召开，会议形成了一项重要成果——《关中平原城市群党校理论研讨会会议共识》，确定设立常设机构，助力《关中平原城市群发展规划》落实，加强关中平原城市群党校交流合作，为支持关中平原城市群发展提供党校智慧和智力支撑。

1. 关中平原城市群的 ABDI

关中平原城市群品牌发展指数得分为 0. 299，较 2019 年提高 0. 031 分，同时，排名上升 1 个位次，为全国第 12 位。此外，各分项指数排名也出现上升现象，其中品牌传播指数上升了 4 个位次，为全国第 11 位。文化品牌指数上升了 3 个位次，为全国第 12 位。作为中华民族和华夏文化的发源地，关中平原城市群有较多的历史文化名城和国家级名胜风景区，具有深厚的文化底蕴。因此，关中平原城市群的品牌建设，特别是旅游和文化品牌建设取得了较好成效。

2. 总结与建议

加快关中平原城市群的品牌优化，必须率先强化交通枢纽的建设。充分利用“一带一路”建设的集结中心优势，强化城市群内各城市的连接度，通过共建共享和资源集约利用，构建带动城市群发展的关键环节。同时，优化城市群内产业布局，推进城镇化建设，强化中心城市的辐射作用。除此之外，维护城市群内环境建设，为产业、人口集聚、城镇化等提供良好的保障，也是城市群的吸引力所在。全面推进优化城市规模结构、构建综合交通运输网络、推进生态共建与环境共治、深度参与“一带一路”建设等方面的协同发展。

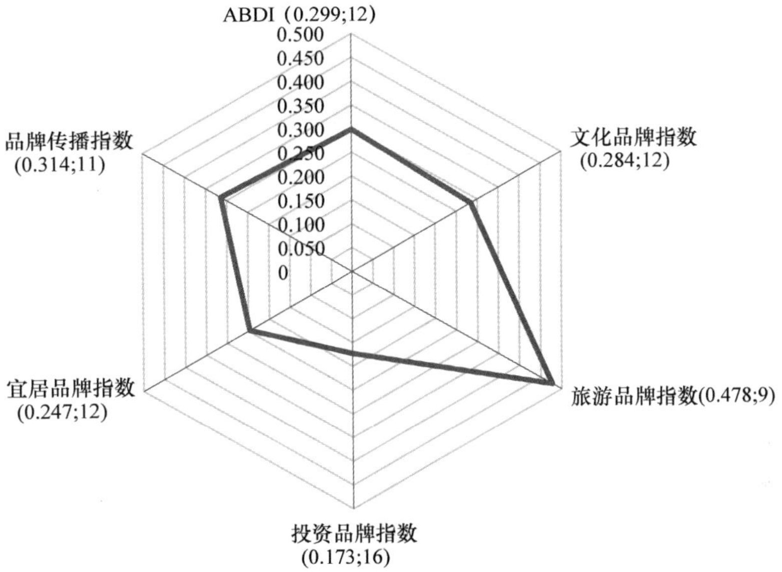

图 9－13 2020 年关中平原城市群品牌发展指数表现

注：括号内为得分和排名。

（十三）北部湾城市群品牌发展指数

作为我国面向东南亚的重要门户，北部湾城市群建设在我国与东盟开放合作的过程中发挥重要作用。在国家政策指引下，北部湾城市群在交通运输、海洋经济、自贸区建设等方面逐步发力。同时，随着“一带一路”倡议的实施，北部湾城市群的经贸地位凸显。在 2021 年 3 月的“十四五”规划中，北部湾城市群相关表述从“规划引导”变为“发展壮大”。“十四五”规划相关表述的变化意味着北部湾城市群步入快速发展的新阶段。

1. 北部湾城市群的 ABDI

北部湾城市群品牌发展指数得分为 0. 321，排第 10 位，较 2019 年下降 1 个位次，在全国处于中游水平。城市旅游品牌指数较 2019 年下降了 2 个位次，为全国第 7 名。其余各指数与 2019 年相比差距不大，均处于全国中游水平。

2. 总结与建议

北部湾城市群地理位置相对优越，一方面要形成与东南亚、珠三角等

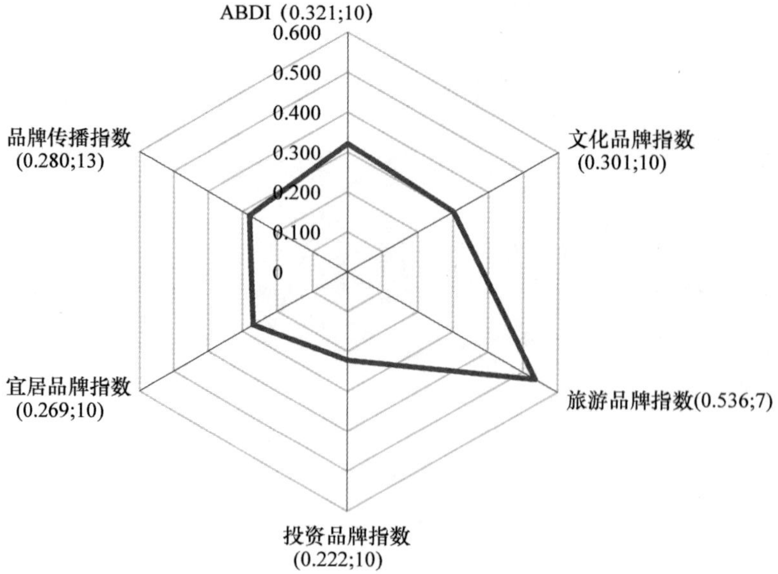

图 9－14　2020 年北部湾城市群品牌发展指数表现

注：括号内为得分和排名。

区域的有效连接；另一方面要深度挖掘自身优势，包括资源优势、位置优势，促使各城市形成准确的定位，提升相对优势。此外，省会须做好引导，发挥辐射效用，带动周边城市进一步发展。

（十四）晋中城市群品牌发展指数

晋中城市群的一体化发展是山西省在构建区域协调发展新格局中的重大决策，目前，在省政府的领导下，着力推动晋中城市群基础设施、产业布局、生态保护、文化旅游、公共服务一体化发展。2019 年 9 月，山西省委第 132 次常委会议审议通过了《山西中部盆地城市群一体化规划纲要（2019—2030 年）》。实施山西中部盆地城市群一体化发展战略，对于完善山西改革开放空间布局、为山西高质量转型发展提供强大引擎、更好融入国家区域协调发展具有重大意义。

1. 晋中城市群的 ABDI

晋中城市群品牌发展指数得分为 0. 161，处于全国下游水平，排名与 2019 年一样，为全国第 18 名。从分项指数来看，城市群旅游发展指数排名最靠前，排在全国第18位，而其余分项指标表现则相对较弱。晋中城市群的发展受制于地理位置、产业稀缺等条件，不过通过旅游资源的开发，能够进一步加强其余品牌的建设。

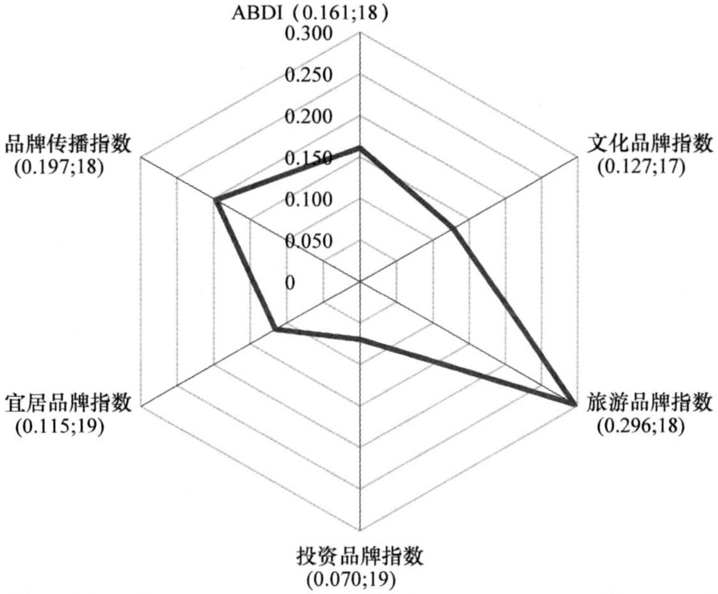

图9－15　2020年晋中城市群品牌发展指数表现

注：括号内为得分和排名。

2. 总结与建议

晋中城市群建设须以太原为核心，发挥城市群在“两横三纵”格局中的地位优势，打通与京津冀、中原等城市群的连接通道，实现各城市群的优势互补，大力发展优势产业，发挥旅游、文化资源在建设过程中的推动作用，优化升级城市及城市群品牌。

（十五）呼包鄂榆城市群品牌发展指数

呼包鄂榆城市群被定位为全国高端能源化工基地、向北向西开放战略支点、西北地区生态文明合作共建区、民族地区城乡融合发展先行区。目前，城市群内产业正在向中高端迈进，步伐稳健，城镇化水平的提高为城市群品牌发展提供良好支撑，基础设施建设的完善让城市群有了连接其他城市群的通道。

1. 呼包鄂榆城市群的 ABDI

呼包鄂榆城市群品牌发展指数得分为 0.262，排在全国第 15 位，较 2019 年上升 1 位，处于全国下游水平。从分项指标看，品牌传播、投资品牌指数均下滑 1 个位次，而宜居品牌指数出现较大幅度的提升，上升了 3 个位次。

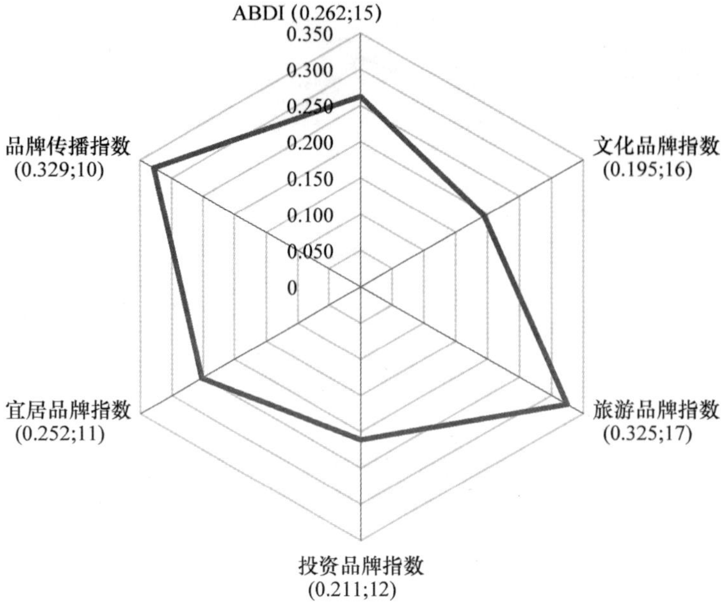

图 9－16　2020 年呼包鄂榆城市群品牌发展指数表现

注：括号内为得分和排名。

2. 总结与建议

呼包鄂榆城市群因城市数量较少，品牌建设重点应放在城市品牌建设与联动方面。第一，提高核心城市的竞争力，从产业升级、资源引入、合作交流等方面着手，加强和周边城市的交流协作、优势利用。第二，找准地方城市的相对优势，形成城市群的可持续生态。第三，提高城市品牌传播效应，设定衡量标准，不能只关注传播程度而不关注效应。

（十六）黔中城市群品牌发展指数

黔中城市群是西部地区的重要增长极，随着交通条件的不断改善，黔中城市群各城市间的联动更为频繁，成为促进区域协调发展的重要平台。同时，加速区域内各种资源的优化配置，努力将其培育成西部地区经济增长极、山地特色新型城镇化先行示范区、内陆开放型经济新高地和绿色生态宜居城市群。

1. 黔中城市群的 ABDI

黔中城市群品牌发展指数得分为 0.263，排在全国第 14 位，较 2019 年的排名上升 1 个位次。从分项指标来看，投资品牌指数和旅游品牌指数提升明显，相较于 2019 年均提高 3 个位次。其余指数排名则变化不大。

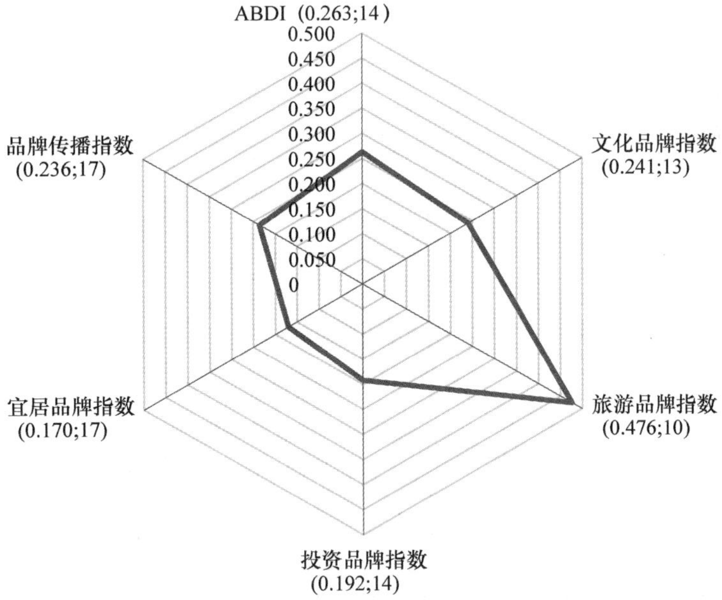

图 9－17　2020 年黔中城市群品牌发展指数表现

注：括号内为得分和排名。

2. 总结与建议

黔中城市群要促进产业共融，加强“一核、一圈、四带、五心、多点”的空间建设，优化资源配置，提高综合承载能力、综合服务能力和综合影响力，实现规划一体化、交通基础设施建设一体化、市场体系一体化、生态环境保护一体化、公共服务一体化。同时，要扩大城市群的对外开放，加强与外部的联系与合作，实现多方参与、合作共赢。

（十七）滇中城市群品牌发展指数

2019 年 8 月，云南省委常委扩大会议通过《滇中城市群发展规划》，指出滇中城市群是国家重点培育的城市群，是全国“两横三纵”城镇化战略格局的重要组成部分，是云南生产力布局和生产发展的核心区域。在城市群建设过程中，强调要加快区域内城市化进程，加快工业化、信息化建设，推动传统产业升级、大力发展战略性新兴产业。

1. 滇中城市群的 ABDI

滇中城市群品牌发展指数得分为0. 322，排全国第9 位，较2019 年上升 3 个位次。各分项指数都有上升，其中文化品牌指数上升了 4 个位次，为全国第 9 名；投资品牌指数上升了 3 个位次，为全国第 11 名。其中旅游品牌指数分数较高，达到 0. 493，说明滇中城市群对旅游的依赖度较大。通过旅游品牌的树立，其品牌传播发展指数较高，达到 0. 367。

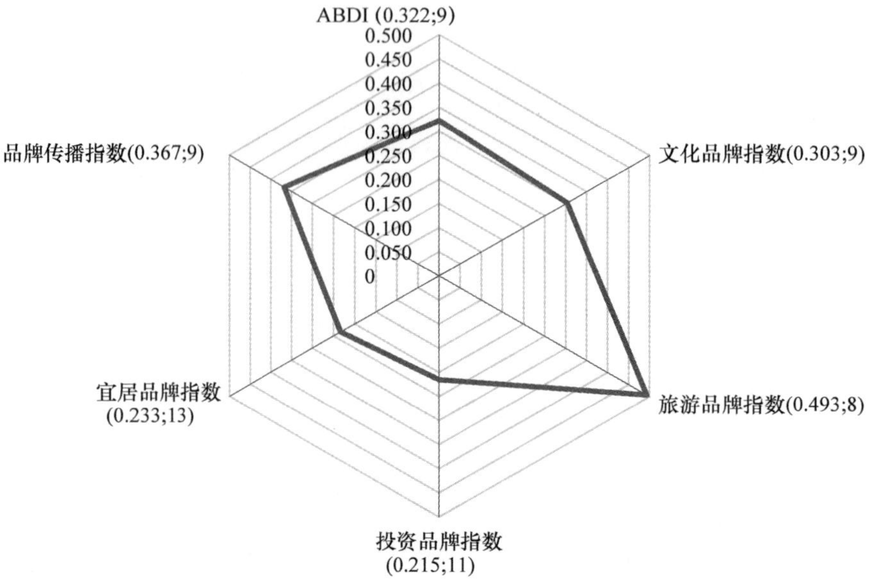

图 9－18　2020 年滇中城市群品牌发展指数表现

注：括号内为得分和排名。

2. 总结与建议

滇中城市群因规模较小，发展速度能够取得快速提升。滇中城市群一方面要加强自身建设，充分发挥旅游资源、宜居环境带来的其他效应，让城市群内资源获得优化利用。另一方面，加快城镇化建设，从城镇化建设当中优化产业布局，打造宜居环境。

（十八）兰州—西宁城市群品牌发展指数

兰州—西宁城市群（简称兰西城市群）是支撑国土安全和生态安全格局、维护西北地区繁荣稳定的重要城市群，发挥着不可替代的作用，同时是我国实施"一带一路"倡议、构建新亚欧大陆桥国际经贸合作走廊的战略要地。兰西城市群作为连接东西、贯穿南北的中心与枢纽，随着兰新高铁等基础通道的建设完成和中欧班列的运行，将成为我国对外交流又一重要出口。此外，兰西城市群拥有丰富的自然资源与深厚的文化资源，有利于进一步强化城市群品牌建设。

1. 兰州—西宁城市群的 ABDI

总体来讲，兰西城市群品牌发展指数得分为 0. 312，位居全国第 11，较 2019 年提升 3 个位次，但仍处于中游水平。从各分项指数来看，城市群投资品牌发展指数和宜居品牌发展指数排名靠前，均为全国第 7 名，主要归因于"一带一路"倡议及中欧班列运行的深入。随着兰西城市群基

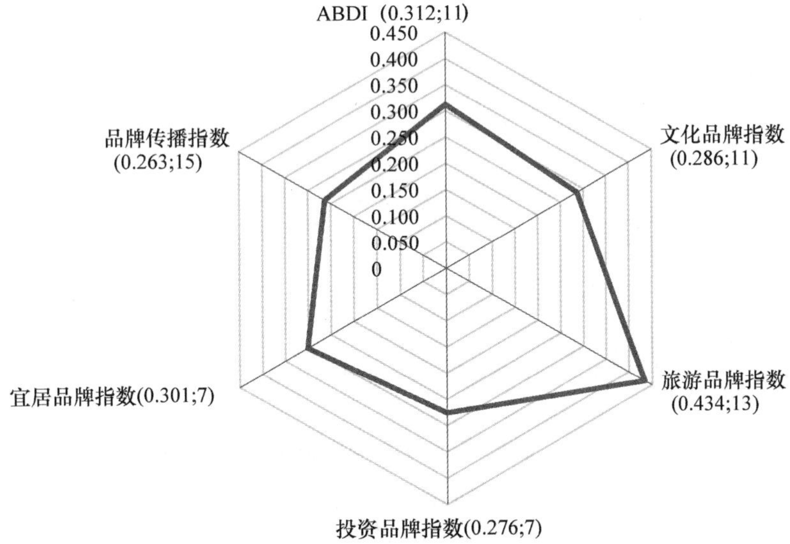

图 9－19　2020 年兰州—西宁城市群品牌发展指数表现

注：括号内为得分和排名。

础交通网络的完善，城市宜居程度有所提升，较 2019 年上升 4 个位次。不过，兰西城市群对旅游资源的开发与宣传程度仍处于较低水平。

2. 总结与建议

随着基础交通设施的不断完善，兰西城市群的发展有望进一步提升。在这过程中，兰西城市群需要发挥兰州和西宁的双核优势，对其他城市形成辐射作用。同时，加强与其他城市和城市群的沟通。

（十九）宁夏沿黄城市群品牌发展指数

作为宁夏经济发展的战略高地和主要增长极，宁夏沿黄城市群能够促进沿黄经济带与全国其他城市的良性互动，有利于获得城市集群产生的规模效应，优化资源集约与利用，将区域经济推向高质量发展。同时，宁夏沿黄城市群发展能够为黄河流域的生态建设提供强有力的保障。宁夏沿黄城市群是全国重要的能源化工、新材料、农牧产品加工基地，引领沿黄经济带快速发展。

1. 宁夏沿黄城市群的 ABDI

如图 9－20 所示，宁夏沿黄城市群与其它城市群差距较大，ABDI 指

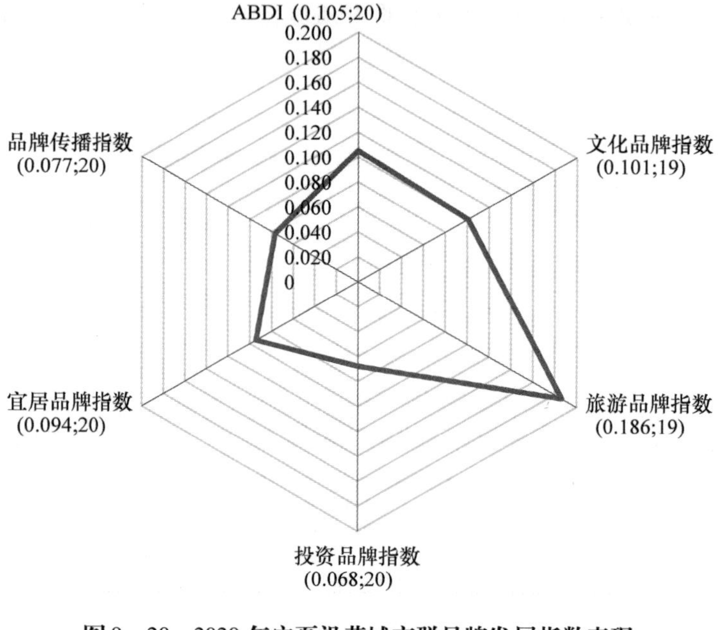

图 9－20　2020 年宁夏沿黄城市群品牌发展指数表现

注：括号内为得分和排名。

数总分仅为 0.105，较 2019 年明显上升，但仍处于垫底水平。宁夏沿黄城市群文化品牌发展、旅游品牌发展、投资品牌发展、宜居品牌发展及品牌传播发展与其它城市群差距越拉越大，全方位落后。

2. 总结与建议

宁夏沿黄城市群地理劣势明显，且沿黄经济带经济活力不足，品牌建设道路较为严峻。对于城市群内各城市来讲，应当找准自身的定位，大力发展自身的优势产业，以产业带动城市品牌建设，形成有利循环。同时，加强基础运输方式的建设，连通周边发达城市，强化合作与交流。此外，从媒体渠道大力推广城市文化与特色，开发潜在旅游资源，打造产业品牌、文化品牌、旅游品牌。宁夏沿黄城市群品牌建设应当以银川为中心，围绕其打造品牌网络，形成城市群的品牌凝合力。

（二十）天山北坡城市群品牌发展指数

2019 年 3 月，国家发改委印发《2019 年新型城镇化建设重点任务》，其中提到加快出台实施天山北坡、滇中两个边疆城市群发展规划，突出天山北坡城市群建设的重要性。天山北坡城市群地处亚欧大陆腹地，是中国向西开放的桥头堡与“丝绸之路经济带”的核心区，随着“一带一路”倡议的不断深入，其在对外开放、商贸往来、文化交流等方面的优势越发明显。目前，天山北坡城市群正在强化其向西交流大通道与区域经贸合作中枢的地位。

1. 天山北坡城市群的 ABDI

如图 9－21 所示，天山北坡城市群品牌发展指数的得分为 0.195，在 20 个样本城市群中排名第 17，跟 2019 年位次持平，仍处于下游水平。从各分项指数来看，城市群投资品牌发展指数、旅游品牌发展指数和宜居品牌发展指数排名较靠前，分别为全国第 15、第 15 和第 14 名，天山北坡城市群在文化品牌发展及品牌传播方面具有较大的增长空间。

2. 总结与建议

总体来看，天山北坡城市群整体品牌实力较弱，但发展水平均衡，成长潜力较大。第一，作为中国对西开放的出口，天山北坡城市群具有优越的地理位置，应借助“一带一路”倡议实施的良好契机，加速其在国内外的品牌推广。第二，新疆地区拥有 17 个一类开放口岸，具有经贸衔接与成为运输大通道的能力，有助于提升天山北坡城市群的投资吸引力与宜

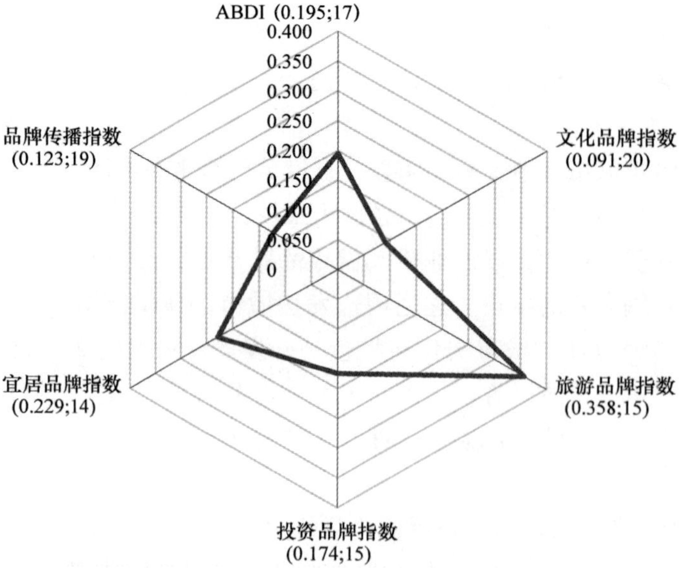

图 9－21　天山北坡城市群品牌发展指数表现

注：括号内为得分和排名。

居能力，同时有利于地方文化的传播。第三，天山北坡城市群拥有独特的少数民族文化与美丽的自然地理风光，应当优化利用旅游资源、构建旅游文化、建设旅游设施、吸引旅游人口。当然，相较于发达地区城市群，天山北坡城市群交通设施较为落后、地理环境复杂，较难实现品牌的统一建设与传播。

总体来讲，天山北坡城市群品牌建设潜力巨大，但面临较大的挑战。作为西部地区发展的重点区域，其拥有地理、资源及文化上的优势。不过，城市群内各城市发展极不均衡，一方面源于基础交通设施落后，不利于消除地理界限、进行城市品牌融合；另一方面城市认知度稍差，在品牌推广、定位上不够深入。

第Ⅳ编

主题聚焦：构筑城市品牌韧性

第十章　危机治理与城市韧性：基于城市基层社区“应急链”建设的视角

赵峥　刘彦平*

基层社区是城市治理的基本单元，也是城市应急治理体系的重要组成部分，更是城市品牌建设的主要承载地和集中展示区。面对突如其来的新冠肺炎疫情，我国城市基层社区在应对重大公共卫生安全危机中的角色非常突出，在防范风险、保障民生、稳定社会心态等方面发挥了重要作用，但也暴露出了诸多不足与问题，而健全基层社区“应急链”则是兼顾城市危机治理长短期需求的关键所在，也是凸显城市品牌韧性的重要环节。此次疫情是对我国城市基层社区应急治理水平的一次检验，也是进一步推进城市基层社区治理体系与治理能力现代化的重要契机。迫切需要结合城市基层社区实际，总结经验、吸取教训，统筹考虑“战时化”和“常态化”需要，系统化提升城市基层社区应急预防、处置、恢复建设能力，健全城市基层社区“应急链”，增强城市“免疫力”，为城市长期健康可持续发展提供支撑，更好地发挥城市安全宜居功能。

一　健全基层社区“应急链”：兼顾城市危机治理短期需求的关键所在

此次新冠肺炎疫情具有潜伏周期长、传播面广等特点，决定了城市疫

---

* 赵峥，国务院发展研究中心共管理与人力资源研究所研究员，首都科技发展战略研究院副院长；刘彦平，中国社会科学院财经战略研究院城市与房地产经济研究室主任、研究员。

情防控工作重心在相对程度上，需要从点对点的医疗救治转向以社区为载体的面源管控。2020 年 1 月，随着党中央关于疫情防控做出重要指示和部署，全国各省市先后进入突发公共卫生事件一级响应阶段。而后，国家卫健委发布《关于加强新型冠状病毒感染的肺炎疫情社区防控工作的通知》，明确提出要充分发挥社区动员能力，实施网格化、地毯式管理，群防群控，稳防稳控，有效落实综合性防控措施，防止疫情输入、蔓延、输出，控制疾病传播。全国各省市的疫情防控工作措施也开始下沉到社区。根据民政部在国务院联防联控机制新闻发布会上的统计，自新冠肺炎疫情发生以来，全国有近 400 万名城乡社区工作者奋战在 65 万个城乡社区的疫情防控一线，平均 6 个社区工作者守护着一个社区，每名社区工作者面对 350 名群众。从重大突发公共卫生事件的短期来看，城市基层社区是控制疫情蔓延的首要关口。长期来看，此次重大突发公共卫生事件正在深刻影响城市生产生活方式，也引发了城市居民对基层社区从“生活共同体”向“命运共同体”转变的现实需要。这都需要统筹考虑短期应急与长期应急治理需求，系统化反思城市基层社区应急治理体系建设问题，进一步健全城市社区“应急链”，打造好城市的安全品牌。

（一）短期来看，重大公共卫生事件突发形成的严峻形势迫切需要健全城市基层社区“应急链”

从此次新冠肺炎疫情防控的情况来看，相对人员点状集聚、流动性较弱的农村地区而言，城市疫情防控形势更加严峻且复杂。国务院发展研究中心公共管理与人力资源研究所对新冠肺炎疫情防控空间重点的网络问卷调查表明，有 44.86% 的被调查者认为，城市城区是疫情防控的重点区域。从人口流动和集聚的空间方向来看，我国人口从乡村向小城镇，中小城市向大城市、都市圈、城市群流动集聚的特点非常明显，春节后返城就业人员产生的大规模、快速人口流动也属于“世界级”现象，更加剧了城市疫情防控压力，使得以基层社区为载体的面源管控难度更大。尽管一些城市采取了社区临时封闭措施，对控制污染源、切断传播链、抑制疫情扩散发挥了重要作用，但由于我国市场化程度不断提升，人口流动与融合进程不断加快，重点城镇，区域中心城市，北京、上海、深圳等超大城市，长三角、珠三角城市群等主要人口流入地区的城市社区，在面对突发性重大公共卫生事件时，仍然面临较大防控压力。这也对城市社区应急预防、处置、恢复建设能力提出更高要求，迫切需要进一步健全城市社区“应急链”。

（二）长期来看，重大突发公共卫生事件引发的城市居民生产生活变革对基层社区“应急链”提出新的要求

改革开放以来，中国城市化和城市崛起的速度令世界惊叹。2011 年，我国城镇人口数量为 6.91 亿人，城镇化率达到 51.27%。从统计意义上看，就已经正式从“乡土中国”进入“城市社会”。[①] 城市是人类文明的象征，意味着人口高度集中和产业高度集聚，也是各类公共安全危机影响的主要地区。随着城市规模的日益庞大、城市运行管理的日益复杂，城市的脆弱性日益凸显。社区是聚居在一定地域范围内的人们所组成的社会生活共同体，同时也是城市公共决策、资源组织、社会自治的集中地。[②] 从历史经验看，从 1848 年英国诞生人类历史上第一部综合性的《公共卫生法案》到 1892 年纽约市卫生局设立细菌和消毒科，从 1898 年霍华德提出“田园城市”理论到 20 世纪初全球范围内推广的花园城市运动，从 1984 年世界卫生组织提出“健康城市”概念到联合国可持续发展目标（SDGs）提出建设包容、安全、有韧性和可持续的城市，城市发展和城市社区应急治理体系的建设和完善往往也是应对重大公共卫生安全危机的结果。此次新冠肺炎疫情已经在一定程度上改变了城市居民的生产生活方式，职住统一、居家办公、互助服务等客观上强化了城市居民对基层社区服务和治理品质的依赖。同时，疫情也将深刻影响城市居民对基层社区应急能力的需求。通过新冠肺炎疫情防控，城市基层社区居民共同的安全与健康需要变得更加紧迫，越来越多的城市居民已经意识到城市基层社区不仅是居住栖息的“生活共同体”，更是集体面对风险的“命运共同体”。城市基层社区应急治理体系是否完善、是否具备足够的应急治理能力，不仅关乎安居乐业，更关乎生死存亡，也是衡量城市发展质量和竞争力的重要标尺。长远来看，全面系统地完善基层社区应急治理体系，健全基层社区“应急链”，不仅是短期应急的重要举措，更是面向未来，防范风险，

① 赵峥、刘涛：《着力推进中国城镇化转型》，《中国发展观察》2014 年第 12 期。

② ［美］戴维·奥斯本、［美］彼得·普拉斯特里克：《再造政府：政府改革的五项战略》，谭功荣、刘霞译，中国人民大学出版社 2014 年版，第 161—164 页。

满足城市居民和城市更高水平安全、稳定、可持续发展需要的必然选择。

二　城市基层社区“应急链”建设面临的治理困境

城市基层社区“应急链”建设是一个系统工程，不仅需要加强应急设施的“硬投入”，更需要立足应急治理体系和治理能力现代化，统筹预防、处置、恢复与建设全过程，激发社区应急治理的动力、能力和活力，构建应对重大公共卫生安全危机的长效机制。在此次防控新冠肺炎疫情输入、蔓延、输出过程中，城市社区已经成为重大突发公共卫生事件一线应急的主平台。但同时，此次疫情也暴露出了我国城市基层社区在“应急链”建设方面存在的不足与短板，突出体现在人员、角色和技术三个方面。

（一）“人员困境”影响城市基层社区应急预防能力

预防是应急治理的重要环节。在城市基层社区应急预防条件和设施相似的情况下，应急预防人员的危机意识、应急素养、准备能力则是应对重大公共卫生安全危机的主要因素。在此次新冠肺炎疫情防控过程中，城市基层社区工作人员围绕“早发现、早报告、早隔离、早诊断、早治疗”承担了大量繁重的防控任务和巨大的工作压力，并在不同程度上担当了“多面手”的角色。在实践中，许多社区工作人员不仅需要完成日常社区工作职能，还需要承担疫情防控期间的宣传、防治、排查、统计、汇报、体温监测、场所消毒、邻里协调等多重事务。这充分体现了我国城市社区工作者的责任感与使命感，但也凸显了我国城市社区应急预防的“人员困境”。

一方面，城市基层社区应急预防人员的需求缺口仍然较大。根据《2018 年民政事业发展统计公报》，截至 2018 年年底，我国共有城市居民委员会10.8 万个，居民小组 156.3 万个，居委会成员 57.9 万人。但相对我国庞大的城市人口，我国城市社区人员配备仍然不足。通常情况下，根据城市规模大小，十余位社区工作人员需要面对几百到数千的社区居民。这些社区工作人员在平常状态下，就承担了大量基层社会治理和服务工作，存在“活儿多人少”的问题，而面对重大公共卫生安全危机，人员短缺问题就更加严重。从此次疫情防控情况来看，随着疫情转向社区以传播为主，伴之“疑似多、确诊少、人传人”的特点，许多城市对居民小区实施“封闭式”“全天候”监管，发动基层机关干部、物业员工、网格员、志愿者等参与城市社区疫情防控工作，但基层社区应急人员短缺问题仍然存在。同时，由于我国城市基层社区具有地域性、多元性特征，涉及商品房住宅小区、企业居民社区、拆迁棚户区等多种类型，社区空间形态、居民结构、建成时间等差异较大，在一些老旧小区、无物业管理小区、“城中村”地区更容易出现“无人可用”的局面，城市基层社区应急预防人员总体上仍然存在较大的需求缺口。

另一方面，重大突发公共卫生事件暴露了城市基层社区长期存在的人员保障机制不健全问题。提升城市社区应急治理能力，不仅需要短期组织协调和跨部门人员调配，更需要面向社区应急治理需求，形成长期稳定的人员供给，特别是具备专业技能的人才准备。而长期以来，尽管城市基层社区工作任务繁重，但城市社区工作人员待遇保障水平却相对较低。具体来看，城市社区工作岗位通常采用雇用制或聘用制，由于编制不同，基层社区工作人员的收入水平也往往远低于同一岗位的公务员、事业编制人员。在职务晋升和职业发展方面，也同样面对“身份”门槛，缺乏晋升制度空间和稳定的职业预期。这就使得城市社区工作岗位特别是需要面对不确定风险、具有专业技能的应急治理工作岗位，通常对相应专业人才很难形成较大吸引力。而现有城市基层社区工作人员也往往因为待遇保障不足存在“留人难”等问题，造成城市社区应急预防人才长期供给不足。

（二）“角色困境”制约城市基层社区应急处置能力

面对重大突发公共卫生安全危机，基层部门分工明确、高效组织动员的应急处置能力是维护经济社会秩序稳定，减少危机损害的重要支撑。此次新冠肺炎疫情防控，城市社区采取了许多应急处置措施，通过有效的物理隔离控制疫情扩散和传播，产生了积极作用。但在不断加大社区责任、强化社区功能的同时，城市社区仍然存在定位不清晰、主体功能不明确等“角色困境”问题，制约着城市基层社区应急处置作用的发挥。

一方面，城市基层社区应急定位不清晰增加了基层应急处置压力和防控风险。我国自改革开放以来，就开始推动行政管理和制度空间重心的下移。近年来，在地方探索基层社会治理现代化过程中，不断推进社区治理的精细化，在提升基层服务水平、维护社会稳定等方面产生了积极效果。但同时越来越多的行政管理任务和服务职责下沉到城市社区，使得城市社区特别是社区居民委员会的“行政化”色彩更加突出，并产生了一种相互矛盾的社区治理张力。在政策层面上国家主张社区自治，减少地方政府的干预，而在实践中地方政府又不自觉地向居委会下达行政指令①。这一现实操作与功能定位矛盾的“角色困境”，在此次新冠肺炎疫情防控过程中也有所体现。例如，通过发挥城市基层社区治理单元传统工作优势，做好物理隔离，无疑有利于最大限度阻断新冠肺炎疫情传播。然而，城市社区居民委员会承担的类似医疗行政检查类型的疫情防控工作，其实并无明确的制度规定，社区居民委员会往往没有相应行政职权进行处置。而作为行政机关，地方政府和相关部门也无法通过授权或委托的方式直接赋予社区居民委员会相关行政权力，这就容易造成社区疫情防控中出现上级有要求，但实际无权处置的情况。

另一方面，“角色困境”影响了城市基层社区社会动员能力的发挥。由于此次新冠肺炎疫情“人传人”且潜伏性强，加之各地实施严防严控的政策，不仅给城市居民生产生活带来了较大影响，也对城市居民社会心理造成了巨大压力。在这种情况下，城市居民基于自身健康和安全考虑，往往容易导致过度恐慌和心态失衡，引发邻里矛盾和“社会失范”行为。而这些问题往往很难简单依靠政府单向化、垂直化、自上而下的行政干预来解决，更需要发挥社区的基层社会动员能力，通过思想、舆论和行为引导来加强社会互助、疏导社会情绪、维护社会秩序。社区治理理论需要政府、社会、个人共同参与和协作来提高效能②。国家也高度重视构建城乡社区治理体系，打造共建共治共享的治理格局。2012 年 11 月，党的十八大报告指出，要健全基层党组织领导的充满活力的基层群众自治机制。2015 年 7 月，中共中央办公厅、国务院办公厅印发《关于加强城乡社区协商的意见》，明确要开展形式多样的基层协商，推进城乡社区协商制度化、规范化和程序化。2017 年 6 月，《中共中央　国务院关于加强和完善城乡社区治理的意见》指出要完善城乡社区治理体制，努力把城乡社区

① 严志兰、邓伟志：《中国城市社区治理面临的挑战与路径创新探析》，《上海行政学院学报》2014 年第 4 期。

② T. Bovaird, “Beyond Engagement and Participation: User and Community Coproduction of Public Services”, *Public Administration Review*, Vol. 67, No. 5, 2010.

建设成为和谐有序、绿色文明、创新包容、共建共享的幸福家园。2017年10月，党的十九大报告提出加强社区治理体系建设，推动社会治理重心向基层下移，发挥社会组织作用，实现政府治理和社会调节、居民自治良性互动。

（三）“技术困境”凸显城市基层社区应急智慧化建设短板

此次疫情防控也是对城市基层社区应急技术应用能力和智慧化建设的一次检验。部分已实行网格化、精细化、智能化管理的城市，也通过“线下+线上”的立体布防，推动网格监管和社区管理相结合，增强了城市社区的疫情防控能力。但同时，许多城市社区在疫情信息排查过程中仍然采用“一张纸”“一支笔”等的登记方式，反映了我国城市基层社区在应急技术支撑方面的不足，凸显了城市基层社区应急智慧化建设短板。

一方面，城市基层社区应急智慧化理念和建设相对滞后。从发展历程来看，我国城市社区智慧化建设与“智慧城市”建设同步进行。2014年，住房和城乡建设部发布的《智慧社区建设指南（试行）》就对智慧社区建设进行明确定义，指出智慧社区是通过综合运用现代科学技术，整合区域人、地、物、情、事、组织和房屋等信息，统筹公共管理、公共服务和商业服务等资源，以智慧社区综合信息服务平台为支撑，依托适度领先的基础设施建设，提升社区治理和小区管理现代化水平，促进公共服务和便民利民服务智能化的一种社区管理和服务的创新模式。充分运用智慧化工具开展疫情防控，不仅能够降低防控工作人员受疾病感染的可能性，还可以节约社会资源，提高重大突发公共卫生事件的预防处置效率。近年来随着前沿信息技术的集成创新和融合应用日益深化，我国许多城市都在结合网格化社会治理和“放管服”改革需要，应用互联网、大数据、云计算等信息技术手段，以城市社区为空间重点推进市域社会治理智能化。但在此次疫情防控过程中，很多城市社区仍然主要以人工形式开展疫情信息统计、数据监测、人员排查等防控工作。特别是在疫情防控初期，由于医疗防护物资缺乏，大量社区工作人员往往在极度缺乏口罩、手套、防护服、消毒水等基本防护装备和防护技能培训的情况下，主要依靠传统纸笔填报表单、入户敲门统计信息。大量城市社区缺乏智能化的疫情监测设备，甚至部分城市社区缺少基本的网络沟通和联络平台，只有通过临时建立微信号、组建微信群、开发手机 App 等进行疫情防控工作。还有一些城市社区即使建立了所谓的“智慧平台”，也由于缺乏日常运营和维护，实际活跃用户数量并不多，在疫情防控中无法发挥作用。在我国已经具备雄厚的信息技术研发与应用实力的背景下，相对于电子商务、互联网企业乃至一些社会组织在通过信息化手段和平台开展疫情信息采集、应急物资调配、社会捐赠等方面的积极表现，我国城市基层社区在应急智慧化理念和建设方面还存在一定差距。

另一方面，城市基层社区信息数据共享机制亟待完善。20 世纪 90 年代以来，为解决城市社会流动性加快带来公共事务大幅增加和原有基层管理模式职责不清晰等问题，各城市政府通过打破以社区为基层行政区域划分的界限，依托数字化、智能化、网络化建设，构筑起“两级政府、三级管理、四级网格”的责任体系架构，普遍推行了网格化管理模式，已经形成了较好的数据收集、分析、应用基础，在维护社会稳定、打击违法犯罪行为方面具有良好成效。在此次疫情防控中，城市社区与政府相关部门信息共享不足的问题仍然存在。在医疗卫生信息共享方面，在应对大量求诊或疑似病人时，社区基层医疗中心往往由于缺乏相应的数据共享机制，即使能够及时提供疾病初步检测和筛查，也很难通过信息联通及时反馈检测结果，提出分诊和就医建议。城市社区居民的信息数据，特别是确诊患者、疑似患者、无法排除感染可能的发热患者、确诊患者的密切接触者的信息数据，其采集的真实性、及时性往往直接影响疫情防控的效果，亟须完善数据共享机制。

三　进一步健全城市基层社区“应急链”的路径选择

新冠肺炎疫情是对我国城市治理体系与治理能力现代化建设的一次考验，也是对我国城市基层社区“应急链”建设的全方位检验。面对重大公共卫生安全危机，城市社区展现了我国制度优势在基层转化为治理效能的积极成效，但也暴露出城市社区在应急预防、处置、建设方面存在的一些亟待解决的问题与挑战。为了更好地总结经验、吸取教训、有效防范重大公共卫生安全危机带来的风险和损害，更好地构建城市居民的“幸福家园”，特别需要针对城市社区应急治理人员、角色、技术困境问题，统筹“预防链”、“处置链”和“恢复建设链”，健全城市社区“应急链”，提升城市社区应急能力。

（一）以提升社区工作人员综合保障水平为重点，健全城市基层社区应急“预防链”

人是提升城市社区应急预防能力的核心因素。健全城市基层社区应急“预防链”，关键在于提升社区工作人员综合保障水平。一是加大对参与重大公共卫生事件防控的城市基层社区工作人员的补贴力度。在财政部、国家卫计委已经下达的基本公共卫生服务和基层疫情防控补助的基础上，进一步聚焦参与疫情防控的城市基层社区工作人员，加大中央财政专项投入，并鼓励地方同步配套经费。同时，加强专项资金监管，任何部门不得擅自截留、挤占、挪用参与疫情防控的城市社区工作人员的补贴资金。二是建立城市基层社区人才荣誉激励机制。建立常态化的城市社区人才荣誉制度，把参与危机处理、有突出业绩表现的城市社区工作人员与医务人员等同等看待，进行荣誉表彰，并在交通出行、子女教育、社会服务等方面给予优待。三是大幅提升城市基层社区工作人员的经济和政治待遇。结合公务员选拔任用与事业单位改革，推动城市社区工作人员特别是应急管理岗位专业人员，与公务员、事业编制人员经济待遇上同岗同酬，拓宽社区工作人员晋升渠道，为非编制人员明确晋升比例，预留晋升空间，吸引更多专业人才进入社区应急管理队伍。四是建立常态化的城市基层社区应急人才培训机制。组织科研院所、应急管理部门、卫生疾控部门、典型城市社区的专家学者和具有丰富实践经验的一线管理人员，设计城市社区应急培训课程，加强对城市社区工作人员重大公共安全事件的防控意识、公共卫生伦理意识、应急处理能力、自救互救技能等方面的培训，将其作为常态化岗位教育的重要内容。

（二）以厘清城市社区权责为重点，健全城市基层社区应急“处置链”

权责清晰是城市社区充分发挥基层治理效能、加强社会动员、提升应急处置能力的重要条件。健全城市基层社区应急“处置链”，需要从厘清城市社区在应急治理中的权责着眼，明确分工，强化主责，同时激发城市社会自身应急活力，共同处置和化解风险。一是明确细化城市基层社区在重大公共卫生安全应急处置中的定位。短期来看，在疫情防控中，需要进一步明确医疗防控机构的职责，完善由各级医疗卫生机构开展疫情防控的工作机制。让城市社区主要承担全面推进爱国卫生运动、加大环境卫生专项整治、开展传染病防控知识宣传、引导公众个人防护等职责。长期来看，还需进一步梳理城市社区职能，使其从协助政府行政的功能中剥离，淡化城市社区居民委员会的行政色彩，通过专业协作把各类应急管理专业部门的专业优势和社区的强大政治动员功能结合起来，提升城市社区应急处置能力。二是发挥城市基层社区服务职能，提升社区应急组织能力。重点发挥城市社区办理公共事务和公益事业、组织志愿者队伍、办好社区服务业的服务职能，组织动员志愿者、专业社会组织、临时救援小组等力量，调动作为社区精英的“中坚居民”[①]的积极性。基于“楼门—小区—社区”的“微治理”网络体系，搭建疫情防控的联防战线，主动对接社区居民需求，特别是独居老人、非新冠肺炎疾病患者、医护人员和病患家属等群体的生活交流需要，开展专业咨询、生活照料、心理疏导等公众应急服务。三是完善城市基层社区居民互助机制。多元、民主、互动式的管理是社区应急治理能力和治理体系现代化的保障。社区对于居民而言，不仅是一个居住空间，更是相互信任的共同体。[②]提升城市社区应急处置能力，需要将疫情防控与社区共同体建设结合起来，改变城市社区应急治理高度依赖政府力量和行政主导的现状，突出城市社区协助各部门组织社区成员进行自治管理的管理职能，发展“百姓议事厅”等民主议事机制，培育理性自觉、邻里守望的社区意识。激发社区自组织的力量，推动建设“新熟人社会”和信任体系，完善社区自我管理、自我组织、互相支持、互相救助的机制。

（三）以全面建设智慧社区为重点，健全城市基层社区应急“恢复建设链”

此次疫情是我们深刻反思城市社区发展模式的重要契机。需要高度重视现代信息技术在城市社区应急治理中的价值和作用，在未来城市社区规划、建设和管理中，充分体现智慧应急理念，广泛应用智慧应急技术，通

---

① 史明萍、魏程琳：《“中坚居民”：城市社区治理的中坚力量及其制度化》，《城市问题》2019 年第 12 期。

② ［德］斐迪南·滕尼斯：《共同体与社会：纯粹社会学的基本概念》，林荣远译，北京大学出版社 2010 年版，第 45 页。

过建设高水平的智慧社区提升城市社区应急能力。一是推进城市基层社区应急设备的智慧化。针对城市社区应急预防和处置工作特点，为城市社区全面配备简便易用、容易携带的智能化信息采集、数据分析、疫情监测等应急设备，并加强维护和管理。在智慧化设备研发、采购时，鼓励信息技术、互联网专业企业参与，采用市场化方式征集适用不同规模、空间形态社区的应用方案，并进行有针对性的应用场景实验。二是建立城市基层社区公共健康大数据平台。依托现有网格化管理平台，综合运用大数据、云计算、卫星定位系统、地理信息系统等先进技术手段，重点采集社区级的健康统计数据，推动涉及公安、民政、医疗、社保等垂直系统的核心数据共享，整合城市社区居民信息采集与更新、综合评估、病例跟踪、数据预测等功能，加强数据动态监测、风险评估、人员排查、防疫提示和预警管理，通过日常化、常规化、智能化的监测排查替代运动式治理。三是协同推进城市基层社区公共卫生基础设施和信息化建设。一方面要提升城市社区公共卫生基础设施水平，增强城市社区医疗中心的应急医疗预防处置能力，并为城市社区医疗中心规划设计紧急时期可以有效分区、隔离的空间。同时，提高城市社区医疗中心的医疗信息与专科医院、卫生疾控中心的联通能力，构建就诊、收治、留观、咨询等医疗资源支持的节点网络体系，整合线上咨询和会诊平台，为城市社区预防诊疗提供线上线下相结合的技术支持。

第十一章　重大突发公共卫生事件影响下的城市文旅品牌：困境与突围

许峰　王琳*

一　引言

突发公共卫生事件具有突发性、复杂性、无界性、破坏性等特点，并且随着全球化进程的加快，从近年来 MERS、埃博拉、新冠等病毒的破坏性与影响力来看，重大突发公共卫生事件可产生世界性的“涟漪效应”。早已有专家做出过相关的预测，重大突发公共卫生事件正朝着跨越洲际的阻隔以及区域之间的限定传播逐渐发展，影响广大。① 并且其对个人以及社会的生产实践活动也影响巨大，不仅引发个人及群体的感染和死亡，更是涉及生产、实践、社会经济发展、社会安全等诸多方面，并在世界范围内扩散，从而进一步影响国家、城市、地区等的经济发展、社会信任、文旅活动等。

城市品牌是现代城市营销的一个重要方面，品牌化的力量在于让人们能够识别它，并且在地理位置和某种理性化的象征之间建立一种联系。②

---

* 许峰，山东大学管理学院教授；王琳，山东大学管理学院旅游管理专业硕士研究生。

① 诚然、韩锋：《政府突发公共卫生事件应急管理机制探析》，《中国卫生资源》2014 年第 5 期。

② K. L. Keller, “Managing the Growth Tradeoff: Challenges and Opportunities in Luxury Branding”, *Journal of Brand Management*, Vol. 16, No. 5 - 6, 2009.

城市品牌是一个城市的无形资产，[①] 体现了一个城市丰富的经济文化内涵和精神底蕴，是区别于其他城市的独特标志。[②] 城市品牌的出现不是偶然的，它是从产品品牌、人文特色、旅游品牌等诸多品牌延伸而来，[③] 浓缩着一个地域的过去和现在，是在漫长的发展历程中积淀下来的气质与个性，展现着城市的特点，增添城市魅力，是现代城市竞争的重要资本。[④] 而文化对于城市来讲，不仅是实力和形象，还是内核和灵魂。它决定了城市的品质，引领城市发展。刘易斯·芒福德认为，城市不只是建筑物的群集，它更是各种密切相关并经常相互影响的各种功能的复合体。它不单是权力的集中，更是文化的归极。城市文化品牌体现了一个城市独特的文化内涵和精神特质，[⑤] 而城市的旅游品牌是树立自身形象的重要载体，其不仅是识别不同城市、塑造不同城市个性及形象的名称及标志，同时也是城市地脉、文脉要素的综合体现，以及城市的无形资产与宝贵财富。[⑥]

城市的旅游业、文化产业都具有综合性强、辐射面广、渗透性强、产业链长的特征，与其他产业的关联互动作用非常明显，而且文旅行业又是非常典型的劳动密集型产业，几乎所有的细分领域均涉及人群聚集，非常容易受到环境及相关行业的影响。国际关系、流行性传染病都会对文旅行业造成直接的重大冲击。新冠肺炎疫情暴发以来，在全球迅速蔓延，备受全球瞩目。武汉封城至解封，数次登上多个社交平台热搜榜，并被国内外各大媒体报道。国内多个省市启动一级响应，餐饮、景区等各类文旅活动纷纷暂停，城市间交通暂停或限流，城市的文旅产业受到严重打击，对城市的文旅品牌也造成相当程度的破坏，疫情之后如何进行恢复和提升成为亟须系统思考的重大命题。

---

① 王钏：《城市品牌定位研究》，硕士学位论文，上海财经大学，2005 年。

② 吉福林：《论打造城市品牌》，《商业研究》2004 年第 24 期。

③ 左仁淑、崔磊：《城市营销误区剖析与城市营销实施思路》，《四川大学学报》（哲学社会科学版）2003 年第 3 期。

④ 严芒芒、胡恩强：《提升城市品牌影响力的媒体策略》，《中国报业》2020 年第 13 期。

⑤ 余梦秋：《城市文化品牌塑造与传播研究——以成都市为例》，《文化学刊》2020 年第 8 期。

⑥ 蔡溢：《基于 ROST 文本挖掘软件的贵阳市城市旅游品牌受众感知研究》，《重庆师范大学学报》（自然科学版）2015 年第 32 期。

二　困境识别

（一）品牌形象受损

Kotler 和 Gertner 指出，城市要实现城市营销目标，就必须进行品牌建设和管理。品牌大师 Keller① 则认为，品牌化的力量能够让人们了解和知道某一区域，并将某种形象和联想与这个城市的存在自然联系在一起，让它的精神融入城市的每一座建筑之中。城市的品牌形象则是其中首要和关键的一环，城市品牌形象是一个地区的缩影，良好的城市品牌形象已然成为一种重要的软实力，蕴涵着无形的财富，不但会提升市民生活质量，使其居之乐之、好之爱之，而且有助于吸引域外资源，加速经济的增长，促进地区的安定和繁荣。随着城市之间在招揽人才、招商引资、旅游营销、活动举办等方面竞争的日益激烈，城市品牌形象在提升知名度、吸引力等方面的作用日益凸显。②

城市文旅品牌形象的塑造和维持受诸多因素的影响，除满足城市居民学习、生活、工作的城市功能环境，体现城市和谐、人文文化、精神风貌的城市文化环境，体现城市科技教育水平和历史文化积淀的城市科教与历史环境，市容、交通等城市规划与自然环境等城市主体因素外，还包括其作用的利益相关者对其形象的感知及满意程度，主要包括市民以及工作、学习、旅游、探亲等利益相关群体。③ 地区的安全性是影响其品牌形象的关键因素，而新冠肺炎疫情的发生使诸多城市安全受到直接冲击。

英国因其优越的自然条件、独特的地域风光等，各类乡村旅游、生态旅游以及农业等相关特色活动如绵羊舞、马术表演、狗狗赛跑等，吸引了大批的国内外游客及本地居民参与。但是 2001 年英国暴发口蹄疫，使得英国农村地区原有的一些特色旅游项目如赛马、英格兰乡村旅游等都不得不取消。诸多游客取消英国旅游计划，大规模的疫情暴发使得英国的文旅

---

① K. L. Keller, "Managing the Growth Tradeoff: Challenges and Opportunities in Luxury Branding", *Journal of Brand Management*, Vol. 16, No. 5 – 6, 2009.

② 宋欢迎、张旭阳：《城市品牌形象利益相关者感知度测度》，《城市问题》2017 年第 5 期。

③ 张燚、张锐：《城市品牌塑造的影响因素及互动关系研究》，《经济问题探索》2007 年第 3 期。

产业损失惨重，整个旅游业的收入下滑了 10 个百分点。在疫情最严重的地区，降幅甚至达到了 80%，当地的一些旅馆不得不关闭。当时的英国首相托尼·布莱尔为了挽救英国的文旅行业，前往约克郡进行参观景点的活动，但收效甚微，游客对英国文旅行业的信心恢复极为缓慢。口蹄疫的暴发，使得游客对其当地的安全性产生怀疑，其良好的品牌形象蒙上了“不安全”的阴霾，给英国的文旅品牌带来了极大的负面影响。

2008 年“5·12”大地震之后，四川遭受巨大创伤，以秀美风光和人文古风吸引世界目光的四川，在一瞬间遭受巨大浩劫，多处文物古迹遭受不同程度损失，其旅游行业元气大伤，旅游业务全部暂停，四川“只出不进”。2008 年年底揭晓的年度“最具幸福感的城市”名单中，成都被排除在名单之外，甚至提起成都，游客们心中在显现大熊猫、天府之国等正面形象的同时，也会联想到地震所造成的惨痛画面。由此能够看出，重大公共安全事件发生之后，对一个城市品牌形象的打击是巨大的，甚至是致命性的。

（二）市场缺陷放大

1. 单一产业链模式

我国现阶段的文旅产业主要集中在观光旅游以及与其相关的食、住、行行业，新冠肺炎疫情的暴发，限制了群众的进出旅行和观光游览以及相关景区、场所的参观活动，而诸多旅游企业的项目活动都进行了暂停或取消，群众纷纷取消外出计划。受疫情退订影响，湖南 554 家旅游企业直接损失约 9 亿元。而单一的产业模式使得企业难以经受住长时间的疫情冲击，若市场暂时不能回暖，能够支撑超过半年的企业数量不多，文旅行业企业将遭受巨大打击和创伤。

例如著名的 OTA 企业——途牛，其主营业务收入结构单一，在本次疫情中受到了严重的冲击，股票连续下跌。2020 年 3 月 16 日，其股价重挫 15.04%，收盘时跌破 1 美元关口。在途牛公布财报当天，其股价又下跌 7.14%，收盘价为 0.91 美元，在这过程当中途牛股价迟迟难以回升。2020 年 4 月 2 日，新加坡投资公司 Temasek Holdings Private Limitied（淡马锡控股私人有限公司）对其股份再次减持。2020 年 6 月 18 日，途牛同京东的战略合作到期，在疫情重击之下又失去了京东这个靠山，途牛面临生死存亡的困境。新冠肺炎疫情对旅游业的影响可以说远超 2003 年的

“非典”疫情，行业洗牌，部分前部 OTA 面临退市破产，中小旅行社倒闭。根据企查查的数据，截至 2020 年 4 月 5 日将近有 11000 家旅游企业倒闭。携程 CFO 王肖璠表示，2020 年第一季度携程的净营收同比可能会下降 45%—50%，运营亏损或达到 17.5 亿—18.5 亿元。同程艺龙预计 2020 年第一季度的净营收同比将会减少 42%—47%。艾媒咨询指出，以 2019 年春节期间旅游收入规模推算，2020 年新冠肺炎疫情给旅游业带来的收入损失预计超过 5000 亿元，相当于第一季度国内生产总值的 2% 左右。

在新冠肺炎疫情中所暴露出来的我国城市文旅产业模式单一的问题，使得各行业企业遭受巨大打击和挫折，轻则营业额下降、利润减少，重则企业破产，难以维持和恢复。行业和诸多企业的抗风险能力明显不足，亟须改进和提升。

2. 国内市场乏力

在新冠肺炎疫情中，国内文旅行业遭受打击，国内市场表现疲软与乏力，且在疫情逐步进入常态化时，文旅行业所表现出来的复苏态势趋缓。

据调查，2020 年新冠肺炎疫情后首次计划近郊游的中国消费者占 43.5%，计划远途过夜游的中国消费者占 20.1%，出国旅游的占 6.9%，无旅游计划的消费者占 29%。在 2020 年 2 月 20 日召开的《中国旅游经济蓝皮书 No.12》线上发布会上，中国旅游研究院院长戴斌表示：预计 2020 年第一季度及全年，国内旅游人次分别负增长 56% 和 15.5%，全年同比减少 9.32 亿人次；国内旅游收入分别负增长 69% 和 20.6%，全年减收 1.18 万亿元。通过对春节过后小长假的数据进行分析发现，2020 年五一小长假同 2019 年五一小长假相比，全国共计接待国内游客同比减少了 41%，国内旅游收入同比减少了 59.6%；2020 年端午小长假与 2019 年端午小长假相比，全国共计接待国内游客同比减少了 49.1%，国内旅游收入同比减少了 68.8%。

对 2020 年小长假的旅游市场进行分析，其具有诸多的共同点：本地游、周边游是主力，自驾游、亲子游是主流，南方城市旅游热度高，旅游消费群体年轻化态势明显，游客出行更加重视健康、卫生，景区预约制成为旅游新常态。对比于 2019 年的同期数据，我国国内旅游仍然相差较大，需要更长的恢复时间。

3. 产品结构欠优

新冠肺炎疫情的发生，文旅市场的缩减，亦隐含了消费者对文旅产品的需求升级。依据《新冠肺炎疫情下的旅游需求趋势调研报告》，消费者的需求主要包括五个方面：一是需求全民化，对文旅产品的需求扩展到了老年群体以及低收入群体，全民化的文旅产品需求正在逐步产生；二是文旅需求增加，旅游消费的目的正向真善美的初心需求回归，山水、社交、文化、健康成为旅游的核心追求；三是更加注重质量，"社会安全秩序""卫生健康状况"成为消费者关注的重要因素，尤其在应急、退改、保险等方面；四是需求细化升级，不同的消费群体在食、住、行、游、购、娱等方面的需求升级，追求畅通、健康、品质；五是"科技＋文旅"，数据、科技正在重塑游客的整个消费流程，优化顾客体验。

但是，需求升级的背后所表现出来的是我国文旅行业产品结构的不完善，存在较多的空白和欠缺。例如，文旅康养产品，我国现阶段的康养行业仍处于起步阶段，而文旅相关类产品亦存在较多的不足，尤其是科学的文旅康养产品。新冠肺炎疫情期间，大众消费的主要文旅产品还集中在周边郊区游、自驾游等形式，其对健康较高程度的需求，仍未得到满足。文旅行业对数据、技术的运用和融合仍处于起步阶段。疫情导致线下活动取消，线上活动开展，进一步推进了数字化、智能化的发展，例如线上课堂、智能机器人送餐/送快递等。反观文旅行业，其存在较大的数字鸿沟，关于智慧景区、智能场馆等的相关产品，仍处于空白待开发阶段。以智能科技降低人流密度，打造低密度文旅产品，亦是在疫情当中所表现出的需求点。在疫情进入常态化时期，主要通过限流等措施来降低人口密度，因而如何利用数字化、智能化实现文旅产品的结构优化升级，满足顾客需求，是需要发展和突破的点。

（三）文旅产品收入断崖式下滑

2019 年年末，新冠肺炎疫情的暴发使得人们的春节外出消费活动，旅游、餐饮、航空等人流量密集型行业遭受严重损失。各类旅游活动全部暂停，对景区、酒店、交通运输、餐饮、购物、文化娱乐等各方面都产生了巨大影响。文旅行业整体暂停，企业经营进入困难的"寒冬期"，国内外旅游市场均遭受严重打击。全球疫情的蔓延，使得文旅行业在短期内难以恢复，甚至在长期内的恢复也呈现比较缓慢的状态。

2020年春节期间（1月24日至1月30日），全国总出行人数为15176.6万人次，对比2019年春节（2月4日至2月10日）的出行人数（42000万人次），同比下降了64%；2020年2月前十天比2019年同比下降了99%。仅春节期间的旅游业损失就已经达到了5500亿元左右。新冠肺炎疫情的发生，对我国文旅行业各产品市场都造成了巨大的冲击，各类文旅产品营业收入均呈现断崖式下滑。文旅产业中的电影、旅行、酒店、交通、餐饮等基于线下消费场景的行业，在疫情期间受到重创，居民的消费下降。根据以往国庆、中秋黄金周的报告，仅文旅对于泛消费行业的贡献度都在五成以上。

2020年受新冠肺炎疫情影响，春节档七部大片撤档，春节档电影票房总计仅报收2357万元，损失惨重。2019年光线传媒参与投资、发行或协助推广并计入本报告期票房的影片共18部，包括《疯狂的外星人》《哪吒之魔童降世》《我和我的祖国》《误杀》等，累计报收总票房138.67亿元。受疫情影响，原计划大年初一上映的《姜子牙》、情人节上映的《荞麦疯长》被迫改期。2017年的中国春节档电影总票房为41.03亿元，2018年的总票房为69.24亿元，2019年总票房达68.68亿元。然而2020年春节，受疫情大环境影响，春节档影片全部下档，影院关门。相关数据分析，光线传媒预计损失近70%。

相关机构和专家根据往年旅游业发展数据评估分析，2020年新冠肺炎疫情给我国旅游业带来的损失超过万亿元人民币。根据世界旅游及旅行理事会（WTTC）预测，受新冠肺炎疫情影响，2020年全球旅游业GDP损失将高达2.1万亿美元，全球7500万名旅游从业者失业，其中亚太地区是受疫情影响的“重灾区”。

交通运输部估计，2020年春节假期10天里，全国铁路、道路、水路、民航共发送旅客1.9亿人次，比2019年春运同期下降近73%。截至2020年2月6日，春运前27天（1月10日至2月6日）全国发送旅客量比2019年同期下降35%。从航空业来看，全球已有多个国家和地区的航空公司调整在华运力，停飞中国或减少航班。携程2020年1月30日宣布已对2月29日前全球团队游、半自助、定制游等数百万订单进行了免费退订。

恒大研究院2020年1月31日发布的文章中指出，2019年春节期间（2019年2月4日至10日），全国零售和餐饮企业实现销售额约10050亿元，2020 年同期受损严重。从 2020 年中国消费者对旅游行业的信心指数来看，消费者对旅游行业的预期信心指数为 63. 4；现状指数较低，仅为 13. 8；综合指数为 41. 3。

2019 年春节假期，全国旅游总收入达到 5139 亿元，同比增长 8. 2%，保持高速增长的趋势。然而 2020 年春节，在突如其来的新冠肺炎疫情下，旅游业首当其冲，“买票潮”变为“退票潮”。新冠肺炎疫情暴发以来，沪深两市反应强烈。申万 28 个一级行业春节前后 20 个交易日内总体呈现涨少跌多态势，其中电子、计算机、医药生物涨幅靠前，休闲服务行业跌幅最大，下跌近 15%。从各类数据中均能看出，本次疫情的发生对文旅行业的打击是致命性的，诸多产品收入均呈现断崖式下跌，企业、行业损失惨重，并且在短时间内难以恢复，而从长时间来看又难以维持。

三　突围之路

（一）城市品牌形象的多维度重构

重大突发公共卫生事件后，城市文旅品牌形象的重塑和管理是一个系统化的过程。从其形象的重新定位到形象描绘和形象内涵的充实以及到后续的整个品牌形象传播评估和管理运营，都是一个连续和不可分割的过程。只有进行系统的认知、考量和实施，才能带来良好的效果。同时也需要认识到，城市文旅品牌的构建一直处于动态变化发展的过程中。原本的城市形象是经过时间磨砺而在受众心里构筑的比较牢固的形象，疫情的冲击为其注入了不一样的色彩。如何将这一部分转弊为利，是疫后品牌形象修复和重塑的关键点，需要进行前期的顶层设计以及实时的监控和管理。城市的形象声誉应被视为政府的长期工作，换句话说，从政府管理到媒体策略，形象修复不仅指危机处理，更多地是对城市声誉的长久维护。比如纽约设计推出“I Love New York”等一系列以纽约为主题的相关活动来恢复纽约在受众心里的形象，并推进宣传进行形象完善和巩固；韩国在经历 MERS 之后，设计推出了各种各样的促销活动，以此来挽回其品牌形象；日本则在地震之后设立了“复兴厅”；巴黎通过完善当地的旅游服务来提升其品牌形象。多个国际成功案例都充分说明在灾后、疫后进行城市品牌修复时，需进行细化的顶层设计，并进行追踪监管，推出系列主题活动来进行进一步的充实完善和宣传巩固。

1. 强化顶层设计

政府等相关部门提前做好品牌定位，进行细致的顶层设计，是进行城市文旅品牌修复的前提，是后续开展相关活动的基础。

在20世纪70年代，经济危机冲击了纽约。1971年金本位崩塌，人们对美元开始产生怀疑，美元遭受信任危机。这场经济危机从财政始发，由于其不断的扩大，每天的报道宣传，逐渐扩大到经济、社会等各个层面，纽约全面都面临影响和危机，面临诸多的不信任。富庶、强盛、繁华的国际大都市，一夜之间走到了崩塌的边缘，对其整个城市的品牌形象都造成了毁灭性的影响。在后续危机度过之后，如何修复纽约的城市品牌形象，也是一项重要的任务。

1977年，为了对纽约的整个形象进行修复和重塑，纽约旅游局邀请著名的设计师米尔顿·格拉瑟（Milton Glaser）对纽约进行重新梳理设计，在进行充分的考察之后，提出了“I Love New York”的口号。以城市号召为力量，对纽约进行形象的重塑，这个设计为纽约带来了巨大的心理凝聚力和无法估量的商业利润。1978年依据“I Love New York”的设计，纽约从文化和旅游的角度进行形象的修复。旅游作家查理·道格拉斯在《洛杉矶时报》中对此抱以充分的信心，进而引起一些其他的相关旅游者对该活动的响应。与传统沉默的纽约形象不同，在新的市场营销政策里，纽约被重新塑造成为拥抱旅游者踏进美国的象征符号。

纽约的形象修复策略对其他的城市有很多借鉴意义。这场形象危机的复苏是从旅游角度回归的，城市通过旅游的转型（“3T”原则）重新吸引游客，即贸易（Trade）、人才（Talent）和旅游（Tourism）。我国城市在疫情之后的重塑期，各类举措开始之前，应当在顶层做好相关的设计，进行提升和掌控，才能完善实施城市的品牌形象恢复。

2. 丰富品牌内涵

四川成都是国内较早从顶层设计品牌形象的城市，从“5·12”地震，到H1N1流感等诸多危机事件，成都经受了数次磨炼。重大安全事件的发生使成都的品牌形象受到了冲击，但成都依旧抓住时机，以独特的精神作为其城市品牌形象恢复提升的发力点，推动成都的品牌形象建设完善和声誉提升。成都近年来非常有远见的做了天府文化的顶层设计，成都不仅对其文化内涵进行了梳理和提炼，更是加入了文化传播的日常协同。地震后的遗址、相关纪念地等成为其友善、公益、友爱的象征，为其注入更为丰富的内涵。成都市在第十次党代会以来，把弘扬中华优秀文化、传承巴蜀文明、创新发展天府文化作为城市发展的重大部署，天府文化被进一步深化凝聚成“创新创造、优雅时尚、乐观包容、友善公益”的城市精神，这十六个字也深刻揭示了文化与城、文化与人的辩证关系，为天府文化建设与宣传工作指明了方向。

新冠肺炎疫情的暴发，使得武汉、上海、北京、广州等城市按下了暂停键，热闹的景区、商场、场馆等地空无一人，大家都积极做好疫情防控。全国众志成城共同抗疫，奋战在一线的医护人员、基层工作人员，一次次的援助捐赠，“火神山”医院的快速修建等，国内外纷纷见证中国力量和中国速度；而无法奔赴一线直接抗击疫情的人们，会拍摄特殊的城市纪录片，也有心系家乡的热心市民“想念早高峰”“想念排长龙”等。这次疫情用一种反差视角，解开了本被忽略的城市魅力。在武汉解封之时，“英雄之城”武汉登上各大媒体及平台热搜，武汉恢复人流的温暖视频占据各大平台。例如，欧洲德法公共电视台推出的《新冠肺炎疫情后的武汉》纪录片，受到不少欧洲民众关注。这部纪录片以欧洲德法公共电视台驻华特约记者塞巴斯蒂安·勒·拜耳扎克的视角，讲述了疫情防控常态化背景下武汉人民的生活。塞巴斯蒂安在纪录片中说，中国民众的日常生活已经基本恢复正常，国庆期间很多民众坐火车、乘飞机去旅游。“一旦发现零星病例，中国政府便会第一时间发布信息，采取有针对性的防控措施。”塞巴斯蒂安表示，中国民众也严格遵守防疫规定，自觉佩戴口罩等，以实际行动支持抗疫。

疫情的发生使得武汉等城市的形象遭受冲击，但是在抗击疫情的过程中，展现的民族精神、抗疫精神以及所获得的国际关注，亦为武汉等抗疫城市的恢复提供了机会。抓住机会，以民族精神、英雄之城等对其城市品牌内涵进行丰富，进一步推动完善顶层设计，才能在疫情之后进行成功的品牌修复与重塑。

3. 提升城市声誉

城市的声誉问题涉及城市建设的方方面面，而一个城市声誉的好与坏，关乎城市品牌的构建和发展。例如，2015 年青岛“天价虾”事件，使得群众对青岛的整体品牌形象产生怀疑，进而还波及“好客山东”整个山东声誉品牌。2020 年 10 月，青岛疫情的再次发生使得大家“谈青色变”，但短短五天检测千万人的“青岛速度”又令全球刮目相看。因而在城市遭遇疫情冲击过程中以及后疫情时代的各方面应对措施，关乎城市声誉，更关乎城市品牌形象，需从各方面注意并加以提升。

2009 年，日本神户确诊日本第一例 H1N1 流感病例之后，神户的游客数量明显减少。神户市立即做出反应和应对措施，依据病毒的弱毒性特征，率先发布防止感染的对策和安全宣言，并持续通报相关信息和情况，随时保持群众对数据的了解和掌控，保证信息的公开，降低群众的不信任并避免了不必要的恐慌。除了给当地社会福祉设施给予充足的补助外，神户市也同样给予了民间失业者扩充金融支持和雇佣维持政策，保证社会稳定性。神户市在利用大众媒体向民众、游客传递关于流感的确切信息之外，还进行了观光设施免费、延长节庆活动、研学团体补助、新闻报道宣传、民间观光活动协助等诸多具体的措施，及时维护了社会稳定和业界的安稳，从而维持了民众对当地的信心，并获得了游客对当地整体的信任，从而使得观光人数在数月内获得了明显的回升，并且后续吸引了越来越多的游客，2010 年其游客数据明显多于 2009 年。

神户 H1N1 流感的发生对当地声誉和品牌形象来说是一次严重的考验和挑战，其通过各项措施维护社会稳定、增强群众信心，并通过媒体获得游客对当地的认可，从而维护和提升了当地的声誉，更完善了当地的品牌形象。在我国疫情暴发之初，疫情数据的增长虽然造成了一定的恐慌，但各类官方数据的实时更新公布，能够让群众对事件进程得以了解，从而确立对政府的信心；而后一系列具体措施的采取，例如交通封锁、资金政策支持、医疗调度等，都在一定程度上降低了疫情对地区城市品牌的冲击，保证了城市声誉。在后疫情时代，更需通过稳健、激励、安全等保障措施，提升城市声誉，完善城市品牌形象。

（二）城市品牌的立体营销传播

城市品牌的发展是从城市品牌形象建设到品牌传播推广再到品牌完善发展提升等的一个连续化、系统化的过程。“酒香也怕巷子深”，准确的品牌定位，贴切良好且独特的品牌形象，需要进行优质的营销和传播。对于遭受重大公共卫生安全事件的城市，其在疫情发生之时饱受关注，品牌形象遭受巨大冲击，在后期进行修复时更需注重后续的营销和传播，才能保证进一步提升其形象和影响力，而在信息交流多元化、自媒体发达的信息时代，多重立体的营销传播是必须的。

1. 突出鲜明主题

新冠肺炎疫情之后，为城市确定鲜明主题并进行突出宣传，是推进城市品牌营销宣传的重要抓手，以独特鲜明的特色吸引对其感兴趣的客户群体，能够在短时间内获得关注从而占据市场并进行宣传，将城市的全新面貌进行广泛传播。

疫情过后，如何抓住各城市、地区鲜明的主题，获得受众的认可和共鸣，是进行各类宣传营销的前提和基础。武汉的“英雄之城”，各疫情援助地的光辉形象，在疫情之后，突出其鲜明的主题，是进行区分并获得关注的重要抓手。

2. 强化多元协作

文旅行业是一个同其他行业紧密联系的行业，各地区的旅游业之间亦互相关联，进行城市文旅品牌的传播营销，必须进行多元化的协作。

2014 年 2 月非洲西部埃博拉疫情大规模暴发，先后波及几内亚、利比里亚、塞拉利昂、尼日利亚、塞内加尔、美国、西班牙、马里八国，并首次超出偏远的丛林村庄，蔓延至人口密集的大城市。到 2014 年年底，世界卫生组织统计，疫情波及区累计确诊、疑似、可能感染病例 17290 例。埃博拉疫情的持续时间长达一年，世界各国旅行者对前往非洲的安全性产生严重担忧，非洲的文旅行业受到严重的打击。针对疫情的影响，疫情过后非洲采取了一系列措施对非洲具有活力、安全健康等的形象进行宣传和传播，并获得了良好的成效。

首先是多地区联手。埃博拉疫情的暴发，波及整个非洲大陆，肯尼亚、坦桑尼亚、南非等国的旅游行业 2014 年平均下降了 40%。为此，整个非洲大陆联合起来，推出了一系列对外国人的优惠、便利政策，简化签证手续，实施例如互相免签、单方免签、单方落地免签、电子签等，并联合制定推出跨国旅行线路等，整合优势，联合推广。

其次是多媒体合作。媒体宣传渠道是城市对外营销宣传的必须渠道，埃博拉疫情之后，受疫情影响最大的几内亚政府建立了专门的网站向世界各国网民展示疫情后非洲的形象，同时联合全球各大媒体进行宣传，展示自己的良好形象，并获得良好成效。

最后是多主体协同。疫情过后，各国联合酒店、旅行社、航空等企业，联合推出各项优惠活动，并利用各类企业进行宣传，以一系列的优惠政策吸引外来游客。如今，非洲之旅越来越受欢迎，2017 年，仅中国游客旅非就高达79.78万人次。据联合国世界旅游组织2019年发布的世界旅游晴雨表，非洲的国际到访游客人数增幅达4%。

重大灾难过后仅凭单打独斗是行不通的，联合周围地区形成区域优势，进行整体营销宣传，往往能够获得“1+1>2”的效果。在媒体发达的新时代，各类媒体的充分运用，各类企业的充分合作，亦能够取得更好的效果。

3. 创新内容热点

在自媒体发达的新时代，各类信息充斥，如何进行内容创新、打造热点，是信息快速更新中获得关注的重要方式和手段，各类“网红打卡地”的创新和营销获得了许多的关注和成功。

例如，2005年8月卡特里娜飓风袭击了新奥尔良，造成新奥尔良90%的建筑损坏，原本充满法国风情的街道毁于一旦。灾后新奥尔良进行重建，缩小城市规模，在灾难中幸得保存的部分爵士俱乐部和法国区举办的狂欢节，使其成为世界上最盛大的节日之一。2020年2月8日，在美国路易斯安那州新奥尔良狂欢节如期举行，当日的“油腻星期二”游行更是将本次狂欢节推向高潮，吸引了诸多的游客参与。

当年卡特里娜飓风对铁轨造成几处严重损伤，Carrollton线不得不全部修缮更新。但其电车本身得以幸存，后来被纳入美国国家史迹名录（National Register of Historic Places），现如今该线被打造成为新奥尔良旅游打卡圣地。2015年在卡特里娜飓风以及美国联邦防洪堤防御失败十周年的时候，新奥尔良的当代艺术中心、奥格登南方艺术博物馆以及新奥尔良美术馆均举办了艺术家的展览，并且每个展览都通过其独特鲜明的主题和视觉化呈现艺术的作用以及其本身的纪念理念，获得了诸多关注。

如何进行宣传内容的创新并打造相应的热点，是当下吸引游客的重要宣传方式和手段，而如何在不同的适合时机打造不同的内容与热点，亦需要进行分析并依势而动，才能取得良好成效。美国旅行协会公共事务和政策执行副主任托里·巴恩斯（Tori Barnes）表示，随着美国一些州放松了管制，人们会陆续出门旅游，但同时保证一切都在他们的掌控之中。公路旅行可能成为新冠肺炎疫情之下一种安全的旅行新潮流，而加州旅游局（Visit California）正在酝酿一场州内的公路活动，鼓励当地居民进行开车旅行和消费；同样南达科他州希望公路旅行者可以享受户外空间，希望可以趁着这股热潮建立州立公园，并扶持当地房车公司和餐饮业。

在后疫情时代，对游客需求进行分析，把握其内在需求，并依据自身城市的重大事件、热点地区等创新内容、打造热点话题和活动，是疫情影响下，城市推进品牌宣传，获得关注和市场的重要手段。

（三）品牌产品的体系构建

新冠肺炎疫情的暴发，使得各类文旅产品遭受巨大打击。文旅项目歇业、各类运营暂停，文旅行业进入寒冬，暴露了我国城市文旅产品中所存在的问题：一旦人流量下降，便难以持续运营。同时，疫情的发生，也使得人们对文旅产品的需求发生了一定的改变，需求升级，对文化、健康等的诉求逐渐加强。因而，在疫情条件下，我国城市文旅品牌的产品亟须进行改进和提升。

1. 打造低密度产品

在新冠肺炎疫情发生之前，人山人海的景象往往展示着景区的经营实力和运营效果，但是疫情后此类现象大概率会引发大家的恐慌和逃避。以往各类主题乐园、主题商业街、“网红”景区、主题场馆等以其吞吐量和客流量为经营的首要目标，但是在疫情的冲击下，吞吐量、人流量大显然已经成为其劣势。疫情的暴发使得人群密集型的场所、项目遭受巨大打击，电影院、餐饮业、商业街区纷纷歇业，损失惨重，而在疫情慢慢得以控制、各类营业逐渐恢复的时期，人流量的控制仍是重点问题，降低人群聚集度、打造低密度的文旅产品、实现分流是必须进行探索和实施的。

疫情防控的客观要求推进文旅行业“低密度高质量”新常态形成。作为人员接触密集的服务型产业，探索低密度方式，比如通过网上预约的方式限制景区、场馆等的最大承载量；利用科学的路线规划，引导游客摈弃“从众心理”，选择更适合自身的项目；并在时间维度上进行错峰规划，防止人群集聚，同时低密度的人群亦能够提升消费者的整体感受和体验。

各类景区、文化场馆、商业街区等大型文旅项目，需对其自身进行明确的区域划分、时间划分、人流划分等，通过线上系统预约、数据提醒（人流量提醒）等方式，打造低密度高质量文旅产品，满足顾客需求，提升旅游体验。

2. 发展文旅康养

新冠肺炎疫情期间，民众对文化、健康等表现出更为深层次的需求。

我国文旅融合正在进一步发展，而康养产品仍有待开发。城市中的文旅产品多集中于景区、文化场馆、主题文化街区等各类旅游项目，而康养产品则主要是一些简单的生态观光等，仍待探索和发展。

将城市的旅游资源同文化资源相结合，在旅游产品中融入更多的文化元素，更能够凸显城市的独特氛围。以文化滋养旅游，更能够全方位提升城市的旅游水平及服务质量。文化旅游融合程度越高，旅游产业链越长，其附加值越大。将城市的地域文化、民族文化等特色文化活动同旅游活动相结合，例如打造5D主题文化演出，以全方位的视角向游客呈现当地的文化特色，提升体验质量。

对于文旅康养产品，现代人越来越追求身心健康，以“科学＋医学”的手段，打造符合人体生理健康需求的康养产品，例如森林康养、海滨康养、温泉康养等。在养身的同时，亦关注养心，以文化养心、以环境养身、以文旅体验滋养身心。文旅深度融合以及康养产品是群众消费的需求和趋势，以科技的手段结合文化的内涵，探索创新高质量的文旅康养项目，能够满足人民对于健康的追求以及文化的诉求，并能够进一步完善我国城市文旅产品的结构体系。

3. 创新智慧文旅

新冠肺炎疫情期间，各类线上平台等的技术发展迅速，课程直播、线上预约等在一定程度上减轻了疫情的冲击和影响。但就目前来说，文旅行业的技术发展和运用仍处于浅层次初级阶段，如何利用大数据、智能化推进智慧文旅建设，打造智慧文旅产品，需不断进行探索和实践。

利用大数据，以顾客体验为导向，挖掘顾客需求，在路线规划、景点选择上有所取舍，并对文旅资源、服务等进行分级分类；利用大数据进行顾客画像分析，精准定位顾客需求，实现高效率运转运营，提升顾客满意度和相关体验；将数字科技元素与传统文化相结合，实现顾客“线上游”“云上游”。

抓住机遇，利用科技手段实现智慧文旅，创造体验内容。以科技的方法手段能够充分降低人力成本、运营成本以及运营风险，使得文旅产品获得更大的盈利空间；利用互联网进行文旅产品的商业模式创新，例如电影《囧妈》在新冠肺炎疫情期间迅速反应，虽然退出春节档，但是立即和字节跳动进行合作，亦获得了关注和一致认可的好评。当前我国的数字文旅体验及创新仍存在很大的空白，文旅的线上休闲娱乐仍存在很大的拓展空间，线上应有更多的创新模式，从其内容创作到虚拟运营再到智能服务以及体验互动都存在很大的待挖掘空间。利用大数据及智能技术，创新智慧文旅产品，能够填补我国文旅产品的很大空白，完善产品结构。

四　总结

新冠肺炎疫情对城市的文旅行业产生了巨大的冲击，亦给城市文旅品牌造成了巨大的危机。纵观国内外，重大灾情、重大疫情均会对发生地的文旅品牌产生不同程度的破坏，尤其是重大公共卫生事件，其影响范围更广、持续性更长、涉及行业更多，对文旅行业的打击尤其致命。从2001年的英国口蹄疫到2003年的“非典”疫情，再到2014年埃博拉疫情以及2019年的新冠肺炎疫情，影响范围随着全球化进程的深入而不断扩大，并对城市文旅品牌的影响不断加深。

新冠肺炎疫情的暴发给我国城市文旅品牌带来了巨大的挑战，城市品牌形象的受损、展现出来的我国市场存在的缺陷以及各类产品收入断崖式的下滑，都对我国城市的文旅品牌造成了巨大的影响。民众、游客由于对安全的怀疑而对城市文旅品牌形象产生了不信任，尤其是在疫情严重和突发地区。而我国市场存在的缺陷亦被凸显和放大，产业链单一导致行业以及相关企业经受打击的能力较弱，诸多文旅企业破产关闭。国内市场乏力，各类出游阶段人数下滑明显。在疫情之中，乏力的国内市场更是让文旅行业的恢复期变得漫长；同时产业结构不够完善，各类需求产品不足，原先简单、低级的文旅产品难以应对疫情的冲击，没有高质量的品牌产品进行支撑，城市的文旅品牌难以发展。

虽然疫情的打击是巨大的，但是危机之下仍有发展的契机。利用好重新“洗牌”的机会，对城市品牌形象进行重塑和修复，是改进城市文旅品牌、以劣化优的重要契机。政府可以对城市文旅品牌进行新的顶层设计，从上而下进行精准定位，利用重大事件对城市的文旅品牌内涵进行充实，使其更加全面和完善；并通过具体的实践维护好城市声誉，保证民众和游客等对城市品牌的信任，从而重塑独特的品牌形象，取得城市文旅品牌突围的第一步胜利。而在后续的营销宣传与推广中，以其独特鲜明的主题，结合多方力量，充实内容、打造热点，迅速打响市场，重新获得正面的关注，才能够进一步突出重围，赋予城市品牌新动力。而在其文旅品牌修复重塑、知名度推广提升之下，亦需要完善的产品支撑，丰富其产业链，以科技、文化完善其产品体系，提供更为坚实的基础和发展路径，这也是实现城市文旅品牌持久发展的必备要素。

第十二章　重大突发公共卫生事件影响下的中国城市品牌传播

何春晖　吴静　翁超儿　于丹*

一　文献综述

（一）概念界定

国务院颁布的《国家突发公共事件总体应急预案》规定，突发公共事件是指“突然发生，造成或者可能造成重大人员伤亡、财产损失、生态环境破坏和严重社会危害，危及公共安全的紧急事件”。①

突发公共卫生事件作为突发公共事件的一类是指“突然发生，造成或者可能造成社会公众健康严重损害的重大传染病疫情、群体性不明原因疾病、重大食物和职业中毒以及其他严重影响公众健康的事件”。按照其性质、严重程度、可控性和影响范围等因素，一般分为四级：Ⅰ级（特别重大）、Ⅱ级（重大）、Ⅲ级（较大）和Ⅳ级（一般）。②

城市形象是一个城市给人们的总体感知和评价，其中包括城市所呈现出的外在表现和内在品质。我国著名学者蒲实对城市形象的定义普遍被学术界接受，他认为城市形象是一个城市的外貌所在，是城市整体性的精神

* 何春晖，浙江大学传媒与国际文化学院策略传播系主任；吴静、翁超儿、于丹，浙江大学策略传播系 2019 级硕士研究生。

① 《国家突发公共事件总体应急预案》由国务院于 2006 年 1 月 8 日颁布实施。

② 《突发公共卫生事件应急条例》由国务院于 2003 年 5 月 9 日颁布实施。

表现，包括城市经济水平、人文素养、市民精神面貌等。①

城市品牌是“城市特色的集中体现，是城市形象的精彩缩影，是城市综合竞争实力和影响力的重要标志”。城市品牌是城市的名称、标志、声誉、历史传统、地区文化、人文风情、社会秩序、市容市貌、市民素养等有形无形的综合，从而激发起受众对城市诸多的形象产生的清晰和美好的联想，是城市最具个性化和高度异质性的标志。②

（二）突发公共事件影响下城市品牌传播研究综述

自新冠肺炎疫情发生以来，城市作为疫情防控的主体，突发公共卫生事件背景下的城市建设成为国内外学界关注的热点，学者们聚焦的视角主要为疫情影响下的城市治理、城市传播、城市发展等。在传播学视域下，学界主要从案例和理论两个层面进行研究。

案例层面上，国内尹晓楠、邓毛颖、蔡文玲等学者分别以河南、广州、武汉等为例探讨了新冠肺炎疫情期间城市形象传播的特征及应对策略。尹晓楠以新冠肺炎疫情中河南的形象传播为例探究了危机修辞视域下的政府形象传播，从危机反应速度、危机反应策略、危机传播渠道、危机动态控制和媒体话语修辞等方面考察了河南政府部门在此次危机事件中的形象传播策略。③ 邓毛颖以广州为例阐述了突发公共卫生事件下的城市应对思考，认为建设智慧、健康、韧性、人民的城市将成为未来的发展方向，提出对城市顶层设计、空间组织、发展模式以及治理体系的规划思考。④ 蔡文玲以新冠肺炎疫情期间武汉的防控新闻发布为例，分析了武汉政府在对外传播中存在的问题及相应的应对策略。⑤

理论层面上，学者多从危机传播和风险传播的视角出发探析突发公共

---

① 蒲实：《城市形象设计的战略意义》，《城市管理》2003 年第 3 期。

② 何春晖：《城市品牌时尚传播解构——以杭州十大趋势、十大现象发布为例》，《品牌研究》2016 年第 6 期。

③ 尹晓楠、方雪琴：《危机修辞视域下的政府形象传播——以“新冠肺炎”疫情事件中河南形象传播为例》，《新闻爱好者》2020 年第 3 期。

④ 邓毛颖：《危机与转机：突发公共卫生事件下的城市应对思考——以广州为例》，《华南理工大学学报》（社会科学版）2020 年第 3 期。

⑤ 蔡文玲、靖鸣：《突发公共事件新闻发布问题与应对策略——以新冠肺炎武汉疫情防控新闻发布为例》，《新闻爱好者》2020 年第 4 期。

卫生事件影响下的城市传播，其中形象修复理论和情境危机传播理论的运用最为广泛。

1. 风险传播和危机传播

学术界关于风险传播有代表性的定义来自美国国家科学院（The National Academy of Sciences）：风险传播是个体、群体以及机构之间交换信息和看法的相互作用过程。风险传播指风险评估的信息在专家、政策实施者、利益团体以及普通民众之间来回传播的过程，通常涉及环境、健康等方面的风险。①

危机传播有代表性的定义主要来自美国学者费姆·邦茨（Kathleen Feam-Banks），他将危机传播定义为：在危机事件发生之前、之中以及之后，介于组织和其公众之间的传播。② 包含从危机备案、危机回应到危机恢复的整个过程。③

从二者的区别来看，风险传播着眼于未来，而危机传播着眼于现实，风险是危机的前兆，是潜在的可能发生的危机。④

在关于重大突发公共卫生事件下的城市风险传播和危机传播研究中，学者们多从形象修复理论和情境危机传播理论的角度出发进行探析。

2. 形象修复理论和情景危机传播理论视角下的城市品牌传播

班尼特在前人形象修复理论的基础上提出了五种典型的形象修复策略：否认（Denial）、规避责任（Evasion of Responsibility）、减轻敌意（Reducing Offensiveness）、道歉（Mortification）和矫正措施（Corrective Action）。

国内学者于文欣基于形象修复理论，通过实验探索了负面事件形象修复策略对城市品牌的影响机制，得出当城市有负面事件发生时，使用情感性修复策略和纠正性修复策略都能显著提升公众对城市品牌的满意度、信

① 黄清：《不同消息源在社交媒体中的风险传播策略及其可信度研究：以 PM2.5 议题为例》，硕士学位论文，浙江大学，2013 年。

② 曾来海：《风险传播与危机传播关系的辨析》，《新闻世界》2011 年第 11 期。

③ 黄清：《不同消息源在社交媒体中的风险传播策略及其可信度研究：以 PM2.5 议题为例》，硕士学位论文，浙江大学，2013 年。

④ 曾来海：《风险传播与危机传播关系的辨析》，《新闻世界》2011 年第 11 期。

任度和承诺度。[①] 王国洋结合青岛“天价虾”事件这一典型案例，分析了政府在城市形象修复过程中的经验和教训，并为遭遇危机事件影响的城市形象修复提供了可行方案，如将修复机制纳入城市形象修复之中，运用修复原则防止二次伤害，注重“近因效应”搜集最新有利信息化危机为转机。[②]

表 12 - 1　**班尼特形象修复策略**

形象修复策略	策略执行方式	策略内涵
否认（Denial）	直接否认	否认事件的发生或者组织有过错
	间接否认	将危机事件的发生归咎于第三方
规避责任（Evasion of Responsibility）	正当回应（Scapegoating）	过错行为是对另外一种挑衅行为的正当回应
	无力控制（Defeasibility）	解释危机的发生是因为组织缺乏相关的信息或者能力进行控制
	意外（Accidents）	宣称事件的发生是一种意外
	本意良好（Justified based on motives or intensions）	意图是好的，属于好心办了坏事
减轻敌意（Reducing Offensiveness）	强化支持（Bolstering）	加强公众对组织的积极看法，多说做得好的
	使危机最小化（Minimization）	降低危机的严重性
	区别（Differentiation）	将危机事件与伤害更重的事件区别开来
	转移（Transcendence）	提醒公众还有更加重要的事情要做
	攻击责难者（Attacking accuser）	降低责备组织的群体或者个人的可信度
	补偿（Compensation）	对受害者进行物质或者精神上的补偿
道歉（Mortification）	承担责任，请求原谅	道歉，问责
矫正措施（Corrective Action）	宣布解决问题	承诺使事件回到原来的状态，承诺不再发生类似事件

于文欣：《负面事件形象修复策略对城市品牌关系质量的影响机制研究》，硕士学位论文，广东外语外贸大学，2018 年。

① 王宝璐：《形象修复理论在城市形象危机传播中的运用——以青岛“天价虾”事件为例》，《青年记者》2016 年第 3 期。

② 王国洋：《危机事件中城市形象修复问题研究》，硕士学位论文，黑龙江大学，2019 年。

库姆斯（Coombs）在归因理论和形象修复理论的基础上，提出了情境危机传播理论（SCCT）。库姆斯将危机反应策略分为否认型策略（Denial）、弱化型策略（Diminish）和重建型策略（Rebuild）。[①] 马相彬以情境危机传播理论为基础，从危机感知归因、组织声誉、过往危机等方面对热点城市危机事件进行内容分析，并基于研究结果提出了城市危机传播应对策略，如危机回应策略实施前的信息公开，制定与危机情境匹配的危机回应策略，以及注重危机史的管理和关系史的维护。[②]

纵观新冠肺炎疫情背景下的城市品牌研究，学者们总体更侧重传播学视角的理论梳理，在案例解析上广度和深度略显不足，以及缺乏中外城市传播案例的对比研究，基于这一方向的探讨尚待深入。

二　新冠肺炎疫情期间国内外城市形象大观

城市形象是“人们对城市的主观印象，是通过大众传媒、个人经历、人际传播、记忆以及环境等共同作用而形成的”。[③] 而城市形象危机则是指可能导致城市的美誉度降低或社会负面影响的危机。城市形象危机不止包括新冠肺炎疫情等突发事件，它通常可分为生态危机、社会危机、突发公共卫生危机、经济危机及旅游行业自身危机等类型。城市形象危机如果处理得当，将成为其丰富城市品牌内涵、重塑良好城市形象、提升知名度与美誉度的契机。席卷全球的新冠肺炎疫情，为中国乃至全球城市提供了城市形象的考卷。本部分通过对新冠疫情中的优秀城市案例进行总结，以期能为公共卫生危机中城市形象重塑与传播提供借鉴。

（一）以小见大，以人绘城——市民的精神风貌

城市是人的城市，任何一个城市最美丽的风景一定是城市里的人，人的故事、人的情感。新冠肺炎疫情期间，许多城市将民众抗击疫情的行为进行拍摄并上传至各类社交平台，有效地展示了城市基层抗击疫情

---

① 于文欣：《负面事件形象修复策略对城市品牌关系质量的影响机制研究》，广东外语外贸大学，2018 年。

② 马相彬：《基于情境危机传播理论的城市危机传播应对策略》，《西部学刊》（新闻与传播）2016 年第 8 期。

③ 刘易斯·芒福德：《城市发展史：起源、演变和前景》，中国建筑工业出版社 2005 年版。

的社会风貌。市民作为城市的重要组成部分，其精神面貌和行为做法也直接影响着城市形象。各地的抖音号/微博号是发布市民或基层干部抗疫行为的主流平台，在抗击新冠肺炎疫情中，医护人员、公安民警、社区工作者、志愿者等不同行业、不同人群展示出强烈的职业精神，普通市民展示出面对疫情奋力抵抗的团结精神，由此塑造了坚韧的城市形象。

在疫情大面积暴发一周以来，处于疫情中心的武汉市民自发组织开窗唱歌并高呼“武汉加油”，在困境中的武汉人坚持乐观的心态和自娱自乐的精神。2020 年 3 月 17 日，《阳台里的武汉》短片上线。这支短片将镜头对准武汉居民楼上的阳台，把目光聚焦“平凡而幸运的大多数”，平和之中生活之美、生命之力蓬勃涌动，着实让不少人感到意外，感到震撼，更感到武汉极强的精神力量。无独有偶，意大利疫情严峻，政府宣布封城之时，意大利人就在阳台准备起了“文艺复兴”，称为“阳台文化”。从清唱到锅盖伴奏，从锅铲敲盆到乐器登场，从素人哼唱到专业演员表演；除了唱歌，他们还在阳台上云聚餐。而西班牙、法国隔离中的民众自发地在每晚医护人员下班的时间，走上阳台，给医护人员鼓掌，路上的车也都停下来鸣笛，向真正的英雄们致敬。疫情来袭，阳台是留住阳光的地方。哪怕房间再暗，千家万户灯火中，阳台也能有一丝光明。

（二）意趣横生，各有不同——抗疫的宣传手段

不同的国家，抗疫的宣传手段不同，向公众传播的内容亦不同，宣传内容都带有本国的明显特点。下面将选取国内外不同的疫情传播案例进行介绍分析。

中国的宣传侧重于抗疫英雄和事迹的文化宣传，强化英雄城市形象，凝聚社会正能量。各地积极开展正能量主题社会宣传，宣传抗疫事迹、“全民战疫”。广州市委宣传部紧扣不同阶段的特点，聚焦精准，集中发力，接连推出 15 套 102 款宣传画，73 个音视频等不同主题、不同形式的社会宣传作品。2020 年 2 月初，广州市委宣传部迅速推出“抗疫先锋、党员在行动”“最美逆行、冲锋一线”等系列主题社会宣传作品。为引导全社会的力量积极投入疫情防控中来，部署开展“万众一心、全民战疫”公益广告作品征集展播活动。

2020 年 3 月 17 日，《阳台里的武汉》短片刷屏网络，一天内播放量突破 5000 万次，获得极大的关注与讨论。这支由电影频道和湖北广播电视台联合打造的公益短片，用温暖而干练的镜头语言描绘着疫情之下真实朴素的武汉面貌。短片一经发布，来自网友潮水般的好评就不断涌入各大平台。相较于疫情期间其他诸多视频，平和之中生活之美、生命之力蓬勃涌动，让人感到武汉极强的精神力量。

从广州、武汉在抗击疫情过程中的宣传不难看出，有重正能量、重集体、重家庭的特点，相比之下国外的宣传更加直接，更侧重用不同的形式提示民众防疫措施。以英国为例，当地的数字户外媒体公司纷纷上线 NHS（英国国家医疗服务体系）版的防疫广告致敬医务人员，或直接提醒人们注意事项。这些广告带有很强的英式风格。为了鼓舞民众抗击疫情，伦敦市中心的巨幅广告牌上还出现英国女王伊丽莎白二世的头像，旁边还附上了女王演讲的句子。

（三）新冠肺炎疫情期间国内外城市形象塑造对比

表 12－2　　国内外城市形象塑造异同

<table>
<tr><th colspan="2">国内外城市
形象塑造异同</th><th>国内城市</th><th>国外城市</th></tr>
<tr><td rowspan="4">同</td><td>信息发布</td><td colspan="2">国内外的优秀案例在信息发布的及时性、权威性、指导性上均能做到。总体来看，由于话语的统一性以及国外政治的复杂性（如疫情与选举/举办奥运会），国内城市的信息发布更一致、更连贯</td></tr>
<tr><td>利益相关方关切</td><td colspan="2">国内外的优秀案例都体现了城市对内部利益相关方，即市民、小企业、社会弱势群体的扶助和关切，塑造了负责任、有担当的形象</td></tr>
<tr><td>市民风貌</td><td colspan="2">市民乐观向上的抗疫态度能够缓解公众的焦虑情绪，让城市更有温度</td></tr>
<tr><td>抗疫宣传手段</td><td colspan="2">国内外的优秀案例均有本国的风格特点，如中国更加强调集体主义、英雄主义，英国直接提醒人们注意事项</td></tr>
<tr><td>异</td><td>领导人回应</td><td>领导人在危机时的优秀回应均表述了强大的应对部署、抗击疫情的信心、呼吁民众具体的抗疫措施、对一线工作人员予以表扬</td><td>领导人在危机时的糟糕回应包括前后语言不一、没有明确的抗疫举措及存在不当的感性用词</td></tr>
</table>

续表

国内外城市形象塑造异同		国内城市	国外城市
异	宣传话语特征	国内城市疫情宣传话语统一，显示出强大的中央政府领导性，大部分城市宣传话语相似	国外各城市较为独立，宣传话语相似性低，没有统一范式
		更加正能量、强调集体主义、塑造英雄城市和英雄人民形象	侧重直接告知民众抗击疫情的具体措施
	宣传对象选择、宣传视角	国内城市形象宣传关注领导、专家等权威人士，也聚焦城市内的百姓	国外城市形象宣传更侧重权威人士

三　杭州案例聚焦研讨

（一）漫谈杭州市 2020 年新冠肺炎疫情概况

杭州市在新冠肺炎疫情防控工作过程中凝心聚力、共克时艰，开展了大量的工作，在疫情发布、防控体系、舆情管理、对外支援、返杭交通等方面取得了良好的成效。杭州对疫情的响应速度、管理措施、透明度等综合治理能力，都不断获得全国人民的好评，这为杭州的城市品牌形象建设提升了群众好感度，各大官方媒体和自媒体也都给予杭州广泛好评。

作为“城市大脑”的诞生地，面对疫情，杭州充分发挥“数字治理”的优势，健康码护航出行，“亲清在线”方便企业云上办事。2020 年 1 月 25 日 TR188 次航班在萧山机场降落，杭州人用科学的态度和宽广的胸怀接纳了从新加坡来的 300 多名国内外旅客。2020 年 2 月 16 日 G4138 次列车驶入杭州东站，迎来了 300 名贵州务工人员，杭州定制了全国首趟复工人员免费专列。一次航班、一辆列车，展示了杭州的从容和自信。在这里，人人都是城市英雄。1400 个社区（村）织起严密的防护网，党员干部冲锋在抗疫一线，“大妈”“小伙”成为战疫生力军。318 名医护人员驰援湖北，这里有全国抗疫英雄李兰娟院士，更多的却是平凡岗位上的白衣天使，她们被称作最美逆行者。

正如澎湃新闻副总编辑胡宏伟在第四届杭商国际化创新论坛上所言，城市的温度只能源于人与人之间的善与爱，因为人的本质是一切社会关系的总和。杭州不仅是强者的创业热土，它更应该成为弱者的生存天堂。本次疫情不仅是对杭州科学有序的城市管理，应付突发事件临危不惧、勇于担当的一种印证，也让世界了解了杭州这座城市幸福的根本。杭州这座城市科学遵循了危机处理的“5S”“3T”原则，在应对重大突发公共卫生事件的同时也推动了自身城市品牌的传播。

（二）杭州市疫情期间城市品牌传播360度研判

1. 政府形象传播——全方位危机管理，反应迅速

2020年1月23日，根据《浙江省突发公共卫生事件应急预案》，浙江省政府决定启动重大公共突发卫生事件一级响应。这是我国除港澳台外31个省级行政区中的第一个一级响应。浙江虽然并不与湖北直接相连，但新冠肺炎疫情发生之初，其曾是除湖北之外新增确诊病例最多的省份之一。回顾来看，正是浙江省严格的防控措施，才使疫情蔓延的局势逐步得以控制。

在浙江省内，杭州是除温州之外确诊病例最多的城市。至2020年2月3日，短短十余天，杭州确诊病例就从6人增加到132人。为了防止疫情扩散，杭州2月4日出台了“防控疫情，人人有责”十项措施，要求全市所有村庄、小区、单位实施封闭式管理，城市一切经济活动几乎停摆。

自疫情防控阻击战打响以来，杭州以“四个平台”为载体，不断完善基层治理管理体系，用数字赋能，走出了一条“政府治理＋社会调节＋居民自治”良性互动的路子。从基层党组织不断发挥战斗堡垒作用，到社区、街镇构建层层防控网络；从数字驾驶舱指挥疫情监测、排查、预警等工作紧锣密鼓地开展，到热线电话、上门送药、心理疏导等疫情防控全服务的供给；从个体抗疫英雄的不断涌现，到群体抗疫力量的不断凝聚，杭州疫情防控的基层大网持续织密织牢“生命防线”。

疫情期间的众多突发事件也在不断考验着杭州的危机处理水平。以萧山国际航班事件为例，2020年1月底，在位于西湖区的中共杭州市委党校，有219名从新加坡飞回的乘客正接受集中医学观察，他们搭乘24日的TR188次航班从新加坡到达杭州萧山机场，机上335名乘客中有武汉客人116名。在谈“武”色变的非常时期，这个突发事件并没有让杭州措手不及。早在23日，浙江省在第一时间启动重大公共突发卫生事件一级响应。由于事先掌握信息，当地政府与机场联动进行严格管控。飞机着

陆后，两名发烧人员立即送至萧山区第一人民医院，其余武汉乘客在机场宾馆就地隔离。219 名其他乘客在中共杭州市委党校进行集中医学观察。

在重大突发公共卫生事件面前，杭州没有任何隐瞒，以最快速度让市民了解事件原委。身处杭州，及时客观的报道让人安心，谣言止于对真相公开透明的解读，很好地彰显了城市的品牌形象。根据 2020 年中国城市品牌传播指数，杭州是2020 年排名第7 的城市，得分为0. 754。杭州的政务新媒体指数位列第 3，得分为 0. 8042。2020 年新冠肺炎疫情之下，杭州市政府展现了专业的危机传播管理素养，杭州大量稳健合理的防范和调控措施，赢得了全国范围内对其智慧城市治理水平的赞叹。英国危机公关专家里杰斯特（M. Regester）在 *Crisis Management* 一书提出了“3T”原则，强调在危机处理时信息发布的重要性，杭州市政府在掌握疫情信息发布主动权的同时，积极向社会公众发布实时信息，以人性化、规范化、透明化的管理形式展现了其良好的政务品牌形象。同时，杭州在这一重大突发公共卫生事件中的举措也印证了承担责任、真诚沟通、速度第一、系统运行、权威证实五大危机公关原则的科学性。

表 12 - 3　　**公关“3T”原则**

Tell You Own Tale（以我为主提供情况）	强调政府牢牢掌握信息发布主动权
Tell It Fast（尽快提供情况）	强调危机处理时政府应该尽快不断地发布信息
Tell It All（提供全部情况）	强调信息发布全面、真实，而且必须实言相告

2. 市民形象传播——自觉防范，志愿防疫抗疫

2020 年 1 月 20 日晚间，国家卫健委高级别专家组组长钟南山院士在接受央视连线时明确表示：“目前可以肯定，此次新型冠状病毒感染的肺炎，存在人传人的现象。”因为前期各地尚未出台相关政策，又碰巧赶上春运，人流量庞大，很大程度上只能依靠居民自身的重视程度来实现自发防控。从媒体发出的当月杭州交通枢纽等人流密集地的新闻图可知，大多数杭州市民已经很自觉地开始佩戴口罩，较强的市民抗疫意识也是杭州得以控制疫情的关键原因之一。

广大市民在自觉遵守防疫规定的同时，也积极挺身而出，通过志愿服务为城市的防疫工作贡献力量。新冠肺炎疫情暴发以来，杭州市志愿者协会第一时间发起防疫志愿者招募令，号召广大志愿者行动起来，配合卫

生、交通、公安等部门及各社区做好疫情防控工作。疫情高峰期，杭州市平均每天有1.5万余名志愿者在高速路出入口、小区出入口、村社卡口等地协助一线工作人员开展防疫宣传、信息摸排、体温测量、人员登记、秩序维护等各类志愿服务工作，积极贯彻“防控疫情，人人有责”十项措施。杭州是一座有温度的城市，“奉献、友爱、互助、进步”的志愿精神深入人心，激励着每一位志愿者，也温暖着每一位杭州市民。

杭州“精致、和谐、大气、开放”的城市精神已经成为城市市民认同的精神价值与共同追求，新冠肺炎疫情暴发以来，杭州市民齐心协力打赢了这场疫情防控阻击战，在疫情期间呈现的整体高素养及向心力也提升了杭州的城市品牌形象高度。

3. 人道形象传播——驰援武汉，守望互助

（1）医疗团队：奔赴一线，日夜奋战

2020年农历大年初一，浙江省抗击新冠肺炎疫情紧急医疗队在杭州集结，42名医生、93名护士、5名行政管理及后勤人员和1名记者奔赴武汉，奔赴疫情一线。自大年初一起，杭州先后派出六批紧急医疗队共计318名医务人员驰援湖北抗疫前线，分别支援武汉四院古田院区、武汉肺科医院、武汉天佑医院、同济医院光谷院区、武汉协和肿瘤医院、武汉中南医院和湖北荆门疾控部门。援鄂期间，面对未知的病毒、危险的疫魔，杭州医疗队以“两提高、两降低和两个努力实现”为目标，连续四五十天，日夜奋战在最危险、最艰苦的抗疫一线，用实际行动阐释了白衣天使“敬畏生命、救死扶伤、甘于奉献、大爱无疆”的崇高奉献精神。

（2）企业：助力出资，勇担己任

杭州企业以实力和责任驰援武汉。阿里巴巴设立10亿元医疗物资供给专项基金；新华三向武汉蔡甸区火神山医院紧急援助网络通信与信息安全产品设备；康恩贝紧急捐赠1000万元“金笛”，助力严守“第一道防线”；海康、大华、宇视、大立等科技企业均启动应急响应，依靠智能化技术为疫情防控提供有力保障，杭州的企业第一时间承担起了社会责任，依托自有的资源和优势向疫情一线助力献策，彰显了大气之姿。

（3）市民：众志成城，捐款捐物

作为一座文明有爱的城市，杭州市民更是体现了无疆之大爱。有市民一口气买下7万只口罩，连夜冒雨送到多个小区，免费派发。更多爱心在民间传递，众志成城地捐款捐物，不信谣不传谣的正能量成为杭城朋友圈

的主旋律，杭州市民作为代表杭州的名片，凸显着杭州的精神价值与风貌追求。

（4）科研工作者：亲临指导，安定人心

疫情期间多次刷屏的钟南山院士、李兰娟院士、陈薇将军，再度唤起了大家对科研工作者的关注。其中，李兰娟院士（曾任浙江省卫生厅厅长）就在杭州生活、工作，同时也是浙江大学医学部的教授，其对新冠肺炎疫情所作出的贡献无疑也为杭州这座城市增添了荣光。2020 年 1 月 18 日，受国务院、国家卫健委委托，李兰娟与钟南山等国家高级别专家一行 6 人前往武汉。他们率先做出武汉已出现人传人的判断，提出“要按照甲类传染病管理、把疫情控制在武汉”等影响深远的意见。面对同行，李兰娟是专家、是院士；面对公众，她是“新闻发言人”，是民众心中的“定海神针”。目标坚定、行事如风的李兰娟，用她的江浙口音对此次的新型冠状病毒进行科普，对如何加强个人防护、避免传染进行指导，她的话极大地稳定了人心，为实施群防群控奠定了坚实基础，也为我国控制疫情作出了突出贡献。

（5）社会组织：公开透明，守望互助

作为公益组织的代表，在红十字会方面，杭州市红十字会 2020 年 1 月 31 日最先公布捐赠明细，并表示捐赠款物情况会每天公示。从公示记录看，甚至精确到了一分钱。在多家省市红会遭受质疑时，杭州市红十字会成功顶住了舆情的考验和网友的监督，切实履行其社会责任，连接各方援助，起到了爱心桥梁的作用。

4. 创新形象传播——抗疫模范，首创新政

（1）杭州最先开启了预约口罩送上门政策

2020 年 2 月 1 日 19 时 30 分起，杭州临时启用医疗保障局微信公众号预约登记系统，确实急需口罩的市民，预约登记后凭身份证在规定时间内可以到指定药店领取。2 月 1 日 22 时 21 分，杭州发布关于预约发放口罩的补充说明，称：今天下午，我市发布了向急需口罩的市民提供少量口罩的公告后，广大市民非常关注，提出了许多好的建议。为减少人员流动和集聚，经研究决定，市民成功预约的口罩，我们将统一配送上门。杭州首创的预约口罩上门政策在有效遏制预防疫情的同时，凸显了政府的人文关照。

（2）杭州最先开启了健康码通行政策

2020年2月11日，杭州市启用"杭州健康码"防控措施。本次新冠肺炎疫情过程中，杭州创造性地启用"杭州健康码"防控措施，率先推进使用基于大数据、云计算的"杭州健康码"作为防控管理工具，将现代智能化管理工具与传统物理隔离手段相结合，打造了杭州管控重大传染病疫情的"杭州模式"。2月13日晚播出的央视《新闻1+1》中，主持人白岩松直言要为杭州点赞，利用大数据和互联网技术启动的"杭州健康码"获得了全国人民的关注。据新华网2月16日报道，"借鉴浙江等地方推行健康码模式，助力分类有序复工复产的经验，在国务院办公厅电子政务办的指导下，支付宝正基于全国一体化政务服务平台，加快研发全国统一的疫情防控健康码系统，并将于下周上线"。

（3）杭州最先开启了数字社会治理"亲清在线"平台

2020年3月2日，杭州上线了一款新型政商数字协同系统——"亲清在线"，企业只要登录"亲清在线"网站，点击相应惠企政策"兑现"按钮，就能轻松便捷地实现在线兑付。"亲清在线"平台由杭州市发改委、审管办、数据资源局开发运行，前端有政策兑付、行政许可、诉求直达、互动交流、政务服务五大功能模块，能够实现政府与企业的互动交流；后端依托"城市大脑"中枢系统，与部门及区、县（市）业务系统进行数据协同。"亲清在线"打破了以往"企业申报、政府审批、层层拨付"的传统流程，让企业"最多按一次"，给企业和员工带来了更多的获得感和幸福感，实现了城市服务从"大水漫灌"到"精准滴灌"的改变，同时也为疫情期间的政企对接事务提供了新的渠道。

（4）杭州最先开创了"杭州定制"全国复工人员专列

2020年2月16日22时，G4138次列车缓缓驶入杭州东站，停靠在了站台。与众不同的是，这辆列车一路从贵州直达杭州，是杭州定制的全国首趟复工人员免费专列。为了满足企业复工的用工需求、降低返程运输的疫情传播风险，杭州率全国之先，创新定制了返程复工人员专列，组织疫情相对平稳、来杭就业人员集中的贵州、成都等部分省市人员返杭。首趟专列的员工来自杭州的60余家企业，包括中策橡胶、东腾实业、海康威视、大华科技、华立科技等。

在全国受疫情影响交通停摆、人流停滞、企业停产的情况下，杭州开行全国首趟"复工专列"，率先破局人流、物流、供应流，在全国引起轰动，被《人民日报》、央视等主流媒体誉为“开往春天的列车”。非常时期的专列属于务工人员，杭州以大气之姿彰显了和谐开放、包容宽广的胸怀。

5. 数字形象传播——数字科技赋能，精准抗疫

杭州是国内最早进行电子政务建设的城市之一，是“城市大脑”的诞生地，“计算”数据的能力在全国一直处于领跑位置。面对疫情，杭州充分发挥“数字治理”的优势，从健康码、“亲清在线”到“云聘会”“读地云”“云融资”等一系列“云上智治”，将“答卷”及时转化为“章程”，将应急治理效能有效固化为常态治理机制，快速实现了城市治理向深度数字化转型。

位于杭州市萧山区的机器人小镇是中国首个机器人小镇。疫情时期，这里有一批从事远程医疗、送货、消毒和巡逻等工作的智能机器人，与医护人员一起奋战在一线，成为了医疗救治和疫情防控的“神助攻”。由杭州萧山中开机器人有限公司总部研发的“雷神一号”喷雾消毒机器人，15 分钟可完成约 2500 平方米的消杀工作，曾作为抗疫科技力量加入武汉“战疫”队伍，代替人进行防疫消毒工作。由杭州国辰迈联机器人科技有限公司研发的 60 台医疗服务机器人及若干体征检测配件，被送到了浙江绍兴、江西南昌、辽宁辽阳等地的医学隔离点，不但可以监测与记录生命体征，还可随时让医生远程在线诊疗。

红外测温仪堪称“疫情防控第一道防线”，突如其来的新冠肺炎疫情使得红外测温设备告急。浙江大立科技股份有限公司是国内红外行业中首家上市公司。2020 年 1 月 20 日，作为工信部疫情防控重点物资生产企业，大立科技第一时间全体动员，全面投入到防疫产品保障的工作中。疫情期间，大立科技一直持续“零库存”满负荷生产，在国内、国外两个市场均实现红外测温仪供货超万台，部署至武汉疫区及全国 31 个省（自治区、直辖市）和港澳台地区的机场、火车站、海关、医院等人员密集场所，为打赢疫情防控阻击战提供坚强保障。

在这场数字“战疫”中，凭借互联网、大数据以及高新技术的融入，杭州干出了力度、跑出了速度、拼出了高度，吸引了全国乃至全球的目光，凸显了其数字经济第一城的城市品牌韧性。

（三）后疫情时代的城市重启

十秒预约、一秒入园、实时测温；提前一天通过手机预约，在园区入口用身份证刷一下，身份证信息、预约信息、健康码均显示，即可通过；通过微信小程序登录，茶农、茶企可以在线填报茶工的身份信息，申报完成后，信息将进入审查环节，核实茶工的身体状况，全力保障西湖龙井茶采摘的顺利推进……从杭州各个景区的线上预约系统、线下身份核验、云台测温系统，到西湖龙井茶农茶工复工系统，我们都可以看到，疫情防控的关键阶段，数据与科技的力量让复工复产更加安全高效，也让所有人能更放心地“云游杭州”。

后疫情时代，每一个个体、每一座城市都将重新定义和定位，并占有各自应有的位置。高素养市民、一流政务举措、高新数字科技、医疗尖端人才等元素共筑了疫情期间的优质杭城形象，杭州这座城市所传达出的品牌韧性也吸引了全国乃至世界的目光。疫情后的杭州也必然将经受更多的机遇和挑战，伴随着后疫情时代的城市重启，期待 2020 这场重大突发公共卫生事件带来的改变能让杭州这座城市焕发出更强的生命力。

附录 指标设计与测量方法

中国城市营销发展报告课题组

一 指标体系

表 1 中国城市品牌发展指数（CBDI）指标体系

一级指标	二级指标	三级指标	指标衡量方法
U1 城市文化品牌发展指数	U1.1 文化独特性	U1.1.1 文化渊源	建城历史（年）
		U1.1.2 文化特色	世界文化遗产（每个 25 分），UCCN（每个 25 分），国家级非遗（每个 2 分），省级非遗（每个 0.1 分）
		U1.1.3 独特性感知	“城市名 + 独特”纸媒及全网数据量①
	U1.2 文化潜力	U1.2.1 文化产业	每万人文化、体育和娱乐业从业人数
		U1.2.2 文化氛围	博物馆数量（个），众创空间创新创业活动数（场次），每百人公共图书馆藏书量（册）
		U1.2.3 友善气质	“城市名 + 友善”纸媒及全网数据量
	U1.3 文化活力	U1.3.1 文化影响力	“城市名 + 文化”纸媒及全网数据量
		U1.3.2 文化创新	著作权登记数量（个）
		U1.3.3 创新氛围	“城市名 + 创新”纸媒及全网数据量
	U1.4 文化吸引力	U1.4.1 舆论关注度	城市名百度关注指数
		U1.4.2 研究关注度	“城市名 + 城市文化”知网期刊主题词文章数量
		U1.4.3 城市文化口碑	“城市名 + 文化”纸媒及全网数据量

① 全网数据量包括微信、论坛、博客、微博、App 新闻、问答、视频、网络新闻传播量，下同。

续表

一级指标	二级指标	三级指标	指标衡量方法
U2 城市旅游品牌发展指数	U2.1 旅游人气	U2.1.1 境内外旅游人气	境内外游客数量（万）
		U2.1.2 国际旅游人气	国际游客数量（万）
		U2.1.3 目的地声望	“城市名＋旅游”纸媒及全网发文量
	U2.2 旅游吸引力	U2.2.1 文化资源	世界文化遗产（每个25分），UCCN（每个25分），国家级非遗（每个1分），省级非遗（每个0.1分）
		U2.2.2 旅游吸引物	5A景区数（5分），4A景区数（1分）、世界文化/自然遗产（25分）
	U2.3 旅游发展效益	U2.3.1 旅游收入	旅游总收入（万元）
		U2.3.2 旅游增长	旅游总收入增长率（%）
	U2.4 旅游营销传播	U2.4.1 纸媒传播	“城市名＋旅游”纸媒报道发文量
		U2.4.2 网络传播	“城市名＋旅游”全网数据量
U3 城市投资品牌发展指数	U3.1 经济基础	U3.1.1 发展水平	GDP（亿元），人均GDP（元），城镇居民人均可支配收入（元），城镇居民人均可支配收入增长率（%）
		U3.1.2 人力资源	每万人科学研究及金融从业数（人）
		U3.1.3 企业质量	500强及上市企业数（个）
		U3.1.4 营商环境声望	“城市名＋投资”纸媒及全网数据量
	U3.2 投资活力	U3.2.1 载体质量	国家级新区（30分）、国家级开发区（10分）、国家级高新区（20分）、自贸区（30分）
		U3.2.2 投资吸引力	新增投资额（亿元）
		U3.2.3 投资绩效	新增企业数（个），新增就业数（人）
		U3.2.4 经济发展预期	“城市名＋持续增长”“城市名＋信心”纸媒及全网数据量
	U3.3 创新创业	U3.3.1 创新投入	R&D人员（人），R&D内部经费支出（万元）
		U3.3.2 创新绩效	专利申请量（个），专利授权量（个），发明专利（个），众创空间纳税额（千元），孵化器纳税额（千元）

续表

一级指标	二级指标	三级指标	指标衡量方法
U3 城市投资品牌发展指数	U3.3 创新创业	U3.3.3 高校质量	各城市最好大学排名
		U3.3.4 平台与设施	众创空间数（个），孵化器数（个）
		U3.3.5 创新创业口碑	“城市名＋创新创业”纸媒及全网数据量
	U3.4 投资营销传播	U3.4.1 纸媒传播	“城市名＋投资”纸媒报道发文量
		U3.4.2 网络传播	“城市名＋投资”全网数据量
U4 城市宜居品牌发展指数	U4.1 宜居声望	4.1.1 美丽城市口碑	“城市名＋美丽城市”纸媒及全网数据量
		4.1.2 美食城市口碑	“城市名＋美食”纸媒及全网数据量
		4.1.3 和谐城市口碑	“城市名＋安全城市”“城市名＋和谐城市”纸媒及全网数据量
		4.1.4 生活品质口碑	“城市名＋宜居”“城市名＋生活品质”“城市名＋幸福”纸媒及全网数据量
	U4.2 城市活力	U4.2.1 人才吸引力	大学生创业人数（人）
		U4.2.1 创业活力	众创空间创业团队数（个）
		U4.2.2 社交空间	建成区每平方公里酒吧、饭店、咖啡馆、购物中心、公园的数量（个）
		U4.2.3 活力城市口碑	“城市名＋活力”纸媒及全网数据量
	U4.3 民生质量	U4.3.1 教育文化	小学生人数增长率（%），中学指数，大学指数，每百人公共图书馆藏书数量比（市/辖区,%）
		U4.3.2 公共医疗	每万人拥有医生数（个）、病床数（个），三甲医院数（个），流动人口健康档案覆盖率
		U4.3.3 社会保障	每百人城镇职工养老、基本医疗和失业保险参保人数（个），就业和医疗卫生财政支出（万元）；每万人刑事案件逮捕人数（人）
		U4.3.4 居民消费水平	物价指数
		U4.3.5 人居基础设施	交通拥堵指数，排水管道密度指数
	U4.4 生态环境	U4.4.1 环境质量	Pm2.5 年均浓度值（微克/立方米），建成区绿化覆盖率（%），城市垃圾处理率（%）

续表

一级指标	二级指标	三级指标	指标衡量方法
U4 城市宜居品牌发展指数	U4.4 生态环境	U4.4.2 生态保护	国家级自然保护区数量（个）、面积（万公顷）
		U4.4.3 环境保护	单位 GDP 二氧化硫排放量的倒数
		U4.4.4 生态城市口碑	“城市名 + 生态城市”纸媒及全网数据量，“城市名 + 绿色”纸媒及全网数据量
U5 城市品牌传播发展指数	U5.1 城市知名度	U5.1.1 国内知名度	城市名百度新闻搜索信息数量
		U5.1.2 国际知名度	城市英文名称 Google 新闻搜索信息量
	U5.2 城市关注度	U5.2.1 网络关注度	城市名百度指数
		U5.2.2 研究关注度	城市名知网期刊论文数量（篇）
	U5.3 媒体营销传播	U5.3.1 纸媒传播	城市名纸媒报道发文量
		U5.3.2 互联网传播	城市名全网数据量
	U5.4 政务新媒体传播	U5.4.1 政务微博传播力	城市政务微博发布信息内容量
		U5.4.2 政务微博服务力	城市政务微博原创发文、主动评论、主动私信人数及私信回复次数
		U5.4.3 政务微博互动力	城市政务微博被转发、评论和点赞次数

资料来源：中国城市营销发展报告课题组设计。

表 2　　**省域品牌发展指数（PBDI）指标体系**

一级指标	二级指标	三级指标	指标衡量方法
P1 省域文化品牌发展指数	P1.1 城市文化品牌	P1.1.1 城市文化品牌	纳入测评城市的文化品牌均值
	P1.2 省域文化品牌口碑	P1.2.1 独特性口碑	“省域名 + 独特”全网数据量①
		P1.2.2 友善口碑	“省域名 + 友善”全网数据量
		P1.2.3 文化影响力	“省域名 + 文化”全网数据量
		P1.2.4 创新氛围	“省域名 + 创新”全网数据量、全省众创空间创新创业活动数
	P1.3 省域文化关注度	P1.3.1 舆论关注度	“省域名 + 文化”百度关注指数
		P1.3.2 研究关注度	“省域名 + 文化”知网期刊主题词文章数量

① 全网数据量包括纸媒、微信、论坛、博客、微博、App 新闻、问答、视频、网络新闻传播量，下同。

续表

一级指标	二级指标	三级指标	指标衡量方法
P2 省域旅游品牌发展指数	P2.1 城市旅游吸引力	P2.1.1 城市旅游品牌	纳入测评城市的旅游品牌均值
	P2.2 省域旅游口碑	P2.2.1 美丽口碑	“省域名 + 美丽” 全网数据量
		P2.2.2 美食口碑	“省域名 + 美食” 全网数据量
	P2.3 省域旅游传播	P2.3.1 纸媒传播	“省域名 + 旅游” 纸媒报道发文量
		P2.3.2 互联网传播	“省域名 + 旅游” 微信、论坛、博客、微博、App 新闻、问答、视频、网络新闻传播量
P3 省域投资品牌发展指数	P3.1 城市投资吸引力	P3.1.1 城市投资品牌	纳入测评城市的投资品牌均值
	P3.2 经济发展预期	P3.2.1 省域增长口碑	“省域名 + 持续增长” 全网数据量
	P3.3 创新创业潜力	P3.3.1 平台与设施	全省众创空间数、孵化器数
		P3.3.2 创新创业口碑	“省域名 + 创新创业” 全网数据量
	P3.4 投资营销传播	P3.4.1 纸媒传播	“省域名 + 投资” 纸媒报道发文量
		P3.4.2 互联网传播	“省域名 + 投资” 微信、论坛、博客、微博、App 新闻、问答、视频、网络新闻传播量
P4 省域宜居品牌发展指数	P4.1 城市宜居性	P4.1.1 城市宜居品牌	纳入测评城市的宜居品牌均值
	P4.2 省域宜居声望	P4.2.1 宜居声望	“省域名 + 宜居” 全网数据量
		P4.2.2 宜居品质	生活品质口碑、“省域名 + 幸福” 全网数据量
	P4.3 社会治理声誉	P4.3.1 安全口碑	“省域名 + 安全” 全网数据量
		P4.3.2 和谐口碑	“省域名 + 和谐” 全网数据量
	P4.4 生态环境声誉	P4.4.1 生态口碑	“省域名 + 生态” “省域名 + 绿色” 全网数据量
P5 省域品牌传播发展指数	P5.1 城市传播能力	P5.1.1 城市品牌传播	纳入测评城市的城市品牌传播均值
		P5.1.2 国内知名度	省域名百度新闻搜索信息数量
		P5.1.3 国际知名度	省域英文名称 Google 新闻搜索信息量
	P5.2 省域知名度	P5.2.1 网络关注度	省域名百度指数
		P5.2.2 研究关注度	省域名知网数据

续表

一级指标	二级指标	三级指标	指标衡量方法
P5 省域品牌传播发展指数	P5.3 省域关注度	P5.3.1 纸媒传播	省域名纸媒报道发文量
		P5.3.2 互联网传播	省域名微信、论坛、博客、微博、App 新闻、问答、视频、网络新闻传播量
	P5.4 媒体营销传播	P5.4.1 政务微博传播力	省域政务微博发布信息内容量
		P5.4.2 政务微博服务力	省域政务微博原创发文、主动评论、主动私信人数及私信回复次数
	P5.5 政务新媒体传播	P5.5.1 政务微博互动力	省域政务微博被转发、评论和点赞次数

资料来源：中国城市营销发展报告课题组设计。

表 3　**城市群品牌发展指数（ABDI）指标体系**

一级指标	二级指标	三级指标	指标衡量方法
A1 城市群文化品牌发展指数	A1.1 城市文化品牌	A1.1.1 城市文化品牌均值	纳入测评城市的文化品牌均值
	A1.2 城市群文化品牌口碑	A1.2.1 独特性口碑	“城市群名 + 独特” 全网数据量
		A1.2.2 友善口碑	“城市群名 + 友善” 全网数据量
	A1.3 城市群文化关注度	A1.3.1 文化影响力	“城市群名 + 文化” 全网数据量
		A1.3.2 创新氛围	“城市群名 + 创新” 全网数据量
	A1.4	A1.4.1 舆论关注度	“城市群名 + 文化” 百度关注指数
		A1.4.2 研究关注度	“城市群名 + 文化” 知网期刊主题词文章数量
A2 城市群旅游品牌发展指数	A2.1 城市旅游吸引力	A2.1.1 城市旅游品牌	纳入测评城市的旅游品牌均值
	A2.2 城市群旅游口碑	A2.2.1 美丽口碑	“城市群名 + 美丽” 全网数据量
		A2.2.2 美食口碑	“城市群名 + 美食” 全网数据量
	A2.3 城市群旅游传播	A2.3.1 纸媒传播	“城市群名 + 旅游” 纸媒报道发文量
		A2.3.2 互联网传播	“城市群名 + 旅游” 微信、论坛、博客、微博、AAA 新闻、问答、视频、网络新闻传播量

续表

一级指标	二级指标	三级指标	指标衡量方法
A3 城市群投资品牌发展指数	A3.1 城市投资吸引力	A3.1.1 城市投资品牌	纳入测评城市的投资品牌均值
	A3.2 经济发展预期	A3.2.2 城市群增长口碑	"城市群名+持续增长" 全网数据量
	A3.3 创新创业潜力	A3.3.1 平台与设施	城市群众创空间数、孵化器数
		A3.3.2 创新创业口碑	"城市群名+创新创业" 全网数据量
	A3.4 投资营销传播	A3.4.1 纸媒传播	"城市群名+投资" 纸媒报道发文量
		A3.4.2 互联网传播	"城市群名+投资" 微信、论坛、博客、微博、AAA新闻、问答、视频、网络新闻传播量
A4 城市群宜居品牌发展指数	A4.1 城市宜居性	A4.1.1 城市宜居品牌	纳入测评城市的宜居品牌均值
	A4.2 城市群宜居声望	A4.2.1 宜居声望	"城市群名+宜居" 全网数据量
		A4.2.2 宜居品质	生活品质口碑、"城市群名+幸福" 全网数据量
	A4.3 社会治理声誉	A4.3.1 安全口碑	"城市群名+安全" 全网数据量
		A4.3.2 和谐口碑	"城市群名+和谐" 全网数据量
	A4.4 生态环境声誉	A4.4.1 生态口碑	"城市群名+生态" "城市群名+绿色" 全网数据量
A5 城市群品牌传播发展指数	A5.1 城市传播能力	A5.1.1 城市品牌传播	纳入测评城市的城市品牌传播均值
	A5.2 城市群知名度	A5.2.1 国内知名度	城市群名百度新闻搜索信息数量
		A5.2.2 国际知名度	城市群英文名称Google新闻搜索信息量
	A5.2 城市群关注度	A5.2.1 网络关注度	城市群名百度指数
		A5.2.2 研究关注度	城市群名知网数据
	A5.3 媒体营销传播	A5.3.1 纸媒传播	城市群名纸媒报道发文量
		A5.3.2 互联网传播	城市群名微信、论坛、博客、微博、AAA新闻、问答、视频、网络新闻传播量
	A5.4 政务新媒体传播	A5.4.1 政务微博传播力	城市群政务微博发布信息内容量

续表

一级指标	二级指标	三级指标	指标衡量方法
A5 城市群品牌传播发展指数	A5.4 政务新媒体传播	A5.4.2 政务微博服务力	城市群政务微博原创发文、主动评论、主动私信人数及私信回复次数
		A5.4.3 政务微博互动力	城市群政务微博被转发、评论和点赞次数

资料来源：中国城市营销发展报告课题组设计。

二　数据来源

指标测算的全部数据均来源于国家统计局、各省统计局及相关城市统计公报、中国社会科学院城市与竞争力研究中心数据库，以及百度、谷歌、中青华云大数据平台、人民网等。其中，中青华云大数据的爬虫、数据框是全量数据，数据维度为论坛、新闻、博客、微博、微信、纸媒、App、问答和视频 9 个维度之精准匹配数据（凡标明“全网数据量”的数据项均为这些维度的数据汇总），截取时段为 2020 年 1 月 1 日至 8 月 30 日。政务新媒体传播数据采用人民网舆情监测室和微博数据中心撰写的《2018 年上半年人民日报 · 政务指数微博影响力报告》中有关地级以上城市的数据。需要说明的是，为了不影响总体的评测，课题组对香港和澳门的部分数据进行了特殊处理：香港和澳门的政务新媒体传播数据与北京取平，部分缺失的双创数据根据已有统计数据加以估算，自贸区地位按内地自贸区三倍分值计分。

三　样本选择

中国城市品牌发展指数（CBDI）2020 年的考察样本包括中国 30 个省（自治区、直辖市）的 286 个地级以上城市及香港、澳门两个特别行政区；省域品牌发展指数（PBDI）考察样本选取内地 30 个省（自治区、直辖市）；城市群品牌发展指数（ABDI）则选取“十三五”规划提出的 19 个城市群另加粤港澳大湾区共计 20 个城市群作为考察样本。

四　计算方法

统一评估流程和数据处理方法可以在相当程度上保证结果的可用性，便于对结果进行横向和纵向的比较，从而保持城市品牌发展评估的持续性和稳定性。因此，本报告 CBDI 评估体系的指标测算秉承科学性和标准化的原则，严格按照指标评估体系的特点选择评估方法。

（一）逆向指标处理

综合评价指标体系中经常会出现逆向指标。在本报告中，不同性质指标对城市品牌的作用力不同，无法通过直接合成来反映综合结果。因此，要考虑改变逆向指标的数据性质，对其进行正向化处理，使所有指标对城市品牌的作用力同趋化，从而构建一致、有意义的综合指数。正向化处理的方法有取倒数、取相反数、极大值法等。

（二）无量纲化

对于多指标综合评价体系，必须对性质和计量单位不同的指标进行无量纲化处理，以解决数据的可比性问题。无量纲化就是把不同单位的指标转换为可以对比的同一单位的指标数值，用于比较和综合分析。无量纲化函数的选取，一般要求严格单调、取值区间明确、结果直观、意义明确、尽量不受指标正向或逆向形式的影响。无量纲化的方法一般有标准化法、极值法和功效系数等方法。本报告选取极值法来消除量纲的影响。极值法的公式如下：

$$X = \frac{x - x_{\min}}{x_{\max} - x_{\min}}$$

其中，x 为评价指标，$x_{\max}$ 和 $x_{\min}$ 分别对应指标 x 的最大值和最小值。

（三）指标权重

在多指标综合评价中，指标权数的确定直接影响综合评价的结果，权数数值的变动可能引起被评价对象优劣顺序的改变。权重系数的确定是综合评价结果是否可信的一个核心问题。在 CBDI 和 PBDI 的权重结构中，我们认为城市文化品牌发展指数、城市旅游品牌发展指数、城市投资品牌发展指数、城市宜居品牌发展指数和城市品牌传播发展指数虽内涵各异，但五个单项指数对总的中国城市品牌发展指数具有同等的重要性，即上述五个单项指数在计算总指数时应该是等权重的。而在每个单项指数内，由于指标数量较少，构成简单，每个子指标合成上一级指标时也采用等权重的方法。

省域品牌发展指数（PBDI）和城市群品牌发展指数（ABDI）的计算方法与城市品牌发展指数（CBDI）的计算方法基本一致，但在指标权重方面略有调整。在 PBDI 和 ABDI 的 5 个一级指标中，凡二级指标中的 CBDI 均值指标均占 40% 的权重，其余二级指标共占 60% 的权重，并据此在三级指标中设置等权重。

（四）指数合成

确定了各指标及子指数，最后一步就是把这些子指数合成一个综合指数，从而得到一个城市品牌的综合评价。本报告选择几何平均法进行综合指数的合成。几何平均法合成指数的公式如下：

$$X = \Pi \, x_i^{w_i}$$

其中 x_i 为第 i 个子指标，w_i 为第 i 个子指标的权重，X 为合成后的综合指标。

主要参考文献

蔡文玲、靖鸣：《突发公共事件新闻发布问题与应对策略——以新冠肺炎武汉疫情防控新闻发布为例》，《新闻爱好者》2020 年第 4 期。

蔡溢：《基于 ROST 文本挖掘软件的贵阳市城市旅游品牌受众感知研究》，《重庆师范大学学报》（自然科学版）2015 年第 32 期。

诚然、韩锋：《政府突发公共卫生事件应急管理机制探析》，《中国卫生资源》2014 年第 5 期。

诚然、韩锋：《政府突发公共卫生事件应急管理机制探析》，《中国卫生资源》2014 年第 5 期。

程同顺、魏莉：《微治理：城市社区双维治理困境的回应路径》，《江海学刊》2017 年第 6 期。

邓毛颖：《危机与转机：突发公共卫生事件下的城市应对思考——以广州为例》，《华南理工大学学报》（社会科学版）2020 年第 3 期。

《定调 2021 年经济走向 政治局会议透露六大信号》，《经济参考报》2020 年 12 月 11 日。

葛天任：《建国以来社区治理的三种逻辑及理论综合》，《社会政策研究》2019 年第 1 期。

何春晖：《城市品牌时尚传播解构——以杭州十大趋势、十大现象发布为例》，《品牌研究》2016 年第 6 期。

黄清：《不同消息源在社交媒体中的风险传播策略及其可信度研究：以 PM2.5 议题为例》，硕士学位论文，浙江大学，2013 年。

吉福林：《论打造城市品牌》，《商业研究》2004 年第 24 期。

马相彬：《基于情境危机传播理论的城市危机传播应对策略》，《西部学刊》（新闻与传播）2016 年第 8 期。

蒲实：《城市形象设计的战略意义》，《城市管理》2003 年第 3 期。

史明萍、魏程琳：《"中坚居民"：城市社区治理的中坚力量及其制度化》，《城市问题》2019 年第 12 期。

宋欢迎、张旭阳：《城市品牌形象利益相关者感知度测度》，《城市问题》2017 年第 5 期。

王宝璐：《形象修复理论在城市形象危机传播中的运用——以青岛"天价虾"事件为例》，《青年记者》2016 年第 3 期。

王钏：《城市品牌定位研究》，硕士学位论文，上海财经大学，2005 年。

王国洋：《危机事件中城市形象修复问题研究》，硕士学位论文，黑龙江大学，2019 年。

严芒芒、胡恩强：《提升城市品牌影响力的媒体策略》，《中国报业》2020 年第 13 期。

严志兰、邓伟志：《中国城市社区治理面临的挑战与路径创新探析》，《上海行政学院学报》2014 年第 4 期。

尹晓楠、方雪琴：《危机修辞视域下的政府形象传播——以"新冠肺炎"疫情事件中河南形象传播为例》，《新闻爱好者》2020 年第 3 期。

于文欣：《负面事件形象修复策略对城市品牌关系质量的影响机制研究》，硕士学位论文，广东外语外贸大学，2018 年。

余梦秋：《城市文化品牌塑造与传播研究——以成都市为例》，《文化学刊》2020 年第 8 期。

曾来海：《风险传播与危机传播关系的辨析》，《新闻世界》2011 年第 11 期。

张燚、张锐：《城市品牌塑造的影响因素及互动关系研究》，《经济问题探索》2007 年第 3 期。

赵峥、刘涛：《着力推进中国城镇化转型》，《中国发展观察》2014 年第 12 期。

左仁淑、崔磊：《城市营销误区剖析与城市营销实施思路》，《四川大学学报》（哲学社会科学版）2003 年第 3 期。

［德］斐迪南·滕尼斯：《共同体与社会：纯粹社会学的基本概念》，林荣远译，北京大学出版社 2010 年版。

［美］戴维·奥斯本、［美］彼得·普拉斯特里克：《再造政府：政府改革的五项战略》，谭功荣、刘霞译，中国人民大学出版社 2014 年版。

［美］刘易斯·芒福德：《城市发展史——起源、演变和前景》，宋俊岭、

倪文彦译，中国建筑工业出版社 2005 年版。

T. Bovaird, "Beyond Engagement and Participation: User and Community Coproduction of Public Services", *Public Administration Review*, Vol. 67, No. 5, 2010.

K. L. Keller, "Managing the Growth Tradeoff: Challenges and Opportunities in Luxury Branding", *Journal of Brand Management*, Vol. 16, No. 5 – 6, 2009.

后　　记

本书是中国城市营销发展报告课题组的第七部城市营销与品牌化专题研究成果。2009 年，课题组出版第一部《中国城市营销发展报告》并推出城市营销发展指数（CMI）。2016 年起将 CMI 调整为城市品牌发展指数（CBDI），迄今已连续发布了 5 次城市品牌发展指数年度报告。本书试图通过定性与定量相结合的方法分析国家新型城镇化背景下我国城市品牌和区域品牌的发展状况，从不同角度揭示各城市、各地区在品牌化进程中的优势与潜力、问题与不足，以为中国城市及区域进一步提升品牌建设绩效、助力构建新发展格局提供决策参考。

在开展本研究的过程中，课题组得到来自领导、同仁的大力支持。感谢中国社会科学院财经战略研究院院长何德旭研究员，他为本研究提供了宝贵的支持和指导。感谢中国社会科学院城市与竞争力研究中心主任倪鹏飞研究员对本研究给予的数据支持和方法指导。感谢中国人民大学中国市场营销研究中心主任郭国庆教授对本研究的关心和指导。中国社会科学院大学博士研究生胡纯同学及硕士研究生王艳杰、张莹同学，中国社会科学院金融研究所博士后燕翔同学，山东大学管理学院旅游管理专业硕士研究生谭娟、詹崔婧和王琳同学，浙江大学传媒与国际文化学院硕士研究生郭世瑾、王天舜、吴静、翁超儿和于丹同学，他们在本研究的数据收集、整理与分析方面提供了很多帮助和支持！感谢中国社会科学出版社副总编辑王茵女士，编辑喻苗老师、周佳老师为本书的出版提供了大量宝贵的支持，在此表达衷心的感谢！

囿于编者的学识，研究可能存在很多不足，诚望读者给予批评和指正！

刘彦平

2021 年 2 月 9 日